Alles Klar

AK 8 II

Betriebswirtschaftslehre/Rechnungswesen (BwR)

LehrplanPLUS

Realschule Bayern

Autorinnen und Autoren

Franz Binder (Bobingen)

Thomas Grein (Großostheim)

Dr. Andrea Lederer (Hilpoltstein)

Christine Leydel (Hösbach)

Christian Marchl (Schöllnach)

Dr. Michael Meier (Weiden)

Stefan Schlotter (Burgau)

DRUCK+VERLAG ERNST VÖGEL GMBH

Impressum

1. Auflage 2020

Alle Drucke dieser Auflage sind unverändert und können im Unterricht nebeneinander eingesetzt werden.

Herstellung: Druck+Verlag Ernst Vögel GmbH, Stamsried

ISBN: 978-3-89650-482-1

Inhaltsverzeichnis

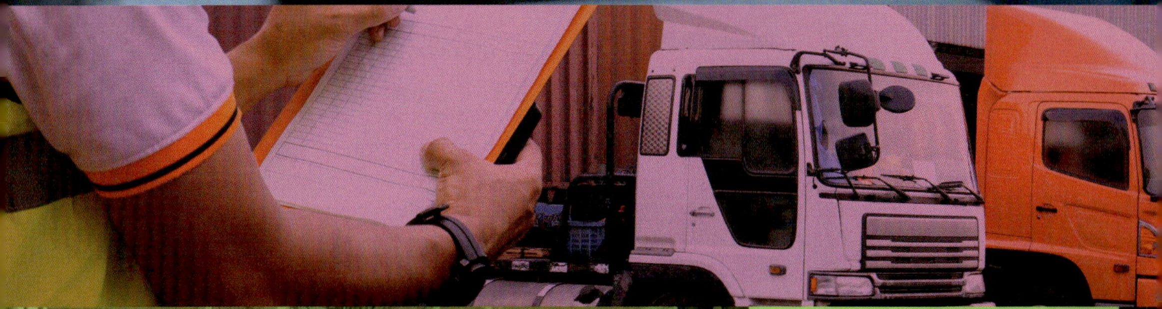

EINSTIEG UND WIEDERHOLUNG

I. ANDREA KÄSTNER UND IHRE AUSZUBILDENDEN STELLEN SICH VOR

Mein Name ist Andrea Kästner, ich bin 41 Jahre alt. Vor neun Jahren habe ich in Ingolstadt das Unternehmen AK-Bikes gegründet, das Mountainbikes herstellt. Die Arbeit als Unternehmerin gefällt mir sehr, denn ich habe mein Hobby zum Beruf gemacht. In meinem Betrieb sind rund 30 Mitarbeiterinnen und Mitarbeiter beschäftigt. Außerdem gibt es in Nürnberg einen Zweigbetrieb, in dem E-Bikes gefertigt werden.

Ich bin Julia Huber und 16 Jahre alt. Mit meiner Bewerbung bei AK-Bikes hatte ich Erfolg: Seit 1. September bin ich Auszubildende zur Industriekauffrau. Ich bin froh, die in der Realschule erworbenen Kompetenzen endlich auch in der Praxis anwenden zu können. Sehr gespannt bin ich darauf, was ich in den verschiedenen Bereichen des Rechnungswesens und der Betriebswirtschaftslehre lernen werde.

Mein Name ist Riccardo Fontana und ich bin 17 Jahre alt. Bei AK-Bikes bin ich im 2. Ausbildungsjahr. Ich habe die Ausbildung zum Industriekaufmann bisher als sehr abwechslungsreich und interessant erlebt. Besondere Freude macht mir die Zusammenarbeit mit den anderen Auszubildenden. Wir unterstützen uns immer gegenseitig und beweisen dadurch unsere Teamfähigkeit.

Ich heiße Max Lindner und bin ebenso wie Riccardo 17 Jahre alt. Bei AK-Bikes befinde ich mich im letzten Jahr meiner Ausbildung zum Industriekaufmann. Bisher hat mir die Arbeit im kaufmännischen Bereich großen Spaß gemacht. In den letzten beiden Jahren habe ich viel dazugelernt. Vor allem sind mir durch die praktische Arbeit viele Zusammenhänge im Bereich der Buchhaltung deutlich klarer geworden.

Weitere Mitarbeiter von AK-Bikes werden auf der Homepage www.ak-bikes.bayern vorgestellt.

II. WIE DU MIT DEINEM BWR-BUCH ARBEITEST

Dein BwR-Buch „AK 8“ hat auch in diesem Schuljahr einen klar strukturierten Aufbau. Auf dieser Seite findest du einen Überblick und eine Beschreibung der verwendeten Symbole.

Auftaktseite

Die Auftaktseite eröffnet einen Lernbereich. Hier werden die Kompetenzen beschrieben, über die du nach der Bearbeitung des Lernbereichs verfügen wirst.

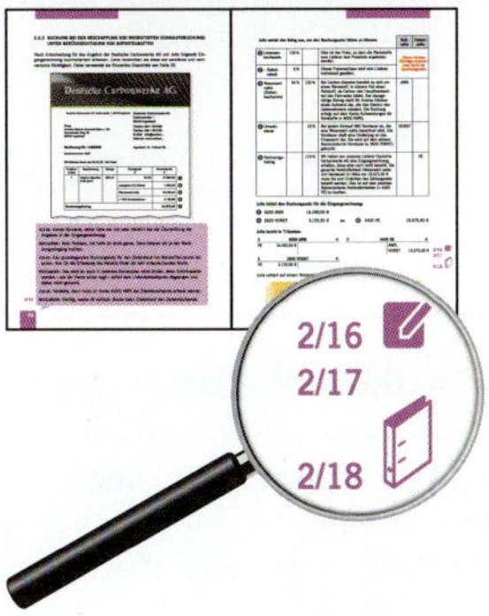

Inhaltsseite

Die Ziffern in der Randspalte einer Inhaltsseite verweisen auf Anwendungsaufgaben, die sich am Ende eines Lernbereichs befinden. Das Lösen dieser Aufgaben hilft dir, deine Kompetenzen zu trainieren.

Mit einem Z gekennzeichnete Aufgaben sind Zusatzaufgaben. Diese findest du nur im Arbeitsbuch.

Symbole

Portfolioaufgaben werden durch das Ordner-Symbol gekennzeichnet. Verwende deinen Ordner aus der 7. Jahrgangsstufe oder lege einen neuen an. Eine Beschreibung der Portfolio-Methode findest du auf unserer Homepage www.ak-bikes.bayern.

Selbstcheck-Aufgaben werden durch das Stift-Symbol gekennzeichnet. Hier kannst du dich selbst überprüfen. Die Lösungen befinden sich immer am Ende des jeweiligen Lernbereichs.

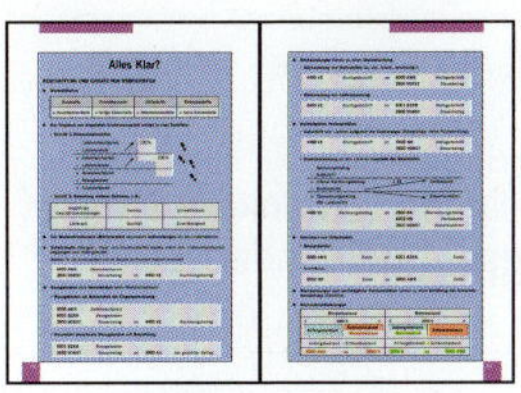

Zusammenfassung

Am Ende jeder inhaltlichen Darstellung wird auf einer Doppelseite das Wichtigste des jeweiligen Lernbereichs kompakt zusammengefasst.

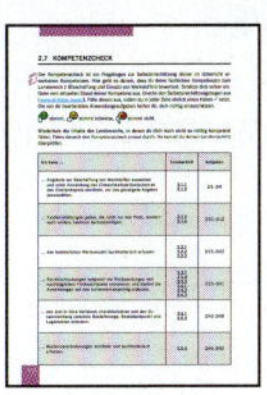

Kompetenzcheck

In jedem Lernbereich findest du einen Fragebogen zur Selbsteinschätzung, mit dem du deine neu erworbenen Kompetenzen bewerten kannst. Der Fragebogen kann zum Ausfüllen unter www.ak-bikes.bayern heruntergeladen werden.

Alles Klar!

Jeder Lernbereich endet mit einer umfassenden Lernsituation, in der du deine erworbenen Fähigkeiten und Fertigkeiten unter Beweis stellen wirst.

III. WICHTIGE ARBEITSANWEISUNGEN IN DEINEM BWR-BUCH

Die folgenden Beschreibungen sollen dir helfen, dass du die Arbeitsanweisungen in deinem BwR-Buch korrekt ausführst.

Arbeitsanweisung	**Beschreibung**
analysiere	Du untersuchst nach vorgegebenen Kriterien Sachverhalte und Problemstellungen.
arbeite heraus	Du entnimmst aus den Materialien (z. B. Belegen, Diagrammen, Schaubildern, Tabellen, Texten) Informationen und gibst sie unter bestimmten Gesichtspunkten wieder.
begründe	Du bestätigst eine Aussage durch Argumente.
benenne	Du gibst Informationen aus Materialien oder eigene Kenntnisse ohne Erklärungen wieder.
berechne	Du gewinnst Informationen oder Ergebnisse durch Rechnen.
beschreibe	Materialien enthalten Informationen. Du gibst diese genau, sachlich und ohne Erklärungen oder Wertungen wieder.
bestimme	Du entnimmst aus Materialien Informationen.
beurteile	Du fragst dich, ob eine Aussage richtig ist, indem du Einzelheiten benennst und zu einer eigenen Meinung kommst.
bewerte	Du gibst eine (kritische) Stellungnahme zu einem bestimmten Problem oder Sachverhalt ab.
bilde den Buchungssatz	Du erstellst die Buchungsanweisung.
charakterisiere	Du benennst und beschreibst typische Merkmale eines Sachverhalts oder Eigenheiten, die dir auffallen.
diskutiere	Du entwickelst zu einer Problemstellung eigene Gedanken, untersuchst Pro und Kontra und vergleichst diese miteinander, bevor du zu einem Sachurteil kommst.
entscheide	Du gibst einer Alternative vor anderen den Vorzug.
erfasse buchhalterisch	Du erstellst Buchungen im Grundbuch („Buchungssatz") und im Hauptbuch („T-Konto").
ergänze	Du vervollständigst teilweise vorgegebene Belege, Grafiken, Sätze, Tabellen etc.
erkläre	Du stellst mit eigenen Worten Ursachen, Abläufe oder Folgen von Sachverhalten verständlich dar.
erläutere	Du beschreibst Sachverhalte im Zusammenhang und machst Beziehungen deutlich.
ermittle	Du zeigst Zusammenhänge auf oder führst Berechnungen durch und formulierst die Ergebnisse.

erstelle	Du fertigst aus den gegebenen Informationen ein Produkt an. Du kannst zum Beispiel eine Tabelle erstellen oder ein Diagramm mit Fachbegriffen beschriften.
formuliere	Du bringst etwas in eine angemessene sprachliche Form.
gestalte	Du fertigst mit verschiedenen Materialien zu einem vorgegebenen Thema ein Produkt an, zum Beispiel ein Lernplakat.
gib an	Du nennst Informationen aus Materialien oder eigene Kenntnisse ohne Erklärungen.
grenze ab	Du trennst unterschiedliche Sachverhalte begründet voneinander.
informiere dich	Du suchst selbstständig oder mit Hilfe Hinweise/Erklärungen zu unbekannten Sachverhalten und stellst diese zusammen.
interpretiere	Du beschreibst und erklärst einen Sachverhalt und ziehst daraus Schlüsse zur Bewertung.
kennzeichne	Du stellst einen Sachverhalt auf der Basis bestimmter Kriterien begründet dar.
nenne	Du gibst Informationen aus Materialien oder eigene Kenntnisse ohne Erklärungen wieder.
nimm Stellung	Du äußerst zu einer Behauptung/Aussage begründend deine eigene Meinung.
ordne ein/zu	Du stellst Materialien oder Aussagen in einen Zusammenhang mit anderen Materialien oder Aussagen.
präsentiere	Du stellst einen Sachverhalt anderen in verständlicher Form und möglichst mit von dir erarbeiteten Aussagen und Materialien vor.
recherchiere	Du suchst selbstständig oder mit Hilfe Informationen zu unbekannten Sachverhalten und stellst diese zusammen.
skizziere	Du stellst einen Sachverhalt kurz und übersichtlich dar mit Hilfe von Abbildungen, Diagrammen, Schemata, Tabellen, Übersichten etc.
stelle dar	Du gibst komplexe Informationen und Sachverhalte knapp und eventuell vereinfacht wieder.
überprüfe	Du untersuchst mithilfe von Materialien, ob Aussagen, Behauptungen oder Darstellungsweisen richtig oder falsch sind.
unterscheide	Du vergleichst Sachverhalte miteinander und stellst Ungleichheiten fest.
vergleiche	Du stellst Gemeinsamkeiten oder Unterschiede gegenüber und formulierst ein eigenes Ergebnis.
vervollständige	Du ergänzt teilweise vorgegebene Belege, Grafiken, Sätze, Tabellen etc.
werte aus	Du prüfst und bearbeitest Materialien nach vorgegebenen Fragestellungen, um Informationen zu gewinnen.
zeige auf	Du gibst komplexe Informationen und Sachverhalte knapp und eventuell vereinfacht wieder.

IV. GRUNDLAGEN DER BUCHFÜHRUNG – WIEDERHOLUNG 7. JAHRGANGSSTUFE

Der Auszubildende Riccardo hat folgendes Infoblatt erstellt, damit er sich die Grundlagen der Buchführung besser merken kann.

Grundwissen Buchhaltung

Für alle Buchungen gilt:

- Jeder Geschäftsfall führt zu mindestens einer Buchung im Soll und mindestens einer Buchung im Haben.
- Die Summen der Buchungen im Soll und Haben müssen wertmäßig übereinstimmen.

Bestandskonten

Aktive Bestandskonten stehen auf der linken Seite in der Bilanz (= Aktivseite):

S	Aktives Bestandskonto H
Anfangsbestand	Minderungen (–)
Mehrungen (+)	Schlussbestand

Passive Bestandskonten stehen auf der rechten Seite in der Bilanz (= Passivseite):

S	Passives Bestandskonto H
Minderungen (–)	Anfangsbestand
Schlussbestand	Mehrungen (+)

Erfolgskonten

Aufwandskonten haben keinen Anfangsbestand:

S	Aufwandskonto H
Werteverzehr	

Ertragskonten haben keinen Anfangsbestand:

S	Ertragskonto H
	Wertezuwachs

Abschlussbuchungen:

- Die Aufwands- und Ertragskonten (Erfolgskonten) werden über das **Gewinn- und Verlustkonto (GUV)** abgeschlossen.

GUV	*Saldo*	an	**Aufwandskonto**	*Saldo*
Ertragskonto	*Saldo*	an	**GUV**	*Saldo*

- Der Abschluss des GUV-Kontos erfolgt über das **Eigenkapitalkonto**.

Abschlussbuchungssatz bei **Gewinn**: Eigenkapital wird erhöht

GUV	***Gewinn***	an	**EK**	***Gewinn***

Abschlussbuchungssatz bei **Verlust**: Eigenkapital wird gemindert

EK	***Verlust***	an	**GUV**	***Verlust***

- Die aktiven und passiven Bestandskonten werden über das **Schlussbilanzkonto** abgeschlossen.

SBK	*Saldo*	an	**Aktives Bestandskonto**	*Saldo*
Passives Bestandskonto	*Saldo*	an	**SBK**	*Saldo*

Das **Schlussbilanzkonto** und die **Schlussbilanz** stimmen inhaltlich und wertmäßig überein.

Inventur
↓
Inventar
↓
Bilanz

Aktiva	**Bilanz zum 31.12..** **Passiva**
I. Anlagevermögen	I. Eigenkapital
II. Umlaufvermögen	II. Fremdkapital
↑ **Mittelverwendung**	↑ **Mittelherkunft**

V. ALLES KLAR! – AUFGABEN ZUR WIEDERHOLUNG

Die Inhaberin von AK-Bikes, Andrea Kästner, ist eine vielbeschäftigte Frau. Du darfst sie heute bei ihrer Arbeit begleiten. Nutze diese Möglichkeit, um dein BwR-Grundwissen aus der 7. Jahrgangsstufe zu wiederholen und aufzufrischen.

1. Andrea Kästner führt ihr Unternehmen unter folgendem Namen:

1.1 Unternehmen können in verschiedene Kategorien eingeteilt werden. Begründe, welche Art von Unternehmung AK-Bikes hinsichtlich der folgenden Aspekte ist:

- Art der Leistungserstellung
- Wirtschaftsbereich (Wirtschaftssektor)
- Branche
- Unternehmensgröße
- Rechtsform

1.2 Der aufgeführte Zusatz „e. Kfr." im Firmennamen zeigt an, dass AK-Bikes in einem öffentlichen Verzeichnis eingetragen ist. Gib die ausführliche Schreibweise von „e. Kfr." an und nenne den Fachbegriff für das Verzeichnis, das beim Amtsgericht geführt wird.

1.3 Das Unternehmen AK-Bikes von Andrea Kästner ist eine Einzelunternehmung. Stelle jeweils mindestens zwei Chancen und Risiken von Einzelunternehmen übersichtlich dar.

2. Als erfolgreiche Unternehmerin gibt Andrea Kästner inzwischen Seminare für Existenzgründer bei der Handwerkskammer (HWK). Im Rahmen einer Fortbildung legt sie nebenstehende Infografik vor:

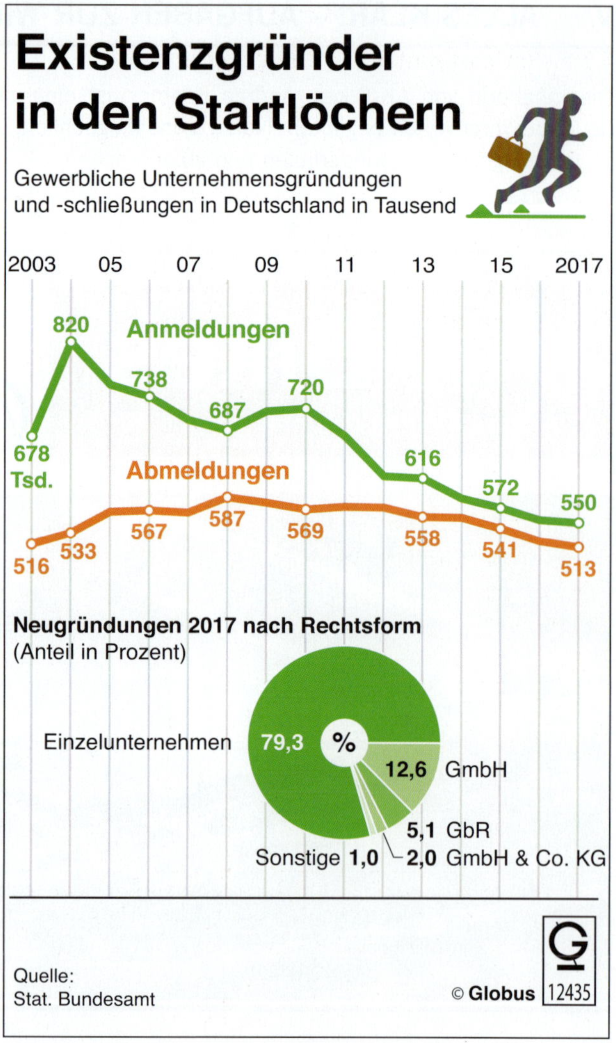

2.1 Begründe, warum zur Darstellung der Zahl der Anmeldungen und Abmeldungen von Unternehmen in der Infografik Liniendiagramme verwendet wurden.

2.2 Nenne die Diagrammart, die ebenso geeignet gewesen wäre, die Neugründungen 2017 nach der Rechtsform darzustellen.

2.3 Berechne für das Jahr 2017, um wie viel Prozent die Zahl der Unternehmensgründungen größer war als die Zahl der Unternehmensschließungen.

2.4 Die GmbH ist laut Schaubild die zweithäufigste Rechtsform bei Unternehmensneugründungen.

2.4.1 Gib an, was die Abkürzung GmbH ausgeschrieben bedeutet.

2.4.2 Ermittle rechnerisch für das Jahr 2017, wie viele Unternehmungen in der Form der GmbH gegründet worden sind.

2.4.3 Stelle übersichtlich dar, wie bei der GmbH die Geschäftsführung, die Gewinnverteilung, die Haftung und das erforderliche Mindestkapital geregelt sind.

3. Wieder zurück im Unternehmen findet eine betriebsinterne Fortbildung statt. Dabei betrachten die Auszubildenden unter Anleitung von Andrea Kästner den Fertigungsprozess im Unternehmen AK-Bikes genauer.

3.1 Nenne die vier Werkstoffarten und finde dazu jeweils zwei Beispiele aus dem Unternehmen AK-Bikes.

3.2 Erkläre an einem Beispiel den Unterschied zwischen Betriebsmitteln und Betriebsstoffen.

4. In der Buchhaltung bearbeitet Andrea Kästner drei Belege.

4.1 Zunächst wird **Beleg 1** ausgewertet.

Mehring Carbon GmbH

Mehring Carbon GmbH, Burgkirchener Str. 1, 84489 Burghausen

Mehring Carbon GmbH
Burgkirchener Str. 1
84489 Burghausen

Telefon: 08677 / 0756230
Telefax: 08677 / 0757020
E-Mail: service@mehring-carbon...
Internet: www.mehring-carbon...

Firma
Andrea Kästner Mountainbikes e. Kfr.
Stamsrieder Weg 50
85049 Ingolstadt

Burghausen, 19. Juni 20..

RECHNUNG Nr. 0413456/20..

Lieferdatum: 15. Juni 20..
Rechnungsdatum: 19. Juni 20..

Artikel	Menge	Einzelpreis	Gesamtpreis
Kohlefaser-Matten / HT-Fasern 300 x 300 x 5 mm	150 m^2	60,00 €	9.000,00 €
			9.000,00 €
	– 10 % Rabatt		900,00 €
	Warenwert, netto		8.100,00 €
	+ 19 % Umsatzsteuer		1.539,00 €
	Rechnungsbetrag		**9.639,00 €**

Vielen Dank für Ihren Auftrag!

Zahlung ohne Abzug innerhalb von 30 Tagen.
Die Ware bleibt bis zur vollständigen Bezahlung unser Eigentum.
Die Lieferung erfolgt frei Haus.

4.1.1 Gib die Art des vorliegenden Belegs an.

4.1.2 Nenne den Termin, bis zu dem die vorliegende Rechnung spätestens bezahlt werden muss.

4.1.3 Gib den Fachbegriff für den Hinweis „Die Ware bleibt bis zur vollständigen Bezahlung unser Eigentum" an.

4.1.4 Der Lieferer gewährt 10 % Rabatt. Argumentiere unter Nennung der drei Rabattarten, was der Grund des Preisnachlasses hier sein könnte.

4.1.5 Erkläre, wie der ausgewiesene Rabatt buchhalterisch zu behandeln ist.

4.1.6 Bilde den Buchungssatz für die Rechnung 0413456/20..

4.2 Als Nächstes wird **Beleg 2** näher betrachtet.

AK-Bikes

AK-Bikes, Stamsrieder Weg 50, 85049 Ingolstadt

Andrea Kästner Mountainbikes e. Kfr.
Stamsrieder Weg 50
85049 Ingolstadt

Telefon: 0841 0802020
Telefax: 0841 08020280
Internet: www.ak-bikes.bayern
E-Mail: info@ak-bikes.bayern

Firma
Radland Alois Huber e. K.
Bayerwaldstr. 21
83024 Rosenheim

Ingolstadt, 20. Juni 20..

Rechnung

Nr.: 13446798

Wir lieferten Ihnen frei Haus am 18. Juni 20..:

Artikel	Artikel-Nr.	Einzelpreis €	Stück	Gesamtpreis €
Mountainbike „K2"	MB-K2	2.400,00	10	???
		Warenwert netto		???
		Umsatzsteuer 19 %		???
		Rechnungsbetrag		???

Wir danken für Ihren Auftrag.

Zahlungsbedingungen: Zahlbar innerhalb von 60 Tagen rein netto.
Die gelieferte Ware bleibt bis zur vollständigen Bezahlung unser Eigentum.

4.2.1 Gib die Art des vorliegenden Belegs an.

4.2.2 In dem Beleg fehlen noch die Beträge in der Spalte Gesamtpreis. Ergänze diese.

4.2.3 Nenne die Dauer der Aufbewahrungsfrist der Rechnung laut Handelsgesetzbuch.

4.2.4 Erkläre die Zahlungsbedingung „rein netto".

4.2.5 Bilde den Buchungssatz für die Rechnung 13446798.

4.3 Schließlich bleibt noch **Beleg 3** für die Bearbeitung.

DONAUBANK INGOLSTADT			
IBAN DE72 7515 0080 4040 8080 20 BIC DBNKDEFF		Auszug/Jahr 87/20.. Blatt-Nr. 1	
		Kontoauszug	Betrag in €
BuTag **Wert**	**Vorgang**	**Alter Kontostand**	12.340,90 +
16.07. 16.07.	Gutschrift Kredit Nr. 1234/20.. (Laufzeit: 2 Jahre)		24.000,00 +
17.07. 17.07.	Mehring Carbon GmbH Burghausen Rechnung Nr. 0413456 v. 19.06.20..		9.639,00 −
19.07. 19.07.	Radland Huber e. K. Rosenheim Rechnung Nr. 13446798 v. 20.06.20..		28.560,00 +
20.07. 20.07.	Barauszahlung		1.000,00 −
		Neuer Kontostand	??? +
Andrea Kästner Mountainbikes e. Kfr. 85049 Ingolstadt			
Ihre Servicebank Homebanking bequem und günstig		letzte Erstellung Erstellungstag	15.07.20.. 21.07.20.. / 14:13

4.3.1 Begründe, ob es sich bei dem Kontoauszug um einen Eigen- oder um einen Fremdbeleg handelt.

4.3.2 Bilde jeweils den Buchungssatz für die vier Vorgänge auf dem Kontoauszug.

4.3.3 Berechne den neuen Kontostand.

5. Zur Herstellung der Mountainbikes werden Gangschaltungen benötigt. Für den Bezug von 1 500 Stück liegen Andrea Kästner zwei Angebote von gleichwertiger Qualität vor:

	Gangschaltungen Andreas Albrecht GmbH	**Fahrradschaltungen Bernd Becker e. K.**
Listenpreis netto	23,00 € pro Stück	25,00 € pro Stück
Rabatt	ab 500 Stück 10,00 % ab 1 000 Stück 12,50 % ab 2 000 Stück 15,00 %	20,00 %
Lieferkosten	Lieferung frei Haus	Lieferung frei Haus
Weitere Informationen:		
Lieferzeit	1 Tag nach Bestelleingang	5 Tage
Zufriedenheit/Service	Beste Erfahrungen in der Vergangenheit	Neuer Anbieter; keinerlei Erfahrungen
Sitz des Lieferers	Schweinfurt	München

5.1 Erkläre, welche Überlegung die Lieferer grundsätzlich veranlasst, ihren Kunden Rabatt zu gewähren.

5.2 Erläutere, was die Lieferbedingung „frei Haus" bedeutet.

5.3 Berechne für beide Angebote den Warenwert netto für die Bestellmenge von 1 500 Stück.

5.4 Gib mit Begründung eine Empfehlung für Andrea Kästner, bei welchem Lieferer die Gangschaltungen bestellt werden sollten. Beschränke dich bei deiner Argumentation nicht nur auf den Preis.

ÜBER DIESE KOMPETENZEN VERFÜGST DU BALD:

- bei Buchungen im Grund- und Hauptbuch den Kontenplan anwenden
- buchhalterisch das neue Geschäftsjahr eröffnen
- Belege hinsichtlich Vollständigkeit und Richtigkeit prüfen und anschließend in Sachkonten erfassen
- Konten in der richtigen Reihenfolge abschließen und den Erfolg des Unternehmens beurteilen
- Eintragungen in einem Vorkontierungsblatt deuten und dort die Buchungen korrekt eintragen

1

Lernbereich 1:

VERTIEFTE STRUKTURIERUNG DER GESCHÄFTSBUCHFÜHRUNG

1.1 KONTENRAHMEN UND KONTENPLAN ALS ORGANISATIONS-MITTEL IN DER GESCHÄFTSBUCHFÜHRUNG

1.1.1 DER KONTENRAHMEN

RICCARDO: Manchmal finde ich für Buchungssätze nur schwer das passende Konto.

MAX: Dafür gibt es in der Buchhaltung ein Hilfsmittel: den Kontenrahmen. Er benennt einheitlich die Konten und ordnet diesen eine eindeutige Kontonummer zu.

SELMA DEMIRCI: Bei AK-Bikes wird der **Industriekontenrahmen**, abgekürzt IKR, verwendet. Er wurde vom Bundesverband der Deutschen Industrie (BDI) herausgegeben.

Max lässt Riccardo ergänzend zum Gespräch folgendes Merkblatt zukommen:

Verwendung des Industriekontenrahmens (IKR)

- gesetzlich nicht vorgeschrieben
- bietet aber zahlreiche **Vorteile**:
  - Vereinheitlichung der Buchungen schafft Ordnung und erleichtert, den Überblick zu behalten
  - Erfüllung der Grundsätze ordnungsmäßiger Buchführung (GoB) gemäß § 239 HGB:

> (1) Bei der Führung der Handelsbücher [...] hat sich der Kaufmann einer lebenden Sprache zu bedienen. Werden Abkürzungen, Ziffern, Buchstaben oder Symbole verwendet, muss im Einzelfall deren Bedeutung eindeutig festliegen.

  - Einsatz von Finanzbuchhaltungsprogrammen: EDV-gerechte Vergabe von Kontennummern
  - aufgrund der Vereinheitlichung sind Vergleiche möglich, z. B. mit früheren Jahren (Zeitvergleich) oder mit anderen Unternehmen (= Branchen-/Betriebsvergleich)

1/1

1.1.2 DER KONTENPLAN

RICCARDO: Der Kontenrahmen enthält ja eine Unmenge an Konten.

SELMA DEMIRCI: Selbstverständlich braucht AK-Bikes nicht alle Konten des IKR. Jedes Unternehmen wählt aus diesem nur die benötigten Konten aus und erstellt sich einen eigenen **Kontenplan**.

1/2

KONTENRAHMEN
Zusammenstellung aller Konten, die in einem Unternehmen vorkommen können.

→

KONTENPLAN*
Ausgewählte Konten, die ein Unternehmen tatsächlich benötigt.

* Für die Realschule wurde – basierend auf dem IKR – ein besonderer Schulkontenplan geschaffen. Dieser stellt die Grundlage für die Buchführung in der Realschule dar (siehe Seite 336/337).

1.1.3 AUFBAU DES KONTENRAHMENS BZW. KONTENPLANS

Der Kontenrahmen ist nach dem **Zehnersystem** („dekadisches System“) aufgebaut, wobei jede Kontennummer vier Stellen hat:

	1. Stelle	2. Stelle	3. Stelle	4. Stelle	
Beispiel:	**2**	**8**	**0**	**0**	BK
	Ziffern 0 bis 9	Ziffern 0 bis 9	Ziffern 0 bis 9	Ziffern 0 bis 9	
	10 Kontenklassen	**10 Kontengruppen**	**10 Kontenarten**	**10 Konten**	

Die Kontenklassen 0 bis 8 sind für die Geschäftsbuchführung (= Rechnungskreis I), die Kontenklasse 9 für die Betriebsbuchführung oder Kosten- und Leistungsrechnung (= Rechnungskreis II) vorgesehen. Man spricht deshalb auch vom **Zweikreissystem des Industriekontenrahmens.**

Rechnungskreis I
Geschäftsbuchführung
Kontenklassen 0 bis 8

Zweikreissystem des IKR

Rechnungskreis II
Kosten- und Leistungsrechnung
Kontenklasse 9

Um den weiteren Aufbau des IKR zu erklären, hat Selma Demirci für Riccardo die folgende Übersicht erstellt. Die Tabelle zeigt die klare Trennung in Bestands-, Erfolgs- und Abschlusskonten. Es wird deutlich, dass sich der Industriekontenrahmen an den Gliederungen von Bilanz sowie Gewinn- und Verlustrechnung orientiert.

	Klasse	Name/Inhalt der Kontenklasse	
Geschäftsbuchführung	0	Sachanlagen	**Bestandskonten** (befinden sich in der Bilanz)
	1	Finanzanlagen	
	2	Umlaufvermögen	
	3	Eigenkapital	
	4	Verbindlichkeiten	
	5	Erträge	**Erfolgskonten** (befinden sich in der Gewinn- und Verlustrechnung)
	6	Betriebliche Aufwendungen	
	7	Weitere Aufwendungen	
	8	Ergebnisrechnung	Eröffnungs-/Abschlusskonten
KLR	9	Kosten- und Leistungsrechnung	

Zudem sind die Konten der Kontenklassen 0 bis 7 im Kontenrahmen bzw. Kontenplan auf den Jahresabschluss ausgerichtet. Die Bilanz und die Gewinn- und Verlustrechnung können so einfacher erstellt werden, da die Hauptkonten einer Kontenklasse immer das gleiche Abschlusskonto haben. Diese Anordnung wird als **Abschlussgliederungsprinzip** bezeichnet. 1/3

1.1.4 DIE KONTENNUMMER

RICCARDO: Bei meinen Buchungen muss ich bestimmt künftig auch die Kontennummern berücksichtigen.

SELMA DEMIRCI: Ja, denn jedes Konto trägt vor dem Kontennamen bzw. der Kontenabkürzung eine vierstellige Kontennummer.

MAX: Bei der Aussprache dieser Nummer wird jede Ziffer einzeln genannt. Die Kontennummer 2800 für das Konto Bank wird z. B. Zwei-Acht-Null-Null ausgesprochen.

Selma Demirci veranschaulicht an einem Beispiel den **Aufbau der Kontennummer**:

1/4

6 0 1 0 Aufwendungen für Fremdbauteile bzw. 6010 AWF											
Kontenklasse	0	1	2	3	4	5	6	Betriebliche Aufwendungen	7	8	9
Kontengruppe							60	Aufwendungen für Roh-, Hilfs- und Betriebsstoffe, Fremdbauteile (Werkstoffe)			
Kontenart							601	Aufwendungen im Zusammenhang mit Fremdbauteilen			
Konto							6010	Aufwendungen für Fremdbauteile			
Sprich „Sechs-Null-Eins-Null Aufwendungen für Fremdbauteile“											

1/5

1/6

1.1.5 ANWENDUNG DES KONTENPLANS BEI BUCHUNGEN

Selma Demirci legt Max und Riccardo folgende Eingangsrechnung (Auszug) vor:

KUNTERBUNT GmbH

KUNTERBUNT GmbH, Oberländerstraße 56, 84028 Landshut

Firma
Andrea Kästner Mountainbikes e. Kfr.
Stamsrieder Weg 50
85049 Ingolstadt

KUNTERBUNT GmbH
Oberländerstraße 56
84028 Landshut

Telefon: 0871 / 0502120
Telefax: 0871 / 0503210
E-Mail: service@kunterbunt...
Internet: www.kunterbunt...

Landshut, 16. September 20..

RECHNUNG

Bestellung 12.09.20..
Kunden-Nr.: 00609

Lieferdatum: 16.09.20..
Rechn.-Nr.: 090240/20..

Artikel	Menge	Einzelpreis	Gesamtpreis
Farblack glänzend sw BI087si	350 Liter	12,00 €	4.200,00 €
	Warenwert, netto		4.200,00 €
	+ 19 % Umsatzsteuer		798,00 €
	Rechnungsbetrag		**4.998,00 €**

Vielen Dank für Ihren Einkauf!

SELMA DEMIRCI: Du kannst sicher den Geschäftsfall zu der vorliegenden Rechnung formulieren.

RICCARDO: Wir haben Farblack für die Mountainbikefertigung zum Warenwert von 4.200,00 € netto auf Ziel gekauft.

SELMA DEMIRCI: Richtig! Du hast nichts verlernt. Die Eingangsrechnung unseres Lieferers Kunterbunt GmbH muss jetzt noch gebucht werden. Du kannst dabei den Kontenplan als Hilfsmittel verwenden.

MAX: Denke daran, dass bei Buchungssätzen ab sofort immer die Kontennummern, die Kontennamen bzw. die Kontenabkürzungen und die Beträge anzugeben sind.

RICCARDO: Den Buchungssatz müsste ich hinbekommen. Ich habe ja den Kontenplan.

MAX: Damit du auf der Suche nach einem Konto nicht den gesamten Kontenplan von vorne bis hinten durchgehen musst, empfehle ich dir, immer zuerst die Kontenklasse zu überlegen.

RICCARDO: Das ist ein guter Tipp. Das benötigte Konto AWH gehört zu den betrieblichen Aufwendungen. Also suche ich in der Kontenklasse 6 nach der Kontennummer.

SELMA DEMIRCI: Ich sehe Riccardo, du hast die Arbeit mit dem Kontenplan verstanden.

Riccardo nimmt mit Hilfe des Kontenplans die Buchung zunächst im **Grundbuch** vor:

Buchungssatz:

6020 AWH	4.200,00 €			
2600 VORST	798,00 €	an	4400 VE	4.998,00 €

Nun bucht Riccardo den Geschäftsfall im **Hauptbuch**. Er weiß noch, dass er bei der Buchung im T-Konto das Gegenkonto angeben muss. Aus Platzgründen ist es ausreichend, wenn entweder die Kontennummer oder die Kontenbezeichnung (Kontenabkürzung) angegeben wird.

Buchung in T-Konten: 1/7

1/8

S	6020 AWH		H
1. VE	4.200,00 €		

S	4400 VE		H
		1. AWH, VORST	4.998,00 €

Z1

Z2

S	2600 VORST		H
1. VE	798,00 €		

SELMA DEMIRCI: Der Buchungssatz muss fachlich korrekt ausgesprochen werden.

RICCARDO: Kein Problem! Max hat mir ja vor Kurzem die richtige Aussprache der Kontennummer beigebracht. Der Buchungssatz lautet demnach:
Sechs-Null-Zwei-Null Aufwendungen für Hilfsstoffe 4.200,00 €
und Zwei-Sechs-Null-Null Vorsteuer 798,00 €
an Vier-Vier-Null-Null Verbindlichkeiten 4.998,00 €

1.2 VON DER ERÖFFNUNG DER BESTANDSKONTEN BIS ZUM ABSCHLUSS DER KONTEN

Riccardo hat im letzten Jahr bereits die verschiedenen Arbeitsschritte in der Geschäftsbuchführung während eines Geschäftsjahres kennengelernt. Diese wiederholen sich Jahr für Jahr. Es ergibt sich ein sogenannter **Buchungskreislauf**, der mit der Eröffnung der aktiven und passiven Bestandskonten beginnt und mit dem Abschluss dieser Konten endet.

Mit Hilfe des Kontenplans soll Riccardo nun diese Arbeitsschritte durchführen. Dabei stehen ihm Max und Selma Demirci zur Seite.

1.2.1 ERÖFFNUNG DER BESTANDSKONTEN

SELMA DEMIRCI: Riccardo, du erinnerst dich bestimmt, dass die Eröffnungsbilanz die Grundlage für die Eröffnung der Bestandskonten ist.

RICCARDO: Dies ist mir bekannt und ich weiß, dass die Schlussbilanz des vorhergehenden Geschäftsjahres zugleich die Eröffnungsbilanz des folgenden Geschäftsjahres ist. Beide sind inhaltlich gleich. Dies entspricht dem **Grundsatz der Bilanzidentität**.

MAX: Am Anfang des Geschäftsjahres muss die Eröffnungsbilanz in Konten aufgelöst werden. Nach den Namen der beiden Bilanzseiten unterscheidet man Aktiv- und Passivkonten.

RICCARDO: Bei den aktiven Bestandskonten wird der Anfangsbestand ins Soll und bei den passiven Bestandskonten wird der Anfangsbestand ins Haben übernommen.

Anhand der folgenden (vereinfachten) Eröffnungsbilanz nimmt Riccardo die Eröffnung der aktiven und passiven Bestandskonten vor.

Aktiva	**Eröffnungsbilanz zum 01.01.20.. in €**		**Passiva**
Anlagevermögen		**Eigenkapital**	1.030.000,00
Grundstücke	310.000,00	**Fremdkapital**	
Betriebs- und		Langfristige Schulden	
Verwaltungsgebäude	750.000,00	Langfristige Bankverbindl.	1.100.000,00
Maschinen und Anlagen	945.000,00	Kurzfristige Schulden	
Fuhrpark	133.000,00	Kurzfristige Bankverbindl.	215.000,00
Büromöbel und GA	60.000,00	Verbindlichkeiten bei Lieferern	105.000,00
Umlaufvermögen			
Forderungen an Kunden	86.000,00		
Bankguthaben	154.000,00		
Kassenbestand	12.000,00		
	2.450.000,00		2.450.000,00

S	0500 GR	H
AB	310.000,00 €	

S	0530 BVG	H
AB	750.000,00 €	

S	0700 MA	H
AB	945.000,00 €	

S	0840 FP	H
AB	133.000,00 €	

S	0870 BGA	H
AB	60.000,00 €	

S	2400 FO	H
AB	86.000,00 €	

S	2800 BK	H
AB	154.000,00 €	

S	2880 KA	H
AB	12.000,00 €	

S	3000 EK		H
		AB	1.030.000,00 €

S	4250 LBKV		H
		AB	1.100.000,00 €

S	4200 KBKV		H
		AB	215.000,00 €

S	4400 VE		H
		AB	105.000,00 €

Anschließend weist Max seinen Mitauszubildenden Riccardo darauf hin, dass weitere Bestandskonten im Unternehmen eingerichtet werden, falls diese im Lauf eines Geschäftsjahres benötigt werden. Das neue Bestandskonto wird in diesem Fall bei der ersten 1/9
Buchung während des Geschäftsjahres erstellt. Z3

1.2.2 LAUFENDE BUCHUNGEN

SELMA DEMIRCI: Der nächste Arbeitsschritt ist die Erfassung der Geschäftsfälle aufgrund von Belegen während des Geschäftsjahres.

MAX: Selbstverständlich muss jeder Beleg vor der Buchung auf seine Richtigkeit überprüft werden.

RICCARDO: Das sollte ich schaffen, schließlich habe ich die Prüfung von Belegen bereits im letzten Jahr kennengelernt.

Selma Demirci hat für Riccardo fünf Belege zur buchhalterischen Erfassung ausgewählt (= **„laufende Buchungen"**). Diese soll er zunächst auf ihre Vollständigkeit sowie auf ihre sachliche und rechnerische Richtigkeit kontrollieren.

1/10 Dazu muss er auch wissen, welche notwendigen Angaben in einer Rechnung bzw. in einer Quittung enthalten sein müssen. In seinem BwR-Heft findet er folgenden Eintrag:

Notwendige Inhalte einer Rechnung:

- Name und Anschrift des Ausstellers (Verkäufer)
- Name und Anschrift des Empfängers (Käufer)
- Rechnungsnummer und Rechnungsdatum
- Zeitpunkt der Lieferung bzw. Leistung
- Menge bzw. Umfang und Art der Leistung
- Nettobetrag, Steuerbetrag, Bruttobetrag
- Steuersatz
- Steuernummer oder Umsatzsteuer-Identifikationsnummer
- Außerdem ist es hilfreich, wenn die Zahlungsbedingungen und die Bankverbindung angegeben werden.

Wichtige Angaben einer Quittung:

- Bezeichnung „Quittung"
- Grund der Zahlung
- Angaben über den Zahlenden
- Betrag in Ziffern und Worten
- Nettobetrag, Steuersatz, Steuerbetrag
- Ort und Datum
- Unterschrift des Ausstellers (Zahlungsempfänger)
- Angaben über den Aussteller

Beleg 1 (Auszug):

AK-Bikes

AK-Bikes, Stamsrieder Weg 50, 85049 Ingolstadt

Andrea Kästner Mountainbikes e. Kfr.
Stamsrieder Weg 50
85049 Ingolstadt

Telefon: 0841 0802020
Telefax: 0841 08020280
Internet: www.ak-bikes.bayern
E-Mail: info@ak-bikes.bayern

Firma
MTB-Stadl e. K. – Fahrradgroßhandel
Stadtplatz 1
88161 Lindenberg im Allgäu

Ingolstadt, 26. Januar 20..

Rechnung

Nr.: 13450423

Wir lieferten Ihnen frei Haus am 25. Januar 20..:

Artikel	Artikel-Nr.	Einzelpreis €	Stück	Gesamtpreis €
Mountainbike „Eagle“	MB-E	3.500,00	20	70.000,00
Mountainbike „Dragon“	MB-D	2.000,00	25	50.000,00
		Warenwert netto		120.000,00
		Umsatzsteuer 19 %		22.800,00
		Rechnungsbetrag		**142.800,00**

Wir danken für Ihren Auftrag.

Riccardo überprüft die Ausgangsrechnung:

- Vollständigkeit
  ⇨ Angaben, Daten ✓
- Sachliche Richtigkeit
  ⇨ Übereinstimmung mit Bestellung ✓
- Rechnerische Richtigkeit
  ⇨ Beträge ✓

Riccardo formuliert den **Geschäftsfall** zu Beleg 1:
AK-Bikes verkauft Mountainbikes auf Ziel, netto 120.000,00 €.

Danach bildet Riccardo für den Beleg 1 den **Buchungssatz**:

2400 FO	142.800,00 €	an	5000 UEFE	120.000,00 €
			4800 UST	22.800,00 €

Beleg 2:

DONAUBANK INGOLSTADT

IBAN DE72 7515 0080 4040 8080 20	Auszug/Jahr	14/20..
BIC DBNKDEFF	Blatt-Nr.	1
	Kontoauszug	Betrag in €

BuTag	Wert	Vorgang	
		Alter Kontostand	154.000,00 +
16.03.	16.03.	Gutschrift Zweirad Gruber GmbH, 87561 Oberstdorf Rechnung Nr. 030142/20.. v. 02.03.20..	5.950,00 +
		Neuer Kontostand	159.950,00 +

Andrea Kästner Mountainbikes e. Kfr. 85049 Ingolstadt

Ihre Servicebank	letzte Erstellung	13.03.20..
Homebanking bequem und günstig	Erstellungstag	17.03.20.. / 09:23

Geschäftsfall zu Beleg 2:
AK-Bikes erhält den offenen Rechnungsbetrag von 5.950,00 € des Kunden Zweirad Gruber per Banküberweisung.

Buchungssatz zu Beleg 2:

2800 BK	5.950,00 €	an	2400 FO	5.950,00 €

Beleg 3:

Quittung
Nr. 002357

Netto	€	3.000	Cent	00
+ 19 % USt.	€	570	Cent	00
Gesamt	€	3.570	Cent	00

Gesamtbetrag € in Worten
—— dreitausendfünfhundertsiebzig —— Cent wie oben

von Andrea Kästner Mountainbikes e. Kfr., 85049 Ingolstadt
für 80 Packungen Schrauben Titan / M5 x 18 mm
richtig erhalten zu haben, bestätigt

Ludwig Fischer
Großhandel für Fahrradteile
Bunsenstraße 32
85049 Ingolstadt

Ort Ingolstadt
Datum 05.05.20..

Buchungsvermerke	Stempel/Unterschrift des Empfängers
	Ludwig Fischer

Geschäftsfall zu Beleg 3:
AK-Bikes kauft Titanschrauben im Wert von 3.000,00 € netto und bezahlt bar.

Buchungssatz zu Beleg 3:

6020 AWH	3.000,00 €			
2600 VORST	570,00 €	an	2880 KA	3.570,00 €

Beleg 4 (Auszug):

Mehring Carbon GmbH

Mehring Carbon GmbH, Burgkirchener Str. 1, 84489 Burghausen

Firma
Andrea Kästner Mountainbikes e. Kfr.
Stamsrieder Weg 50
85049 Ingolstadt

Mehring Carbon GmbH
Burgkirchener Str. 1
84489 Burghausen

Telefon: 08677 / 0756230
Telefax: 08677 / 0757020
E-Mail: service@mehring-carbon...
Internet: www.mehring-carbon...

Burghausen, 12. April 20..

RECHNUNG Nr. 0400837/20..

Lieferdatum: 10.04.20..
Rechnungsdatum: 12.04.20..

Artikel	Menge	Einzelpreis	Gesamtpreis
Kohlefaser-Matten / HT-Fasern 120 g/m² Carbon-Gewebe CVL-120/1	350 m²	88,00 €	30.800,00 €
			30.800,00 €
	– 10 % Mengenrabatt		3.080,00 €
	Warenwert, netto		27.720,00 €
	+ 19 % Umsatzsteuer		5.266,80 €
	Rechnungsbetrag		**32.986,80 €**

Vielen Dank für Ihren Auftrag!

Geschäftsfall zu Beleg 4:
Eine Rechnung für Kohlefaser-Matten geht ein, netto 30.800,00 €, abzüglich 10 % Rabatt.

Buchungssatz zu Beleg 4:

6000 AWR	27.720,00 €			
2600 VORST	5.266,80 €	an	4400 VE	32.986,80 €

Prüfung (Belege 2–4):

- Vollständigkeit
  ⇨ Angaben, Daten ✓
- Sachliche Richtigkeit
  ⇨ Übereinstimmung mit Bestellung ✓
- Rechnerische Richtigkeit
  ⇨ Beträge ✓

Beleg 5 (Auszug):

FRENO GmbH
TECHNOLOGY IS OUR PASSION

FRENO GmbH, Zugspitzstraße 245, 86165 Augsburg

FRENO GmbH
Zugspitzstraße 245
86165 Augsburg

Telefon: 0821 / 0500
Telefax: 0821 / 0503
E-Mail: service@freno...
Internet: www.freno...

Firma
Andrea Kästner Mountainbikes e. Kfr.
Stamsrieder Weg 50
85049 Ingolstadt

Augsburg, 04. Juni 20..

RECHNUNG Nr. 00100600567

Bestellung 01.06.20..
Lieferdatum: 04.06.20..
Kunden-Nr.: 001841

Artikel	Menge	Einzelpreis	Gesamtpreis
Bremsscheiben „FXX300" XXM-ZBL 203 mm	150	50,00 €	7.500,00 €
	– 20 % Rabatt		1.500,00 €
	Warenwert, netto		6.000,00 €
	+ 19 % Umsatzsteuer		1.140,00 €
	Rechnungsbetrag		**7.140,00 €**

Zahlungsbedingungen: Zahlbar innerhalb 14 Tagen rein netto.
Die Ware bleibt bis zur vollständigen Bezahlung unser Eigentum.

Riccardo überprüft die Eingangsrechnung:

- Vollständigkeit
  ⇨ Angaben, Daten ✓
- Sachliche Richtigkeit
  ⇨ Übereinstimmung mit Bestellung ✓
- Rechnerische Richtigkeit
  ⇨ Beträge ✓

1/11 **Geschäftsfall** zu Beleg 5:
Eine Rechnung für Bremsscheiben geht ein (Listenpreis netto 7.500,00 €, abzüglich 20 % Rabatt).

Z4 **Buchungssatz** zu Beleg 5:

6010 AWF	6.000,00 €			
2600 VORST	1.140,00 €	an	4400 VE	7.140,00 €

Schließlich nimmt Riccardo noch die **Buchungen in den T-Konten** im Hauptbuch vor:

S	0500 GR		H
AB	310.000,00 €		

S	3000 EK		H
		AB	1.030.000,00 €

S	0530 BVG		H
AB	750.000,00 €		

S	4250 LBKV		H
		AB	1.100.000,00 €

S	0700 MA		H
AB	945.000,00 €		

S	4200 KBKV		H
		AB	215.000,00 €

S	0840 FP		H
AB	133.000,00 €		

S	**4400 VE**		H
		AB	105.000,00 €
		4. AWR, VORST	**32.986,80 €**
		5. AWF, VORST	**7.140,00 €**

S	0870 BGA		H
AB	60.000,00 €		

S	**4800 UST**		H
		1. FO	**22.800,00 €**

S	**2400 FO**		H
AB	86.000,00 €	**2. BK**	**5.950,00 €**
1. UEFE, UST	**142.800,00 €**		

S	**2800 BK**		H
AB	154.000,00 €		
2. FO	**5.950,00 €**		

S	**2880 KA**		H
AB	12.000,00 €	**3. AWH, VORST**	**3.570,00 €**

S	**2600 VORST**		H
3. KA	**570,00 €**		
4. VE	**5266,80 €**		
5. VE	**1.140,00 €**		

S	**6000 AWR**		H
4. VE	**27.720,00 €**		

S	**5000 UEFE**		H
		1. FO	**120.000,00 €**

S	**6010 AWF**		H
5. VE	**6.000,00 €**		

S	**6020 AWH**		H
3. KA	**3.000,00 €**		

1.2.3 ABSCHLUSSBUCHUNGEN UND BEURTEILUNG DES UNTERNEHMENSERFOLGS

SELMA DEMIRCI: Am Ende eines jeden Geschäftsjahres müssen alle Konten abgeschlossen werden.

RICCARDO: Zunächst sind die Erfolgskonten (Aufwands- und Ertragskonten) über das Gewinn- und Verlustkonto abzuschließen. Danach erfolgt der Abschluss des GUV-Kontos. Dabei wird der ermittelte Gewinn oder Verlust auf das Eigenkapitalkonto übertragen.

MAX: Das ist richtig. Und am Ende müssen noch die aktiven und passiven Bestandskonten abgeschlossen werden.

RICCARDO: Dafür benötigen wir das Schlussbilanzkonto. Es dient zum Abschluss der Bestandskonten.

MAX: Wenn im Schlussbilanzkonto die Summe der Sollseite gleich der Summe der Habenseite ist, hat die Buchführung die Beträge jeweils korrekt im Soll und im Haben erfasst.

1. Schritt
Abschluss der Erfolgskonten auf das GUV-Konto

2. Schritt
Abschluss des GUV-Kontos auf das Eigenkapitalkonto

3. Schritt
Abschluss der Bestandskonten auf das Schlussbilanzkonto

Selma Demirci erinnert Riccardo daran, dass bei den Arbeitsschritten die jeweiligen T-Konten im Hauptbuch abgeschlossen werden müssen. Dabei wird der Saldo im Konto ermittelt. Der Saldo in einem Konto ist der Unterschiedsbetrag zwischen der Summe der Beträge der Sollseite und der Beträge der Habenseite. Riccardo hat sich die Vorgehensweise beim Kontenabschluss bereits im letzten Jahr notiert:

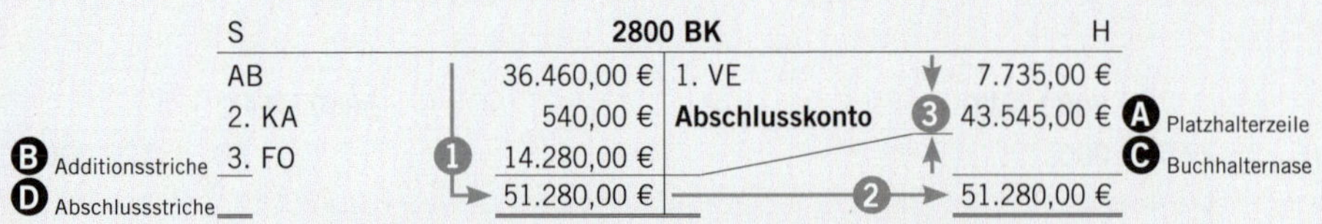

1. Summe der wertmäßig größeren Seite ermitteln
2. Kontensumme auf die andere Kontenseite übertragen
3. **Saldo** ermitteln und **Abschlusskonto** nennen

Abschluss der Erfolgskonten auf das GUV-Konto

Eigentlich müssen die Erfolgskonten als Unterkonten des Eigenkapitals über das Eigenkapitalkonto abgeschlossen werden. Aus Gründen der Übersichtlichkeit und Klarheit wird aber auf dem Eigenkapitalkonto nur das Gesamtergebnis (Gewinn oder Verlust) ausgewiesen, aber nicht die einzelnen Erfolgsvorgänge. Die Aufwendungen und Erträge werden zunächst auf einem Zwischenkonto, dem **Gewinn- und Verlustkonto (GUV-Konto)**, gegenübergestellt.

Bei der Erfassung der laufenden Buchungen des Geschäftsganges hat Riccardo vier Erfolgskonten benötigt. Sie werden nun von ihm über das GUV-Konto abgeschlossen:

Buchungssätze:

8020 GUV	27.720,00 €	an	6000 AWR	27.720,00 €
8020 GUV	6.000,00 €	an	6010 AWF	6.000,00 €
8020 GUV	3.000,00 €	an	6020 AWH	3.000,00 €
5000 UEFE	120.000,00 €	an	8020 GUV	120.000,00 €

Buchung in T-Konten:

S	6000 AWR		H
4. VE	27.720,00 €	GUV	27.720,00 €
	27.720,00 €		27.720,00 €

S	5000 UEFE		H
GUV	120.000,00 €	1. FO	120.000,00 €
	120.000,00 €		120.000,00 €

S	6010 AWF		H
5. VE	6.000,00 €	GUV	6.000,00 €
	6.000,00 €		6.000,00 €

S	6020 AWH		H
3. KA	3.000,00 €	GUV	3.000,00 €
	3.000,00 €		3.000,00 €

S	8020 GUV		H
AWR	27.720,00 €	1. UEFE	120.000,00 €
AWF	6.000,00 €		
AWH	3.000,00 €		

1/12

Beurteilung des Unternehmenserfolges

SELMA DEMIRCI: Nach dem Abschluss der Erfolgskonten zeigt uns der Saldo des GUV-Kontos den Erfolg von AK-Bikes. Wir können sofort erkennen, ob wir einen Reingewinn oder einen Reinverlust erzielt haben.

RICCARDO: Je nachdem, ob die Erträge oder die Aufwendungen überwiegen, hat unser Unternehmen einen Gewinn oder einen Verlust erwirtschaftet.

MAX: Darüber hinaus geben die im GUV-Konto gebuchten Aufwendungen und Erträge Aufschluss darüber, durch welche Erfolgsvorgänge das Ergebnis zustande kam. Es zeigt somit die Quellen des Erfolges.

Für den Erfolg der unternehmerischen Tätigkeit gibt es zwei Möglichkeiten. Dies verdeutlicht das folgende Schaubild von Selma Demirci nochmals im Überblick:

entweder:

S	8020 GUV	H
Aufwendungen	Erträge	
GEWINN		

⇨ **Positiver Erfolg**

Aufwendungen < Erträge
= Gewinn (Jahresüberschuss)

oder:

S	8020 GUV	H
Aufwendungen	Erträge	
	VERLUST	

⇨ **Negativer Erfolg**

Aufwendungen > Erträge
= Verlust (Jahresfehlbetrag)

Riccardo ist mit dem von ihm ermittelten Ergebnis zufrieden, da im GUV-Konto Erträge in Höhe von 120.000,00 € den Aufwendungen in Höhe von 36.720,00 € gegenüberstehen. Das Unternehmen hat somit einen Gewinn in Höhe von 83.280,00 € erzielt und dementsprechend erfolgreich gewirtschaftet.

SELMA DEMIRCI: Ein angemessener Gewinn ist insbesondere für die Inhaberin Andrea Kästner wichtig. Als Einzelunternehmerin von AK-Bikes bezieht sie kein Gehalt, sondern lebt vom Gewinn. Darüber hinaus muss sie finanzielle Rücklagen z. B. für ungeplante Ereignisse („Notgroschen"), private Anschaffungen oder für die Altersvorsorge bilden.

MAX: Der Gewinn hat aber noch eine weitere Bedeutung: Durch diesen werden auch Neuanschaffungen (Investitionen) im Unternehmen AK-Bikes ermöglicht. So kann Andrea Kästner beispielsweise Geld aus dem Gewinn für neue Maschinen bereitstellen.

Abschluss des Gewinn- und Verlustkontos auf das Eigenkapitalkonto

Nun muss Riccardo noch das GUV-Konto über das Eigenkapitalkonto abschließen. Er ermittelt deshalb zunächst den Saldo im Konto 8020 GUV. Danach bildet er den Buchungssatz zur Übertragung des Gewinns auf das Eigenkapitalkonto und bucht anschließend in den beiden Konten. Der Gewinn bewirkt eine Eigenkapitalmehrung.

Buchungssatz (bei Gewinn):

8020 GUV	**83.280,00 €**	an	**3000 EK**	**83.280,00 €**

Buchung in T-Konten:

S	**8020 GUV**		H
AWR	27.720,00 €	UEFE	120.000,00 €
AWF	6.000,00 €		
AWH	3.000,00 €		
EK (Gewinn)	83.280,00 €		
	120.000,00 €		120.000,00 €

S	**3000 EK**		H
		AB	1.030.000,00 €
		GUV	83.280,00 €

Eigenkapitalmehrung

1/13

Als Unternehmenserfolg könnte sich auch ein Verlust von angenommen 17.510,00 € ergeben (Eigenkapitalminderung). In diesem Fall bildet Riccardo den Buchungssatz wie folgt.

Buchungssatz (bei Verlust):

3000 EK	**17.510,00 €**	an	**8020 GUV**	**17.510,00 €**

Abschluss der Bestandskonten auf das Schlussbilanzkonto

Über das Schlussbilanzkonto (SBK) schließt Riccardo zuletzt alle Bestandskonten ab.

Buchungssätze: Abschluss der aktiven Bestandskonten				
8010 SBK	310.000,00 €	an	0500 GR	310.000,00 €
8010 SBK	750.000,00 €	an	0530 BVG	750.000,00 €
8010 SBK	945.000,00 €	an	0700 MA	945.000,00 €
8010 SBK	133.000,00 €	an	0840 FP	133.000,00 €
8010 SBK	60.000,00 €	an	0870 BGA	60.000,00 €
8010 SBK	222.850,00 €	an	2400 FO	222.850,00 €
8010 SBK	6.976,80 €	an	2600 VORST	6.976,80 €
8010 SBK	159.950,00 €	an	2800 BK	159.950,00 €
8010 SBK	8.430,00 €	an	2880 KA	8.430,00 €
Buchungssätze: Abschluss der passiven Bestandskonten				
3000 EK	1.113.280,00 €	an	8010 SBK	1.113.280,00 €
4250 LBKV	1.100.000,00 €	an	8010 SBK	1.100.000,00 €
4200 KBKV	215.000,00 €	an	8010 SBK	215.000,00 €
4400 VE	145.126,80 €	an	8010 SBK	145.126,80 €
4800 UST	22.800,00 €	an	8010 SBK	22.800,00 €

Buchung in T-Konten:

S	**0500 GR**		H
AB	310.000,00 €	**SBK**	**310.000,00 €**

S	**0530 BVG**		H
AB	750.000,00 €	**SBK**	**750.000,00 €**

S	**0700 MA**		H
AB	945.000,00 €	**SBK**	**945.000,00 €**

S	**0840 FP**		H
AB	133.000,00 €	**SBK**	**133.000,00 €**

S	**0870 BGA**		H
AB	60.000,00 €	**SBK**	**60.000,00 €**

S	**2400 FO**		H
AB	86.000,00 €	2. BK	5.950,00 €
2. UEFE, UST	142.800,00 €	**SBK**	**222.850,00 €**
	228.800,00 €		228.800,00 €

S	**3000 EK**		H
SBK	**1.113.280,00 €**	AB	**1.030.000,00 €**
		GUV	83.280,00 €
	1.113.280,00 €		**1.113.280,00 €**

S	**4250 LBKV**		H
SBK	**1.100.000,00 €**	AB	1.100.000,00 €

S	**4200 KBKV**		H
SBK	**215.000,00 €**	AB	215.000,00 €

S	**4400 VE**		H
SBK	**145.126,80 €**	AB	105.000,00 €
		3. AWR, VORST	32.986,80 €
		5. AWF, VORST	7.140,00 €
	145.126,80 €		145.126,80 €

S	**4800 UST**		H
SBK	**22.800,00 €**	1. FO	22.800,00 €

S	2600 VORST		H
2. KA	570,00 €	**SBK**	**6.976,80 €**
3. VE	5.266,80 €		
5. VE	1.140,00 €		
	6.976,80 €		6.976,80 €

S	2800 BK		H
AB	154.000,00 €	**SBK**	**159.950,00 €**
2. FO	5.950,00 €		
	159.950,00 €		159.950,00 €

S	2880 KA		H
AB	12.000,00 €	4. AWH, VORST	3.570,00 €
		SBK	**8.430,00 €**
	12.000,00 €		12.000,00 €

Als Riccardo die Summe der Sollseite mit der Summe der Habenseite im Schlussbilanzkonto vergleicht, ist er erleichtert. Die Übereinstimmung zeigt ihm, dass er die Buchungen in den T-Konten korrekt vorgenommen hat.

Er nimmt eine weitere Überprüfung vor, indem er die Eintragungen im Schlussbilanzkonto und in der Schlussbilanz schrittweise miteinander abgleicht. Dabei stellt er fest, dass die Beträge sowie die Anordnung der Konten in den beiden Darstellungen identisch sind. 1/14

Trotz Gemeinsamkeiten dürfen Schlussbilanzkonto und Schlussbilanz nicht verwechselt werden. Denn das Schlussbilanzkonto ergibt sich durch die Abschlussbuchungen der Bestandskonten, die Schlussbilanz dagegen wird auf Grundlage der Inventur am Geschäftsjahresende erstellt. Bei Abweichungen liegt eine **Inventurdifferenz** vor. Diese muss in der Buchhaltung korrigiert werden, weil der durch die Inventur ermittelte Bestand als korrekt anzusehen ist.

S	8010 SBK		H
0500 GR	310.000,00 €	3000 EK	1.113.280,00 €
0530 BVG	750.000,00 €	4250 LBKV	1.100.000,00 €
0700 MA	945.000,00 €	4200 KBKV	215.000,00 €
0840 FP	133.000,00 €	4400 VE	145.126,80 €
0870 BGA	60.000,00 €	4800 UST	22.800,00 €
2400 FO	222.850,00 €		
2600 VORST	6.976,80 €		
2800 BK	159.950,00 €		
2880 KA	8.430,00 €		
	2.596.206,80 €		2.596.206,80 €

Aktiva	Schlussbilanz zum 31.12.20.. in €		Passiva
Anlagevermögen		**Eigenkapital**	1.113.280,00
Grundstücke	310.000,00	**Fremdkapital**	
Betriebs- und Verwaltungsgebäude	750.000,00	Langfristige Schulden	
Maschinen und Anlagen	945.000,00	Langfristige Bankverbindl.	1.100.000,00
Fuhrpark	133.000,00	Kurzfristige Schulden	
Büromöbel und GA	60.000,00	Kurzfristige Bankverbindl.	215.000,00
Umlaufvermögen		Verbindlichkeiten bei Lieferern	145.126,80
Forderungen an Kunden	222.850,00	Umsatzsteuer	22.800,00
Vorsteuer	6.976,80		
Bankguthaben	159.950,00		
Kassenbestand	8.430,00		
	2.596.206,80		2.596.206,80

Z5

Ingolstadt, 31.12.20.. *Andrea Kästner*

1/15

1.3 BUCHEN MIT EINEM FINANZBUCHHALTUNGSPROGRAMM

RICCARDO: Wenn tagtäglich zahlreiche Geschäftsfälle anfallen, ist der Arbeitsaufwand für die buchhalterische Erfassung und für die Auswertung sehr groß.

SELMA DEMIRCI: Da hast du Recht. Deshalb setzen wir im Unternehmen ein Finanzbuchhaltungsprogramm ein. Es ermöglicht uns, eine Vielzahl von Buchungsdaten in kürzester Zeit zu erfassen, automatisch zu verarbeiten und zu speichern.

RICCARDO: Ich bin schon gespannt, wie das funktioniert.

SELMA DEMIRCI: Im Unternehmen AK-Bikes verwenden wir in der Buchhaltung das Finanzbuchhaltungsprogramm WINLine*.

MAX: Ich habe damit schon gearbeitet. Gerne zeige ich Riccardo die Bedienung.

SELMA DEMIRCI: Super! Dann bildet doch in einem ersten Schritt die Buchungssätze für die beiden Belege und formuliert den Geschäftsfall.

* Über das Staatsinstitut für Schulqualität und Bildungsforschung (ISB) können Schulen das Programm WINLine kostenfrei beziehen.

Beleg 1 (Auszug):

AWD GmbH

AWD GmbH, August-Hirsch-Straße 3, 47119 Duisburg

Firma
Andrea Kästner Mountainbikes e. Kfr.
Stamsrieder Weg 50
85049 Ingolstadt

AWD GmbH
August-Hirsch-Straße 3
47119 Duisburg

Telefon: 0203 / 0239001
Telefax: 0203 / 0239307
E-Mail: service@awd...
Internet: www.awd...

RECHNUNG Nr. 001559 vom 15.12.20..

Duisburg, 15. Dezember 20..

Bestellung: 10.12.20..
Kundennummer: 02075
Lieferdatum: 15.12.20..

Artikel	Menge	Einzelpreis	Gesamtpreis
Aluminiumrohre AM 30*2 AlMgSi0,5	400 m	8,15 €	3.260,00 €
			3.260,00 €
	– 10 % Mengenrabatt		326,00 €
	Warenwert, netto		2.934,00 €
	+ 19 % Umsatzsteuer		557,46 €
	Rechnungsbetrag		**3.491,46 €**

Vielen Dank für Ihren Auftrag!

Geschäftsfall zu Beleg 1:
Eingangsrechnung für Aluminiumrohre, netto 3.260,00 €, abzüglich 10 % Rabatt.

Buchungssatz zu Beleg 1:

6000 AWR	2.934,00 €			
2600 VORST	557,46 €	an	4400 VE	3.491,46 €

Beleg 2 (Auszug):

AK-Bikes

AK-Bikes, Stamsrieder Weg 50, 85049 Ingolstadt

Andrea Kästner Mountainbikes e. Kfr.
Stamsrieder Weg 50
85049 Ingolstadt

Telefon: 0841 0802020
Telefax: 0841 08020280
Internet: www.ak-bikes.bayern
E-Mail: info@ak-bikes.bayern

Firma
MTB-Stadl e. K. – Fahrradgroßhandel
Stadtplatz 1
88161 Lindenberg im Allgäu

Ingolstadt, 18. Dezember 20..

Rechnung

Nr.: 13350999

Wir lieferten Ihnen frei Haus am 16. Dezember 20..:

Artikel	Artikel-Nr.	Einzelpreis €	Stück	Gesamtpreis €
Mountainbike „Mount Everest“	MB-ME	2.400,00	4	9.600,00
		Warenwert netto		9.600,00
		Umsatzsteuer 19 %		1.824,00
		Rechnungsbetrag		**11.424,00**

Geschäftsfall zu Beleg 2:
Ausgangsrechnung für Mountainbikes, brutto 11.424,00 €

Buchungssatz zu Beleg 2:

2400 FO	11.424,00 €	an	5000 UEFE	9.600,00 €
			4800 UST	1.824,00 €

Geschäftsfall 3:
Verkauf eines Mountainbikes im Wert von 5.000,00 € netto gegen Barzahlung in Höhe von 2.000,00 €, das Zahlungsziel für den Restbetrag beträgt 14 Tage.

Buchungssatz 3:

2880 KA	2.000,00 €			
2400 FO	3.950,00 €	an	5000 UEFE	5.000,00 €
			4800 UST	950,00 €

Vor Eingabe in das Finanzbuchhaltungsprogramm müssen die Buchungssätze in eine „eingabegerechte Form“ gebracht werden. Die Belege bzw. Geschäftsfälle werden deshalb sofort mit Hilfe der **Vorkontierungsliste** erfasst. Deren Spalten entsprechen den Eingabefeldern des Finanzbuchhaltungsprogramms.

Riccardo erhält von Max als Hilfe zur Erstellung der Vorkontierungsliste die folgende Übersicht, in der wichtige Begriffe bzw. Abkürzungen erklärt werden:

Aufbau der Vorkontierungsliste	
Abkürzung	**Bedeutung**
Nr.	Buchungsnummer (fortlaufende Nummer)
BA	**Buchungsart** EB = Eröffnungsbuchung, um den Anfangsbestand in ein Bestandskonto zu übernehmen **B = Laufende Buchung** **Achtung:** Bei Konten mit Umsatzsteuer ist die **Umsatzsteuerautomatik** in Kraft, d. h. die Buchung und Berechnung der Umsatzsteuer erfolgt automatisch. **Die Umsatzsteuerkonten werden deshalb in der Vorkontierungsliste nicht gesondert ausgewiesen.** AB = Abschlussbuchung
Datum	Eingabedatum (wird von der Software automatisch vergeben)
Soll	**Eingabe der Kontennummer des Kontos, das im Soll gebucht wird**
Haben	**Eingabe der Kontennummer des Kontos, das im Haben gebucht wird**
BNr.	Belegnummer des Buchungsbeleges (ER = Eingangs-, AR = Ausgangsrechnung)
Text	Buchungstext (Kurzbeschreibung des Geschäftsfalles)
B/N	**B = Bruttobetrag** **N = Nettobetrag**
Betrag	**Eingabe des gebuchten Betrages**
UCo	= **Umsatzsteuer-Code**, durch den das Programm die Buchung und Berechnung der Umsatzsteuer automatisch aktiviert (**Umsatzsteuerautomatik**): U19 (UST 19 %), U7 (UST 7 %) bzw. V19 (VORST 19 %), V7 (VORST 7 %)

Riccardo trägt auf der Grundlage der Buchungssätze die drei Geschäftsfälle in die Vorkontierungsliste ein:

Nr.	BA	Datum	Soll	Haben	BNr.	Text	Betrag		UCo
							B/N	€	
1	**B**	19.12.	**6000**	**4400**	ER1	Zielkauf R	**N**	**2.934,00**	**V19**
2	**B**	19.12.	**2400**	**5000**	AR1	Zielverkauf FE	**B**	**11.424,00**	**U19**
3	**B**	19.12.		**5000**	AR2	Bar-/Zielverk. FE	**N**	**5.000,00**	**U19**
			2880				**N**	**2.000,00**	
			2400				**N**	**3.950,00**	

Max hat für Riccardo noch einen weiteren Vorteil eines Finanzbuchhaltungsprogramms parat. So prüft die Software bei zusammengesetzten Buchungssätzen automatisch, ob die Beträge auf der Soll- und Habenseite ausgeglichen sind. Ein offener Restbetrag wird gegebenenfalls im Betragsfeld ausgewiesen.

Riccardo übernimmt nun die Eintragungen der Vorkontierungsliste in das Finanzbuchhaltungsprogramm. Im Programm ruft er dazu im Menüpunkt „Buchen“ das Untermenü „Periode“ auf und gibt den Buchungsmonat ein. Dadurch wird die Buchungsart „B“ (= Standard-Sachbuchung) aktiviert. Anschließend führt er die Buchungen im Finanzbuchhaltungsprogramm durch.

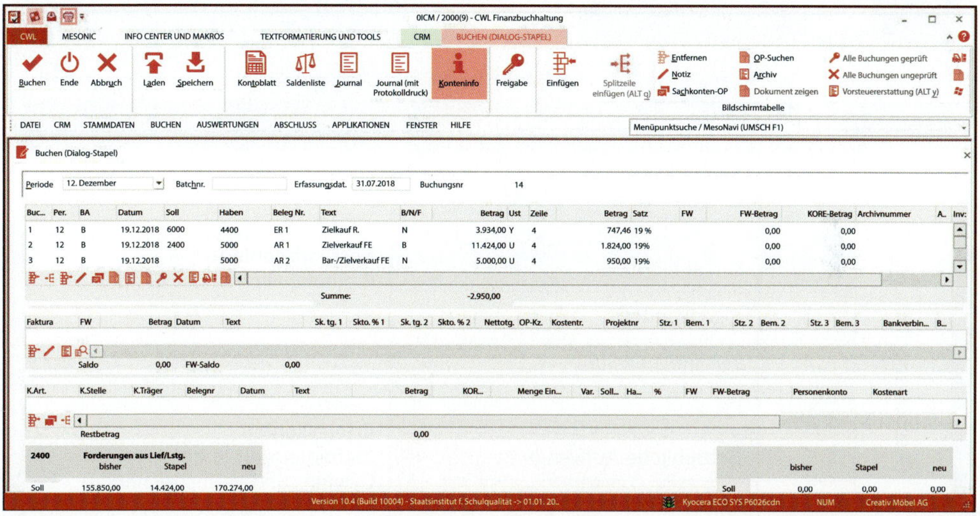

Nach der Eingabe in die Buchungsmaske kann Riccardo sofort unter dem Menüpunkt „Aus- 1/16
wertungen“ unterschiedliche Übersichten erstellen und ausdrucken. So können das Bu- Z6
chungsjournal (= Grundbuch), das jeweilige Kontoblatt, die Saldenliste, die Bilanz (bzw. Ar-
beitsbilanz) und die Gewinn- und Verlustrechnung mit einem „Mausklick“ erstellt werden. 1/17

Alles Klar?

KONTENRAHMEN UND KONTENPLAN

KONTENRAHMEN

Zusammenstellung aller Konten, die in einem Unternehmen vorkommen können.

KONTENPLAN

Ausgewählte Konten, die ein Unternehmen tatsächlich benötigt.

Der Kontenrahmen/-plan ist nach dem **Abschlussgliederungsprinzip** erstellt:

	Klasse	Name/Inhalt der Kontenklasse	
Geschäftsbuchführung	0	Sachanlagen	**Bestandskonten** (befinden sich in der Bilanz)
	1	Finanzanlagen	
	2	Umlaufvermögen	
	3	Eigenkapital	
	4	Verbindlichkeiten	
	5	Erträge	**Erfolgskonten** (befinden sich in der Gewinn- und Verlustrechnung)
	6	Betriebliche Aufwendungen	
	7	Weitere Aufwendungen	
	8	Ergebnisrechnung	Eröffnungs-/Abschlusskonten
KLR	9	Kosten- und Leistungsrechnung	

KONTENNUMMER

Jedes Konto hat eine **vierstellige** Kontennummer, diese ist nach dem dekadischen System aufgebaut:

AUFBAU DER KONTENNUMMER		
Am Beispiel der Kontennummer 6030 erkennt man:		
Kontenklasse	6	Betriebliche Aufwendungen
Kontengruppe	60	Aufwendungen für Werkstoffe
Kontenart	603	Aufwendungen im Zusammenhang mit Betriebsstoffen
Konto	6030	Aufwendungen für Betriebsstoffe
Sprich: „Sechs-Null-Drei-Null Aufwendungen für Betriebsstoffe“		

Bei Buchungssätzen müssen die jeweiligen Kontennummern, die Kontennamen bzw. die Kontenabkürzung und die Beträge angegeben werden.

BUCHUNGSKREISLAUF

Dieser Ablauf wiederholt sich Jahr für Jahr.

Schlussbilanz des Vorjahres (31.12.) = Eröffnungsbilanz des Folgejahres (01.01.)

GESCHÄFTSGANG

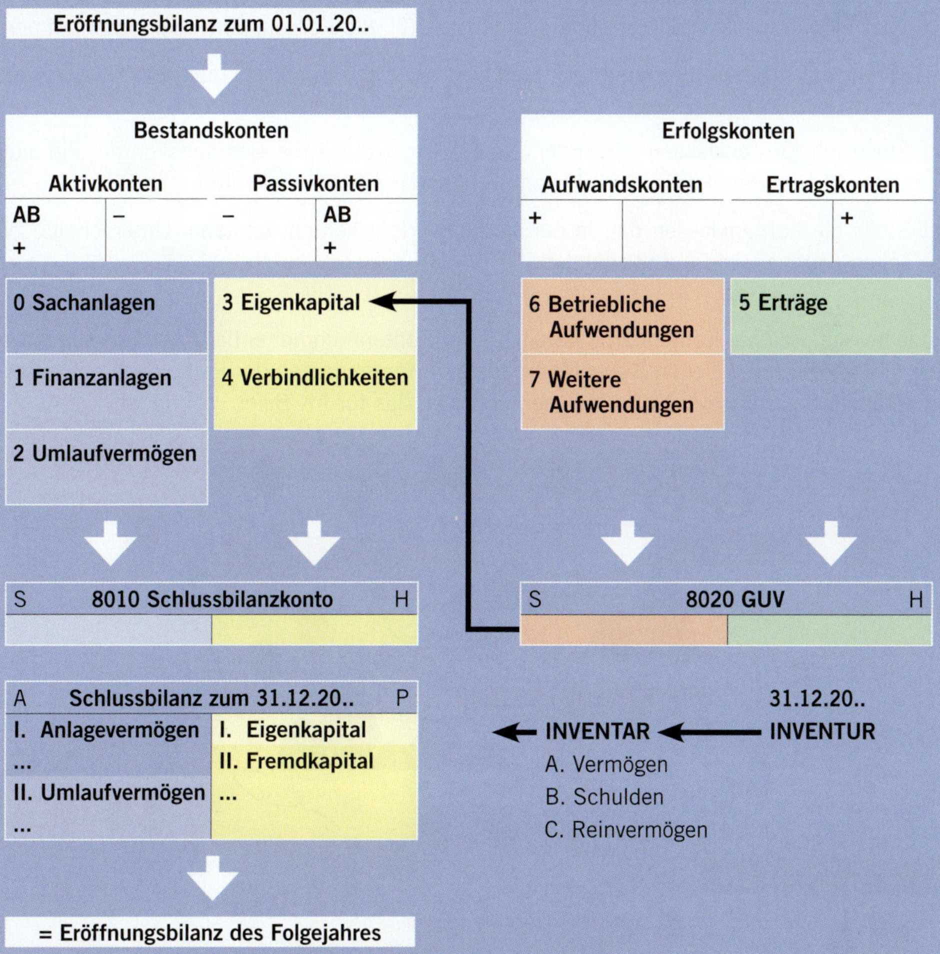

1.4 ANWENDUNGSAUFGABEN

1/1 Frau Dorina Orban und Herr Martin Liebmann, zwei angehende Existenzgründer, unterhalten sich bei einem Seminar über die Organisation der Buchführung.

Frau Orban: „Ich werde in meinem Unternehmen den Industriekontenrahmen als Grundlage für die Buchführung verwenden. Dadurch erhalte ich eine übersichtliche Gliederung der Konten."

Herr Liebmann: „Die Verwendung eines Kontenrahmens ist lediglich eine Empfehlung. Eine gesetzliche Verpflichtung besteht nicht. Ich werde die Buchführung in meinem Unternehmen nach einem von mir entworfenen Plan gestalten."

Diskutiere diese beiden Aussagen mündlich mit deinem Banknachbarn. Stelle drei Argumente kurz schriftlich dar, die für die Verwendung eines Kontenrahmens im Unternehmen sprechen.

1/2 Arbeite zusammen mit deinem Banknachbarn.

1. Korrigiert die folgende Aussage so, dass sie richtig ist:
   „Der Industriekontenrahmen ist die Grundlage für alle Kontenpläne aller Unternehmen."
2. Erklärt mit eigenen Worten den Unterschied zwischen Kontenrahmen und Kontenplan.

1/3
1. Stelle die Kontenklassen (Nummer, Name) dar, welche die Bestandskonten enthalten. Unterscheide dabei zwischen aktiven und passiven Bestandskonten.
2. Stelle die Kontenklassen dar, in der sich die Erfolgskonten befinden. Unterscheide zwischen Erträgen und Aufwendungen.

1/4 Finde heraus, welcher Kontenname jeweils zu der Kontennummer entlang der Fahrstrecke gehört. Setze die angegebenen Buchstaben aus den Kontennamen der Reihe nach zusammen. Du erhältst als Lösungswort ein Unternehmensziel, das für AK-Bikes wichtig ist.

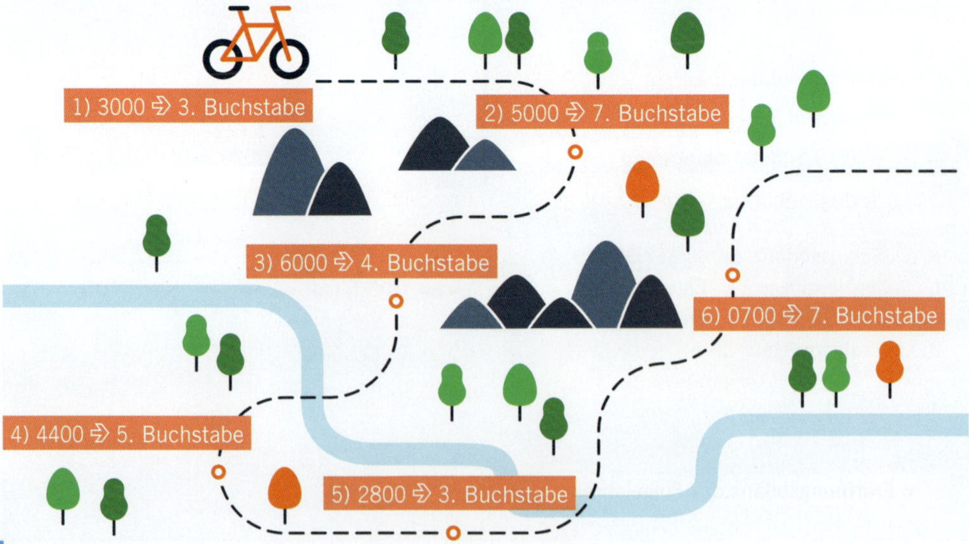

Du bist Experte für Kontennummern. Unterstütze Riccardo bei den folgenden Aufgaben: **1/5**

1. Analysiere die Kontennummer 6020. Orientiere dich an dem Beispiel von Seite 16.
2. Ordne in einer Tabelle die folgenden Konten zuerst der richtigen Kontenklasse zu und gib dann die entsprechende Kontennummer und die Kontenabkürzung an.

   Bank, Verbindlichkeiten aus Lieferungen und Leistungen, Aufwendungen für Rohstoffe, Kasse, Fuhrpark, Schlussbilanzkonto, Eigenkapital, Umsatzerlöse für eigene Erzeugnisse

Konto	**Kontenklasse**	**Kontennummer**	**Kontenabkürzung**
Bank	???	???	???
...	...	...	...

3. Ermittle für die folgenden Kontennummern den Kontennamen und die Kontenabkürzung.

   6030 0500 2400 3000 8020 0870 4200 6010

Löse das Rätsel zum Industriekontenrahmen. **1/6**

				1	?	?	?									
				2	?	?	?	?	?	?	?	?	?			
			3	?	?	?	?	?	?	?	?	?	?	?	?	?
			4	?	?	?	?	?	?	?						
5	?	?	?	?	?	?	?	?	?							
6	?	?	?	?	?	?	?	?	?	?	?	?				
	7	?	?	?	?	?	?	?	?							
	8	?	?	?	?	?	?	?	?	?	?	?	?	?		
				9	?	?	?	?	?							
		10	?	?	?	?	?	?	?	?	?	?	?	?		

1. Abkürzung für den Begriff „Industriekontenrahmen"
2. Werkstoffe, die im Konto mit der Kontennummer 6000 erfasst werden.
3. Der Industriekontenrahmen wird in 10 ... eingeteilt.
4. Inhalt der Kontenklasse 5
5. Konto mit der Kontennummer 2600
6. Dies ist ab sofort im Buchungssatz anzugeben.
7. Konto mit der Kontennummer 0840
8. Überbegriff für Aufwands- und Ertragskonten
9. Konto mit der Kontennummer 2880
10. Synonym für den Begriff „dekadisches System" bzw. „Dezimalsystem"

Schreibe die Lösung in dein Heft. Umlaute werden mit einem Buchstaben geschrieben (ä, ö, ü). Das Lösungswort ergibt einen Begriff aus der Buchführung.

1/7 Unterstütze Riccardo bei der Bearbeitung der folgenden Geschäftsfälle. Es sind jeweils die Buchungssätze mit Kontennummer, Kontenname (Abkürzung) und Betrag zu bilden:

1. Verkauf von zwei Mountainbikes auf Ziel, netto 5.000,00 €
2. Eingangsrechnung: Kauf von Farblacken, brutto 2.975,00 €
3. Barzahlung im Computergeschäft für ein Tablet, netto 1.100,00 €
4. Barkauf eines Büroschranks, Listenpreis netto 1.200,00 €, abzüglich 15 % Rabatt
5. Eingangsrechnung: Kauf von Aluminiumrohren, netto 1.500,00 €
6. Banküberweisung zum Rechnungsausgleich für den Fall 2
7. Kauf von Hydrauliköl, brutto 178,50 €, Zahlung mit Girocard
8. Bareinzahlung auf das Geschäftsbankkonto von AK-Bikes 736,00 €

1/8 Das Konto Bank enthält laut Hausmitteilung vier Eintragungen. Formuliere jeweils den Geschäftsfall und bilde den Buchungssatz zu den jeweiligen Buchungen im Konto Bank.

Andrea Kästner Mountainbikes e. Kfr.

Hausmitteilung

An: Geschäftsbuchführung

Von: Abt. Rechnungswesen

Auszug aus dem Hauptbuch – Konto 2800 Bank; bitte formuliere zu den jeweiligen Buchungen den entsprechenden Geschäftsfall und bilde den Buchungssatz!

Soll		2800 BK	Haben
AB	43.760,00 €	2. VE	7.378,00 €
1. KBKV	15.000,00 €	3. AWH, VORST	83,30 €
4. FO	7.140,00 €		

Mit freundlichen Grüßen

Selma Demirci

1/9 Im Unternehmen Andrea Kästner Mountainbikes e. Kfr. sollst du dem Praktikanten die Eröffnung der Bestandskonten mit Hilfe der folgenden Eröffnungsbilanz demonstrieren.

Eröffne die Bestandskonten auf Grund der Eröffnungsbilanz. Benutze als Hilfsmittel einen T-Kontenblock bzw. das Arbeitsbuch.

Aktiva	Eröffnungsbilanz zum 01.01.20.. in €		Passiva
Anlagevermögen		**Eigenkapital**	???
Maschinen und Anlagen	413.000,00	**Fremdkapital**	
Fuhrpark	67.000,00	Langfristige Schulden	
Büromaschinen	28.000,00	Langfristige Bankverbindl.	225.000,00
Büromöbel und GA	40.000,00	Kurzfristige Schulden	
Umlaufvermögen		Kurzfristige Bankverbindl.	66.000,00
Forderungen an Kunden	63.000,00	Verbindlichkeiten bei Lieferern	34.000,00
Bankguthaben	82.000,00		
Kassenbestand	15.000,00		
	708.000,00		708.000,00

Die beiden folgenden Belege weisen große Mängel auf. Zusammen mit den Auszubildenden sollst du die Belege prüfen. 1/10

1. Kontrolliere die folgende Ausgangsrechnung und stelle die acht Mängel dar.

AK-Bikes

AK-Bikes, Stamsrieder Weg 50, 85049 Ingolstadt

Lechhalde
87629 Füssen

Andrea Kästner Mountainbikes e. Kfr.
Stamsrieder Weg 50
85049 Ingolstadt

Telefon: 0841 0802020
Telefax: 0841 08020280
Internet: www.ak-bikes.bayern
E-Mail: info@ak-bikes.bayern

Ingolstadt,

Rechnung

Nr.:

Wir lieferten Ihnen frei Haus am 18. März 20..:

Artikel	Artikel-Nr.	Einzelpreis €	Stück	Gesamtpreis €
Mountainbike „Xtra"	MB-XA	3.250,00	12	39.000,00
Mountainbike „Xquisite"	MB-XQ	2.550,00	20	51.000,00
				90.000,00
		– Rabatt 20 %		18.000,00
		Warenwert netto		108.000,00

Wir danken für Ihren Auftrag.

Zahlungsbedingungen:

Die gelieferte Ware bleibt bis zur vollständigen Bezahlung unser Eigentum.

Bankverbindung: Donaubank Ingolstadt | IBAN: DE72 7515 0080 4040 8080 20 BIC: DBNKDEFF | Amtsgericht Ingolstadt HRA 5050 | USt-IdNr.: DE394078790 Steuernr.: 124/108/29468

2. Überprüfe die folgende Quittung und stelle die fünf Mängel dar.

Quittung

Nr. 002959

Netto	€	180	Cent	00
+ 19 % USt.	€	34	Cent	20
Gesamt	€	145	Cent	80

Gesamtbetrag € in Worten

Cent wie oben

von

für 2 Packungen Kettenblattschrauben / M8 x 8,5mm

richtig erhalten zu haben, bestätigt

Ludwig Fischer
Großhandel für Fahrradteile
Bunsenstraße 32
85049 Ingolstadt

Ort Ingolstadt | Datum

Buchungsvermerke | Stempel/Unterschrift des Empfängers

1/11 Hilf Riccardo bei den Hausaufgaben für die Berufsschule:

Im Unternehmen BS Möbel e. K., das sich auf die Fertigung von Büroeinrichtungen spezialisiert hat, müssen für neun Geschäftsfälle und Belege die Buchungssätze gebildet werden.

1. BS Möbel kauft Nussbaumholz gegen Rechnung, netto 4.000,00 €.
2. Beleg:

Quittung
Nr. 0004387

	€			
Netto	€	150	Cent	00
+19% USt.	€	28	Cent	50
Gesamt	€	178	Cent	50

Gesamtbetrag € in Worten
——einhundertachtundsiebzig—— Cent wie oben

von BS-Möbel, 83425 Bad Reichenhall
für 20 Packungen Spanplattenschrauben Senkkopf / 3.5 x 45
richtig erhalten zu haben, bestätigt

Joseph Aschau
Eisenwaren
Wittelsbacher Straße 10
83435 Bad Reichenhall

Ort Bad Reichenhall Datum 03.05.20..

Buchungsvermerke | Stempel/Unterschrift des Empfängers Joseph Aschau

3. BS Möbel erhält eine Eingangsrechnung über den Kauf von Metallgriffen, Listenpreis netto 3.500,00 €, abzüglich 20 % Rabatt.
4. Ein Mitarbeiter von BS Möbel hebt vom Geschäftsbankkonto 2.250,00 € bar ab.
5. Beleg (Auszug):

BS Möbel e. K.

BS Möbel e. K. • Untersbergstraße 10 • 83435 Bad Reichenhall

Firma
Bürobedarf Lukas Müller e. K.
Krumbacherstraße 2
80798 München

BS Möbel e. K.
Untersbergstraße 10
83435 Bad Reichenhall

Telefon: 08651 350 420
Telefax: 08651 350 65
Internet: www.bs-moebel...
E-Mail: service@bs-moebel...

Rechnung
Nr.: 050145/20..

Lieferdatum: 05.05.20..
Rechnungsdatum: 05.05.20..

Menge	Artikel	Einzelpreis	Gesamtpreis
5	Büroschränke BSPro510	1.200,00 €	6.000,00 €
Vielen Dank für Ihren Auftrag! Zahlung innerhalb von 30 Tagen.		- Mengenrabatt 10 %	6.000,00 € 600,00 €
		Warenwert, netto +19 % UST	5.400,00 € 1.026,00 €
		Rechnungsbetrag	6.426,00 €

6. Für das Büro wird gegen Rechnung ein Computer für netto 1.200,00 € bar gekauft.
7. Ein Mitarbeiter betankt das Firmenfahrzeug und zahlt mit der Girocard, brutto 71,40 €.
8. Der Kunde überweist den offenen Rechnungsbetrag aus Geschäftsfall 5.
9. BS Möbel kauft eine Fräsmaschine gegen Rechnung, Listenpreis netto 42.000,00 €, abzüglich 15 % Rabatt.

Riccardo hat folgendes Arbeitsblatt von seinem Berufsschullehrer erhalten. Er bittet dich, ihm bei der Lösung zu helfen. 1/12

Kaufmännische Berufsschule Ingolstadt

Bearbeiten Sie bitte die Arbeitsaufträge bis zur nächsten Unterrichtsstunde.

S	**6000 AWR**	H
1. VE	8.550,00 €	
3. VE	8.000,00 €	
4. VE	12.950,00 €	

S	**6020 AWH**	H
2. KA	900,00 €	
7. VE	850,00 €	

S	**6030 AWB**	H
5. VE	1.550,00 €	

S	**5000 UEFE**		H
		6. FO	22.000,00 €
		8. FO	36.000,00 €

1. Übertragen Sie die vier T-Konten in Ihr Heft und richten Sie das GUV-Konto (T-Konto) ein.
2. Berechnen Sie die Salden für die vier Erfolgskonten.
3. Bilden Sie die Abschlussbuchungssätze für die vier Erfolgskonten.
4. Buchen Sie die Abschlussbuchungen in den vier Erfolgskonten und im GUV-Konto. Geben Sie dabei die Gegenkonten an.
5. Schließen Sie die vier Erfolgskonten ordnungsgemäß ab.

Max hat mit dir vereinbart, dass du ihn beim Jahresabschluss unterstützt. Per E-Mail bekommst du nun folgende Arbeitsaufträge: 1/13

Von: max.lindner@ak-bikes.bayern
An: buchhaltung@ak-bikes.bayern
Betreff: Erfolg des Unternehmens / Abschluss GUV-Konto

Normaler Text | Variable Breite | AA A A B I U

Hallo!

Es freut mich, dass du mir beim Jahresabschluss behilflich bist.
Bitte erledige die folgenden Arbeitsaufträge schnellstmöglich.

Folgende Werte wurden in der Geschäftsbuchführung ermittelt:

Summe der Aufwendungen	54.646,45 €
Summe der Erträge	137.896,95 €

1. Ermittle Art und Höhe des Jahreserfolges.
2. Bilde den Buchungssatz für die Übertragung des Unternehmenserfolges vom Gewinn- und Verlustkonto auf das Eigenkapitalkonto.

Vielen Dank im Voraus.

Gruß
Max

1/14 In der Berufsschule wird von Riccardo viel gefordert. Er benötigt deshalb dringend deine Hilfe bei der Bewältigung der folgenden Aufgaben.

Kaufmännische Berufsschule Ingolstadt

Bearbeiten Sie bitte die Arbeitsaufträge bis zur nächsten Unterrichtsstunde.

Konto	Saldo
Aufwendungen für Rohstoffe (AWR)	85.000,00 €
Aufwendungen für Fremdbauteile (AWF)	55.000,00 €
Aufwendungen für Hilfsstoffe (AWH)	28.000,00 €
Aufwendungen für Betriebsstoffe (AWB)	32.000,00 €
Umsatzerlöse für eigene Erzeugnisse (UEFE)	235.000,00 €
Grundstücke (GR)	200.000,00 €
Betriebs- und Verwaltungsgebäude (BVG)	400.000,00 €
Maschinen und Anlagen (MA)	370.000,00 €
Fuhrpark (FP)	70.000,00 €
Büromaschinen (BM)	30.000,00 €
Büromöbel und Geschäftsausstattung (BGA)	40.000,00 €
Forderungen (FO)	47.000,00 €
Bank (BK)	74.000,00 €
Kasse (KA)	18.000,00 €
Eigenkapital (EK)	674.000,00 €
Langfristige Bankverbindlichkeiten (LBKV)	450.000,00 €
Kurzfristige Bankverbindlichkeiten (KBKV)	80.000,00 €
Verbindlichkeiten (VE)	45.000,00 €

1. Bilden Sie die Buchungssätze zum Abschluss der Erfolgskonten.
2. Erstellen Sie das Konto GUV (T-Konto), tragen Sie die Salden (siehe 1.) ein, bilden Sie den Buchungssatz für den Abschluss des GUV-Kontos und schließen Sie das Konto ordnungsgemäß ab.
3. Bilden Sie die Buchungssätze für den Abschluss der Bestandskonten. Der Gewinn (siehe 2.) wurde bereits im Saldo des Kontos Eigenkapital berücksichtigt.

BwR-Partnerabfrage

Du testest deinen Banknachbarn mit den folgenden Aufgaben, dein Partner nimmt die Fragen der Folgeseite, um dich zu testen.

Selbstverständlich kannst du die Fragen auch im Rahmen der Portfolioarbeit zur Selbstkontrolle nutzen. Decke einfach die Lösungen mit einem Blatt ab und schon kann der Selbsttest starten ...

Blatt für Partner 1	
Fragen an Partner 2	**Lösung Partner 2**
1. Wie viele Ziffern umfasst die Kontennummer?	Vier Ziffern
2.	
3. In welcher Kontenklasse findest du das GUV-Konto?	Kontenklasse 8
4.	
5. Nenne zwei Konten der Kontenklasse 0.	GR, BVG (MA, FP, BM, BGA)
6.	
7. Welche Kontenklassen umfassen die Erfolgskonten?	Kontenklassen 5, 6 und 7
8.	
9. Gib den Fachbegriff für „Zehnersystem“ an.	Dezimalsystem oder dekadisches System
10.	
11. Nenne die Auflistung, die nur die für das Unternehmen erforderlichen Konten enthält.	Kontenplan
12.	
13. Auf welcher Kontenseite steht der Anfangsbestand im Konto Eigenkapital?	Habenseite
14.	
15. Bilde den Buchungssatz für den Barverkauf eines Mountainbikes, 2.000,00 € netto.	2880 KA 2.380,00 € an 5000 UEFE 2.000,00 € 4800 UST 380,00 €
16.	
17. Bilde den Abschlussbuchungssatz des Kontos 6010 AWF (Saldo: 28.570,00 €).	8020 GUV 28.570,00 € an 6010 AWF 28.570,00 €
18.	
19. In welchem Fall weist das Unternehmen einen Gewinn aus?	Erträge > Aufwendungen
20.	

Blatt für Partner 2

Fragen an Partner 1	Lösung Partner 1
1.	
2. Welche Kontenklassen umfassen die Bestandskonten?	Kontenklassen 0, 1, 2, 3 und 4
3.	
4. In welcher Kontenklasse findest du das Konto Kasse?	Kontenklasse 2
5.	
6. Was bedeutet die Abkürzung IKR?	Industriekontenrahmen
7.	
8. Nenne zwei Konten der Kontenklasse 4.	LBKV, KBKV (VE, UST)
9.	
10. Wie viele Konten sind im dekadischen System maximal möglich?	10000
11.	
12. Woher stammen die Anfangsbestände in den Bestandskonten?	Eröffnungsbilanz
13.	
14. Bilde den Buchungssatz für den Zieleinkauf von Aluminiumrohren 10.000,00 € netto.	6000 AWR 10.000,00 € 2600 VORST 1.900,00 € an 4400 VE 11.900,00 €
15.	
16. Wie wirkt sich ein Gewinn auf das Eigenkapitalkonto aus?	Der Gewinn bewirkt eine Eigenkapitalmehrung.
17.	
18. Bilde den Abschlussbuchungssatz des Kontos 0700 MA (Schlussbestand: 79.000,00 €).	8010 SBK 79.000,00 € an 0700 MA 79.000,00 €
19.	
20. Bilde den Abschlussbuchungssatz des Kontos 8020 GUV (Gewinn: 105.000,00 €).	8020 GUV 105.000,00 € an 3000 EK 105.000,00 €

Den Auszubildenden von AK-Bikes wird folgendes unvollständiges Vorkontierungsblatt ausgehändigt: 1/16

BA	Datum	Soll	Haben	BNr.	Text	Betrag		UCo
						B/N	€	
?	05.01.20..	?	?	1	?????	?	???	?
?	05.01.20..	?	?	2	?????	?	???	?
?	05.01.20..	?	?	3	?????	?	???	?
?	05.01.20..	?	?	4	?????	?	???	?
B	10.01.20..	4400	2800	5	?????	–	3.332,00	–
B	10.01.20..	6000	2800	6	?????	B	2.975,00	V19
B	10.01.20..	2800	2880	7	?????	–	4.450,00	–
B	10.01.20..	2400	5000	8	?????	B	1.904,00	U19
B	15.01.20..	?	?	9	Banküberweisung vom Kunden	?	6.188,00	?
B	15.01.20..	6010	2880	10	?????	B	833,00	?
B	15.01.20..	?	?	11	Kauf eines unbebauten Grundstücks durch Banküberweisung	?	65.000,00	?
B	15.01.20..	4200	2800	12	?????	?	15.000,00	?

1. Lege in deinem Heft eine Tabelle in der vorliegenden Form an und übertrage folgende Geschäftsfälle zu den **Buchungsnummern 1 bis 4** (kurz BNr.) in das Vorkontierungsblatt:

1.1 Verkauf von 6 Mountainbikes auf Ziel, 16.660,00 € brutto

1.2 Barkauf von 10 Flaschen Reinigungsmittel, 59,50 € brutto

1.3 Aufnahme eines Kredits (Laufzeit: 2 Jahre), Bankgutschrift 80.000,00 €

1.4 Zielkauf eines Transporters für 42.000,00 € netto

2. Formuliere die Geschäftsfälle, die den Eintragungen (**BNr. 5 bis 8**) im Vorkontierungsblatt zugrunde liegen.

3. Ergänze die Lücken in der Vorkontierung zu den Geschäftsfällen (**BNr. 9 bis 12**).

1/17 Mit dieser Aufgabe kannst du den Einsatz eines Finanzbuchhaltungsprogramms am Computer üben:

1. Lege mit Hilfe des Firmenassistenten im Finanzbuchhaltungsprogramm das Unternehmen AK-Bikes an. Folge dabei Schritt für Schritt den Lehreranweisungen.
2. Buche die Eröffnung der Bestandskonten (Buchungsart = EB) entsprechend dem folgenden Vorkontierungsblatt im Finanzbuchhaltungsprogramm.

   Diese Buchungen benötigen als Gegenkonto das Konto 8000 EBK (Eröffnungsbilanzkonto). Es genügt für dich zu wissen, dass dadurch der Anfangsbestand ins jeweilige Bestandskonto übernommen wird.

BA	Datum	Soll	Haben	BNr.	Text	Betrag		UCo
						B/N	€	
EB	01.01.20..	0700	8000	1	Eröffnung MA	–	75.000,00	–
EB	01.01.20..	2400	8000	2	Eröffnung FO	–	29.750,00	–
EB	01.01.20..	2800	8000	3	Eröffnung BK	–	18.000,00	–
EB	01.01.20..	2880	8000	4	Eröffnung KA	–	5.500,00	–
EB	01.01.20..	8000	3000	5	Eröffnung EK	–	110.400,00	–
EB	01.01.20..	8000	4400	6	Eröffnung VE	–	17.850,00	–

3. Fertige im Heft eine Tabelle nach der Vorlage von Nr. 2 an und erstelle in deinem Vorkontierungsblatt die Vorkontierung (Buchungsart = B) für folgende Geschäftsfälle.

   12.01.20..: Kauf von Aluminiumrohren auf Ziel, 19.992,00 € brutto

   10.02.20..: Begleichung der Rechnung vom 12.01.20.. durch Banküberweisung

   02.04.20..: Zielverkauf von Mountainbikes im Wert von 30.940,00 € brutto

   02.05.20..: Begleichung der Rechnung vom 02.04.20.. durch Banküberweisung

   12.08.20..: Barkauf von Schrauben für 150,00 € netto

   25.11.20..: Zielkauf einer Verpackungsmaschine für 24.990,00 € brutto

4. Buche mit der Finanzbuchhaltung die Geschäftsfälle aus Nr. 3 für das Geschäftsjahr 20..
5. Erstelle mit dem Finanzbuchhaltungsprogramm die Bilanz mit GUV-Rechnung für den 31.12.20..

1.5 KOMPETENZCHECK

Der Kompetenzcheck ist ein Fragebogen zur Selbsteinschätzung deiner im Unterricht erworbenen Kompetenzen. Hier geht es darum, dass du deine fachlichen Kompetenzen zum Lernbereich 1 (Vertiefte Strukturierung der Geschäftsbuchführung) bewertest. Schätze dich selber ein. Gehe vom aktuellen Stand deiner Kompetenz aus. Drucke den Selbsteinschätzungsbogen aus (www.ak-bikes.bayern). Fülle diesen aus, indem du in jeder Zeile ehrlich einen Haken ✓ setzt. Die von dir bearbeiteten Anwendungsaufgaben helfen dir, dich richtig einzuschätzen.

stimmt, stimmt teilweise, stimmt nicht.

Wiederhole die Inhalte des Lernbereichs, in denen du dich noch nicht so richtig kompetent fühlst. Führe danach den Kompetenzcheck erneut durch. So kannst du deinen Lernfortschritt überprüfen.

Ich kann ...	**Lernbereich**	**Aufgaben**
... die Bedeutung des Kontenrahmens als Organisationsmittel der Buchführung darstellen.	**1.1.1** **1.1.2**	1/1, 1/2
... den Aufbau und die Gliederung des Kontenrahmens aufzeigen.	**1.1.3** **1.1.4**	1/3–1/6
... den Kontenplan bei der buchhalterischen Erfassung von Geschäftsfällen anwenden.	**1.1.5** **1.1.6**	1/7, 1/8
... zu Beginn des Geschäftsjahres die aktiven und passiven Bestandskonten eröffnen.	**1.2.1**	1/9
... Belege hinsichtlich Vollständigkeit sowie sachlicher und rechnerischer Richtigkeit prüfen.	**1.2.2**	1/10
... die laufenden Buchungen im Grund- und im Hauptbuch erfassen.	**1.2.2**	1/11
... die Konten in der richtigen Reihenfolge abschließen und den Erfolg des Unternehmens beurteilen.	**1.2.3**	1/12–1/15
... die Eintragungen in einem Vorkontierungsblatt deuten und Buchungen korrekt eintragen.	**1.3**	1/16, 1/17

1.6 ALLES KLAR!

Du bist Mitarbeiterin bzw. Mitarbeiter in der Abteilung Rechnungswesen des Unternehmens AK-Bikes und wirst mit deinen im Lernbereich 1 erworbenen Kompetenzen die drei Auszubildenden Julia, Riccardo und Max bei der Bearbeitung verschiedener Aufgaben unterstützen.

Im Unternehmen AK-Bikes erhalten Max und Riccardo folgende E-Mail von Andrea Kästner:

Von: andrea.kaestner@ak-bikes.bayern
An: max.lindner@ak-bikes.bayern, riccardo.fontana@ak-bikes.bayern
Betreff: Arbeitsauftrag

Normaler Text | Variable Breite

Guten Tag Max und Riccardo!

In den letzten Wochen habt ihr euch nochmals intensiv mit der Geschäftsbuchführung auseinandergesetzt.

Außerdem konntet ihr in dieser Zeit wertvolles Wissen im Zusammenhang mit dem Industriekontenrahmen und dem Kontenplan sowie dem Buchungskreislauf sammeln.

Auf Grund eurer erworbenen Kompetenzen bitte ich euch darum, dass ihr unserer neuen Auszubildenden Julia Huber bei Fragen zur Geschäftsbuchführung helfend zur Seite steht.

Frau Selma Demirci wird euch entsprechende Aufgaben übertragen.

Beste Grüße

Andrea Kästner

1. Julia soll den Kontenrahmen und den Kontenplan als wichtiges Organisationsmittel der Buchführung kennenlernen.

1.1 Stelle mit deinem Banknachbarn für Julia vier Vorteile dar, die sich durch die Verwendung des Kontenrahmens im Unternehmen ergeben.

1.2 Ergänze die Übersicht, mit deren Hilfe die Grobstruktur des Industriekontenrahmens für die neue Auszubildende veranschaulicht werden soll (M 1, Seite 52).

1.3 Zeige Julia den Unterschied zwischen Kontenrahmen und Kontenplan auf. Schreibe in ganzen Sätzen.

1.4 Erkläre Julia die Gemeinsamkeiten und den Unterschied bei den Aufwandskonten Rohstoffe, Fremdbauteile, Hilfsstoffe und Betriebsstoffe bezüglich der Kontennummer.

1.5 Die Auszubildende hat erfahren, dass die Anordnung der Konten dem Abschlussgliederungsprinzip entspricht. Ordne für Julia jeweils die Kontenklassen zu, deren Konten auf die beiden Abschlusskonten 8010 SBK und 8020 GUV abgeschlossen werden.

1.6 Im Rahmen einer betriebsinternen Fortbildung sollen neben dem Industriekontenrahmen noch andere Kontenrahmen vorgestellt werden. Recherchiere im Internet nach weiteren Kontenrahmen, die von Unternehmen in der Praxis verwendet werden.

2. Der folgende Geschäftsgang soll für Julia als Anschauungsmaterial dienen. Führe mit Hilfe der bereitgestellten Daten und Belege die folgenden Arbeitsaufträge durch.

2.1 Eröffne auf der Grundlage der bereitgestellten Eröffnungsbilanz (M 2, Seite 52) die Bestandskonten, indem du die Anfangsbestände in T-Konten einträgst.

2.2 Du benötigst noch folgende weitere Konten. Richte jeweils ein T-Konto ein:

Vorsteuer (2600 VORST); Umsatzsteuer (4800 UST); Umsatzerlöse für eigene Erzeugnisse (5000 UEFE); Aufwendungen für Rohstoffe (6000 AWR); Aufwendungen für Fremdbauteile (6010 AWF); Aufwendungen für Hilfsstoffe (6020 AWH); Aufwendungen für Betriebsstoffe (6030 AWB); Schlussbilanzkonto (8010 SBK); Gewinn- und Verlustkonto (8020 GUV)

2.3 Analysiere die vorliegenden neun Belege (M 3, Seiten 53–56) mit deinem Banknachbarn. Formuliere zu jedem Beleg zunächst den zugrunde liegenden Geschäftsfall.

2.4 Bilde die notwendigen Buchungssätze für die vorliegenden Belege (M 3, Seiten 53–56).

Besprich deine Buchungssätze mit deinem Banknachbarn. Erklärt euch dabei die Buchungen gegenseitig. Stelle danach – falls möglich – dein Ergebnis der Klasse vor.

2.5 Buche die Geschäftsfälle in den T-Konten und vergleiche deine Buchungen wiederum mit deinem Banknachbarn.

Diskutiert Problemfälle mit der Klasse und nehmt bei Bedarf Korrekturen vor.

2.6 Schließe alle Konten ordnungsgemäß ab und nimm die Gegenbuchung im Konto 8010 SBK bzw. 8020 GUV vor.

> Ermittle zunächst auf den jeweiligen Konten den Saldo, erstelle danach den Buchungssatz und buche in den Konten bzw. schließe die jeweiligen Konten formgerecht ab. Reihenfolge: Abschluss der Erfolgskonten, danach Abschluss des Kontos 8020 GUV und schließlich Abschluss der Bestandskonten.

2.7 Bewerte den Erfolg des Unternehmens AK-Bikes.

3. Bearbeite den Geschäftsgang der Aufgabe 2 mit einem Finanzbuchhaltungsprogramm.

Zusatzaufgabe
Erstelle mit deinem Banknachbarn eine Präsentation entweder zum Thema „Der Kontenrahmen" oder zum Thema „Buchungskreislauf". Erstellt dazu auch ein übersichtliches Handout für eure Mitschüler. Achtet darauf, dass ihr anschauliche Grafiken, Schaubilder und/oder Beispiele in eurer Präsentation verwendet. Stellt die Präsentation – falls möglich – eurer Klasse vor.

Folgende Inhalte sollten in eurer Präsentation angesprochen werden:

Thema „Kontenrahmen/Kontenplan"	**Thema „Buchungskreislauf"**
• Bedeutung des Kontenrahmens	• Eröffnung der Bestandskonten
• Aufbau des Kontenrahmens	• Laufende Buchungen auf den Bestands- und Erfolgskonten
• Kontenplan	• Abschluss der Konten
• Kontennummern	• Erfolg des Unternehmens

Material

M 1

Andrea Kästner Mountainbikes e. Kfr.

Hausmitteilung

An: Geschäftsbuchführung

Von: Abt. Rechnungswesen

Betreff:
Übersicht zum Aufbau des Kontenrahmens für unsere neue Auszubildende

Bitte ergänzen Sie die Übersicht!

Kontenklasse	Name	Kontenart	RK
0	***Sachanlagen***	***aktive Bestandskonten***	
1	???	???	
???	???	???	
???	???	???	
???	???	???	RK?
???	???	***Ertragskonten***	
???	???	???	
???	???	???	
???	???	???	
???	???		RK?

Mit kollegialen Grüßen

Selma Demirci

M 2

Aktiva	**Eröffnungsbilanz zum 01.01.20.. in €**		Passiva
Anlagevermögen		**Eigenkapital**	1.212.150,00
Grundstücke	310.000,00	**Fremdkapital**	
Betriebs- und Verwaltungsgebäude	750.000,00	Langfristige Schulden	
Maschinen und Anlagen	1.200.000,00	Langfristige Bankverbindl.	1.225.000,00
Fuhrpark	75.000,00	Kurzfristige Schulden	
Büromaschinen	42.000,00	Kurzfristige Bankverbindl.	195.000,00
Büromöbel/Geschäftsausstattung	55.000,00	Verbindlichkeiten bei Lieferern	108.750,00
Umlaufvermögen			
Forderungen an Kunden	155.850,00		
Bankguthaben	140.630,00		
Kassenbestand	12.420,00		
	2.740.900,00		2.740.900,00

M 3

Beleg 1 (Auszug):

Alpinparts GmbH

Alpinparts GmbH • Kufsteiner Str. 150 • 83022 Rosenheim

Firma
Andrea Kästner Mountainbikes e. Kfr.
Stamsrieder Weg 50
85049 Ingolstadt

Alpinparts GmbH
Kufsteiner Str. 150
83022 Rosenheim

Telefon: 08031 2962 100
Telefax: 08031 2962 150
Internet: www.alpinparts...
E-Mail: service@alpinparts...

Rosenheim, 10. Januar 20..

Rechnung Nr.: 012000225
Lieferdatum: 08.01.20..
Rechnungsdatum: 10.01.20..

Position	Artikel	Menge	Einzelpreis	Gesamtpreis
5	Schaltungsset AP Digit2 8050 11x1 fach	10	520,00 €	5.200,00 €
Vielen Dank für Ihren Auftrag! • Lieferung „frei Haus" • Zahlbar ohne Abzug innerhalb 30 Tagen			Gesamt +19% Umsatzsteuer	5.200,00 € 988,00 €
			Rechnungsbetrag	6.188,00 €

Beleg 2 (Auszug):

Florian Fischer Elektrogabelstapler e. K.

www.ffe-stapler...

Florian Fischer Elektrogabelstapler e. K. – Lenggrieser Str. 85 – 83646 Bad Tölz

Firma
Andrea Kästner Mountainbikes e. Kfr.
Stamsrieder Weg 50
85049 Ingolstadt

Florian Fischer Elektrogabelstapler e. K.
Lenggrieser Str. 85
83646 Bad Tölz

Amtsgericht Wolfratshausen HRA 5253

Telefon: 08041 430-0
Telefax: 08041 430-113
Internet: www.ffe-stapler...
E-Mail: service@ffe-stapler...
Steuernr.: 104/5056/0651
USt-IdNr.: DE816070475

Rechnung

Bestellnummer: 03561
Rechnungsnummer: 0418012
Lieferdatum: 18.01.20..
Kundennummer: 03415
Rechnungsdatum: 18.01.20..
Ansprechpartner: Herr Hoheneck 08041 / 430-16

Pos.	Aritkel/Bezeichnung	Menge	Einzelpreis	Gesamtpreis
1	Elektrogabelstapler Modell BTE-X050	1	14.500,00 €	14.500,00 €

Leistungsstarke Elektrogabelstapler von FFE: innovativ – effizient – ökologisch
Wir danken Ihnen für Ihr Vertrauen!

Warenwert, netto	14.500,00 €
+ 19 % USt	2.755,00 €
Rechnungsbetrag	17.255,00 €

Zahlungsbedingungen: 30 Tage rein netto

Beleg 3 (Auszug):

AK-Bikes

AK-Bikes, Stamsrieder Weg 50, 85049 Ingolstadt

Andrea Kästner Mountainbikes e. Kfr.
Stamsrieder Weg 50
85049 Ingolstadt

Telefon: 0841 0802020
Telefax: 0841 08020280
Internet: www.ak-bikes.bayern
E-Mail: info@ak-bikes.bayern

Firma
Fahrradgroßhandel Huber e. K.
Lechhalde 50
87629 Füssen

Ingolstadt, 18. März 20..

Rechnung

Nr.: 18120123

Wir lieferten Ihnen frei Haus am 16. März 20..:

Artikel	Artikel-Nr.	Einzelpreis €	Stück	Gesamtpreis €
Mountainbike „Xtra“	MB-XA	3.250,00	12	39.000,00
Mountainbike „Xquisite“	MB-XQ	2.550,00	20	51.000,00
				90.000,00
		– Rabatt 15 %		13.500,00
		Warenwert netto		76.500,00
		Umsatzsteuer 19 %		14.535,00
		Rechnungsbetrag		**91.035,00**

Wir danken für Ihren Auftrag.

Beleg 4 (Auszug):

Mehring Carbon GmbH

Mehring Carbon GmbH, Burgkirchener Str. 1, 84489 Burghausen

Mehring Carbon GmbH
Burgkirchener Str. 1
84489 Burghausen

Telefon: 08677 / 0756230
Telefax: 08677 / 0757020
E-Mail: service@mehring-carbon...
Internet: www.mehring-carbon...

Firma
Andrea Kästner Mountainbikes e. Kfr.
Stamsrieder Weg 50
85049 Ingolstadt

Burghausen, 4. April 20..

RECHNUNG Nr. 0203103/20..

Lieferdatum: 04.04.20..
Rechnungsdatum: 04.04.20..

Artikel	Menge	Einzelpreis	Gesamtpreis
Kohlefaser-Matten / HT-Fasern 300 x 300 x 6 mm	120 m²	55,00 €	6.600,00 €
			6.600,00 €
	– 10 % Mengenrabatt		660,00 €
	Warenwert, netto		5.940,00 €
	+ 19 % Umsatzsteuer		1.128,60 €
	Rechnungsbetrag		**7.068,60 €**

Vielen Dank für Ihren Auftrag!

Beleg 5:

DONAUBANK INGOLSTADT

IBAN DE72 7515 0080 4040 8080 20 — Auszug / Jahr 22 / 20..
BIC DBNKDEFF — Blatt-Nr. 1

Kontoauszug — Betrag in €

BuTag	Wert	Vorgang	Betrag in €
		Alter Kontostand	140.630,00 +
14.05.	14.05.	Überweisung Mehring Carbon GmbH, 84489 Burghausen Rechnung Nr. 0203103/20.. v. 04.04.20..	7.068,60 −
		Neuer Kontostand	133.561,40 +

Andrea Kästner Mountainbikes e. Kfr. 85049 Ingolstadt

Ihre Servicebank — letzte Erstellung 10.05.20..
Homebanking bequem und günstig — Erstellungstag 15.05.20.. / 19:36

Beleg 6:

Quittung
Nr. 003081

	€		Cent	
Netto	€	*420*	Cent	*00*
+*19*% USt.	€	*79*	Cent	*80*
Gesamt	€	*499*	Cent	*80*

Gesamtbetrag € in Worten
——vierhundertneunundneunzig—— Cent wie oben

von *Andrea Kästner Mountainbikes e. Kfr., 85049 Ingolstadt*
für *2 Packungen Kettenblattschrauben / M8 x 8,5mm*
richtig erhalten zu haben, bestätigt

Ludwig Fischer
Großhandel für Fahrradteile
Bunsenstraße 32
85049 Ingolstadt

Ort *Ingolstadt* — Datum *18.05.20..*

Buchungsvermerke — Stempel/Unterschrift des Empfängers *Ludwig Fischer*

Beleg 7:

DONAUBANK INGOLSTADT

IBAN DE72 7515 0080 4040 8080 20 — Auszug / Jahr 23 / 20..
BIC DBNKDEFF — Blatt-Nr. 1

Kontoauszug — Betrag in €

BuTag	Wert	Vorgang	Betrag in €
		Alter Kontostand	133.561,40 +
20.05.	20.05.	Überweisung Tilgung Darlehen Darlehensnr. 727515008000000516345	5.500,00 −
		Neuer Kontostand	128.061,40 +

Andrea Kästner Mountainbikes e. Kfr. 85049 Ingolstadt

Ihre Servicebank — letzte Erstellung 15.05.20..
Homebanking bequem und günstig — Erstellungstag 21.05.20.. / 8:15

Beleg 8:

Achmed Aslan Bürosysteme e. K.

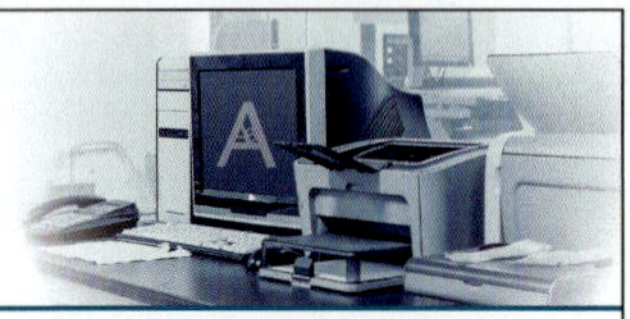

Achmed Aslan Bürosysteme e. K. · Rudolf-Diesel-Str. 90 · 85529 Schrobenhausen

Firma
Andrea Kästner Mountainbikes e. Kfr.
Stamsrieder Weg 50
85049 Ingolstadt

Achmed Aslan Bürosysteme e. K.
Rudolf-Diesel-Str. 90
85529 Schrobenhausen

Telefon: 08252 802020
Telefax: 08252 8020280
Internet: www.buerosysteme-aslan...
E-Mail: service@buerosysteme-aslan...

Rechnung Nr.: 0060503/20..

Lieferdatum: 03.08.20..
Rechnungsdatum: 04.08.20..

Artikel	Menge	Einzelpreis	Gesamtpreis
Digitaler Farbkopierer CH MPC 2800 - 28 S/Min Kopier-/Druck-Scanlösung	1	3.200,00 €	3.200,00 €
		Warenwert, netto +19 % Umsatzsteuer	3.200,00 € 608,00 €
		Rechnungsbetrag	**3.808,00 €**

Vielen Dank für Ihren Auftrag!

Die Lieferung erfolgt „frei Haus".
Zahlbar ohne Abzug innerhalb 30 Tagen.
Die Ware bleibt bis zur vollständigen Bezahlung unser Eigentum.

Bankverbindung: Lenbachbank
IBAN: DE52 7606 0060 0058 5080 58
BIC: LBNKDE03S
Amtsgericht Ingolstadt
HRA 6561
USt-IdNr.: DE706168500
Steuernr.: 124/184/390230

Beleg 9:

LIQUIDO TANKSTATION
Manchinger Straße 100
85053 Ingolstadt

Obj.-Nr.: 0002051
Tel.: 0 841 / 184010
Fax: 0 841 / 184050
Beleg-Nr.: 8183/008/0001
22-08-20.. 10:34

*00001 **Wasserstoff** H2	43,20 EUR
*Zp H2 4,50 kg	9,60 EUR/kg
Gesamtbetrag (BAR)	43,20 EUR
USt-Anteil 19,00%	6,90 EUR

===

VIELEN DANK FÜR IHREN EINKAUF.
AUF WIEDERSEHEN.

Lösungen Selbstcheck-Aufgaben

1/4 – Lösung

EIGEN-KAPITAL	UMSATZERLÖSE FÜR EIGENE ERZEUGNISSE	AUFWENDUNGEN FÜR ROHSTOFFE	VERBINDLICHKEITEN AUS LIEFERUNGEN UND LEISTUNGEN	BANK	MASCHINEN UND ANLAGEN
G E W I N N					

1/6 – Lösung

				1	I	K	R									
				2	R	O	H	S	T	O	F	F	E			
			3	K	O	N	T	E	N	K	L	A	S	S	E	N
			4	E	R	T	R	Ä	G	E						
5	V	O	R	S	T	E	U	E	R							
6	K	O	N	T	E	N	N	U	M	M	E	R				
	7	F	U	H	R	P	A	R	K							
	8	E	R	F	O	L	G	S	K	O	N	T	E	N		
				9	K	A	S	S	E							
		10	Z	E	H	N	E	R	S	Y	S	T	E	M		

1/10 – Lösung

1. Rechnung: 8 Mängel

   Der Name des Empfängers (Käufer), die Rechnungsnummer, das Rechnungsdatum, der Steuerbetrag, der Steuersatz, der Bruttobetrag und die Zahlungsbedingungen fehlen.

   Der Warenwert netto wurde falsch berechnet.

2. Quittung: 5 Mängel

   Die Angaben über den Zahlenden, der Betrag in Worten, das Datum und die Unterschrift des Empfängers fehlen.

   Der Gesamtbetrag wurde falsch berechnet.

1/13 – Lösung

1.	Summe der Erträge	137.896,95 €
	– Summe der Aufwendungen	54.646,45 €
	= Gewinn (Jahresüberschuss)	83.250,50 €

2.	8020 GUV	83.250,50 €	an	3000 EK	83.250,50 €

ÜBER DIESE KOMPETENZEN VERFÜGST DU BALD:

- **Angebote zur Beschaffung von Werkstoffen auswerten**
- **unter Anwendung des Einkaufskalkulationsschemas den Einstandspreis ermitteln, um das günstigste Angebot auszuwählen**
- **Kaufempfehlungen geben, die nicht nur den Preis, sondern auch weitere Faktoren berücksichtigen**
- **den betrieblichen Werteverzehr buchhalterisch erfassen**
- **Korrekturbuchungen aufgrund von Rücksendungen sowie nachträglichen Preisnachlässen vornehmen und die Auswirkungen auf den Unternehmenserfolg erklären**
- **den Zusammenhang zwischen Bestellmenge, Bestellzeitpunkt und Lagerkosten erläutern**
- **Bestandsveränderungen ermitteln und buchhalterisch erfassen**

Lernbereich 2:

BESCHAFFUNG UND EINSATZ VON WERKSTOFFEN

2.1 VERGLEICH VON ANGEBOTEN (EINKAUFSKALKULATION)

2.1.1 ZUSÄTZLICHE FAKTOREN BESTIMMEN DEN PREIS: LIEFER- UND ZAHLUNGSBEDINGUNGEN

2/1 2/2 Andrea Kästner hat eine Anfrage eines Kunden erhalten, der 100 Mountainbikes aus Carbon abnehmen will. Da sie nicht genügend Carbon-Gewebe auf Lager hat, nimmt sie telefonisch Kontakt mit ihren Lieferern auf, um die aktuellen Preise zu erfragen. Folgende Angebote werden ihr zugeschickt:

Angebot 1: **Carbonfieber GmbH**

Pos.	m^2	Einzelpreis €	Gegenstand	Gesamtpreis €
1	200	91,50	Carbon-Gewebe (120 g/m^2)	18.300,00
			Abzüglich 10 % Rabatt	1.830,00
			Warenwert netto	16.470,00
		❶	Transport	100,00
				16.570,00
			19 % Umsatzsteuer	3.148,30
			Rechnungsbetrag	**19.718,30**

Zahlbar innerhalb von 30 Tagen nach Rechnungseingang.
❷ Bei Bezahlung innerhalb von 10 Tagen gewähren wir 3 % Skonto.
Die Ware bleibt bis zur vollständigen Zahlung unser Eigentum.

Angebot 2: **Deutsche Carbonwerke AG**

Bezug nehmend auf Ihre telefonische Anfrage bieten wir Ihnen das gewünschte Carbon-Gewebe zu folgenden Bedingungen an:

Position/ Artikel	Bezeichnung	Menge	Einzelpreis €	Gesamtpreis €
1	Carbon-Gewebe (120 g/m^2)	200 m^2	87,50	17.500,00
			– 6 % Rabatt	1.050,00
			Warenwert netto	16.450,00
			+ 19 % USt.	3.125,50
Rechnungsbetrag				**19.575,50**

❶ Wir liefern Ihnen frei Haus.
Zahlbar innerhalb von 60 Tagen nach Rechnungserhalt.
❷ Bei Zahlung innerhalb von 8 Tagen gewähren wir 2 % Skonto.
Die Ware bleibt bis zur vollständigen Zahlung unser Eigentum.

Die Angebote enthalten nicht nur wichtige Beträge wie einen möglichen Rabattabzug oder den Warenwert netto, sondern auch Hinweise zu den **Liefer- und Zahlungsbedingungen**.

Der Auszubildende Riccardo wertet im Hinblick darauf die beiden Schreiben aus:

❶ **Lieferbedingungen (Transportbedingungen)**	
Carbonfieber GmbH	**Deutsche Carbonwerke AG**
Der Lieferer Carbonfieber berechnet AK-Bikes 100,00 € netto für den Transport des Carbons. Diese Zusatzkosten verteuern den Einkauf.	Beim Lieferer Deutsche Carbonwerke AG braucht AK-Bikes keine Transportkosten zu bezahlen.

Riccardo folgert daraus, dass es zwei grundsätzliche Möglichkeiten für die **Lieferbedingung** gibt. Diese ist davon abhängig, wer die Transportkosten trägt (Lieferer oder Kunde):

Beim Einkauf (Bezug) von Werkstoffen können neben Transportkosten weitere Kosten anfallen. Sie werden unter dem Begriff **Bezugskosten** zusammengefasst:

Bezugskosten sind z. B.:		
Transportkosten	für die Abholung und Zustellung von Gütern zwischen Käufer und Verkäufer (z. B. durch eine Spedition)	
Frachtkosten	z. B. für den Transport von Gütern durch Bahn, Schiff oder Flugzeug	
Transportversicherung	um das Risiko bei Verlust bzw. Beschädigung abzusichern	
Verpackung	zum Schutz der Güter	2/3
Zoll	für die Einfuhr von Gütern aus dem Ausland	2/4
Portokosten	z. B. für einen Brief oder ein Paket	2/5

Als Nächstes betrachtet Riccardo die Hinweise zur Bezahlung:

❷ **Zahlungsbedingungen**	
Carbonfieber GmbH	**Deutsche Carbonwerke AG**
Bei der Carbonfieber GmbH beträgt das Zahlungsziel 30 Tage. Zahlt AK-Bikes innerhalb von 10 Tagen, gewährt der Lieferer 3 % Skonto.	Dieses Angebot weist ein Zahlungsziel von 60 Tagen aus. Bei Zahlung innerhalb von 8 Tagen kann AK-Bikes Skonto von 2 % abziehen.

- Der späteste Zahlungstermin des Rechnungsbetrags wird als **Zahlungsziel** bezeichnet.
- **Skonto** ist ein nachträglicher Preisnachlass. Dieser wird bei sofortiger Zahlung oder bei Zahlung innerhalb einer vereinbarten Frist vor dem eigentlichen Zahlungsziel gewährt.
- **Vorteile bei Skontoabzug:**
  - Der Lieferer kann schneller über sein Geld verfügen, da der Kunde früher zahlt. 2/6
  - Der Kunde erhält einen weiteren Preisnachlass und kauft daher günstiger. Z7

2.1.2 EINKAUFSKALKULATION

Andrea Kästner möchte sich für eines der beiden Angebote entscheiden und beauftragt die Auszubildenden Julia und Riccardo, das günstigere Angebot zu ermitteln.

JULIA: Riccardo, ich habe meine Entscheidung schon getroffen. Für mich ist klar, dass die Deutsche Carbonwerke AG der günstigere Lieferer ist.

RICCARDO: Sei nicht so voreilig, Julia. Ich würde lieber nochmal genau nachrechnen, um sicher zu gehen. In der Berufsschule haben wir es in einem ähnlichen Fall genauso gemacht und dies als „kalkulieren" bezeichnet.

Julia und Riccardo suchen aus den Angeboten die für die **Preiskalkulation** erforderlichen Angaben heraus und notieren sie in einer Tabelle:

Vergleich	Carbonfieber GmbH	Deutsche Carbonwerke AG	Ergebnis
Preis/200 m^2	18.300,00 €	17.500,00 €	Deutsche Carbonwerke ist beim Listenpreis günstiger
Rabatt	10 %	6 %	Carbonfieber gewährt mehr Rabatt
Skonto	3 %	2 %	Carbonfieber gewährt mehr Skonto
Bezugskosten	100,00 €	0,00 €	Deutsche Carbonwerke verlangt keine Transportkosten

JULIA: Die Unterschiede zwischen den Angeboten sind groß. Ich bin mir jetzt nicht mehr sicher, ob meine Vermutung stimmt.

RICCARDO: Ganz genau, lass uns deshalb gleich mit dem Rabatt beginnen. Habt ihr in der Berufsschule schon die verschiedenen Rabattarten behandelt?

JULIA: Natürlich! So erhalten wir hier in beiden Angeboten wegen der großen Bestellmenge einen **Mengenrabatt**. Aber auch der **Treuerabatt** für Stammkunden oder ein **Sonderrabatt** beispielsweise bei einem Jubiläum sind möglich.

RICCARDO: Der Abzug des Rabatts erfolgt von dem Preis, der z. B. in Preislisten oder in Katalogen genannt wird. In der Fachsprache heißt er **Listeneinkaufspreis**. Dieser stellt den Grundwert für die Rabattberechnung dar. Darauf soll der Pfeil hinweisen.

	Carbonfieber GmbH		Deutsche Carbonwerke AG	
Listeneinkaufspreis	18.300,00 €	100 %	17.500,00 €	100 %
– Liefererrabatt	1.830,00 €	10 %	1.050,00 €	6 %
= Zieleinkaufspreis	**16.470,00 €**	90 %	**16.450,00 €**	94 %

18.300,00 € : 10 = 1.830,00 €

17.500,00 € ≙ 100 %
x € ≙ 6 %

$$x = \frac{6 \cdot 17.500,00}{100} = 1.050,00$$

Ergebnis: Beim Zieleinkaufspreis ist der Lieferer Dt. Carbonwerke AG um 20,00 € günstiger.

RICCARDO: Schließlich ergibt sich der Preis, der bis zu dem jeweiligen Zahlungsziel zu begleichen wäre. Aus diesem Grund nennt man diesen auch den **Zieleinkaufspreis**. Aber wir sind mit der Kalkulation noch längst nicht fertig!

JULIA: Genau, es sind noch die Zahlungs- und Lieferbedingungen zu berücksichtigen. So dürfen wir auch Skonto abziehen, wenn wir innerhalb der angegebenen Frist bezahlen.

RICCARDO: Der Zieleinkaufspreis ist der Grundwert für die Skontoberechnung (siehe Pfeil). Mit dem Skontoabzug erhalten wir den **Bareinkaufspreis**. Er heißt so, weil wir entweder sofort bar oder unmittelbar nach dem Kauf in der Skontofrist bezahlen.

	Carbonfieber GmbH			Deutsche Carbonwerke AG		
Listeneinkaufspreis	18.300,00 €	100 %		17.500,00 €	100 %	
– Liefererrabatt	1.830,00 €	10 %		1.050,00 €	6 %	
= Zieleinkaufspreis	16.470,00 €	90 %	100 %	16.450,00 €	94 %	100 %
– Liefererskonto	494,10 €		3 %	329,00 €		2 %
= Bareinkaufspreis	**15.975,90 €**		97 %	**16.121,00 €**		98 %

16.470,00 € ≙ 100 %
x € ≙ 3 %

$$x = \frac{3 \cdot 16.470{,}00}{100} = 494{,}10$$

16.450,00 € ≙ 100 %
x € ≙ 2 %

$$x = \frac{2 \cdot 16.450{,}00}{100} = 329{,}00$$

Ergebnis: Beim Bareinkaufspreis ist der Lieferer Carbonfieber GmbH um 145,10 € günstiger.

RICCARDO: Damit wir bei unserer Kalkulation nicht durcheinander kommen, haben wir jeweils eine zweite Prozentspalte für den Skontoabzug eingerichtet.

JULIA: Ja, so bleibt das Schema schön übersichtlich. Zum Schluss müssen wir noch die Bezugskosten addieren, weil sie den Einkauf verteuern.

RICCARDO: Und am Ende der Kalkulation erhalten wir dann den sogenannten **Einstandspreis**, der zukünftig für den Preisvergleich die entscheidende Größe sein wird.

	Carbonfieber GmbH			Deutsche Carbonwerke AG		
Listeneinkaufspreis	18.300,00 €	100 %		17.500,00 €	100 %	
– Liefererrabatt	1.830,00 €	10 %		1.050,00 €	6 %	
= Zieleinkaufspreis	16.470,00 €	90 %	100 %	16.450,00 €	94 %	100 %
– Liefererskonto	494,10 €		3 %	329,00 €		2 %
= Bareinkaufspreis	15.975,90 €		97 %	16.121,00 €		98 %
+ Bezugskosten	100,00 €			0,00 €		
= Einstandspreis	**16.075,90 €**			**16.121,00 €**		

Ergebnis: Beim Einstandspreis ist der Lieferer Carbonfieber GmbH um 45,10 € günstiger.

RICCARDO: Der Anbieter mit dem günstigeren Einstandspreis ist also Carbonfieber.

JULIA: Da habe ich mich ganz schön geirrt. Kalkulieren ist doch der bessere Weg, um den günstigsten Lieferer zu bestimmen! Lass uns das Ergebnis gleich Frau Kästner mitteilen.

2/7
2/8
2/9

2.1.3 BEWERTUNG VON ANGEBOTEN: NICHT NUR DER PREIS MUSS STIMMEN

Trotz des Preisvergleichs ist sich Andrea Kästner nicht sicher, bei welchem Lieferer sie endgültig bestellen soll. Bei beiden Unternehmen hat sie in der Vergangenheit bereits Carbon gekauft. Allerdings muss sie sich schnell entscheiden, da die Produktion der hochwertigen Carbon-Bikes bald beginnen soll. Sie öffnet auf ihrem Laptop ein Dokument, das sie bei der letzten Carbonbestellung angefertigt hat:

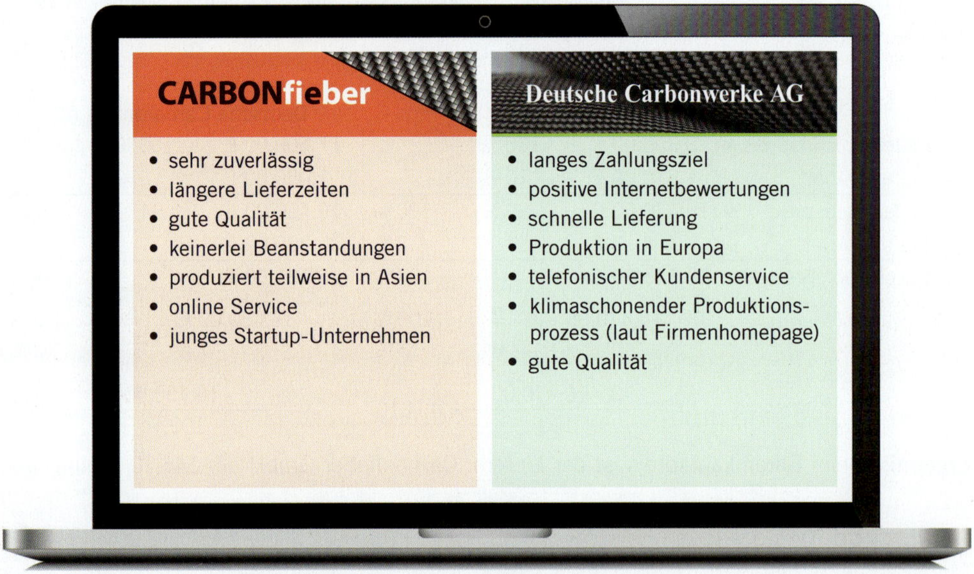

Andrea Kästner erstellt eine Tabelle für die verschiedenen Kriterien und bewertet die beiden Lieferer.

<table>
<tr><th></th><th></th><th>Carbonfieber GmbH</th><th>Deutsche Carbonwerke AG</th></tr>
<tr><td>Preis</td><td>Carbonfieber ist günstiger als Deutsche Carbonwerke.</td><td>✓</td><td></td></tr>
<tr><td>Zuverlässigkeit</td><td>Carbonfieber und Deutsche Carbonwerke weisen beide eine hohe Kundenzufriedenheit aus.</td><td colspan="2">?</td></tr>
<tr><td>Service</td><td>Deutsche Carbonwerke bietet ein Servicetelefon, Carbonfieber einen Online-Support.</td><td colspan="2">?</td></tr>
<tr><td>Lieferzeit</td><td>Deutsche Carbonwerke liefert schneller als Carbonfieber.</td><td></td><td>✓</td></tr>
<tr><td>Umweltschutz</td><td>Deutsche Carbonwerke wirbt auf der Firmenhomepage mit einem klimaschonenden Produktionsprozess. Außerdem erfolgt die Herstellung in Europa, wodurch sich kürzere Transportwege ergeben.</td><td></td><td>✓</td></tr>
<tr><td>Qualität</td><td>Carbonfieber und Deutsche Carbonwerke bieten Carbon von guter Qualität an.</td><td colspan="2">?</td></tr>
</table>

RICCARDO: Bei welchem Lieferer sollen wir denn jetzt die Bestellung aufgeben? Carbonfieber ist auf jeden Fall der günstigere Anbieter.

ANDREA KÄSTNER: Neben dem Preis spielen aber noch andere Faktoren eine Rolle. Bei der Bewertung von Lieferern sind z. B. auch langjährige Geschäftsbeziehungen, Service, Umweltschutz, Lieferzeit, Qualität oder Zuverlässigkeit wichtig.

JULIA: Verstehe ich Sie richtig, dass Sie bei der Deutsche Carbonwerke AG bestellen wollen?

ANDREA KÄSTNER: So ist es. Ich war bisher mit der Qualität immer sehr zufrieden. Der Transport erfolgt schneller, da sich die Niederlassung ebenfalls in Ingolstadt befindet. Schließlich produziert die Deutsche Carbonwerke AG klimaschonend, wodurch der höhere Preis auch gerechtfertigt ist.

So kann es z. B. sein, dass sich Andrea Kästner trotz eines höheren Preises für das teurere Angebot entscheidet.

Julia ist von der Entscheidung ihrer Chefin beeindruckt. Sofort notiert sie auf einem Zettel, dass der Vergleich von Angeboten immer in zwei Schritten abläuft. Nach der Berechnung des Einstandspreises sollten auch die weiteren Gesichtspunkte der Liefererauswahl in die Überlegungen einbezogen werden (Bewertung von Qualität, Lieferzeit, Zuverlässigkeit, etc.). **Z8 2/10**

Liefererauswahl

Listeneinkaufspreis	100,00 %	**1. SCHRITT** Berechnung
– Liefererrabatt		
= Zieleinkaufspreis	100,00 %	
– Liefererskonto		
= Bareinkaufspreis		
+ Bezugskosten		
= Einstandspreis		**2. SCHRITT** Bewertung

2.1.4 PRIVATE KAUFENTSCHEIDUNGEN

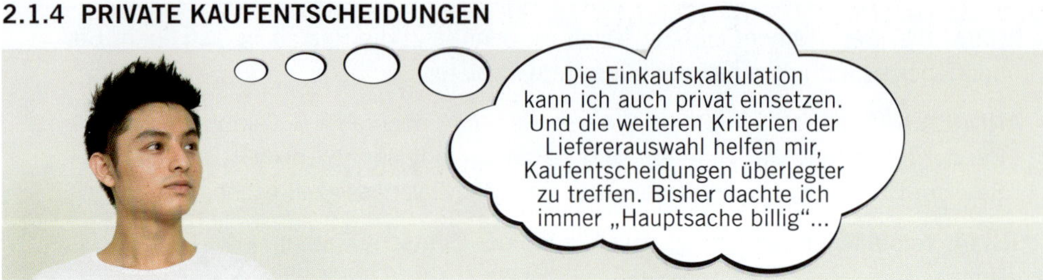

Riccardo spart schon länger auf ein neues Tablet. Die Auswahl ist riesig. Speicherkapazität, Größe des Displays, Akkulaufzeit, Gewicht, Kamera und Prozessor sind wichtige Faktoren, die Riccardo bei seiner Entscheidung berücksichtigen will. Auch muss er sein Budget im Auge behalten. Als maximale Ausgabe hat er sich ein Limit von 400,00 € gesetzt.

	Tablet A	Tablet B
Speicherkapazität	8 GB RAM/ 512 GB intern	8 GB RAM/ 256 GB intern
Größe des Displays	8 Zoll	10 Zoll
Akkulaufzeit	8 Stunden	11 Stunden
Gewicht	520 g	410 g
Kamera	10 Megapixel	8 Megapixel
Prozessor	2,7 GHz	1,9 GHz
Speichererweiterung	maximal 256 GB	maximal 128 GB
Preis laut Internet	379,00 €	319,00 €
Rabatt	5 %	kein Rabatt
Skonto	kein Skonto	kein Skonto
Versandkosten	4,99 €	versandkostenfrei
Händler	Sitz in Nürnberg	Sitz in Shanghai
Lieferzeit	2 Tage	14 – 21 Tage
Support	Hotline	E-Mail

Tablet A:	Listeneinkaufspreis	379,00 €	100 %	
	– Liefererrabatt	18,95 €	5 %	
	= Zieleinkaufspreis	360,05 €	95 %	100 %
	– Liefererskonto	0,00 €		0 %
	= Bareinkaufspreis	360,05 €		100 %
	+ Bezugskosten	4,99 €		
	= Einstandspreis	365,04 €		
Tablet B:	Einstandspreis	319,00 €		

RICCARDO: Ich werde mich für das Tablet A entscheiden. Zwar ist dieses um knapp 50,00 € teurer, ich erhalte dafür aber einen schnelleren Prozessor und die bessere Kamera. Wichtig ist mir außerdem, dass ich das Tablet möglichst schnell bekomme. Es hat nur zwei Tage Lieferzeit und kommt aus Nürnberg. Über die Hotline kann ich mich telefonisch informieren, falls es Probleme gibt. Außerdem finde ich gut, dass ich eine

2/11 große Speichererweiterung einbauen kann. Ich möchte das Tablet in der Berufsschule

2/12 einsetzen und habe somit ein tolles Gerät, das ich auch in Zukunft nutzen kann.

2.2 WERKSTOFFVERBRAUCH IM UNTERNEHMEN AK-BIKES

2.2.1 WERKSTOFFE: AUFWENDUNGEN FÜR AK-BIKES

Selma Demirci legt großen Wert darauf, dass die kaufmännischen Auszubildenden von AK-Bikes ihr Wissen austauschen. Sie organisiert deshalb einen Workshop zum Thema „Werkstoffe“, bei dem Julia, Riccardo und Max ihre Kenntnisse einbringen sollen.

Am Ende des Workshop-Tages finden sich folgende Informationen auf dem Whiteboard im Schulungsraum:

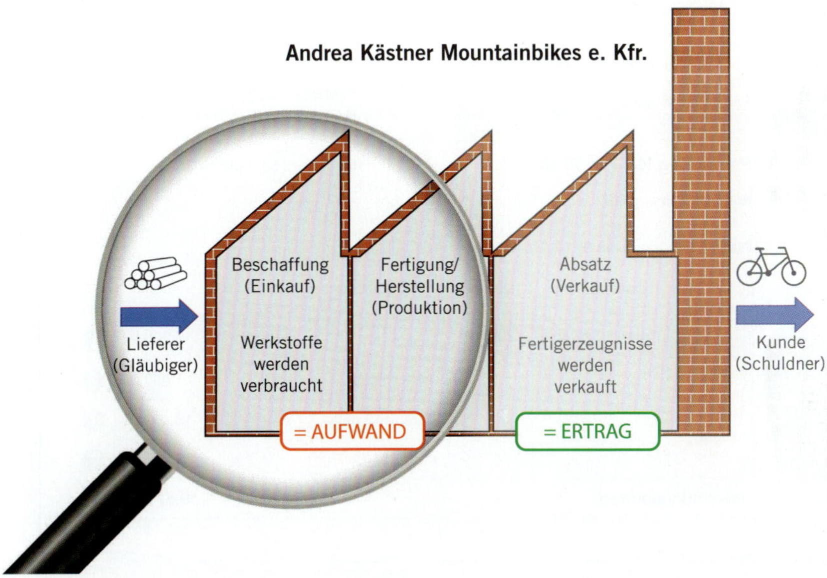

- ✓ Der Einkauf von Werkstoffen (Roh-, Hilfs-, Betriebsstoffe und Fremdbauteile) stellt für AK-Bikes einen **Aufwand** dar. Man spricht von einem **betrieblichen Werteverzehr**.
- ✓ Aus Gründen der Übersichtlichkeit werden Aufwendungen nicht direkt auf dem Konto Eigenkapital (3000 EK), sondern auf den entsprechenden Aufwandskonten (z. B. 6000 AWR) gebucht.
- ✓ Die **Aufwandskonten** sind wie alle **Erfolgskonten** sozusagen ein **Unterkonto des passiven Bestandskontos Eigenkapital**.
- ✓ Aufwendungen **mindern das Eigenkapital**. Daher werden sie **im Soll gebucht.** 2/13 2/14

2.2.2 BUCHUNG BEI DER BESCHAFFUNG VON WERKSTOFFEN (EINKAUFSBUCHUNG) UNTER BERÜCKSICHTIGUNG VON SOFORTRABATTEN

Nach Entscheidung für das Angebot der Deutsche Carbonwerke AG soll Julia folgende **Eingangsrechnung** buchhalterisch erfassen. Zuvor kontrolliert sie diese auf sachliche und rechnerische Richtigkeit. Dabei verwendet sie Riccardos Checkliste von Seite 20.

Deutsche Carbonwerke AG, Carbonstraße 1, 85049 Ingolstadt

Firma
Andrea Kästner Mountainbikes e. Kfr.
Stamsrieder Weg 50
85049 Ingolstadt

Deutsche Carbonwerke AG
Carbonstraße 1
85049 Ingolstadt
Telefon: 0841 091328
Telefax: 0841 091329
E-Mail: info@carbon...
Internet: www.carbon...

Rechnung Nr. 1265998

Ingolstadt, 04. Februar 20..

Kundennummer: 0967

Wir lieferten Ihnen am 02.02.20.. frei Haus:

Position/ Artikel	Bezeichnung	Menge	Einzelpreis €	Gesamtpreis €	
1	Carbon-Gewebe (120 g/m²)	200 m²	87,50	17.500,00	❶
			– 6 % Rabatt	1.050,00	❷
			Warenwert netto	16.450,00	❸
			+ 19 % USt.	3.125,50	❹
Rechnungsbetrag				**19.575,50**	❺

JULIA: Danke Riccardo, deine Liste war mir sehr hilfreich bei der Überprüfung der Angaben in der Eingangsrechnung.

RICCARDO: Kein Problem, ich helfe dir doch gerne. Dann können wir ja den Rechnungseingang buchen.

JULIA: Den grundlegenden Buchungssatz für den Zieleinkauf von Rohstoffen kenne ich schon. Nur für die Erfassung des Rabatts finde ich kein entsprechendes Konto.

RICCARDO: Das wirst du auch in unserem Kontenplan nicht finden, denn Sofortrabatte werden – wie der Name schon sagt – sofort vom Listeneinkaufspreis abgezogen und daher nicht gebucht.

JULIA: Verstehe, dann muss im Konto 6000 AWR der Zieleinkaufspreis erfasst werden.

2/15 **RICCARDO:** Richtig, merke dir einfach: Buche beim **Ziel**einkauf den **Ziel**einkaufspreis.

Julia wertet den Beleg aus, um den Buchungssatz bilden zu können:

				Soll-seite	Haben-seite
❶ Listeneinkaufspreis	100 %		Dies ist der Preis, zu dem die Werkstoffe vom Lieferer laut Preisliste angeboten werden.	Diese beiden Beträge erscheinen nicht im Buchungssatz!	
❷ – Sofortrabatt	6 %		Dieser Preisnachlass wird vom Lieferer individuell gewährt.		
❸ Warenwert netto (Zieleinkaufspreis)	94 %	100 %	Bei Carbon-Gewebe handelt es sich um einen Werkstoff, in diesem Fall einen Rohstoff, da Carbon den Hauptbestandteil des Fahrrades bildet. Der dazugehörige Betrag stellt für Andrea Kästner einen Aufwand dar, der den Gewinn des Unternehmens mindert. Die Buchung erfolgt auf dem Konto Aufwendungen für Rohstoffe (6000 AWR).	AWR	
❹ Umsatzsteuer		19 %	Bei jedem Einkauf fällt Vorsteuer an, die vom Warenwert netto berechnet wird. Die Vorsteuer stellt eine Forderung an das Finanzamt dar. Sie wird auf dem aktiven Bestandskonto Vorsteuer (2600 VORST) gebucht.	VORST	
❺ Rechnungsbetrag		119 %	Wir haben von unserem Lieferer Deutsche Carbonwerke AG eine Eingangsrechnung erhalten, diese aber noch nicht bezahlt. Die gesamte Verbindlichkeit (Warenwert netto und Vorsteuer) in Höhe von 19.575,50 € muss bis zum Erreichen des Zahlungsziels bezahlt werden. Dies ist auf dem passiven Bestandskonto Verbindlichkeiten (4400 VE) zu buchen.		VE

Julia bildet den Buchungssatz für die Eingangsrechnung:

❸ 6000 AWR	16.450,00 €			
❹ 2600 VORST	3.125,50 €	an	❺ 4400 VE	19.575,50 €

Julia bucht in T-Konten:

S	**6000 AWR**		H
VE	16.450,00 €		

S	**4400 VE**		H
		AWR, VORST	19.575,50 €

S	**2600 VORST**		H
VE	3.125,50 €		

2/16 2/17 2/18

Julia hält auf einem Notizzettel fest:

Sofortrabatte
(Mengen-, Treue- und Sonderrabatte)
werden sofort abgezogen und **nicht** gebucht!

Zieleinkauf → **Ziel**einkaufspreis buchen

2.2.3 BUCHHALTERISCHE ERFASSUNG DER BEZUGSKOSTEN

Ein weiterer Beleg (Auszug) ist im Unternehmen AK-Bikes eingegangen:

SPEDITION ACHSMAYER E. K.

Spedition Achsmayer e. K. – Sommerstr. 20 – 84028 Landshut

Sommerstr. 20
84028 Landshut
Tel.: 0871 08764
Fax: 0871 08765
E-Mail: info@achsmayer...

Firma
Andrea Kästner Mountainbikes e. Kfr.
Stamsrieder Weg 50
85049 Ingolstadt

Rechnung

Landshut, 02. Februar 20..

Nr.: 0677
Kundennummer: 2503

Unsere Leistungen am 30.01.20.. berechnen wir Ihnen wie folgt:

Ausgangsort	Zielort	Leistung	Gesamtpreis €
Landshut	Ingolstadt	Fracht pauschal für	
Fa. Kunterbunt	Fa. AK-Bikes	Farblack 1000 Liter	220,00
		zuzüglich	
		Leihverpackung	80,00
		19 % Umsatzsteuer	57,00
		Rechnungsbetrag	**357,00**

Zahlbar sofort rein netto.

JULIA: Der Beleg ist wieder eine Eingangsrechnung bzw. ein Fremdbeleg, da er von der Spedition Achsmayer ausgestellt wurde.

RICCARDO: Ich erinnere mich: In der letzten Woche wurde uns Farbe geliefert. Der große LKW trug ebenfalls die Aufschrift „Spedition Achsmayer".

JULIA: In dem Beleg wird aber gar keine Farbe berechnet.

RICCARDO: Das ist richtig, die Spedition hat uns für die Farbe die Frachtkosten und die Verpackung in Rechnung gestellt. In unserer Buchhaltung unterscheiden wir genau zwischen dem reinen Warenwert und den Nebenkosten für die Ware.

JULIA: Auf die Buchung des Belegs hat dies bestimmt Auswirkung. Ich vermute, dass nicht im Aufwandskonto 6020 AWH gebucht wird.

RICCARDO: Korrekt, Fracht und Verpackung gehören zu den sogenannten **Bezugskosten**. Damit wir nicht den Überblick zwischen Waren- und Nebenkosten verlieren, richten wir für jede Werkstoffart ein eigenes **Unterkonto** ein. Gebucht wird übrigens wie im dazugehörigen Hauptkonto im Soll. Schau Julia, was ich für eine übersichtliche Darstellung im Internet gefunden habe.

Julia wertet den Beleg aus, um den Buchungssatz bilden zu können:

			Soll-seite	**Haben-seite**
❶ Nebenkosten netto	100 %	Die Nebenkosten netto der Farblieferung bestehen aus der Summe der Frachtkosten und den Kosten für die Verpackung. Die Kosten für den Bezug von Hilfsstoffen werden auf dem Aufwandskonto 6021 BZKH als Unterkonto des Kontos 6020 AWH erfasst.	**BZKH**	
❷ Umsatzsteuer	19 %	Für die Dienstleistungen der Spedition fällt Vorsteuer an, die vom Nettobetrag der Nebenkosten berechnet wird. Sie wird auf dem aktiven Bestandskonto Vorsteuer (2600 VORST) gebucht.	VORST	
❸ Rechnungsbetrag	119 %	Der Rechnungsbetrag stellt die gesamte Verbindlichkeit (4400 VE) gegenüber der Spedition dar.		VE

Julia bildet den Buchungssatz zur Erfassung der Eingangsrechnung der Spedition Achsmayer e. K.:

❶ **6021 BZKH**	300,00 €			
❷ 2600 VORST	57,00 €	an	❸ 4400 VE	357,00 €

2/19

Julia bucht in T-Konten:

S	**6021 BZKH**		H
VE	300,00 €		

S	**4400 VE**		H
		BZKH, VORST	357,00 €

S	**2600 VORST**		H
VE	57,00 €		

JULIA: Fast hätte ich es vergessen: Die Verpackung wurde in der Rechnung der Spedition Achsmayer als **Leihverpackung** bezeichnet.

RICCARDO: Das hast du gut bemerkt. Als Leihverpackung gelten genormte Holzpaletten (sogenannte Europaletten), Gitterboxen oder Holzkisten. Sie haben den Vorteil, dass sie nach Verwendung wieder an den Lieferer zurückgegeben und weiter benutzt werden können.

Leihverpackungen		

Euro-Holzpaletten	Euro-Gitterboxen	Holzkisten

Bezugskosten, die unmittelbar nach Transport bezahlt werden

Es ist auch möglich, dass AK-Bikes die Kosten für die Lieferung sofort beim Spediteur bezahlt. Dies erfolgt in der Regel in bar und wir erhalten eine entsprechende Quittung. Diese dient uns als Nachweis für die geleistete Zahlung.

Netto	€	*200*	Cent	*00*	❶
+ *19* % USt.	€	*38*	Cent	*00*	❷
Gesamt	€	*238*	Cent	*00*	❸

Quittung
Nr. 002357

Gesamtbetrag € in Worten
—— *zweihundertachtunddreißig* —— Cent wie oben

von *Andrea Kästner Mountainbikes e. Kfr., 85049 Ingolstadt*
für *Anlieferung von Carbon-Matten*
richtig erhalten zu haben, bestätigt

Matthias Schlosser
Großhandel für Mineralöl
Schwabenweg 11
85049 Ingolstadt

Ort *Ingolstadt* Datum *02.02.20..*

Buchungsvermerke	Stempel/Unterschrift des Empfängers
	Matthias Schlosser

❶ 6001 BZKR	200,00 €				
❷ 2600 VORST	38,00 €	an	❸ 2880 KA	238,00 €	

Bezugskosten als Bestandteil der Eingangsrechnung

Häufig werden Bezugskosten gleich in der Eingangsrechnung aufgeführt. Wir erfassen sie dann in einem gemeinsamen Buchungssatz zusammen mit dem Aufwand des betreffenden Werkstoffs (hier: Bremsscheiben als Fremdbauteile). Dabei ist zu beachten, dass sich die Umsatzsteuer aus der Summe des Netto-Warenwertes und den Netto-Bezugskosten berechnet.

FRENO GmbH

TECHNOLOGY IS OUR PASSION

FRENO GmbH, Zugspitzstraße 245, 86165 Augsburg

Firma
Andrea Kästner Mountainbikes e. Kfr.
Stamsrieder Weg 50
85049 Ingolstadt

FRENO GmbH
Zugspitzstraße 245
86165 Augsburg

Telefon: 0821 / 0500
Telefax: 0821 / 0503
E-Mail: service@freno...
Internet: www.freno...

Augsburg, 14. Januar 20..

RECHNUNG Nr. 00100600002

Bestellung 10.01.20.. (E-Mail)
Lieferdatum: 13.01.20..
Kunden-Nr.: 001841

Artikel	Menge	Einzelpreis	Gesamtpreis	
Bremsscheiben „FXX300" XXM-Z6L 203 mm	5	50,00 €	250,00 €	
	Warenwert, netto		250,00 €	❶
	Frachtkosten		10,00 €	❷
			260,00 €	
	+ 19 % Umsatzsteuer		49,40 €	❸
	Rechnungsbetrag		**309,40 €**	❹

Zahlungsbedingungen: Zahlbar innerhalb von 14 Tagen rein netto.

❶ 6010 AWF	250,00 €			
❷ 6011 BZKF	10,00 €			2/20
❸ 2600 VORST	49,40 €	an	❹ 4400 VE	309,40 € 2/21

Die Eintragungen in die T-Konten sehen entsprechend aus:

S	6010 AWF	H
VE	250,00 €	

S	6011 BZKF	H
VE	10,00 €	

S	2600 VORST	H
VE	49,40 €	

S	4400 VE	H
		AWF, BZKF, VORST 309,40 €

2.3 RÜCKSENDUNGEN

2.3.1 RÜCKSENDUNG VON WERKSTOFFEN

In der Produktion von AK-Bikes herrscht hektische Betriebsamkeit. Die zur Endmontage unbedingt notwendigen Sicherungsmuttern für die Sattelstützen lassen sich nicht auf die Schrauben montieren. Der für die Qualitätssicherung zuständige Mitarbeiter stellt schnell fest, dass die Sicherungsmuttern in der falschen Größe geliefert wurden.

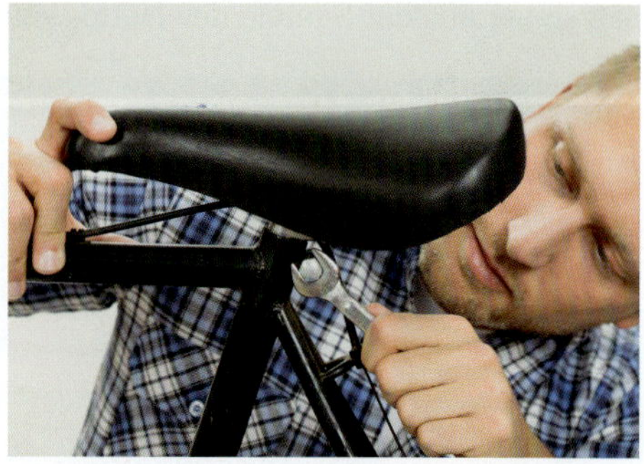

Der Auszubildende Max und Frau Kästner beraten sich, was sie tun werden.

MAX: Ich würde die Muttern gleich wieder zurückschicken. In dieser Größe sind sie für uns nicht zu gebrauchen. Allerdings habe ich schon die entsprechende Rechnung unmittelbar nach Eingang gebucht.

ANDREA KÄSTNER: Das war auch völlig korrekt. Ich habe unseren Lieferer Schrauben Bunt bereits telefonisch informiert.

Die Eingangsrechnung hatte Max am 7. Januar 20.. wie folgt gebucht:

6020 AWH	180,00 €			
2600 VORST	34,20 €	an	4400 VE	214,20 €

Nach dem Telefonat von Frau Kästner trifft folgende E-Mail ein:

Von: info@schraubenbunt...
An: info@ak-bikes.bayern
Betreff: Stornierung Rechnungsnummer 07665

1 Anhang
Retourplakette

Normaler Text | Variable Breite

Sehr geehrte Frau Kästner,

herzlichen Dank für das Telefongespräch und den Hinweis auf die falsche Größe der Sicherungsmuttern. Bitte entschuldigen Sie die Unannehmlichkeiten. Schicken Sie bitte die falsch gelieferten Muttern an uns zurück (Retourplakette für den kostenlosen Rückversand finden Sie im Anhang) und stornieren Sie die ursprüngliche Rechnung in Ihrer Buchhaltung um den Gutschriftbetrag von 214,20 €.

Vielen Dank für Ihr Verständnis.

Mit freundlichen Grüßen

Thomas Bunt
Schrauben Bunt KG

Der Wert der Sicherungsmuttern muss nach erfolgter Rücksendung und erteilter Gutschrift wieder vollständig „ausgebucht“ werden, d. h. der Einkaufsbuchungssatz wird in dieser Höhe rückgängig gemacht. Dies geschieht dadurch, dass der ursprüngliche Buchungssatz umgedreht wird. Die Korrektur wird als **Stornobuchung** bezeichnet.

- Zurückgesandte Werkstoffe vermindern unsere Aufwendungen:
  Das Aufwandskonto 6020 AWH muss im Haben gebucht werden.
- Die Vorsteuerforderung an das Finanzamt wird anteilig storniert:
  Die Buchung erfolgt auf der Habenseite des aktiven Bestandskontos 2600 VORST.
- Unsere Verbindlichkeit gegenüber dem Lieferer wird um den Gutschriftbetrag verringert:
  Das passive Bestandskonto 4400 VE wird im Soll gebucht.

Max bildet den Buchungssatz für die Gutschrift:

4400 VE	214,20 €	an	6020 AWH	180,00 €
			2600 VORST	34,20 €

Max bucht in T-Konten:

S	**6020 AWH**		H
VE	180,00 €	VE	180,00 €

S	**4400 VE**		H
AWH, VORST	214,20 €	AWH, VORST	214,20 €

S	**2600 VORST**		H
VE	34,20 €	VE	34,20 €

ANDREA KÄSTNER: Rücksendungen an den Lieferer kommen immer wieder einmal vor. Diesmal lag der Grund in einem sogenannten Sachmangel: Die Muttern wurden in einer falschen Größe geliefert.

MAX: Dann gibt es bestimmt noch weitere Gründe für Rücksendungen.

ANDREA KÄSTNER: Ja, sicher. Es ist außerdem vorstellbar, dass uns der Lieferer zu viel der eigentlich bestellten Werkstoffe zugeschickt hat. Des Weiteren kann es sein, dass der Werkstoff bzw. die Ware beschädigt geliefert wurde.

2/22
2/23
Z9

Gründe für Rücksendungen:
→ falsch,
→ zu viel oder
→ defekt/beschädigt geliefert

2.3.2 RÜCKSENDUNG VON LEIHVERPACKUNG

Max und Frau Kästner betrachten noch einmal genau einen Ausschnitt aus der Rechnung der Spedition Achsmayer von Seite 70, die im Zusammenhang mit einer Lacklieferung steht:

Nr.: 0677
Kundennummer: 2503

Unsere Leistungen am 30.01.20.. berechnen wir Ihnen wie folgt:

Ausgangsort	Zielort	Leistung	Gesamtpreis €
Landshut	Ingolstadt	Fracht pauschal für	
Fa. Kunterbunt	Fa. AK-Bikes	Farblack 1000 Liter	220,00
		zuzüglich	
		Leihverpackung	80,00
		19 % Umsatzsteuer	57,00
		Rechnungsbetrag	**357,00**

Zahlbar sofort rein netto.

ANDREA KÄSTNER: Max, die Rechnung wurde bereits von Julia und Riccardo gebucht. Trotzdem ist für uns der Vorgang noch nicht abgeschlossen.

MAX: Die in der Rechnung ausgewiesene Leihverpackung könnten wir wieder zurückschicken.

ANDREA KÄSTNER: Das machen wir auch! So kann die Verpackung wiederverwendet werden und wir leisten einen wertvollen Beitrag zum Umweltschutz.

MAX: Zudem können wir Geld sparen, denn wir erhalten über den Gegenwert eine Gutschrift von der Spedition Achsmayer.

ANDREA KÄSTNER: Das hast du richtig erkannt. Bilde also den Buchungssatz für die Rücksendung der Leihverpackung.

Ähnlich wie bei der Rücksendung von Werkstoffen nimmt Max eine **Stornobuchung** vor:

- Zurückgesandte Leihverpackung vermindert unsere Bezugskosten (Aufwendungen): Das Aufwandskonto 6021 BZKH muss im Haben gebucht werden.
- Die Vorsteuerforderung an das Finanzamt wird anteilig storniert: Die Buchung erfolgt auf der Habenseite des aktiven Bestandskontos 2600 VORST.
- Unsere Verbindlichkeit gegenüber dem Lieferer wird um den Gutschriftbetrag verringert: Das passive Bestandskonto 4400 VE wird im Soll gebucht.

2/24 **Max bildet den Buchungssatz für die Gutschrift:**

2/25 2/26

4400 VE	95,20 €	an	6021 BZKH	80,00 €
			2600 VORST	15,20 €

2.3.3 ABSCHLUSS VON UNTERKONTEN: BEZUGSKOSTEN

JULIA: Max, ich habe mitbekommen, dass die Leihverpackung aus der Rechnung der Spedition Achsmayer zurückgeschickt wurde. Mich würde interessieren, wie viel Nebenkosten für die Lacklieferung nun tatsächlich angefallen sind.

MAX: Blicken wir dazu in unser Bezugskostenkonto 6021 BZKH.

S	**6021 BZKH**		H
VE	300,00 €	VE	80,00 €

JULIA: Auf der Sollseite finde ich den Nettobetrag von 300,00 €, den ich und Riccardo bei Eingang der Rechnung gebucht haben. Dann müssen die 80,00 € im Haben der Gutschriftbetrag netto sein, der aufgrund der Stornierung erfasst wurde.

MAX: Korrekt. Lass uns das Konto 6021 BZKH auf das Hauptkonto 6020 AWH abschließen und wir erhalten die exakte Höhe der verbliebenen Nebenkosten der Lacklieferung.

JULIA: Im Haben des Kontos 6021 BZKH ergibt sich ein Saldo von 220,00 €. Also sind uns endgültig 220,00 € Bezugskosten entstanden.

S	**6020 AWH**		H
VE	5.000,00 €	VE	180,00 €
VE	180,00 €		
BZKH	220,00 €		

S	**6021 BZKH**		H
VE	300,00 €	VE	80,00 €
		AWH	220,00 €
	300,00 €		300,00 €

MAX: Genau. Bedenke, die Bezugskosten erhöhen den Aufwand für die Lacklieferung. Das erkennst du, wenn du die Gegenbuchung im Hauptkonto 6020 AWH betrachtest.

JULIA: Stimmt, dort steht der Saldo von 220,00 € auf der Sollseite. Auf dieser Kontenseite werden Aufwendungen immer dann gebucht, wenn Werte aufgebraucht werden.

Julia bildet noch den Abschlussbuchungssatz:

6020 AWH	220,00 €	an	6021 BZKH	220,00 €

MAX: Julia, ich möchte ergänzen, dass der Abschluss eines Unterkontos eigentlich zum 31.12. vorgenommen wird. Am Ende des Geschäftsjahres bezeichnet man den Vorgang als **vorbereitende Abschlussbuchung**. Dies ist bei den Erfolgsvorgängen eine Buchung, bei der nicht direkt das Konto 8020 GUV betroffen ist. Sie trägt aber dazu bei, den Jahreserfolg korrekt zu ermitteln.

Auf einem Notizzettel fasst Julia ihre Erkenntnisse zusammen: 2/27 2/28

Bezugskosten führen zu höheren Aufwendungen im entsprechenden Hauptkonto. Diese wiederum mindern den Unternehmenserfolg.

2.4 NACHTRÄGLICHE PREISNACHLÄSSE

Die verschiedenen Rabatte, die AK-Bikes von seinen Lieferern erhält, gehören zu den sofort gewährten Preisnachlässen. Andrea Kästner erklärt den beiden Auszubildenden Riccardo und Julia, dass es daneben auch **nachträgliche Preisnachlässe** gibt. Als Beispiele nennt sie: Gutschriften aufgrund von Sachmängeln oder den Skontoabzug, wenn AK-Bikes eine Rechnung innerhalb einer bestimmten Frist vor dem eigentlichen Zahlungsziel begleicht.

2.4.1 GUTSCHRIFTEN AUFGRUND VON SACHMÄNGELN

Alle bei AK-Bikes eintreffenden Werkstoffe werden vor Verwendung auf ihre Qualität hin überprüft. Bei einer routinemäßigen Kontrolle wird festgestellt, dass mehrere der gelieferten Aluminiumrohre des Unternehmens AWD GmbH Kratzer aufweisen. Die Rohre können trotzdem verwendet werden, ein Sicherheitsrisiko besteht nicht.

Aus diesem Grund verzichtet Andrea Kästner auf eine Rücksendung. Trotzdem möchte sie ihren Lieferer darüber informieren. Schließlich war sie bisher mit der gelieferten Qualität immer sehr zufrieden. Frau Kästner schreibt eine E-Mail und fügt obige Fotos im Anhang bei:

Die Antwort der AWD GmbH lässt nicht lange auf sich warten:

Von: service@awd...
An: info@ak-bikes.bayern
Betreff: RE: Mängelrüge zur Lieferung vom 20.11.20.. – Re. Nr. 001057

Normaler Text | Variable Breite | AA | A | A | B | I | U

Sehr geehrte Frau Kästner,

wir bedauern sehr, dass Sie bei unserer letzten Lieferung vom 20.11.20.. Qualitätsmängel bei den Aluminiumrohren festellen mussten. Wir gewähren Ihnen deswegen folgenden Preisnachlass (10 % vom Warenwert netto in Höhe von 8.000,00 €):

	Preisnachlass netto	800,00 €
+	Umsatzsteuer	152,00 €
=	**Gutschrift**	**952,00 €**

Bitte entschuldigen Sie nochmals die mangelhafte Lieferung.

Mit freundlichen Grüßen

Alfredo Pingipino (Abteilung Kundenservice)

RICCARDO: Bevor wir die Gutschrift buchen, sollten wir uns zuerst nochmal den Buchungssatz für die Eingangsrechnung betrachten.

Die Eingangsrechnung des Lieferers AWD GmbH war am 20.11.20.. wie folgt gebucht worden:

6000 AWR	8.000,00 €			
2600 VORST	1.520,00 €	an	4400 VE	9.520,00 €

JULIA: Ich würde diesen Buchungssatz, wie bei einer Rücksendung, einfach umdrehen. Denn der Preisnachlass unseres Lieferers verringert den Aufwand für Rohstoffe. Außerdem wäre dann die Vorsteuer korrigiert und die Gutschrift auf den Rechnungsbetrag berücksichtigt.

RICCARDO: Deine Erklärung ist nachvollziehbar. Damit unsere Buchhaltung aussagekräftig und leicht nachvollziehbar ist, buchen wir den Preisnachlass aber nicht direkt im betroffenen Aufwandskonto.

JULIA: Dann richten wir bestimmt wieder ein Unterkonto ein, um den nachträglichen Preisnachlass zu erfassen.

RICCARDO: Richtig, du hast das Prinzip der Klarheit der Buchhaltung verstanden! Wir buchen im Konto 6002 NR Nachlässe Rohstoffe als Unterkonto des Kontos 6000 AWR.

Julia und Riccardo überprüfen vor Buchung die Berechnung der Gutschrift:			**Soll-seite**	**Haben-seite**
Preisnachlass, netto (10 % von 8.000,00 €)	800,00 €	100 %		**NR**
+ Vorsteuerkorrektur (19 % von 800,00 €)	152,00 €	19 %		VORST
= Gutschrift, brutto	952,00 €	119 %	VE	

Dann bilden sie gemeinsam den Buchungssatz für die Gutschrift:

4400 VE	952,00 €	an	**6002 NR**	800,00 €
			2600 VORST	152,00 €

Julia notiert sich in ihrem Merkheft:

> **Gutschriften** bei einem **Sachmangel** (Mängelrüge) werden in einem Unterkonto gebucht. Der Werkstoff bleibt im Unternehmen und wird **nicht zurückgeschickt**:
6002 Nachlässe Rohstoffe
6012 Nachlässe Fremdbauteile
6022 Nachlässe Hilfsstoffe
6023 Nachlässe Betriebsstoffe

> **Gutschriften** bei einer **Rücksendung** werden direkt im betroffenen Aufwandskonto gebucht. Durch das **Umdrehen** des Einkaufsbuchungssatzes erfolgt eine **Stornierung** des Vorgangs.

2/29
2/30
2/31

2.4.2 SKONTI VOM LIEFERER

Die Lieferung von Fahrradmänteln durch die Continent GmbH ist eingetroffen. Andrea Kästner beauftragt Riccardo, folgende Eingangsrechnung buchhalterisch zu erfassen:

Continent GmbH

Alles rund ums Rad

Continent GmbH · Reifenstr. 13 · 63768 Hösbach

Continent GmbH
Reifenstr. 13
63768 Hösbach

Telefon: 06021 05448
Telefax: 06021 05695
E-Mail: info@continent...
Internet: www.continent...

Firma
Andrea Kästner Mountainbikes e. Kfr.
Stamsrieder Weg 50
85049 Ingolstadt

Hösbach, 15. März 20..

Rechnung

Rechnungsnummer: 7282
Kundennummer: 0815
Ihre Bestellung vom 13.03.20..
geliefert am 14.03.20..

Pos.	Stück	Einzelpreis €	Gegenstand	Gesamtpreis €
1	100	21,00	Clever Tom Special 29 x 2,25" Fahrradmantel	2.100,00
			Warenwert netto	2.100,00
			19 % Umsatzsteuer	399,00
			Rechnungsbetrag	**2.499,00**

Betrag fällig am 15. April 20.. rein netto.
Bei Bezahlung bis zum 22. März 20.. gewähren wir 3 % Skonto.
Die gelieferte Ware bleibt bis zur vollständigen Bezahlung unser Eigentum.

Bankverbindung: Mainbank Hösbach
IBAN: DE22 3515 6349 1230 0029 64
BIC: MAINDEHÖ

Amtsgericht Aschaffenburg HRB 1308
USt-IdNr.: DE285004530
Steuernr.: 204/422/81333

Geschäftsführung:
Dr. Karl Profil

Riccardo bildet den Buchungssatz für die Eingangsrechnung:

6010 AWF	2.100,00 €			
2600 VORST	399,00 €	an	4400 VE	2.499,00 €

RICCARDO: Laut den Zahlungsbedingungen haben wir jetzt bis zum 15. April 20.. Zeit, die Rechnung zu begleichen.

ANDREA KÄSTNER: Es gibt einen günstigeren Zahlungszeitpunkt für mich. Betrachte dazu nochmals genau die Rechnung.

RICCARDO: Natürlich! Wenn wir bis zum 22. März 20.. bezahlen, dürfen wir vom Rechnungsbetrag 3 % Skonto abziehen. Das halte ich für sinnvoll, da sich hierdurch der Einkauf der Fahrradmäntel vergünstigt.

ANDREA KÄSTNER: Dann sollten wir zuerst den Betrag ausrechnen, den wir nach Skontoabzug unserem Lieferer überweisen werden. Dazu benutzen wir folgendes Schema.

Diese **Nebenrechnung** ist für den Skontobuchungssatz eine **Pflichtangabe**:

	Rechnungsbetrag	❶	2.499,00 €	100 %	: 1,19 →	Nettoskonto (100 %)
–	Bruttoskonto		74,97 €	3 %		63,00 € ❸
=	Überweisungsbetrag (Banklastschrift)	❷	2.424,03 €	97 %	→	Steuerkorrektur (19 %) 11,97 € ❹

RICCARDO: Vom Rechnungsbetrag ziehen wir also den durch Prozentrechnung ermittelten Bruttoskonto ab. Wir erhalten den Betrag, den unser Lieferer überwiesen bekommt. Das verstehe ich! Warum wir auch die Beträge für den Nettoskonto und die Steuerkorrektur berechnet haben, ist mir aber nicht ganz klar.

ANDREA KÄSTNER: Durch die Skontogewährung bekommen wir auf den ursprünglich im Konto 6000 AWR gebuchten Betrag von 2.100,00 € einen Nachlass von 3 %. Unsere Aufwendungen sind also um 63,00 € geringer als beim Zielkauf. Die Korrektur der Aufwendungen über das Nachlasskonto 6002 NR muss schließlich auch zu einer Berichtigung der Vorsteuer um 11,97 € führen.

RICCARDO: Dann ist der Skontobuchungssatz ähnlich aufgebaut wie die Korrekturbuchung bei einem Sachmangel.

ANDREA KÄSTNER: Das hast du richtig erkannt. Nur benötigst du noch das Konto, über das wir die Zahlung abwickeln. 2/32 2/33

RICCARDO: Alles klar, ich weiß Bescheid! 2/34 2/35

Riccardo bildet den Skontobuchungssatz:

❶ 4400 VE	2.499,00 €	an	❷ 2800 BK	2.424,03 €
			❸ 6012 NF	63,00 €
			❹ 2600 VORST	11,97 €

Skonto bei zuvor gewährter Gutschrift

Riccardo ist stolz, dass er den Skontobuchungssatz selbstständig herleiten konnte. Dies berichtet er sofort seiner Ausbilderin Selma Demirci, die eine weitere Aufgabe für ihn hat. Riccardo soll für einige Geschäftsfälle, die in Verbindung zueinander stehen, die Buchungssätze bilden.

Geschäftsfall 1: AK-Bikes kauft auf Ziel 100 m² Carbongewebe beim Lieferer Deutsche Carbonwerke AG für 8.000,00 € netto abzüglich eines Rabatts von 12,5 %.

Riccardo bildet den Buchungssatz für die Eingangsrechnung:

6000 AWR	7.000,00 €			
2600 VORST	1.330,00 €	an	4400 VE	8.330,00 €

Geschäftsfall 2: 5 m² Carbon aus der Lieferung von Geschäftsfall 1 waren von schlechter Qualität und wurden deshalb an die Deutsche Carbonwerke AG zurückgeschickt. Eine Gutschrift über 350,00 € netto geht ein.

Riccardo bildet den Buchungssatz für die Gutschrift aufgrund der Rücksendung:

4400 VE	416,50 €	an	6000 AWR	350,00 €
			2600 VORST	66,50 €

Geschäftsfall 3: Innerhalb der Skontofrist wird der noch offene Rechnungsbetrag der Carbonlieferung aus Geschäftsfall 1 nach Abzug von 2 % Skonto durch Banküberweisung beglichen.

RICCARDO: Laut Eingangsrechnung betrug unsere Verbindlichkeit gegenüber der Deutsche Carbonwerke AG zunächst 8.330,00 €. Da wir aufgrund der Rücksendung eine Gutschrift in Höhe von 416,50 € brutto erhalten haben, vermindert sich unsere Liefererschuld auf 7.913,50 €. Von diesem noch offenen Rechnungsbetrag dürfen wir 2 % Skonto abziehen.

SELMA DEMIRCI: Sehr gut! Jetzt kannst du die Aufgabe lösen.

Riccardo erstellt die verpflichtende Nebenrechnung:

	Rechnungsbetrag	8.330,00 €		
–	Gutschrift	416,50 €		
=	offener Rechnungsbetrag ❶	7.913,50 €	100 %	
–	Bruttoskonto	158,27 €	2 %	: 1,19 → Nettoskonto (100 %) 133,00 € ❸; → Steuerkorrektur (19 %) 25,27 € ❹
=	Überweisungsbetrag (Banklastschrift) ❷	7.755,00 €	98 %	

Riccardo bildet den Skontobuchungssatz:

2/36
2/37
2/38
Z10

❶ 4400 VE	7.913,50 €	an	❷ 2800 BK	7.755,00 €
			❸ 6002 NR	133,00 €
			❹ 2600 VORST	25,27 €

2.4.3 ABSCHLUSS VON UNTERKONTEN: NACHLÄSSE

Die Auszubildenden erhalten eine Schulung zum Thema: Auswirkungen von nachträglichen Preisnachlässen auf den Unternehmenserfolg. Selma Demirci fordert die Auszubildenden auf, den Sachverhalt auf folgendem Plakat zu erläutern.

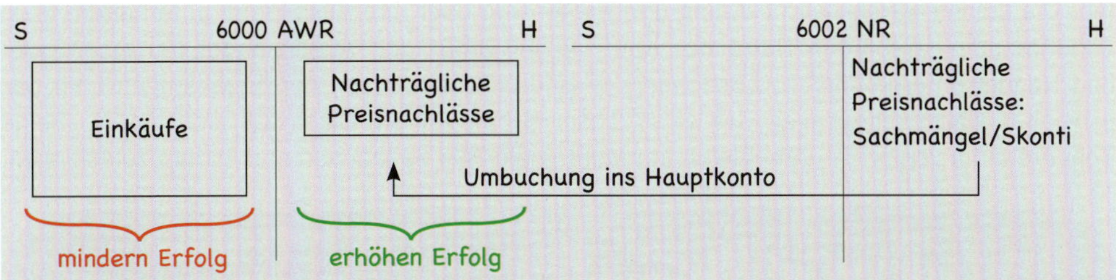

SELMA DEMIRCI: Ziel unseres Unternehmens ist es, einen möglichst hohen Gewinn zu erzielen. Dies erfolgt jedoch nicht um jeden Preis. Wir beachten selbstverständlich auch die Interessen unserer Mitarbeiter und sorgen für den Schutz der Umwelt.

RICCARDO: Aber nur bei ausreichendem Gewinn kann sich AK-Bikes dauerhaft am Markt behaupten und seine Mountainbikes verkaufen.

JULIA: Somit ist es für uns wichtig, dass wir bei unseren Lieferern günstig einkaufen. Dies können wir durch gute Liefervereinbarungen wie Rabatte oder Skonti erreichen.

MAX: Nachträgliche Preisnachlässe mindern die Kosten für unseren Einkauf, die Aufwendungen werden somit geringer. Bei gleichen Erträgen und sinkenden Aufwendungen steigt unser Gewinn.

Durch Abschluss des Kontos 6002 NR auf das Konto 6000 AWR machen sich die Auszubildenden klar, dass nachträgliche Preisnachlässe wie der Skonto zu geringeren Aufwendungen im entsprechenden Hauptkonto führen:

S	**6000 AWR**		H
VE	16.450,00 €	NR	1.150,00 €
VE	8.000,00 €		

S	**6002 NR**		H
AWR	1.150,00 €	VE	800,00 €
		VE	350,00 €
	1.150,00 €		1.150,00 €

Julia, Riccardo und Max bilden den Abschlussbuchungssatz*:

6002 NR	1.150,00 €	an	6000 AWR	1.150,00 €

Auf einem Notizzettel fassen sie ihre Erkenntnisse zusammen:

> Nachträgliche Preisnachlässe mindern die Aufwendungen im entsprechenden Hauptkonto. Dies führt letztendlich dazu, dass sich unser Unternehmserfolg erhöht.

2/39
2/40
2/41

* Der Abschluss der Nachlass-Unterkonten wird wie der Abschluss der Unterkonten Bezugskosten (siehe Seite 77) üblicherweise zum 31.12. vorgenommen. Es handelt sich um **vorbereitende Abschlussbuchungen**.

2.5 BESCHAFFUNGSPLANUNG BEI WERKSTOFFEN

2.5.1 VERGLEICH VON LAGERHALTUNG UND „JUST-IN-TIME-PRODUKTION“

Am Wochenende hat sich Max Lindner mit einer Freundin aus seiner Realschulzeit getroffen. Die beiden waren beim Bowling und haben sich über ihre Ausbildung unterhalten. Max’ Schulfreundin strebt den Beruf der Kauffrau im Groß- und Außenhandel bei einem großen Handelsunternehmen an. Besonders beeindruckt war er von den Erzählungen über das scheinbar gigantische Lager, das er in dieser Größe von AK-Bikes gar nicht kennt. Seine Schulfreundin verspricht ihm, gleich am Montag ein Bild zu machen und es ihm zu schicken.

Max ist begeistert und zeigt das Foto sofort seiner Ausbilderin Selma Demirci.

SELMA DEMIRCI: Solch ein großes Lager benötigen wir bei uns im Unternehmen nicht. Wir bestellen die Werkstoffe immer dann, wenn wir diese auch tatsächlich in der Fertigung brauchen.

MAX: Ich verstehe. Aus diesem Grund ist die Größe des Lagers von AK-Bikes im Vergleich zu einem Handelsunternehmen überschaubar.

SELMA DEMIRCI: Genau so ist es. Wir nennen diese Art der Organisation auch **Just-in-time-Produktion**. Dieses Verfahren wird oft als JIT abgekürzt und bedeutet übersetzt so viel wie „Genau zum richtigen Zeitpunkt“ oder „termingerecht“.

MAX: Das heißt für uns aber auch, dass wir immer exakt wissen müssen, wann der benötigte Werkstoff wie z. B. Carbongewebe bestellt werden muss.

SELMA DEMIRCI: Das hast du gut erkannt. Aber keine Sorge, in unserem Lager ist immer ein sogenannter **„Eiserner Bestand“** vorhanden. Darunter versteht man die Menge an Werkstoffen, die zur Aufrechterhaltung der Produktion mindestens vorrätig sein muss. Spätestens bei Inanspruchnahme dieses Bestandes muss eine Bestellung für den betroffenen Werkstoff aufgegeben werden.

2/42

Frau Demirci verdeutlicht Max die beiden verschiedenen Organisationsformen Lagerhaltung und Just-in-time-Produktion an einem Flipchart:

Z11
2/43
2/44

2.5.2 DIE OPTIMALE BESTELLMENGE

An ihrem Arbeitsplatz betrachtet Julia den Werbeflyer eines Lieferers:

JULIA: Bei dem tollen Angebot sollten wir eine größere Menge an Reifen bei der Continent GmbH bestellen. Wer weiß, wann sich wieder eine solch günstige Möglichkeit bietet.

MAX: Du hast Recht, was die Bestellkosten anbelangt. Hier könnten wir einiges an Bezugskosten sparen, die sonst bei jedem Bestellvorgang anfallen. Bedenke, dass wir die Reifen dann lagern müssen. Das verursacht Kosten für Energie oder Personal.

ANDREA KÄSTNER: Aus eurer Diskussion wird deutlich, dass es nicht leicht ist, die optimale Bestellmenge festzulegen. So stellt sich mir als Unternehmerin die Frage: Soll der Bedarf für einen Werkstoff mit einer größeren Bestellung auf lange Sicht gedeckt werden oder kaufe ich gerade so viel ein, wie bei Just-in-time-Produktion benötigt wird?
2/45

Im betrieblichen Alltag kommt es vor, dass sich zwei unternehmerische Ziele widersprechen. Man spricht von einem **Zielkonflikt**. So steht Andrea Kästner vor dem Problem, dass sie einerseits Werkstoffe so preisgünstig wie möglich einkaufen möchte, aber auch darauf achten muss, dass sich ihre Lagerkosten in Grenzen halten.

Entweder selten in großen Mengen kaufen:	Oder häufig in kleinen Mengen kaufen:
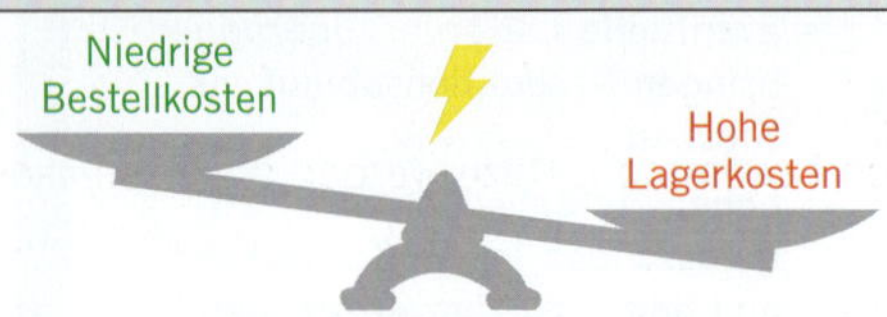	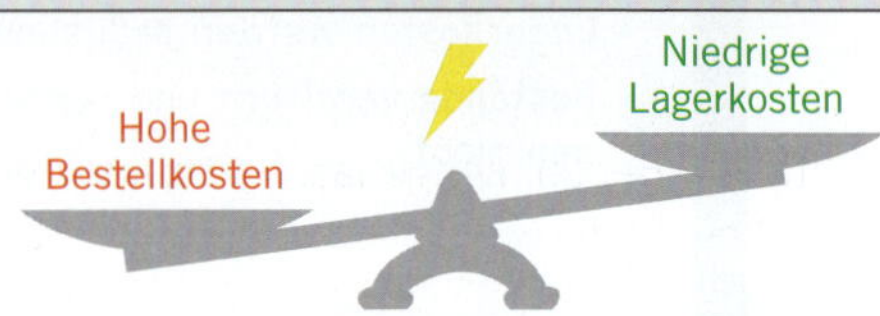

Es muss ein „Mittelweg" gefunden werden, bei dem sowohl die Ziele des Einkaufs als auch die der Lagerhaltung berücksichtigt werden. Dafür bestimmt man die **optimale Bestellmenge**. Dies ist diejenige Beschaffungsmenge, bei der die Gesamtkosten am geringsten sind. Bestell-
2/46 und Lagerkosten halten sich hier die Waage.

ANDREA KÄSTNER: Von dem Reifenmodell „Trailtiger 3.0" der Continent GmbH benötigen wir pro Jahr 4 500 Stück.

MAX: Unseren Unterlagen habe ich entnommen, dass die Bestellkosten immer 60,00 € pro Einkauf betragen, unabhängig davon wie viel wir bestellen. Die Lagerhaltungskosten haben wir mit 8,64 € pro Stück berechnet.

Mithilfe eines Tabellenkalkulationsprogramms erstellt Frau Kästner folgende Übersicht:

Bestellmenge in Stück	durchschnittl. Lagerbestand	Anzahl Bestellungen	Bestellkosten	Lagerhaltungskosten	Gesamtkosten
50	25	90	5.400,00 €	216,00 €	5.616,00 €
100	50	45	2.700,00 €	432,00 €	3.132,00 €
150	75	30	1.800,00 €	648,00 €	2.448,00 €
200	100	23	1.350,00 €	864,00 €	2.214,00 €
250	125	18	1.080,00 €	1.080,00 €	2.160,00 €
300	150	15	900,00 €	1.296,00 €	2.196,00 €
350	175	13	771,43 €	1.512,00 €	2.283,43 €
400	200	11	675,00 €	1.728,00 €	2.403,00 €

ANDREA KÄSTNER: Max, die Ermittlung der optimalen Bestellmenge ist nicht schwer. In der ersten Zeile erkennst du, dass bei einer Bestellmenge von 50 Stück genau 90 Bestellvorgänge nötig sind. Denn 4 500 Stück geteilt durch 50 Stück sind 90 Bestellungen. Multipliziere die 90 mit den 60,00 € Bestellkosten pro Einkauf, so erhältst du die Bestellkosten von 5.400,00 €. Die Lagerhaltungskosten von 216,00 € ergeben sich durch Multiplikation des durchschnittlichen Lagerbestandes von 25 Stück mit den Lagerkosten von 8,64 € pro Stück.

MAX: Wenn ich die einzelnen Zeilen durchgehe, stelle ich fest, dass sich mit zunehmender Bestellmenge die Anzahl der Bestellungen verringert.

ANDREA KÄSTNER: Gut beobachtet! Damit sinken auch die Bestellkosten, während im Gegensatz dazu die Lagerhaltungskosten steigen. Da AK-Bikes beide Kostenarten im Blick haben muss, ist die optimale Bestellmenge erreicht, wenn die Gesamtkosten minimal sind. Dies ist bei einer Bestellmenge von 250 Stück und 18 Bestellungen pro Jahr der Fall. 2/47

Die optimale Bestellmenge lässt sich auch grafisch bestimmen. Dazu werden die Bestellkosten, die Lagerhaltungskosten und die Gesamtkosten für die jeweiligen Bestellmengen in ein Koordinatensystem gezeichnet. Im Schnittpunkt der grafischen Darstellungen von Bestellkosten und Lagerhaltungskosten ergibt sich die optimale Bestellmenge:

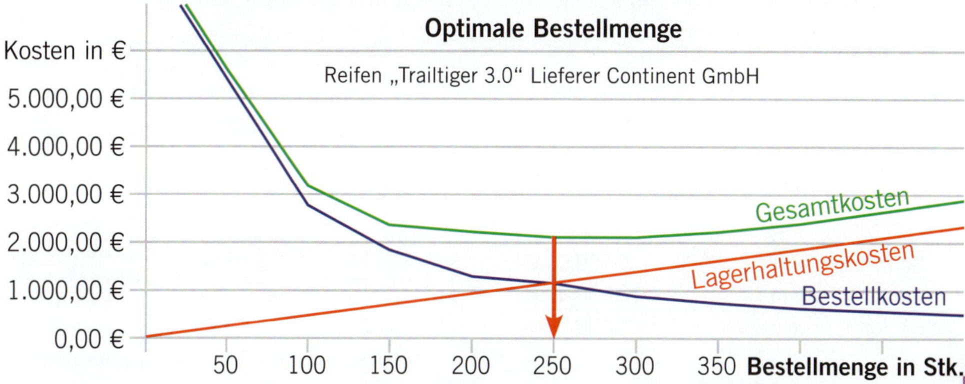

2/48

2.5.3 BESTANDSVERÄNDERUNGEN

JULIA: Im Radio habe ich heute Morgen gehört, dass einige LKWs aufgrund eines schweren Unwetters auf den Autobahnen rund um Ingolstadt in kilometerlangen Staus stehen. Ich habe Bedenken, dass die Werkstoffe unserer Lieferer nicht pünktlich eintreffen und es zu Verzögerungen in der Produktion kommt.

MAX: Für solche unerwarteten Ereignisse haben wir vorgesorgt. Trotz „Just-in-time-Produktion" gibt es ein kleines Lager mit einem „Eisernen Bestand". Im Notfall können wir z. B. benötigte Bremsscheiben aus diesem Vorrat entnehmen. Ich verdeutliche dir das Prinzip anhand einer Skizze.

Bestandsminderungen

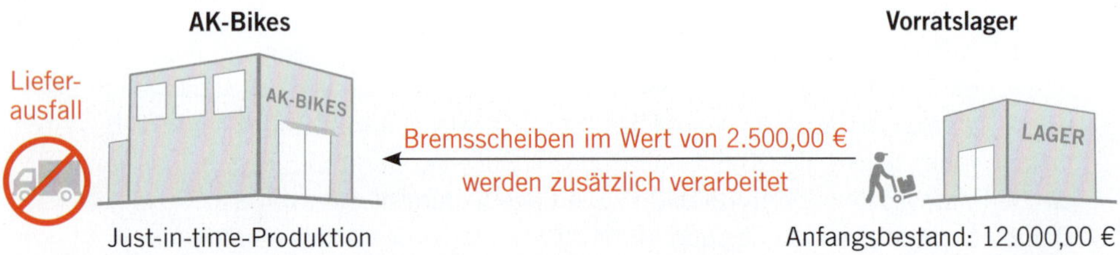

MAX: Laut Inventur betrug der Anfangsbestand an Bremsscheiben in unserem Lager 12.000,00 €.

JULIA: Durch die Entnahme im Wert von 2.500,00 € hat sich dieser Bestand aber verringert. Das muss sicherlich gebucht werden.

MAX: Neben den Aufwandskonten wie 6010 AWF führen wir in der Buchhaltung für jeden Werkstoff ein entsprechendes aktives Bestandskonto, das den Lagerbestand zeigt. In unserem Fall ist es das Konto 2010 Fremdbauteile. Während des Jahres wird in diesem Bestandskonto allerdings nicht gebucht.

JULIA: Dann muss unsere Entnahme bestimmt am Geschäftsjahresende erfasst werden.

MAX: Sehr gut! Erst zum 31.12. nehmen wir eine Korrekturbuchung vor, da sich noch weitere Zu- und Abgänge im Jahresverlauf bei den Bremsscheiben ergeben können. Angenommen, es bleibt aber bei der vorliegenden Entnahme, dann würde der Schlussbestand bei den Fremdbauteilen laut Inventur 9.500,00 € betragen.

JULIA: Dieser Betrag würde genau zur Entnahme im Wert von 2.500,00 € passen.

MAX: In der Lagerhaltung spricht man in diesem Fall von einem **Minderbestand**, da der Schlussbestand bei den Fremdbauteilen geringer ist als der Anfangsbestand. Dies ist gut im Konto 2010 Fremdbauteile zu erkennen.

Schlussbestand	9.500,00 €
– Anfangsbestand	12.000,00 €
= Bestandsminderung	– 2.500,00 €

S	2010 F		H
AB	12.000,00 €	SB	9.500,00 €

Anfangsbestand > Schlussbestand

Max erklärt, wie die **Bestandsminderung** zum 31.12. gebucht wird:

- Es wurden Fremdbauteile im Laufe des Jahres im Wert von 2.500,00 € aus dem Lager entnommen und zusätzlich verbraucht:
  Das Aufwandskonto 6010 AWF muss im Soll gebucht werden.
- Der Bestand an Fremdbauteilen hat um 2.500,00 € abgenommen:
  Das aktive Bestandskonto 2010 F wird im Haben gebucht.

Julia bildet den Buchungssatz für die vorbereitende Abschlussbuchung:

6010 AWF	**2.500,00 €**	**an**	**2010 F**	**2.500,00 €**

S	**6010 AWF**		H
VE	13.700,00 €		
VE	8.900,00 €		
F	2.500,00 €		

S	**2010 F**		H
AB	12.000,00 €	SB	9.500,00 €
		AWF	2.500,00 €

MAX: Im Konto 6010 AWF kannst du jetzt für das gesamte Jahr den tatsächlichen Verbrauch an Fremdbauteilen ablesen.

JULIA: In der Summe betragen die Aufwendungen für Fremdbauteile 25.100,00 €.

Bestandsmehrungen

Des Weiteren ist vorstellbar, dass bei den Rohstoffen im Laufe des Jahres mehr als für die Produktion benötigt eingekauft und ein Teil davon ins Lager gebracht wurde. In diesem Fall spricht man von einem **Mehrbestand**:

	Schlussbestand	45.500,00 €
–	Anfangsbestand	35.500,00 €
=	Bestandsmehrung	+ 10.000,00 €

S	**2000 R**		H
AB	35.500,00 €	SB	45.500,00 €

Anfangsbestand < Schlussbestand

Auch hier erklärt Max, wie die **Bestandsmehrung** zum 31.12. zu buchen ist:

- Der Bestand an Rohstoffen hat im Laufe des Jahres um 10.000,00 € zugenommen:
  Das aktive Bestandskonto 2000 R muss im Soll gebucht werden.
- Es wurden Rohstoffe im Wert von 10.000,00 € eingelagert und nicht sofort verbraucht:
  Die Aufwendungen für Rohstoffe wurden zu hoch erfasst und sind daher im Aufwandskonto 6000 AWR im Haben zu korrigieren.

Julia bildet den Buchungssatz für die vorbereitende Abschlussbuchung: 2/49

2000 R	**10.000,00 €**	**an**	**6000 AWR**	**10.000,00 €**

2/50 Z12 2/51 2/52 2/53

S	**6000 AWR**		H
VE	16.200,00 €	R	10.000,00 €
VE	11.500,00 €		

S	**2000 R**		H
AB	35.500,00 €	SB	45.500,00 €
AWR	10.000,00 €		

Alles Klar?

BESCHAFFUNG UND EINSATZ VON WERKSTOFFEN

- **Werkstoffarten**

Rohstoffe	Fremdbauteile	Hilfsstoffe	Betriebsstoffe
= Hauptbestandteile	= fertige Einbauteile	= Nebenbestandteile	= keine Bestandteile

- **Der Vergleich von Angeboten (Liefererauswahl) erfolgt in zwei Schritten:**

  - **Schritt 1: Einkaufskalkulation**

	Listeneinkaufspreis	100 %
–	Liefererrabatt	
=	Zieleinkaufspreis	100 %
–	Liefererskonto	
=	Bareinkaufspreis	
+	Bezugskosten	
=	Einstandspreis	

  - **Schritt 2: Bewertung weiterer Kriterien, z. B.:**

langjährige Geschäftsverbindungen	Service	Umweltschutz
Lieferzeit	Qualität	Zuverlässigkeit

- Der **Werkstoffverbrauch (Werteverzehr)** verursacht **Aufwendungen** für ein Unternehmen.

- **Sofortrabatte** (Mengen-, Treue- und Sonderrabatte) werden **sofort** vom Listeneinkaufspreis **abgezogen** und **nicht gebucht**.

Hinweis: *Für alle Buchungssätze wird als Beispiel der Werkstoff Rohstoff verwendet!*

6000 AWR	*Zieleinkaufspreis*			
2600 VORST	*Steuerbetrag*	an	**4400 VE**	*Rechnungsbetrag*

- **Bezugskosten** sind **Nebenkosten** beim Werkstoffeinkauf:

  - **Bezugskosten als Bestandteil der Eingangsrechnung:**

6000 AWR	*Zieleinkaufspreis*			
6001 BZKR	*Bezugskosten*			
2600 VORST	*Steuerbetrag*	an	**4400 VE**	*Rechnungsbetrag*

  - **Gesondert berechnete Bezugskosten mit Barzahlung:**

6001 BZKR	*Bezugskosten*			
2600 VORST	*Steuerbetrag*	an	**2880 KA**	*bar gezahlter Betrag*

- **Rücksendungen** führen zu einer **Stornobuchung**:
  - **Rücksendung von Werkstoffen** (zu viel, falsch, beschädigt):

4400 VE	*Bruttogutschrift*	an	**6000 AWR**	*Nettogutschrift*
			2600 VORST	*Steuerkorrektur*

  - **Rücksendung von Leihverpackung:**

4400 VE	*Bruttogutschrift*	an	**6001 BZKR**	*Nettogutschrift*
			2600 VORST	*Steuerkorrektur*

- **Nachträgliche Preisnachlässe**
  - **Gutschrift** vom Lieferer **aufgrund von Sachmangel** (Mängelrüge, **keine** Rücksendung):

4400 VE	*Bruttogutschrift*	an	**6002 NR**	*Nettogutschrift*
			2600 VORST	*Steuerkorrektur*

  - **Banküberweisung** an den Lieferer **innerhalb der Skontofrist:**

  Rechnungsbetrag
  – Gutschrift
  = offener Rechnungsbetrag
  – Bruttoskonto → : 1,19 → Nettoskonto (100 %) / Steuerkorrektur (19 %)
  = Überweisungsbetrag (Banklastschrift)

4400 VE	*Rechnungsbetrag*	an	**2800 BK**	*Überweisungsbetrag*
			6002 NR	*Nettoskonto*
			2600 VORST	*Steuerkorrektur*

- **Abschluss von Unterkonten**
  - **Bezugskosten:**

6000 AWR	*Saldo*	an	**6001 BZKR**	*Saldo*

  - **Nachlässe:**

6002 NR	*Saldo*	an	**6000 AWR**	*Saldo*

- **Nachträgliche Preisnachlässe** führen zu einer **Erhöhung des Unternehmenserfolgs** (Gewinns).

- **Bestandsveränderungen**

Minderbestand	**Mehrbestand**
S — 2000 R — H Soll: **Anfangsbestand** Haben: **Schlussbestand**, **Minderbestand**	S — 2000 R — H Soll: **Anfangsbestand**, **Mehrbestand** Haben: **Schlussbestand**
Anfangsbestand > Schlussbestand	Anfangsbestand < Schlussbestand
6000 AWR an **2000 R**	**2000 R** an **6000 AWR**

2.6 ANWENDUNGSAUFGABEN

2/1 Andrea Kästner holt für die Herstellung von Mountainbikes Angebote für verschiedene Werkstoffe ein. Die folgenden Fotos zeigen Beispiele für die von AK-Bikes benötigten Werkstoffe. Gib jeweils die Bezeichnung des abgebildeten Werkstoffs sowie die Werkstoffart an.

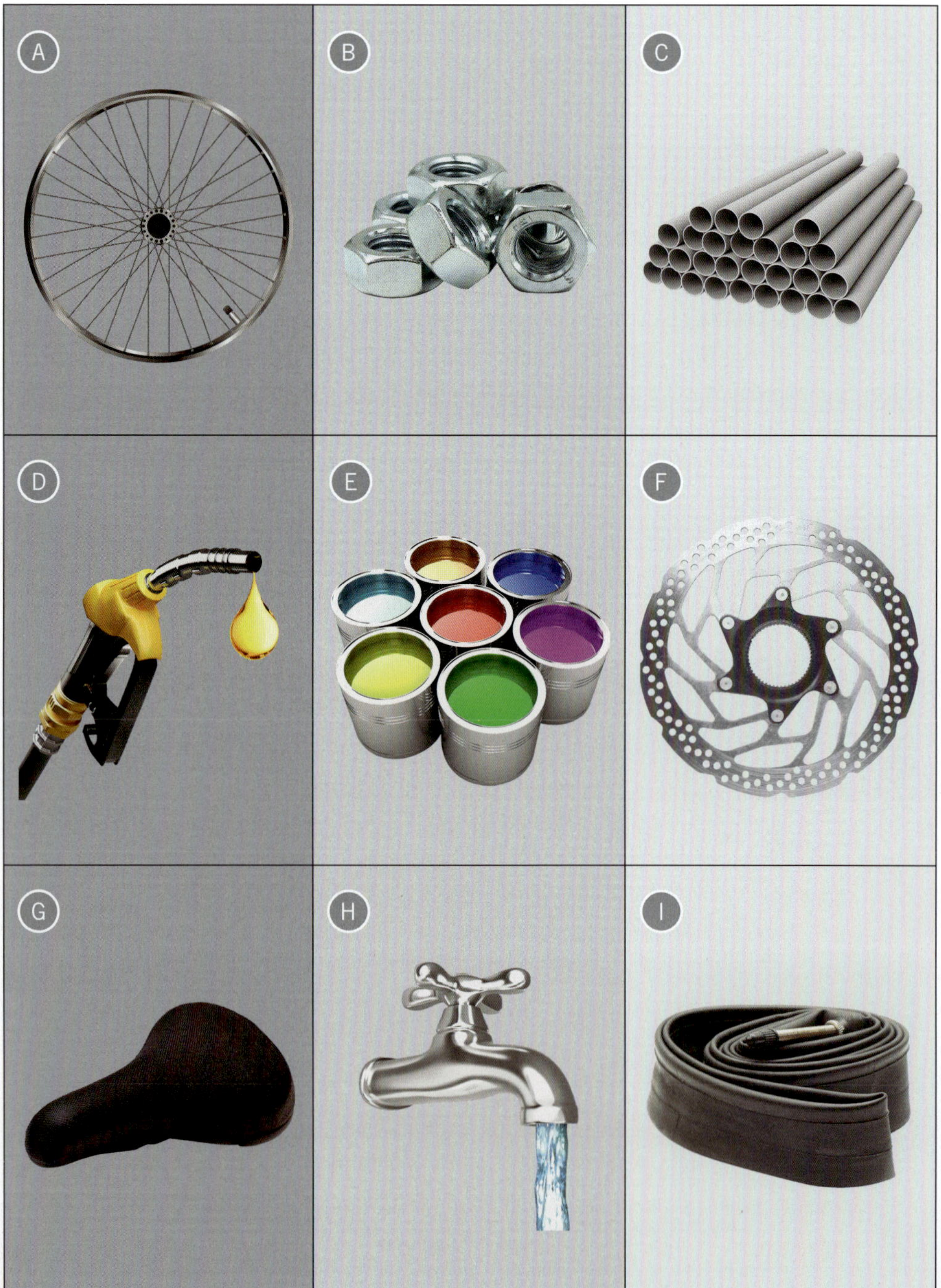

Bestimme für die folgenden Aussagen die entsprechende Werkstoffart (Rohstoffe, Hilfsstoffe, Betriebsstoffe, Fremdbauteile). 2/2

A	Sie werden von anderen Herstellern bezogen und in das eigene Produkt eingebaut.
B	Sie werden verarbeitet und bilden den Hauptbestandteil des Fertigprodukts.
C	Sie sind kein Bestandteil des fertigen Erzeugnisses, sie dienen z. B. dem Antrieb der Maschinen.
D	Sie sind Nebenbestandteil des fertigen Erzeugnisses.
E	Sie sind Mittel zur Pflege der Maschinen und der Fahrzeuge.
F	Sie werden eingebaut und stellen einen wesentlichen Teil des fertigen Produkts dar.

Im Schaubild sind fünf verschiedene Beispiele für Bezugskosten dargestellt. Ordne den Bildern A bis E die entsprechenden Bezeichnungen aus dem Wortspeicher zu. 2/3

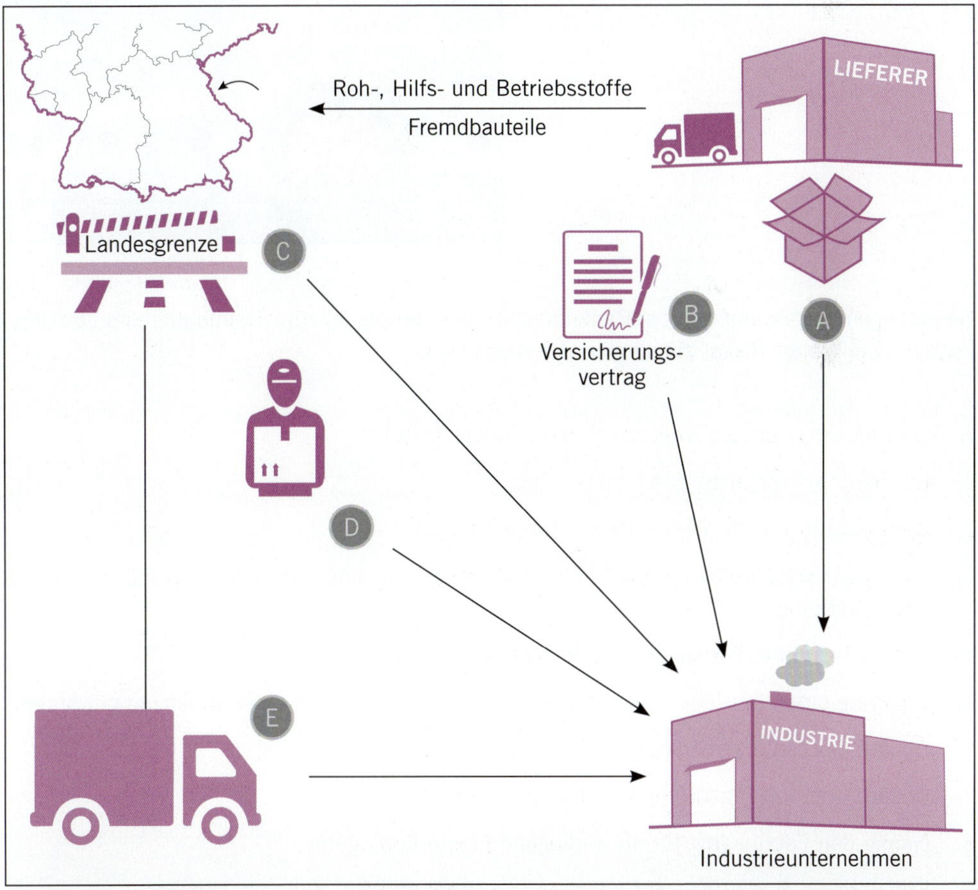

Wortspeicher: Frachtkosten – Portokosten – Transportversicherung – Verpackungskosten – Zoll

2/4 Das vorliegende Schaubild zeigt, dass die mit Flugzeugen transportierte Menge an Gütern immer weiter steigt.

1. Berechne, um wie viel Prozent die Frachtmenge auf Deutschlands Flughäfen von 2010 bis 2017 zugenommen hat.
2. Ermittle durch Rechnung, wie viel Millionen Tonnen der gesamten Frachtmenge im Jahr 2017 am Münchner Flughafen umgeschlagen wurde.
3. Beschreibe negative Auswirkungen als Folge der Zunahme des Luftfrachtverkehrs.

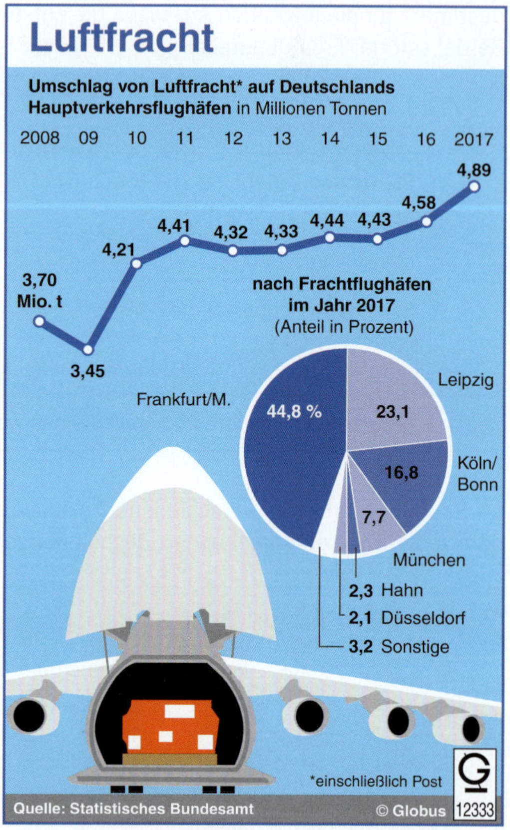

2/5 Gestalte gemeinsam mit deinem Banknachbarn ein Lernplakat zum Themenbereich „Bezugskosten“. Stellt euer Plakat zusammen der Klasse vor.

2/6 Andrea Kästner erhält ein Angebot (siehe nächste Seite).

1. Gib den Firmennamen des Lieferers an.
2. Ermittle, um welche Werkstoffart es sich handelt.
3. Das Angebotsschreiben enthält einen Rabatt. Nenne einen möglichen Grund für die Rabattgewährung.
4. Unterscheide die Preisnachlässe Rabatt und Skonto.
5. Erläutere einen betriebswirtschaftlichen Grund, warum Lieferer Skontoabzug gewähren.
6. Erkläre die Zahlungsbedingung „30 Tage rein netto“.
7. Erkläre, was mit Eigentumsvorbehalt gemeint ist.
8. Nenne den Fachbegriff für die vorliegende Lieferbedingung.
9. Erläutere die Bedeutung der Angaben von IBAN und BIC auf dem Angebot.
10. Erkläre, warum der Anbieter in der Abteilung A im Handelsregister am Amtsgericht in Regensburg eingetragen ist.

SCHMIERSTOFFE
Stefan Blank e. Kfm.

Schmierstoffe Stefan Blank e. Kfm. · Gewerbestraße 5 · 93059 Regensburg

Gewerbestraße 5
93059 Regensburg
Tel.: 0941 7762
Fax: 0941 7208
Mail: s.blank@d-online...

Firma
Andrea Kästner Mountainbikes e. Kfr.
Stamsrieder Weg 50
85049 Ingolstadt

Regensburg, 20. März 20..

ANGEBOT

Sehr geehrte Frau Kästner,

wir beziehen uns auf Ihre telefonische Anfrage und unterbreiten Ihnen folgendes Angebot.

Menge	Artikel	Einzelpreis	Gesamtpreis
200 Liter	Schmiermittel Typ S100	44,00 Euro	8.800,00 Euro
		– 10 % Rabatt	880,00 Euro
			7.920,00 Euro
		+ Fracht	220,00 Euro
			8.140,00 Euro
		+ 19 % Umsatzsteuer	1.546,60 Euro
		Gesamtbetrag	**9.686,60 Euro**

Zahlbar innerhalb von 8 Tagen mit Skontoabzug von 2 %, innerhalb von 30 Tagen rein netto.

Wir liefern unter Eigentumsvorbehalt.

Mit freundlichen Grüßen

Stefan Blank

Bankverbindung: Wirtschaftsbank Regensburg
IBAN: DE39 8702 0043 0000 1299 86
BIC: WBKREGXX

Amtsgericht Regensburg HRA 1842
USt-IdNr: DE282043201
Steuernr.: 244/202/67115

2/7 Berechne jeweils den Einstandspreis. Verwende hierbei das dir bekannte Kalkulationsschema. Vereinfache dir die Arbeit und kontrolliere anschließend deine Ergebnisse mit Hilfe eines Tabellenkalkulationsprogramms.

Nr.	Listeneinkaufspreis	Liefererrabatt	Liefererskonto	Bezugskosten
1	6.400,00 €	14,00 %	3,00 %	75,00 €
2	12.500,00 €	10,00 %	2,00 %	0,00 €
3	1.850,00 €	0,00 %	4,00 %	25,00 €
4	17.125,00 €	8,00 %	2,00 %	150,00 €
5	5.525,00 €	12,50 %	5,00 %	180,00 €
6	11.150,00 €	2,50 %	0,00 %	28,75 €

2/8 Du erklärst einem Praktikanten im Unternehmen AK-Bikes wichtige Grundlagen zur Einkaufskalkulation.

1. Erläutere die Absicht, weshalb Lieferer ihren Kunden Rabatt gewähren.
2. Argumentiere, warum der Skonto sowohl für den Käufer, als auch für den Verkäufer von Vorteil ist.
3. Ergänze folgende Aussage: „Die Bezugskosten beinhalten u. a. die Transportkosten. Es können aber auch weitere Nebenkosten anfallen, wie z. B. ❶, ❷ und ❸, die ebenfalls zu den Bezugkosten gerechnet werden.“

2/9 AK-Bikes benötigt zur Herstellung von Mountainbikes Leichtmetallfelgen. Das Angebot eines Lieferers enthält unter anderem folgende Angaben:

- Listenpreis netto je Felge 30,00 €
- Rabatt: ab 500 Stück 10 %
ab 1 500 Stück 20 %
ab 3 000 Stück 25 %
- Zahlung: 2,5 % Skonto bei Bezahlung innerhalb von 10 Tagen, rein netto innerhalb von 30 Tagen
- Lieferung: frei Haus

1. Gemäß des Angebotschreibens wird ein Rabatt gewährt. Nenne die vorliegende Rabattart.
2. Kalkuliere den Einstandspreis, wenn 1 600 Stück gekauft werden.

2/10 Andrea Kästner hat einen Großauftrag über 100 Mountainbikes aus Aluminium erhalten. Sie benötigt insgesamt 800 kg Aluminium und vergleicht zwei Preislisten (siehe nächste Seite):

1. Berechne mit dem Kalkulationsschema jeweils den Einstandspreis.
2. Für welchen Anbieter entscheidest du dich? Begründe deine Antwort.
3. Andrea Kästner beschließt beim teureren Anbieter zu bestellen. Erläutere drei mögliche Gründe, die sie zu diesem Schritt veranlassen.

Metallhandel
Kern, Würzburg

Aluminiumpreisliste gültig ab
1. Januar 20..

Nr.	Metall	Preis je 100 kg
140	Aluminium	152,50 €

Die Frachtkosten betragen 200,00 €.

Bei Abnahme ab 600 kg gewähren wir 8,5 % Rabatt.

Zahlungsziel:

30 Tage rein netto, bei Zahlung innerhalb von 8 Tagen 2 % Skonto.

Metallhandel
Spur, Hamburg

Aluminiumpreisliste gültig ab
1. Januar 20..

Nr.	Metall	Preis je 100 kg
300	Aluminium	155,00 €

Die Preise gelten frei Haus.

Bei Abnahme ab 800 kg gewähren wir 10 % Rabatt.

Zahlungsziel:

30 Tage rein netto, bei Zahlung innerhalb von 10 Tagen 3 % Skonto.

Dein größter Wunsch ist ein neues Smartphone. Du hast zum Geburtstag einen Gesamtbetrag von 350,00 € für den Kauf eines neuen Gerätes erhalten. Recherchiere im Internet auf den gängigen Vergleichsportalen und suche zwei mögliche Modelle heraus. Stelle diese unter Nennung verschiedener Kriterien in einer Tabelle gegenüber und präsentiere dein Ergebnis vor der Klasse. 2/11

2/12 Frau Kästner benötigt einen persönlichen Rat: Seit letzter Woche ist ihr privates Fernsehgerät defekt, sie braucht ein neues. Genau das Gerät, das sie ausgewählt hat, bietet das Fachgeschäft Siegfried Schwabe e. K. in Ingolstadt für 2.050,00 € netto an. Frau Kästner kennt Herrn Schwabe vom Unternehmertreff, weshalb sie 30 % Rabatt bekommt.

Das gleiche Gerät hat auch ein Elektronik-Outlet-Markt in einem Gewerbegebiet vor München zum Sonderpreis von 1.222,00 € netto im Angebot, wobei bei Barzahlung noch 2 % Skonto abgezogen werden können.

Wo soll Frau Kästner kaufen?

Zeige deine Umsichtigkeit, indem du sorgfältig und ***nicht nur mit Zahlen*** argumentierst.

Hinweise:

- Bei der Lösung der Aufgabe ist die vollständige Einkaufskalkulation zu verwenden.
- Entfernungen: Wohnung Andrea Kästner → Elektronik-Outlet-Markt: 40 km
  Wohnung Andrea Kästner → Fachgeschäft Schwabe: 5 km
- Die Autokosten betragen pro gefahrenen Kilometer 0,60 €.
- Das Fachgeschäft Schwabe hat eine eigene Reparatur- und Serviceabteilung.

2/13 Die Auszubildenden von AK-Bikes haben auf einem Whiteboard (siehe Seite 67) eine Übersicht zum Thema „Werkstoffe: Aufwendungen für AK-Bikes“ erstellt. Verwende die Informationen dieses Tafelbildes, um sie in einer Mindmap darzustellen.

2/14 Der Praktikant hat zum Thema „Aufwandskonten“ Fragen an dich. Finde jeweils eine Begründung, warum ...

1. ... die Aufwandskonten zu den Erfolgskonten gehören.
2. ... die Aufwandskonten als Unterkonten des Kontos Eigenkapital eingerichtet werden.
3. ... die Aufwandskonten im Soll gebucht werden.

2/15 Begründe, um welche Rabattart es sich jeweils bei folgenden Beispielen aus der Sicht von AK-Bikes handelt.

A	Zu Beginn des Geschäftsjahres bestellt Riccardo 500 Bremsscheiben und erhält einen Nachlass von 10 %. Normalerweise werden immer nur 200 Bremsscheiben bestellt.
B	Andrea Kästner bestellt regelmäßig bei der Continent GmbH und erhält bei jeder Bestellung 5 % Rabatt.
C	Wegen eines Firmenjubiläums erhalten wir von Heizöl Schmierig e. K. einen Nachlass von 15 %.
D	Schon seit 15 Jahren nimmt AK-Bikes Lenkergriffe vom Lieferer Griffig&Mehr AG ab; ein Rabatt von 8 % wird gewährt.

1. Der Auszubildende Max Lindner findet an seinem Arbeitsplatz folgende Hausmitteilung mit der Bitte um Erledigung: 2/16

Hausmitteilung

Absender	Empfänger	mit der Bitte um
☒ Geschäftsführung	☐ Geschäftsführung	☐ Kenntnisnahme
☐ Verwaltung	☐ Verwaltung	☒ Erledigung
☐ Einkauf	☐ Einkauf	☐ Stellungnahme
☐ Produktion	☐ Produktion	
☐ Vertrieb	☐ Vertrieb	
☐ Frau/Herr	☒ ~~Frau~~/Herr Max Lindner	

Hallo Max,

von unserem langjährigen Lieferer Schrauben Kurz liegt uns ein Angebot über 4000 Stück Beilagscheiben DIN 126 M12 Stahl (verzinkt) vor:

Nettopreis laut Liste:	320,00 €
Mengenrabatt:	15 %
Zahlungsbedingungen:	innerhalb 30 Tagen rein netto, innerhalb von 10 Tagen 3 % Skonto
Lieferbedingung:	frei Haus

Ermittle bitte durch Kalkulation den Einstandspreis und teile mir diesen mit.
Besten Dank!

Andrea Kästner

2. Andrea Kästner hat sich entschieden, die Beilagscheiben bei Schrauben Kurz unter den gegebenen Bedingungen zu bestellen. Die Eingangsrechnung liegt inzwischen vor. Bilde den Buchungssatz.

Julia erhält die Aufgabe, zu folgenden Geschäftsfällen die Buchungssätze zu erstellen. 2/17

1. AK-Bikes kauft Bremsscheiben im Wert von 2.400,00 € netto durch Barzahlung.
2. Eine Rechnung für Heizöl, 3000 Liter, Listenpreis 2.000,00 € netto geht ein. Unser Lieferer gewährt einen Rabatt in Höhe von 15 %, die Lieferung erfolgt „frei Haus“.
3. Von einem Sattelstützenlieferer erhält AK-Bikes eine Rechnung über brutto 654,50 €.
4. Die Rechnung aus Nr. 3 wird durch Banküberweisung beglichen.
5. Andrea Kästner zahlt 4.230,00 € auf das Geschäftsbankkonto ein.
6. AK-Bikes kauft 120 Packungen Schrauben zu je 15,00 € netto auf Ziel ein.

Mit den wichtigen Inhalten einer Eingangsrechnung bist du bereits bestens vertraut. Erstelle am Computer eine Eingangsrechnung mit allen erforderlichen Bestandteilen für einen von dir erfundenen Lieferer des Unternehmens AK-Bikes. Entscheide dich für einen Werkstoff und entwirf auch ein passendes Logo. Präsentiere anschließend dein Ergebnis vor der Klasse. 2/18

2/19 Im Unternehmen AK-Bikes liegen zwei Belege vor.

1. Gib jeweils die Belegart an. Begründe deine Antwort.
2. Erläutere den Zusammenhang, der zwischen den beiden Belegen besteht.
3. Bilde jeweils den Buchungssatz zu Beleg 1 und 2.

Beleg 1:

SPEDITION ACHSMAYER E. K.

Spedition Achsmayer e. K. – Sommerstr. 20 – 84028 Landshut

Sommerstr. 20
84028 Landshut
Tel.: 0871 08764
Fax: 0871 08765
E-Mail: info@achsmayer...

Firma
Andrea Kästner Mountainbikes e. Kfr.
Stamsrieder Weg 50
85049 Ingolstadt

Rechnung

Landshut, 02. April 20..

Nr.: 0723
Kundennummer: 2503

Unsere Leistungen am 30.03.20.. berechnen wir Ihnen wie folgt:

Ausgangsort	Zielort	Leistung	Gesamtpreis €
Regensburg	Ingolstadt	Fracht pauschal für	
Fa. Carbonara	Fa. AK-Bikes	Carbongewebe	300,00
		zuzüglich	
		Leihverpackung	50,00
		19 % Umsatzsteuer	66,50
		Rechnungsbetrag	**416,50**

Zahlbar sofort rein netto.

Beleg 2:

DONAUBANK INGOLSTADT

IBAN DE72 7515 0080 4040 8080 20 — Auszug/Jahr 31/20..
BIC DBNKDEFF — Blatt-Nr. 1

Kontoauszug — Betrag in €

BuTag	Wert	Vorgang	Betrag
		Alter Kontostand	22.164,50 +
06.04.	06.04.	Spedition Achsmayer e. K., Landshut Rechnung 0723 v. 02.04.20..	416,50 –
		Neuer Kontostand	21.748,00 +

Andrea Kästner Mountainbikes e. Kfr. 85049 Ingolstadt

Ihre Servicebank — letzte Erstellung 29.03.20..
Homebanking bequem und günstig — Erstellungstag 06.04.20.. / 09:21

Bilde die Buchungssätze zu folgenden Geschäftsfällen im Unternehmen AK-Bikes. **2/20**

1. Über die Transportkosten für Aluminiumrohre liegt von der Spedition Franz Flink e. K. eine Quittung in Höhe von 250,00 € netto vor.
2. 200 Bremsscheiben zu je 8,50 € netto werden auf Ziel gekauft. Der Lieferer gewährt einen Treuerabatt in Höhe von 10 %.
3. AK-Bikes kauft Carbon zum Listenpreis von 4.000,00 € netto auf Ziel. Der Lieferer gewährt 5 % Mengenrabatt und stellt 100,00 € netto Fracht in Rechnung.
4. Eine Rechnung über die Transportversicherung für hochwertige Lenkervorbauten geht ein (Rechnungsbetrag: 95,20 €).
5. Per Banküberweisung wird die Rechnung aus Nr. 4 bezahlt.
6. Eine Rechnung für eine Sattellieferung geht über 5.117,00 € ein. Der Lieferer hat im Rechnungsbetrag 190,40 € brutto für den Transport berücksichtigt.
7. AK-Bikes zahlt bar für den Transport von Lack 200,00 € netto und 150,00 € netto für Leihpaletten an die Spedition Interopa GmbH.

Für den geplanten Kauf von 25 000 Litern Heizöl hat Andrea Kästner folgende zwei Angebote vorliegen: **2/21**

Öl-Profi GmbH

69,90 €/100 Liter

Transportpauschale einschließlich Gefahrgutversicherungspauschale 59,50 €

alle Preise netto!

SUPER-OIL OHG

Benzin · Diesel · Heizöl

69,59 €/100 Liter

Frachtkosten 0,80 €/100 Liter
Gefahrgutversicherungspauschale 15,00 €

alle Preise netto!

1. Berechne für beide Angebote den Einstandspreis für 25 000 Liter.
2. Ermittle den Preisvorteil beim günstigeren Anbieter.
3. Andrea Kästner entscheidet sich für den günstigeren Anbieter. Bilde den Buchungssatz für den Kauf von 25 000 Liter Heizöl gegen Rechnung.

2/22 Bilde die Buchungssätze zu folgenden Geschäftsfällen im Unternehmen AK-Bikes.

1. AK-Bikes kauft Fahrradschläuche für 800,00 € netto auf Ziel (Frachtkosten 20,00 € netto).
2. Beschädigte Aluminiumrohre werden an den Lieferer zurückgeschickt. Die Gutschrift beträgt 670,00 € netto.
3. 20 % der eingegangenen Muttern wurden falsch geliefert (Rechnungsbetrag 595,00 €). AK-Bikes erhält eine anteilige Gutschrift für die Rücksendung.
4. Die Portokosten von 16,49 € brutto für eine Sattellieferung werden bar bezahlt.
5. AK-Bikes erhält eine Gutschrift in Höhe von 40,00 € netto für eine Teilrücksendung von Reinigungsmaterial.

2/23 1. Bilde den Buchungssatz für die folgende Eingangsrechnung (Auszug) bei AK-Bikes.

RECHNUNG

05. Juli 20..

Nr.: 6789/20..
Kunden-Nr. 345-234

Pos.	Menge	Art.-Nr.	Artikel	Einzelpreis (EUR)	Gesamtpreis (EUR)
1	80	5766	Pedale	9,90	792,00
2	540	5160	Schrauben	0,20	108,00
			Warenwert netto		900,00
			zzgl. Umsatzsteuer 19 %		171,00
			Rechnungsbetrag		**1.071,00**

Zahlbar rein netto bis zum 04. August 20..

2. Bei der Überprüfung der Lieferung stellt AK-Bikes fest, dass die Schrauben nicht zu den gelieferten Pedalen passen. Die 540 Stück Schrauben werden daher an den Lieferer zurückgeschickt. Einige Tage später trifft das folgende Schreiben (Auszug) bei AK-Bikes ein. Bilde den Buchungssatz.

Gutschrift
Betrifft unsere Rechnung Nr. 6789/20.. vom 5. Juli 20..

Sehr geehrte Frau Kästner,

bezugnehmend auf Ihre Rücksendung wegen der Falschlieferung von 540 Stück Schrauben schreiben wir Ihnen den anteiligen Rechnungsbetrag auf Ihrem Kundenkonto gut.

Gutschrift netto	108,00 EUR
Umsatzsteuer 19 %	20,52 EUR
Gutschrift brutto	**128,52 EUR**

Wir bedauern es sehr, dass wir den falschen Artikel geliefert haben. Eine Ersatzlieferung haben Sie inzwischen erhalten.

Wir bitten Sie, den Mangel zu entschuldigen!

3. Außer der Falschlieferung gibt es noch andere Gründe, die zu einer Rücksendung führen können. Nenne zwei weitere Gründe.
4. Der noch offene Rechnungsbetrag (Rechnung 6789/20..) wird am 2. August 20.. per Banküberweisung beglichen. Bilde den Buchungssatz.

Dir liegt ein Ausschnitt einer an AK-Bikes gerichteten Eingangsrechnung vor: **2/24**

Artikel	Menge	Einzelpreis	Gesamtpreis
Bio-Klarlack farblos BIO99fl	2000 Ltr.	4,95 €	9.900,00 €
		Warenwert netto	9.900,00 €
		Leihverpackung	100,00 €
		Umsatzsteuer 19 %	1.900,00 €
		Rechnungsbetrag	11.900,00 €

Vielen Dank für Ihren Einkauf!

Zahlbar „rein netto" innerhalb von 30 Tagen nach Rechnungseingang.
Die Ware bleibt bis zur vollständigen Bezahlung unser Eigentum.
Bei Rücksendung der berechneten Leihverpackung erhalten Sie eine Gutschrift in voller Höhe.

1. Bilde den Buchungssatz zu diesem Beleg.
2. Bilde den Buchungssatz für die Gutschrift nach Rücksendung der Leihverpackung.
3. Erkläre, warum im Buchungssatz aus Nr. 2 die Vorsteuer korrigiert werden muss.
4. Zeige auf, wie eine Leihverpackung einen aktiven Beitrag zum Umweltschutz leisten kann.

Schreibe eine E-Mail an einen Freund, der in der 8. Klasse einer Realschule ebenfalls das Fach BwR hat. Erkläre in deinem Text, dass ihr gerade das Thema „Rücksendung von Werkstoffen" behandelt. Nenne die Gründe für Rücksendungen, gehe auf die Besonderheit des Buchungssatzes bei einer Rücksendung ein und erkläre, warum die Vorsteuer zu korrigieren ist. **2/25**

Bilde die Buchungssätze für folgende Geschäftsfälle bei AK-Bikes. **2/26**

1. Wir kaufen Sattelstützen für 980,00 € netto auf Ziel.
2. Der Lieferer aus Nr. 1 stellt uns Leihverpackung in Höhe von 59,50 € brutto in Rechnung.
3. Wir schicken die Leihverpackung aus Nr. 2 zurück und erhalten dafür eine Gutschrift von 80 %.
4. Aluminiumrohre werden auf Ziel gekauft. Der Listenpreis beträgt 8.000,00 € netto, abzüglich 12 % Mengenrabatt. Der Lieferer berechnet Leihverpackung von 280,00 € netto.
5. Für die Rücksendung der Leihverpackung (Nr. 4) erhalten wir eine Gutschrift in voller Höhe.
6. Der noch offene Rechnungsbetrag der Geschäftsfälle Nr. 4 und 5 wird per Banküberweisung bezahlt.
7. Eine Rechnung über Bremsscheiben im Wert von 450,00 € netto geht ein.
8. Die Bremsscheiben aus Nr. 7 weisen erhebliche Qualitätsmängel auf. Wir sind gezwungen, diese komplett zurückzuschicken und erhalten eine entsprechende Gutschrift.

2/27 1. Gib an, um welche Art von Beleg es sich handelt. Begründe deine Aussage.

2. Bilde den Buchungssatz zum vorliegenden Beleg.
3. Bilde den Buchungssatz für die Banküberweisung des Rechnungsbetrags an den Lieferer.
4. Im Beleg sind Frachtkosten ausgewiesen. Diese werden in einem eigenen Konto buchhalterisch erfasst. Erläutere, warum dies sinnvoll ist.
5. Zeichne das benötigte Aufwandskonto und das dazugehörige Bezugskostenkonto in dein Heft und schließe das Unterkonto ordnungsgemäß ab.
6. Bilde den erforderlichen Buchungssatz zum Abschluss des Unterkontos (vorbereitende Abschlussbuchung).

Schwalle GmbH
Reifen & Schläuche

Schwalle GmbH · Luftweg 34 · 93051 Regensburg

Schwalle GmbH
93051 Regensburg
Tel.: 0941 54321
Mail: info@schwalle...

Firma
Andrea Kästner Mountainbikes e. Kfr.
Stamsrieder Weg 50
85049 Ingolstadt

16. September 20..

RECHNUNG Nr. 1206

Position/ Artikel	Bezeichnung	Menge	Einzelpreis	Gesamtpreis
1	Reifen Schwalle Marathon SM346	40	22,50 €	900,00 €
2	Reifen Schwalle Trekker ST289 – Sonderpreis	50	11,00 €	550,00 €
		Warenwert, netto		1.450,00 €
		Frachtkosten		150,00 €
		+ 19 % Umsatzsteuer		304,00 €
		Rechnungsbetrag		**1.904,00 €**

Lieferung am 15. September 20..
Zahlbar innerhalb von 30 Tagen „rein netto“ auf unser Geschäftsbankkonto.
Die gelieferte Ware bleibt bis zur vollständigen Bezahlung unser Eigentum.

Bitte bei Zahlungen und Schriftwechsel stets die Rechnungsnummer mit angeben.
Wir danken für Ihren Auftrag und Ihr Vertrauen in unser Unternehmen.

Bankverbindung: Stadtbank Regensburg
IBAN: DE55 7015 0000 0087 6576 43
BIC: STDTDERE

Amtsgericht Regensburg HRB 23456
USt-IdNr: DE7656768
Steuernr.: 244/537/58886

Das Konto 6011 BZKH enthält bei AK-Bikes zum 31.12. folgende Buchungen: 2/28

S	**6011 BZKH**		H
1. VE	150,00 €	2. VE	150,00 €
3. BK	90,00 €	6. VE	40,00 €
4. KA	25,00 €		
5. VE	120,00 €		

1. Argumentiere, warum das Konto 6011 BZKH keinen Anfangsbestand ausweist.
2. Formuliere einen Geschäftsfall für die Buchung Nr. 1 und bilde den Buchungssatz.
3. Formuliere einen Geschäftsfall für die Buchung Nr. 6 und bilde den Buchungssatz.
4. Schließe das Konto 6011 BZKH ordnungsgemäß ab.
5. Bilde den Buchungssatz zum Abschluss des Kontos 6011 BZKH (vorbereitende Abschlussbuchung).

Andrea Kästner checkt ihre E-Mails. Im Posteingang findet sie folgende Nachricht des Carbonlieferers: 2/29

Von: service@carbonara...
An: info@ak-bikes.bayern
Betreff: RE: Mängelrüge zur Lieferung vom 21.02.20.. – Re. Nr. 023245

Normaler Text | Variable Breite

Sehr geehrte Frau Kästner,

wir bedauern sehr, dass Sie bei unserer letzten Lieferung vom 21.02.20.. Qualitätsmängel beim Carbongewebe feststellen mussten. Wir gewähren Ihnen deswegen folgenden Preisnachlass:
(30 % vom Warenwert netto in Höhe von 3.000,00 €)

	Preisnachlass netto	900,00 €
+	Umsatzsteuer	171,00 €
=	**Gutschrift**	**1.071,00 €**

Bitte entschuldigen Sie nochmals die mangelhafte Lieferung.

Mit freundlichen Grüßen

Birgit Waldschloss
(Abteilung Kundenservice)

1. Bilde den Buchungssatz für die Erfassung der Gutschrift.
2. Beschreibe den buchhalterischen Unterschied zwischen der Gutschrift aufgrund einer Rücksendung und der Gutschrift aufgrund von Sachmängeln.
3. Stelle in einer Tabelle Gründe gegenüber, die entweder zu einer Rücksendung oder zu einem Preisnachlass aufgrund von Sachmängeln führen.

Rücksendung	Preisnachlass aufgrund von Sachmängeln
???	???
???	???
???	???

2/30 Bilde die Buchungssätze für folgende Geschäftsfälle:

1	Zielkauf von Carbon, Listenpreis netto 8.600,00 €, abzüglich 5 % Mengenrabatt, zuzüglich 175,00 € netto Fracht
2	Banküberweisung des Rechnungsbetrags aus Nr. 1
3	Rücksendung von Bremsscheiben, Gutschrift: 225,00 € netto
4	Banküberweisung Carbon-Rechnung an den Lieferer, Rechnungsbetrag: 4.998,00 € brutto
5	Gutschrift von 83,30 € brutto wegen eines Sachmangels bei Pedalen
6	Barzahlung Transportkosten für Lack 35,00 € netto
7	Gutschrift von 100,00 € netto aufgrund einer Mängelrüge bei Fahrradschläuchen
8	Barabhebung vom Geschäftsbankkonto 750,00 €
9	Banklastschrift Rechnungsbetrag Transportversicherung für Lenkervorbauten 76,16 €
10	Eingang einer Rechnung für Lack über 1.666,00 € brutto
11	Gutschriftanzeige von einem Lieferer für Sättel: • Rücksendung Leihverpackung, netto 150,00 € • Preisnachlass wegen Mängelrüge, netto 80,00 €
12	Gutschrift für Rücksendung mangelhafter Aluminiumrohre, 900,00 € netto

2/31 „Gutschrift von 200,00 € netto aufgrund einer Rücksendung an den Rohstofflieferer"

Zu diesem Geschäftsfall findet Max bei einem Klassenkameraden im Schulheft den folgenden Buchungssatz. Beschreibe, welche Fehler dem Klassenkameraden unterlaufen sind und verbessere den Buchungssatz.

2800 BK	238,00 €	an	6002 NR	200,00 €
			4800 UST	38,00 €

2/32 Andrea Kästner legt dir den Auszug einer Eingangsrechnung vor (siehe nächste Seite).

1. Formuliere den Geschäftsfall zu diesem Beleg.
2. Bilde den Buchungssatz für den Rechnungseingang.
3. Nenne je einen Vorteil für den Lieferer und für uns als Kunde, falls wir die Rechnung innerhalb der Skontofrist begleichen.
4. AK-Bikes bezahlt die Rechnung am 23. April 20.. per Banküberweisung. Bilde den Buchungssatz.

Continent GmbH

Alles rund ums Rad

Continent GmbH · Reifenstr. 13 · 63768 Hösbach

Continent GmbH
Reifenstr. 13
63768 Hösbach

Telefon: 06021 05448
Telefax: 06021 05695
E-Mail: info@continent...
Internet: www.continent...

Firma
Andrea Kästner Mountainbikes e. Kfr.
Stamsrieder Weg 50
85049 Ingolstadt

Hösbach, 18. April 20..

Rechnung

Rechnungsnummer: 7677
Kundennummer: 0815
Ihre Bestellung vom 16.04.20..
geliefert am 17.04.20..

Pos.	Stück	Einzelpreis €	Gegenstand	Gesamtpreis €
1	300	5,00	Continent Fahrradschlauch 28 Zoll 42 mm	1.500,00
			abzüglich 10 % Rabatt	150,00
			Warenwert netto	1.350,00
			19 % Umsatzsteuer	256,50
			Rechnungsbetrag	**1.606,50**

Betrag fällig am 17. Mai 20.. ohne Abzug.
Bei Bezahlung bis zum 24. April 20.. gewähren wir 2 % Skonto.
Die gelieferte Ware bleibt bis zur vollständigen Bezahlung unser Eigentum.

Riccardo muss noch für einen wichtigen Test zum Thema „Skonto vom Lieferer" an der Berufsschule üben. Sicherlich kannst du ihm bei der Bildung der Buchungssätze zu folgenden Geschäftsfällen behilflich sein. Beachte, dass vor jedem Skontobuchungssatz die Nebenrechnung erforderlich ist! 2/33

1. Der Rechnungsbetrag von 8.925,00 € wird abzüglich 3 % Skonto vom Geschäftsbankkonto aus an den Schraubenlieferer überwiesen.
2. Wir erhalten die Eingangsrechnung von unserem Farbenlieferer. Der Warenwert netto beträgt 550,00 €.
3. Wir begleichen die Rechnung aus Nr. 2 innerhalb der Skontofrist per Banküberweisung, Skontoabzug 2 %.
4. Ein Teil einer Sattellieferung weist erhebliche Beschädigungen auf. Wir schicken die Ware im Wert von 833,00 € brutto an unseren Lieferer zurück.

2/34 Folgender Beleg liegt dir zur buchhalterischen Erfassung vor:

DONAUBANK INGOLSTADT				
IBAN DE72 7515 0080 4040 8080 20 BIC DBNKDEFF			Auszug / Jahr 39/20.. Blatt-Nr. 1	
			Kontoauszug	Betrag in €
BuTag	**Wert**	**Vorgang**	**Alter Kontostand**	45.600,80 +
08.06.	08.06.	Madron GmbH, Flintsbach Rechnung Nr. 20165534666 v. 04.06.20.. Rechnungsausgleich für Sattelstützen „madron ZX" abzüglich 4% Skonto		8.568,00 –
			Neuer Kontostand	37.032,80 +
Andrea Kästner Mountainbikes e. Kfr. 85049 Ingolstadt				
Ihre Servicebank Homebanking bequem und günstig			letzte Erstellung Erstellungstag	01.06.20.. 09.06.20.. / 08:23

1. Begründe, um welche Art von Beleg es sich aus der Sicht von AK-Bikes handelt. Gib zwei Antworten.
2. Formuliere den Geschäftsfall zum Beleg.
3. Bilde den Buchungssatz zum Beleg.

2/35 Führe die Berechnung des Skontos mit Hilfe des dir bekannten Schemas durch und bilde die Buchungssätze zu folgenden Geschäftsfällen bei AK-Bikes.

1. Der Rechnungsbetrag von 1.428,00 € wird nach Abzug von 3 % Skonto an unseren Heizöllieferer überwiesen.
2. Banküberweisung an den Carbonlieferer: Der Überweisungsbetrag nach Abzug von 2 % Skonto beträgt 8.046,78 €.
3. Eine Bremsscheiben-Rechnung in Höhe von 714,00 € wird durch Banküberweisung von 703,29 € innerhalb der Skontofrist bezahlt. Zusatzaufgabe: Berechne hier auch die Höhe des Skontoabzugs in Prozent.

2/36 Bei AK-Bikes ging folgende Rechnung ein (siehe nächste Seite):

1. Formuliere den Geschäftsfall, der dieser Rechnung zugrunde liegt.
2. Bilde den Buchungssatz bei Rechnungseingang.
3. Die Position 1 des Belegs wurde falsch geliefert. Die gelieferte Haftgrundierung ist nicht für die weitere Verarbeitung mit Aluminium geeignet. Wir schicken diese nach Rücksprache mit dem Lieferer Klar-Lack GmbH zurück und erhalten eine entsprechende Gutschrift in voller Höhe.
4. Der Lieferer gewährt Skonto. Argumentiere, was er damit beabsichtigt.
5. Am 09.08.20.. überweisen wir den noch offenen Rechnungsbetrag vom Geschäftsbankkonto aus.

Klar-Lack GmbH

Klar-Lack GmbH, Schillerstr. 113, 85049 Ingolstadt

Klar-Lack GmbH
Schillerstr. 113
85049 Ingolstadt

Firma
Andrea Kästner Mountainbikes e. Kfr.
Stamsrieder Weg 50
85049 Ingolstadt

Telefon: 08 41 / 03 90 88
Telefax: 08 41 / 03 90 88 31
E-Mail: office@lacke-ingolstadt...
Internet: www.lacke-ingolstadt...

Ingolstadt, 02. August 20..

Rechnung

Rechnungsnummer: 1906
Kundennummer: 01007

Ihre Bestellung vom 01.08.20..

Pos.	Artikel/ Bezeichnung	Größe	Menge	Einzelpreis €	Gesamtpreis €
1	Powertac Haftgrundierung für Aluminium	15 Ltr.	20	67,50	1.350,00
2	PCC Epoxidharz 2K Metall	1 Kg	10	85,50	855,00
Warenwert netto					2.205,00
+ 19 % Umsatzsteuer					418,95
Rechnungsbetrag					**2.623,95**

Wir bedanken uns für Ihren Auftrag!

Zahlungsbedingungen: Zahlbar innerhalb von 30 Tagen rein netto.
Bei Zahlung bis zum 10.08.20.. gewähren wir 2 % Skonto.

Bankverbindung: Donaubank Ingolstadt
IBAN: DE22 3515 6349 1230 0032 64
BIC: DBNKDEFF

Amtsgericht Ingolstadt HRB 1308
USt-IdNr.: DE285004530
Steuernr.: 124/228/13334

Geschäftsführung:
Heinrich Schäffler

2/37 Gib jeweils unter Nennung des Kennbuchstabens an, ob folgende Aussagen A bis H richtig oder falsch sind. Verbessere die falschen Aussagen und schreibe sie richtig auf.

A	Einkäufe von Werkstoffen stellen für uns einen Aufwand dar. Sie schmälern somit unseren Erfolg.
B	Die Rücksendung von fehlerhaften Rohstoffen hat keinerlei Einfluss auf den Erfolg unseres Unternehmens.
C	Rabatt und Skonto sind nachträgliche Preisnachlässe.
D	Gewährt uns unserer Lieferer einen nachträglichen Preisnachlass, so führt dies zu einer Erhöhung unseres Unternehmenserfolgs.
E	Rabatte und Gutschriften aufgrund von Sachmängeln werden sofort berücksichtigt, aber nicht gebucht.
F	Bezugskosten und nachträgliche Preisnachlässe werden auf entsprechenden Unterkonten gebucht.
G	Bei Lieferung frei Haus übernimmt der Käufer die Transportkosten.
H	Reinigungsmittel und Schmieröl für unsere Maschinen zählen zu den Hilfsstoffen.

2/38 Formuliere die Geschäftsfälle zu folgenden Buchungssätzen:

1.	6000 AWR	4.500,00 €			
	6001 BZKR	250,00 €			
	2600 VORST	902,50 €	an	4400 VE	5.652,50 €
2.	4400 VE	1.428,00 €	an	6012 NF	1.200,00 €
				2600 VORST	228,00 €
3.	6021 BZKH	130,00 €			
	2600 VORST	24,70 €	an	2880 KA	154,70 €
4.	4400 VE	297,50 €	an	6020 AWH	250,00 €
				2600 VORST	47,50 €
5.	4400 VE	5.950,00 €	an	2800 BK	5.831,00 €
				6012 NF	100,00 €
				2600 VORST	19,00 €
6.	6030 AWB	1.200,00 €			
	2600 VORST	228,00 €	an	4400 VE	1.428,00 €
7.	4400 VE	714,00 €	an	6010 AWF	600,00 €
				2600 VORST	114,00 €
8.	4400 VE	119,00 €	an	6012 NF	100,00 €
				2600 VORST	19,00 €
9.	4400 VE	190,40 €	an	6031 BZKB	160,00 €
				2600 VORST	30,40 €

Zum 31.12. zeigen verschiedene Konten bei AK-Bikes folgenden Stand: 2/39

S	**6030 AWB**		H
VE	4.000,00 €	VE	750,00 €
KA	500,00 €		
VE	12.000,00 €		

S	**6031 BZKB**		H
VE	150,00 €	VE	40,00 €
VE	80,00 €		

S	**6032 NB**		H
		VE	100,00 €

1. Stelle fest, um welche Art es sich bei den drei Konten handelt.
2. Schließe beide Unterkonten ab. Nimm jeweils auch die Gegenbuchung im Hauptkonto vor.
3. Bilde die Buchungssätze der vorbereitenden Abschlussbuchungen.
4. Erläutere, wie sich nachträgliche Preisnachlässe auf den Unternehmenserfolg von AK-Bikes auswirken.
5. Schließe das Konto 6030 AWB ab und bilde den dazugehörigen Buchungssatz.

Bearbeite folgende Aufgaben im Unternehmen AK-Bikes zum 31.12. 2/40

1. Der Saldo im Konto 6021 Bezugskosten für Hilfsstoffe beträgt 760,00 €.

1.1 Im Soll des Kontos 6021 BZKH wurde ein Betrag von 80,00 € gebucht (Gegenkonto 2880 KA). Formuliere einen möglichen Geschäftsfall, auf den diese Buchung zurückzuführen sein könnte.

1.2 Bilde den vorbereitenden Abschlussbuchungssatz für den Abschluss des Kontos 6021 BZKH.

2. Das Konto 6012 NF weist einen Saldo von 1.600,00 € aus. Bilde den vorbereitenden Abschlussbuchungssatz.

In einem Gespräch mit den Auszubildenden äußert Frau Kästner folgenden Satz: „Im Einkauf liegt der Gewinn." Erläutere, was sie damit aussagen will. 2/41

Erläutere mindestens zwei Nachteile der Lagerhaltung. 2/42

In der folgenden Beschreibung des Just-in-time-Verfahrens ist einiges durcheinander geraten. Schreibe den Text neu und beseitige die Mängel: 2/43

Die LECKER AG produziert nach dem Just-in-time-Verfahren. Das bedeutet, dass die für die Schokokuss-Tagesproduktion nötige Menge an Schokolade und Zucker aus dem Lager entnommen wird. Die Vorräte an Schokolade und Zucker reichen für neun Monate. Die Milch wird jedoch frisch am frühen Morgen durch die Lieferer herbeigeschafft. Dieses Produktionsverfahren garantiert stets einen reibungslosen Ablauf in der Fertigung, es entstehen keine Lieferverzögerungen. Durch die Lieferung zum richtigen Zeitpunkt, in der richtigen Menge, in der richtigen Reihenfolge und am richtigen Ort, können beim Just-in-time-Verfahren die Lagerkosten erheblich reduziert werden.

2/44 Frau Kästner hat im Archiv folgenden Zeitungsartikel aus dem Jahr 2016 gefunden:

VW bestätigt Kurzarbeit

Emden. Im Werk Emden von Volkswagen soll es schon bald zu Kurzarbeit kommen. Diese Meldung hat am 12.08.2016 der VW-Werkssprecher Jan Wurps bestätigt. Demnach habe ein Zulieferer von Sitzbezügen erhebliche Produktionsprobleme ausgelöst. Ohne dessen Teile könne die Herstellung des Modells Passat nicht gewährleistet werden, da die Reserven im kleinen VW-Lager bereits aufgebraucht sind. Die Just-in-time-Produktion zeigt hier ihre Risiken. Bislang waren es eher die Unternehmenspleiten von Zulieferern oder Unglücksfälle wie Hallenbrände, welche die VW-Produktion ins Stocken brachten.

1. Schlage im Altas nach und beschreibe die geographische Lage Emdens. Nenne hierbei den nächstgelegenen Fluss und das Bundesland, in dem sich Emden befindet.
2. Formuliere in eigenen Worten, warum ein Zulieferer die komplette Produktion des VW-Werks in Emden in Schwierigkeiten gebracht hat.
3. Zeige Möglichkeiten auf, um die beschriebenen Probleme zu verhindern.

2/45 1. Julia rät, das Sonderangebot der Continent GmbH (Seite 86) zu nutzen und eine größere Menge an Fahrradreifen zu bestellen. Formuliere, was Julia bei ihrer Überlegung nicht bedenkt.
2. Nenne konkrete Beispiele für Lagerkosten.
3. Gib verschiedene Beispiele für Bestellkosten an.

2/46 1. Erläutere in eigenen Worten den Zielkonflikt zwischen Bestellkosten und Lagerkosten.
2. Stelle dar, welche Ziele durch die optimale Bestellmenge angestrebt werden.

2/47 Max hat eine Tabelle erstellt, um die optimale Bestellmenge für die Schrauben zu ermitteln:

Bestellmenge in Stück	durchschnittl. Lagerbestand	Anzahl Bestellungen	Bestellkosten	Lagerhaltungs-kosten	Gesamtkosten
100	50	120	1.800,00 €	72,00 €	1.872,00 €
200	100	60	900,00 €	144,00 €	1.044,00 €
300	150	40	600,00 €	216,00 €	816,00 €
400	200	30	450,00 €	288,00 €	738,00 €
500	250	24	360,00 €	360,00 €	720,00 €
600	300	20	300,00 €	432,00 €	732,00 €

1. Vervollständige folgende Sätze mithilfe der Tabelle:
   a) Je höher die Lagerkosten, umso **A** ist die Bestellmenge.
   b) Bei sinkender Zahl an Bestellungen, nehmen Lagerkosten **B** und Bestellkosten **C**.
   c) Je höher der durchschnittliche Lagerbestand, umso **D** sind die Bestellkosten.
2. Bestimme anhand der Tabelle die optimale Bestellmenge und die dazugehörige Anzahl an Bestellungen.
3. Ergänze schließlich die folgenden Sätze:
   a) Bei optimaler Bestellmenge sind die Gesamtkosten **E**.
   b) Bestellkosten und Lagerkosten sind bei optimaler Bestellmenge **F**.

Damit es zu Hause schön warm ist und du morgens beim Duschen nicht frieren musst, ist in der Regel eine Heizung erforderlich, die meist mit Öl oder Gas betrieben wird. Hierbei funktioniert die Gasheizung nach dem Just-in-time-Verfahren: Sobald Gas benötigt wird, wird es über die Gasleitung „geliefert“ und die Heizung geht in Betrieb. Eine Lagerung ist nicht nötig. Bei einer Ölheizung sind meistens Öltanks im Keller vorhanden, eine Lagerung ist also möglich. 2/48

Informiere dich (z. B. bei deinen Eltern, im Internet, bei einem Heizöllieferer), wann die Bestellung von Heizöl am sinnvollsten ist. Bedenke hierbei neben dem Zeitpunkt auch die Bestellmenge.

Gib die zutreffenden Ziffern bzw. Fachbegriffe für die Textlücken **A** bis **L** an. 2/49

Der Einkauf von Werkstoffen wird als **A** in der Kontenklasse **B** gebucht. Die Konten, die die Anfangs- und Schlussbestände der Werkstoffe erfassen, gehören zu der Kontenklasse **C** und sind somit **D** Bestandskonten. Ist der Anfangsbestand höher als der Schlussbestand, liegt eine **E** vor. Es wurde also **F** verbraucht als eingekauft. Ein solcher Minderbestand muss noch als zusätzlicher **G** erfasst werden. Entsprechend wird unser jeweiliges Aufwandskonto im **H** gebucht. Wurden mehr Werkstoffe eingekauft als verbraucht, liegt eine **I** vor. In diesem Fall ist der Schlussbestand **J** als der Anfangsbestand. Dieser **K** muss als Aufwandsverringerung erfasst werden, unser Aufwandskonto wird folglich im **L** gebucht.

Bilde die Buchungssätze zu den vorbereitenden Abschlussbuchungen: 2/50

1. Beim Heizöl liegt ein Mehrbestand von 4.900,00 € vor.
2. Das Konto 6032 Nachlässe Betriebsstoffe weist einen Saldo von 700,00 € aus.
3. Der Saldo im Konto 6011 Bezugskosten für Fremdbauteile beträgt 1.800,00 €.
4. Bei den Aluminiumrohren liegt ein Minderbestand von 7.500,00 € vor.

Begründe, um welche Art von Bestandsveränderung es sich bei den Fremdbauteilen handelt. 2/51

S	**6010 AWF**		H
VE	4.500,00 €	F	800,00 €
VE	3.200,00 €	GUV	6.900,00 €
	7.700,00 €		7.700,00 €

Unsere Geschäftsbuchführung weist bei den Schrauben einen Anfangsbestand von 5.300,00 € und einen Schlussbestand von 2.900,00 € aus. 2/52

1. Ermittle rechnerisch Art und Höhe der Bestandsveränderung.
2. Richte die benötigten Konten ein und stelle die Berücksichtigung der Bestandsveränderung in den Konten dar.
3. Bilde den vorbereitendenden Abschlussbuchungssatz für die Bestandsveränderung.

Für die Rohstoffe betrug bei AK-Bikes der Anfangsbestand 12.000,00 €, der Schlussbestand 23.000,00 €. 2/53

1. Bilde die für den Abschluss des Kontos Rohstoffe notwendigen Buchungssätze (vorbereitende Abschlussbuchung und Hauptabschlussbuchung).
2. Erkläre, wie sich die Bestandsveränderung der Rohstoffe auf die Erfolgsrechnung von AK-Bikes auswirkt.

2.7 KOMPETENZCHECK

Der Kompetenzcheck ist ein Fragebogen zur Selbsteinschätzung deiner im Unterricht erworbenen Kompetenzen. Hier geht es darum, dass du deine fachlichen Kompetenzen zum Lernbereich 2 (Beschaffung und Einsatz von Werkstoffen) bewertest. Schätze dich selber ein. Gehe vom aktuellen Stand deiner Kompetenz aus. Drucke den Selbsteinschätzungsbogen aus (www.ak-bikes.bayern). Fülle diesen aus, indem du in jeder Zeile ehrlich einen Haken ✓ setzt. Die von dir bearbeiteten Anwendungsaufgaben helfen dir, dich richtig einzuschätzen.

stimmt, stimmt teilweise, stimmt nicht.

Wiederhole die Inhalte des Lernbereichs, in denen du dich noch nicht so richtig kompetent fühlst. Führe danach den Kompetenzcheck erneut durch. So kannst du deinen Lernfortschritt überprüfen.

Ich kann ...	**Lernbereich**	**Aufgaben**
... Angebote zur Beschaffung von Werkstoffen auswerten und unter Anwendung des Einkaufskalkulationsschemas den Einstandspreis ermitteln, um das günstigste Angebot auszuwählen.	**2.1.1** **2.1.2**	2/1–2/9
... Kaufempfehlungen geben, die nicht nur den Preis, sondern auch weitere Faktoren berücksichtigen.	**2.1.3** **2.1.4**	2/10–2/12
... den betrieblichen Werteverzehr buchhalterisch erfassen.	**2.2.1** **2.2.2** **2.2.3**	2/13–2/21
... Korrekturbuchungen aufgrund von Rücksendungen und nachträglichen Preisnachlässen vornehmen und hierbei die Auswirkungen auf den Unternehmenserfolg erläutern.	**2.3.1** **2.3.2** **2.3.3** **2.4.1** **2.4.2** **2.4.3**	2/22–2/41
... das Just-in-time-Verfahren charakterisieren und den Zusammenhang zwischen Bestellmenge, Bestellzeitpunkt und Lagerkosten erläutern.	**2.5.1** **2.5.2**	2/42–2/48
... Bestandsveränderungen ermitteln und buchhalterisch erfassen.	**2.5.3**	2/49–2/53

2.8 ALLES KLAR!

Das Mountainbike-Modell „Adventure“ von AK-Bikes hat sich mittlerweile zu einem Bestseller entwickelt. In zwei Wochen soll die Fertigung eines größeren Auftrags anlaufen. In der Einkaufsabteilung werden die Vorbereitungen getroffen, damit die benötigten Werkstoffe dann zur Verfügung stehen.

Als Mitarbeiterin bzw. Mitarbeiter in der Abteilung Rechnungswesen des Unternehmens AK-Bikes hilfst du den drei Auszubildenden Julia, Riccardo und Max. Nutze dabei dein in Lernbereich 2 erworbenes Wissen.

1. Andrea Kästner liegt ein Angebot vor, von dem ein Ausschnitt abgebildet ist:

84489 Burghausen

Firma
Andrea Kästner Mountainbikes e. Kfr.
Stamsrieder Weg 50
85049 Ingolstadt

Telefon: 08677 / 0756230
Telefax: 08677 / 0757020
E-Mail: service@mehring-carbon...
Internet: www.mehring-carbon...

Burghausen, 16. August 20..

Angebot 366/19

Sehr geehrte Frau Kästner,

wir beziehen uns auf Ihre telefonische Anfrage und senden Ihnen hiermit unser Angebot.

Kohlefaser-Matten / HT-Fasern
300 mm x 300 mm x 60 mm
Einzelpreis 65,00 €

Die Mindestabnahmemenge liegt bei 50 Stück.
Ab 100 Matten gewähren wir einen Rabatt von 10 %,
ab 200 Matten erhalten Sie 14 % Rabatt.

Die Lieferung erfolgt „frei Haus“. Die Kosten für die Leihverpackung betragen pauschal 80,00 € netto. Bei Zahlung innerhalb von 10 Tagen gewähren wir 4 % Skonto. Das Zahlungsziel beträgt 30 Tage.
Wir freuen uns sehr, falls Sie sich wieder für unser Angebot entscheiden.

Mit freundlichen Grüßen

Herbert Mehring
Mehring Carbon GmbH

1.1 Berechne den Einstandspreis für 250 Matten laut Angebot.

1.2 Ein Lieferer aus Saarbrücken bietet ähnliche Matten zu einem Einstandspreis von 14.305,76 € an. Berechne die mögliche Ersparnis in Prozent.

1.3 Andrea Kästner entscheidet sich für das Angebot der Mehring Carbon GmbH. Gib zwei mögliche Gründe hierfür an.

1.4 Beschreibe Gründe, die deiner Meinung nach für den neuen Anbieter aus Saarbrücken sprechen könnten. Berücksichtige hierbei auch das dir bekannte Just-in-time-Verfahren.

1.5 Der unten abgebildete Beleg liegt dir vor.

1.5.1 Begründe anhand von zwei Merkmalen, um welche Art von Beleg es sich aus der Sicht von AK-Bikes handelt.

1.5.2 Bilde den Buchungssatz zu dem Beleg.

Mehring Carbon GmbH

Mehring Carbon GmbH, Burgkirchener Str. 1, 84489 Burghausen

Mehring Carbon GmbH
Burgkirchener Str. 1
84489 Burghausen

Firma
Andrea Kästner Mountainbikes e. Kfr.
Stamsrieder Weg 50
85049 Ingolstadt

Telefon: 08677 / 0756230
Telefax: 08677 / 0757020
E-Mail: service@mehring-carbon...
Internet: www.mehring-carbon...

Burghausen, 02. September 20..

Rechnung Nr. 04013344/20..

Lieferdatum: 31.08.20..
Rechnungsdatum: 02.09.20..

Artikel	Menge	Einzelpreis	Gesamtpreis
Kohlefaser-Matten/ HAT Fasern 300 mm x 300 mm x 60 mm	250 Stk.	65,00 €	16.250,00 €
		14 % Rabatt	2.275,00 €
		Warenwert netto	13.975,00 €
		Leihverpackung	80,00 €
		Umsatzsteuer 19 %	2.670,45 €
		Rechnungsbetrag	**16.725,45 €**

Vielen Dank für Ihren Auftrag!

Zahlbar innerhalb von 30 Tagen nach Rechnungseingang.
Bei Bezahlung innerhalb von 10 Tagen gewähren wir 4 % Skonto.
Die Ware bleibt bis zur vollständigen Bezahlung unser Eigentum.

Bankverbindung: Salzachbank Burghausen
IBAN: DE72 7505 0000 7550 6200 30
BIC: SBNKDEF1RGB

Handelsregister Burghausen HRB 9510
USt-IdNr.: DE246104700
Steuernr.: 106/120/35670

Geschäftsführung:
Dr. Robert Biedermann

1.6 Richtig oder falsch? Verbessere falsche Aussagen zum Beleg und schreibe sie richtig auf.

A	Andrea Kästner muss den vorliegenden Beleg mindestens 7 Jahre lang aufbewahren.
B	Die Mehring GmbH gehört zu den Kapitalgesellschaften.
C	Die Angabe des Rechnungsdatums auf dem Beleg ist eine freiwillige Angelegenheit.
D	Der Skontoabzug ist nur für Andrea Kästner von Vorteil, da sie weniger bezahlen muss.
E	Da keine Transportkosten im Beleg berechnet werden, ist die Lieferbedingung „frei Haus“.
F	Leistet AK-Bikes zur Begleichung der Rechnung eine Anzahlung, so ist ab diesem Zeitpunkt Andrea Kästner die Eigentümerin der Kohlefaser-Matten.
G	Rechnungen müssen den Umsatzsteuerbetrag und den Umsatzsteuersatz ausweisen.

1.7 Folgende E-Mail geht bei Andrea Kästner ein. Bilde den notwendigen Buchungssatz.

Von: service@mehringcarbon...
An: info@ak-bikes.bayern
Betreff: Gutschrift Leihverpackung Rechnung Nr. 04013344/20..

Normaler Text | Variable Breite

Sehr geehrte Frau Kästner,

hiermit bestätigen wir Ihnen die Gutschrift der Leihverpackung in voller Höhe, Rechnung Nummer 04013344/20.. vom 02. September 20..

Vielen Dank, dass Sie sich für unser Produkt entschieden haben.

Mit freundlichen Grüßen

Paulina Mehring, Mehring Carbon GmbH

1.8 Andrea Kästner nutzt Online-Banking.

Donaubank Ingolstadt · Online-Banking

Was suchen Sie?

Auftagsart	Überweisung
Begünstigter	Mehring Carbon GmbH
IBAN	DE72 7505 0000 7550 6200 30
Betrag	15.965,04 €
Verwendungszweck	Ausgleich Rechnung NR. 04013344/20.. abzgl. 4 % Skonto
Ausführungsdatum	10.09.20..

Die Transaktion wurde erfolgreich durchgeführt.

Andrea Kästener Mountainbikes e. Kfr. · BIC: DBNKDEFF · IBAN: DE 72 7515 0080 4040 8080 20

1.8.1 Begründe rechnerisch, wie sich der Überweisungsbetrag ergibt.

1.8.2 Bilde den Buchungssatz für den Auftrag an die Donaubank Ingolstadt.

1.8.3 Beschreibe aus Sicht von AK-Bikes drei Vorteile des Online-Bankings.

2. Zur Herstellung der Mountainbikes vom Typ „Adventure“ werden Standard-Fahrradsättel benötigt, die auch für andere Modelle von AK-Bikes verwendet werden können. Da sich Frau Kästner auf einer wichtigen Dienstreise befindet, hat der Auszubildende Max von ihr auf seinem Handy Hinweise für die erforderliche Bestellmenge bekommen.

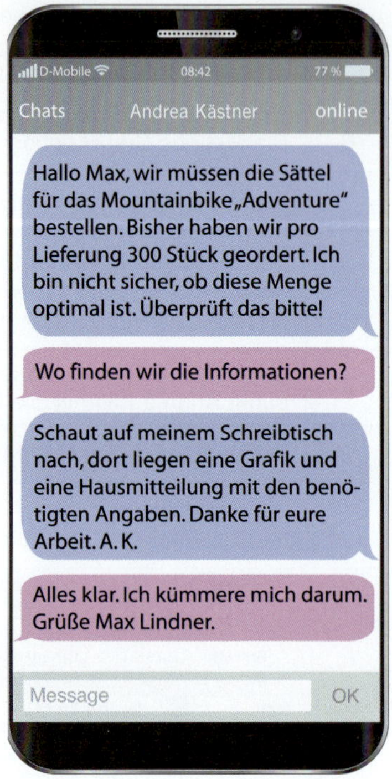

Max hat die notwendigen Informationen im Büro von Frau Kästner besorgt. Die folgende Grafik zeigt er seinen beiden Mitauszubildenden. Riccardo hat eine solche Darstellung zur Ermittlung der optimalen Bestellmenge noch nie zuvor gesehen.

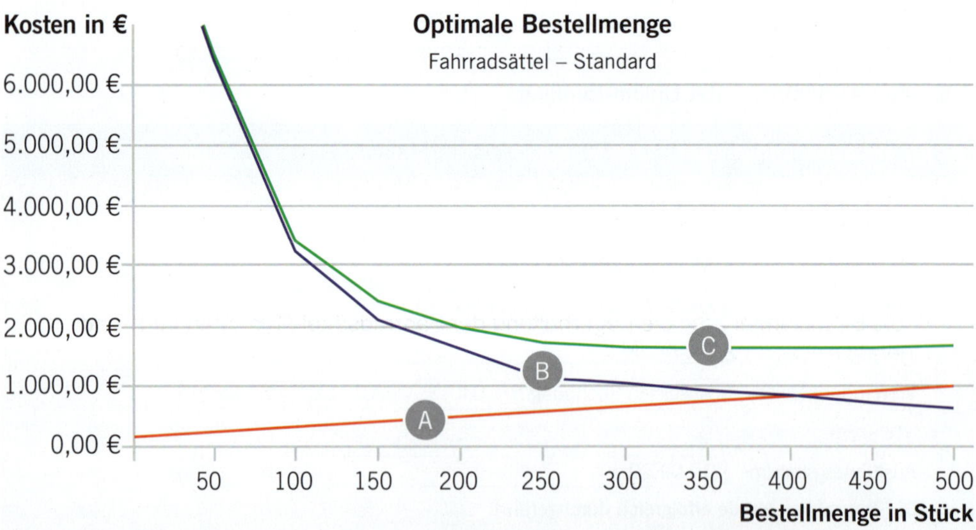

2.1 Zum Verständnis der Grafik ist es für Riccardo zuerst wichtig zu wissen, für welche Kostenart die drei Darstellungen stehen. Gib die Fachbegriffe zu den Buchstaben A bis C an.

2.2 Weiter erklärst du Riccardo, dass in der Grafik ein Zielkonflikt zwischen zwei Kostenarten zu erkennen ist. Ergänze auf den Notizzetteln sinnvoll die Lückentexte, die diesen Zielkonflikt beschreiben.

2.3 Entnimm der Grafik die optimale Bestellmenge. Beschreibe deine Vorgehensweise.

2.4 Berechne die optimale Anzahl der Bestellungen pro Jahr unter Zuhilfenahme folgender Informationen:

Hausmitteilung

Absender	Empfänger	mit der Bitte um
☒ Geschäftsführung	☐ Geschäftsführung	☐ Kenntnisnahme
☐ Verwaltung	☐ Verwaltung	☒ Erledigung
☐ Einkauf	☐ Einkauf	☐ Stellungnahme
☐ Produktion	☐ Produktion	
☐ Vertrieb	☐ Vertrieb	
☐ Frau/Herr	☒ ~~Frau~~/Herr Max Lindner	

Guten Tag Max,

für die Bestellungen und die Lagerhaltung der Fahrradsättel (Typ: Standard) sind folgende Angaben zu beachten:

Jahresbedarf:	8 000 Stück
Bestellkosten pro Lieferung:	40,00 €
Lagerhaltungskosten pro Stück:	4,00 €

Mit freundlichen Grüßen

Andrea Kästner

2.5 Bewerte die bisherige Bestellpolitik von AK-Bikes bei den Fahrradsätteln.

3. Im Wareneingangslager von AK-Bikes ist eine Lieferung von 6000 Muttern aus Stahl eingetroffen.

3.1 Beschreibe drei Aufgaben, die vor Einlagerung der Muttern von der Wareneingangskontrolle übernommen werden.

3.2 Im Zusammenhang mit der Lieferung der Muttern hat sich ein Geschäftsfall ergeben. Die dazugehörige Buchung wurde bereits in ein Vorkontierungsblatt eingetragen:

BA	Datum	Soll	Haben	BNr.	Text	Betrag		UCo
						B/N	€	
B	23.09.20..	4400	6022	678	______	N	30,00	V19

Formuliere einen möglichen Geschäftsfall.

3.3 Zum 31.12. ergibt sich im Konto 6022 Nachlässe Hilfsstoffe folgender Stand. Bilde den vorbereitenden Abschlussbuchungssatz.

S	**6022 NH**		H
		VE	50,00 €
		VE	30,00 €
		VE	15,00 €

3.4 Erläutere, welche Auswirkung die Gewährung nachträglicher Preisnachlässe durch die Lieferer auf den Unternehmenserfolg von AK-Bikes hat.

4. Das Konto 2030 B weist folgende Bestände aus:

S	**2030 B**		H
AB	25.000,00 €	SB	32.000,00 €

4.1 Berechne die Art und die Höhe der Bestandsveränderung bei den Betriebsstoffen.

4.2 Bilde den vorbereitenden Abschlussbuchungssatz zur Erfassung der Bestandsveränderung.

4.3 Begründe, wie sich die vorliegende Bestandsveränderung auf die Erfolgsrechnung von AK-Bikes auswirkt.

Lösungen Selbstcheck-Aufgaben

2/2 – Lösung

A: Fremdbauteile
B: Rohstoffe
C: Betriebsstoffe
D: Hilfsstoffe
E: Betriebsstoffe
F: Fremdbauteile

2/16 – Lösung

1.

	Listeneinkaufspreis	320,00 €	100,00 %	
–	Liefererrabatt	48,00 €	15,00 %	
=	Zieleinkaufspreis	272,00 €	85,00 %	100,00 %
–	Liefererskonto	8,16 €		3,00 %
=	Bareinkaufspreis	263,84 €		97,00 %
+	Bezugskosten	0,00 €		
=	Einstandspreis	263,84 €		

2.

6020 AWH	272,00 €			
2600 VORST	51,68 €	an	4400 VE	323,68 €

2/35 – Lösung

1.

	Rechnungsbetrag	1.428,00 €	100 %	36,00 €
–	Bruttoskonto	42,84 €	3 %	
=	Banküberweisung (Banklastschrift)	1.385,16 €	97 %	6,84 €

4400 VE	1.428,00 €	an	2800 BK	1.385,16 €
			6032 NB	36,00 €
			2600 VORST	6,84 €

2.

	Rechnungsbetrag	8.211,00 €	100 %	138,00 €
–	Bruttoskonto	164,22 €	2 %	
=	Banküberweisung (Banklastschrift)	8.046,78 €	98 %	26,22 €

4400 VE	8.211,00 €	an	2800 BK	8.046,78 €
			6002 NR	138,00 €
			2600 VORST	26,22 €

3.

	Rechnungsbetrag	714,00 €	100,0 %	9,00 €
–	Bruttoskonto	10,71 €	**1,5 %**	
=	Banküberweisung (Banklastschrift)	703,29 €	98,5 %	1,71 €

4400 VE	714,00 €	an	2800 BK	703,29 €
			6012 NF	9,00 €
			2600 VORST	1,71 €

ÜBER DIESE KOMPETENZEN VERFÜGST DU BALD:

- ökonomische und psychologische Zielsetzungen des Marketings unterscheiden
- die Produktpalette eines Unternehmens analysieren und für den langfristigen Erfolg anpassen
- preispolitische Maßnahmen und deren Wirkung auf das Unternehmen und die Verbraucher erläutern
- Maßnahmen der Kommunikationspolitik (z. B. Werbung) erfolgreich umsetzen und das eigene Konsumverhalten überdenken
- Möglichkeiten des direkten und indirekten Vertriebs mit den jeweiligen Vor- und Nachteilen charakterisieren
- Aufwendungen im Bereich des Marketings buchhalterisch erfassen und berechnen

3

Lernbereich 3:

ASPEKTE DES MARKETINGS

3.1 GRUNDLAGEN DES MARKETINGS

3.1.1 NOTWENDIGKEIT DES MARKETINGS UND DER MARKETING-MIX

Die kaufmännische Leiterin Selma Demirci hat eine Statistik erstellt, die die Verkaufszahlen (Absatzzahlen) der Mountainbike-Reihe „Standard" seit Unternehmensgründung zeigt:

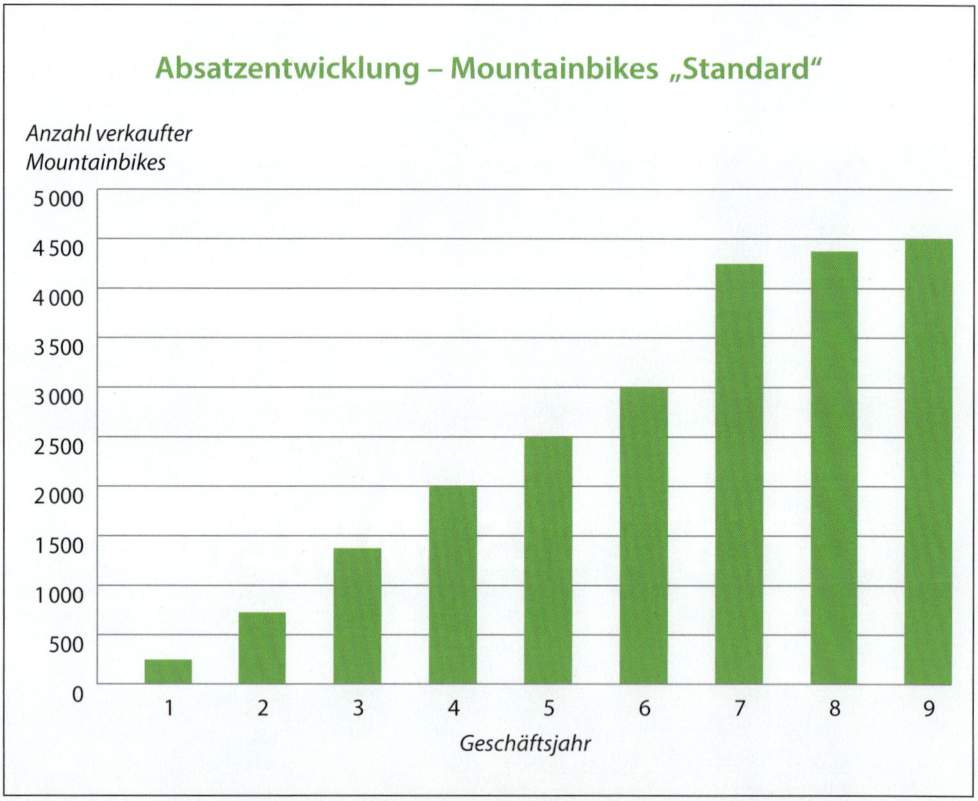

ANDREA KÄSTNER: In den Anfangsjahren von AK-Bikes konnten wir den Absatz der vier Modelle unserer Standard-Serie stetig steigern. Doch in den letzten drei Geschäftsjahren blieben die Verkaufszahlen so gut wie unverändert.

SELMA DEMIRCI: Dann sollten wir überlegen, was die Gründe für diese Entwicklung sind.

ANDREA KÄSTNER: Aus meinem BWL-Studium sind mir noch die Methoden des Marketings bekannt. Marketing kommt vom englischen Begriff „market", also zu Deutsch „Markt". Es ist der Ort, an dem wir unsere Produkte absetzen.

SELMA DEMIRCI: Aber wie genau hilft uns das Marketing, unsere Mountainbikes noch besser zu verkaufen?

ANDREA KÄSTNER: Ich habe neulich einen Artikel auf der Homepage einer Unternehmensberatung gefunden, der dies gut zusammenfasst. Ich maile Ihnen gleich den Link.

3/1

Selma Demirci liest sich die Informationen auf der Homepage genau durch:

Unternehmensberatung Klaus Kaufhofer & Partner GmbH
Rathausstr. 9 – 85049 Ingolstadt

Fragen Sie sich, was **Marketing** für Ihr Unternehmen leisten kann?

Unsere Marketing-Experten beantworten Ihnen gerne folgende Fragen:

- Welche Produkte sind am Markt gerade gefragt? → **innovative Ideen verwirklichen**
- Zu welchem Preis kann ich das Produkt absetzen? → **Umsatz maximieren**
- Wer sind meine Kunden und wie erreiche ich sie? → **Zielgruppe für Werbung festlegen**
- Wo möchte ich meine Ware veräußern? → **direkt oder im Handel verkaufen**
- Was machen meine Konkurrenten und wie kann ich mich behaupten? → **Strategien entwickeln, um gegenüber den Mitbewerbern im Vorteil zu sein**

Entscheidend ist, dass Sie bei allen unternehmerischen Entscheidungen an die Erfordernisse des Marktes denken. „Der Kunde ist König" haben Sie sicher schon einmal gehört. 3/2 Z13

SELMA DEMIRCI: Das sind ja eine Menge an Fragen, die wir beantworten müssen. Da kommt viel Arbeit auf uns zu. Wie gehen wir also vor?

ANDREA KÄSTNER: In einem Lehrbuch meines BWL-Studiums habe ich folgende Übersicht zu den **Instrumenten des Marketings** gefunden.

SELMA DEMIRCI: Instrumente klingt mehr nach Musik als nach Betriebswirtschaft.

ANDREA KÄSTNER: Statt Instrumente könnte man auch Werkzeuge sagen. Sie helfen uns bei der Beantwortung obiger Fragen. Doch eines sollten wir bedenken: Keines dieser Marketinginstrumente kann für sich alleine dafür sorgen, dass wir unsere Verkaufsziele erreichen. Wir müssen die 4 Ps miteinander kombinieren, um optimale Ergebnisse zu erreichen. Dann spricht man auch von **Marketing-Mix**.

3.1.2 MARKETINGZIELE UND ZIELBEZIEHUNGEN

Andrea Kästner hat kürzlich auf einem Online-Vergleichsportal Kundenberichte zum Mountainbike „Mount Everest“ aus der Standard-Serie von AK-Bikes gefunden:

Mount Everest (MB-ME)
Hersteller: AK-Bikes, Ingolstadt

93 %

4,9/6

ANDREA KÄSTNER: Frau Demirci, schauen Sie, wie gut unser Mountainbike-Modell „Mount Everest“ bewertet wurde.

SELMA DEMIRCI: Stimmt! 4,9 von 6 Fahrrädern sind echt prima. Außerdem würden 93 von 100 Kunden dieses Rad weiterempfehlen.

3/3 **ANDREA KÄSTNER:** Das hört sich hervorragend an. Doch ich frage mich, warum 7 % der Käufer offenbar unzufrieden waren.

SELMA DEMIRCI: Dieser Wert könnte auch eine Ursache für die stagnierenden Absatz-
3/4 zahlen unserer Mountainbikes sein. Dem sollten wir auf den Grund gehen!

Ein erster Schritt im Marketing ist, sich bestimmte Ziele zu setzen. Diese sollen mit Hilfe der vier Marketinginstrumente erreicht werden. Man unterscheidet zwischen **ökonomischen Zielen** und **psychologischen Zielen**:

Marketing-Ziele	
Ökonomische Ziele	**Psychologische Ziele**
... können zahlenmäßig genau erfasst werden.	**... lassen sich nur schwer messen, weil sie auch Einstellungen widerspiegeln.**
• **Absatzzahlen** steigern • **Umsatz** erhöhen • **Marktanteil** vergrößern • **Gewinn** verbessern • **Kosten** senken und Verkaufspreis reduzieren	• **Image** (Ruf in der Öffentlichkeit) steigern • **Bekanntheitsgrad** erhöhen • **Kundenzufriedenheit** verbessern • **Kundenbindung** ausbauen • **Produktqualität** sicherstellen
Beispiel: Innerhalb von 12 Monaten sollen die **Absatzzahlen** der Mountainbike-Reihe „4X“ um 10 % gesteigert werden.	***Beispiel:*** Beim Online-Bewertungsportal ThumbsUp soll die Empfehlungsrate (**Kundenzufriedenheit**) für das Modell „Mount Everest“ spätestens in einem halben Jahr 95 % übersteigen.

3/5

ANDREA KÄSTNER: Das ist sinnvoll, denn diese beiden Ziele passen gut zusammen. In diesem Fall spricht man auch von **Zielharmonie**.

SELMA DEMIRCI: Stimmt, denn konnte unser Mountainbike den Käufer überzeugen, wird er wohl wieder bei uns einkaufen.

ANDREA KÄSTNER: Leider gilt das auch im Umkehrschluss: Wer Probleme mit unserem Fahrrad hat, wird eher nicht mehr bei AK-Bikes kaufen.

Andrea Kästner verfolgt noch weitere Ziele, die sie mit den Marketing-Instrumenten erreichen möchte. Dazu hat Auszubildender Max eine Frage:

MAX: Sie könnten doch den Preis der Räder deutlich senken, damit sie sich noch besser verkaufen. Die Kunden wären sicher zufriedener, wenn sie weniger zahlen müssten.

ANDREA KÄSTNER: Stimmt, Max. Wenn der Preis sinkt, könnte man zunächst mehr Räder absetzen. Es hätte aber auch Folgen für die Qualität unserer Mountainbikes.

MAX: Kann man nicht hervorragende Produkte zu einem sehr günstigen Preis fertigen?

ANDREA KÄSTNER: Leider nein. Hier handelt es sich um einen **Zielkonflikt**. Das heißt, AK-Bikes kann nicht gleichzeitig Billiganbieter mit dem niedrigsten Preis und Premiumhersteller mit der besten Qualität sein. Nur eines der zwei Ziele ist errreichbar.

Zielharmonie	**Zielkonflikt**
Ziele ergänzen sich	Ziele schließen sich gegenseitig aus
Beispiel: Kann der **Absatz** der verkauften Bikes gesteigert werden, führt dies zu einem höheren **Umsatz**.	***Beispiel:*** Spart man beim Werkstoffeinkauf **Kosten**, erhöht sich der Gewinn. Wegen der schlechteren Qualität sinkt aber die **Kundenzufriedenheit**.

3/6
3/7

3.2 PRODUKTPOLITIK

3.2.1 PRODUKTLEBENSZYKLUS

In Absprache mit Selma Demirci nimmt Andrea Kästner Kontakt mit der Unternehmensberatung Klaus Kaufhofer & Partner GmbH auf. In einem ersten Gespräch mit Herrn Kaufhofer legt sie ihm die Infografik von Seite 124 vor.

ANDREA KÄSTNER: Der Absatz unserer Mountainbikes aus der Standard-Serie bereitet mir Sorgen. Vor einigen Jahren konnten wir die Verkaufszahlen noch von Jahr zu Jahr steigern.

KLAUS KAUFHOFER: Haben Sie eine Erklärung, woran das liegen könnte?

ANDREA KÄSTNER: Ehrlich gesagt nein. Zwar finden sich auf einem Vergleichsportal im Internet auch ein paar negative Bewertungen, doch die überwiegende Zahl der Kunden scheint zufrieden mit unserer Qualität zu sein.

KLAUS KAUFHOFER: Wie ich der Grafik entnehmen kann, sind Ihre Mountainbikes aus der Standard-Reihe schon einige Zeit auf dem Markt. Vielleicht sind diese Modelle schon längst in die Jahre gekommen.

ANDREA KÄSTNER: Wie meinen Sie das?

KLAUS KAUFHOFER: Jedes Produkt durchläuft von der Einführung bis zur Herausnahme aus dem Markt fünf Phasen. Wir nennen dies den **Produktlebenszyklus**, der je nach Produkt unterschiedlich lange dauern kann. Ich bin mir sicher, dass Sie langsam daran denken sollten, Ihr Produktsortiment zu erneuern.

Anhand folgender Grafik erklärt Herr Kaufhofer der Firmeninhaberin den **Produktlebenszyklus** für die Modellreihe „Standard“:

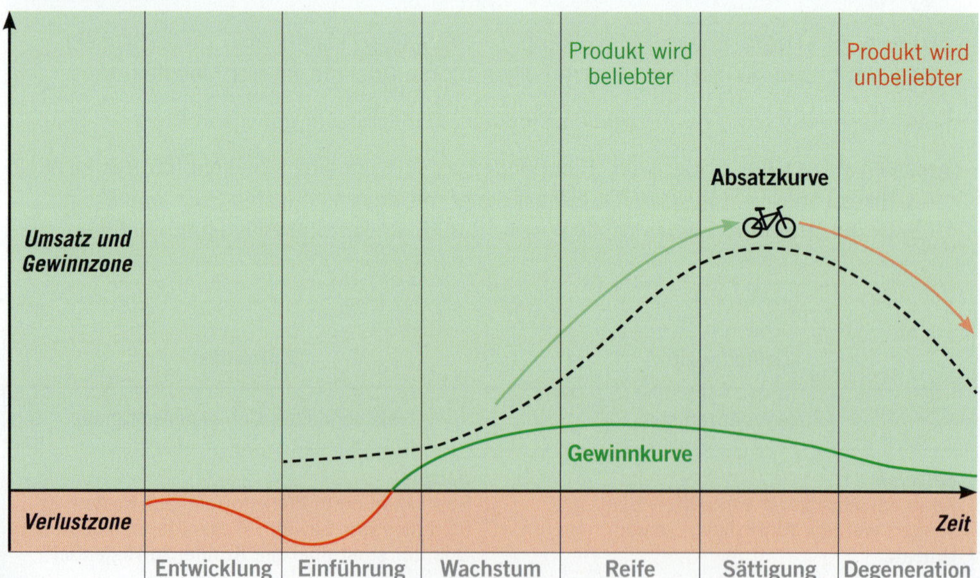

Entwicklung	Bevor Sie ein Mountainbike am Markt einführen können, muss es entwickelt werden. In dieser Zeit werden keine Umsätze erzielt, was aufgrund der hohen Entwicklungskosten zunächst mit Verlusten verbunden ist.
Einführung	Anfangs kennt das Fahrrad fast niemand. Es werden nur geringe Stückzahlen verkauft, aber trotzdem fallen hohe Kosten z. B. für Werbung an. Es ist daher weiter mit Verlusten zu rechnen.
Wachstum	Die Nachfrage der Kunden und der Absatz steigen stark an. Allmählich erzielen Sie Gewinne. Konkurrenten kommen auf den Markt, um dort ähnliche Mountainbikes zu verkaufen.
Reife	Der Druck durch die Mitbewerber nimmt stark zu, da viele Marktteilnehmer gleichartige Produkte anbieten. Der Absatz des Mountainbike-Modells verlangsamt sich. Sie müssen die Preise senken, um mit der Konkurrenz mitzuhalten.
Sättigung	Der Absatz ist hoch, nimmt aber nicht weiter zu. Sie können hohe Gewinne erzielen, da die anfänglichen Kosten nun endgültig hereingeholt sind. Die Preise müssen aufgrund der großen Konkurrenz weiter gesenkt werden.
Degeneration	Das Produkt nähert sich dem Zyklusende. Außer wenigen Nachzüglern kauft keiner mehr das vor Jahren entwickelte Rad. Gewinn und Umsatz sinken z. T. deutlich. Oft werden Produkte in dieser Phase von Nachfolgeprodukten abgelöst, die technisch auf dem neuesten Stand sind oder ein aktuelleres Design aufweisen.

ANDREA KÄSTNER: Unsere Mountainbike-Serie „Standard“ befindet sich somit in der Sättigungsphase.

KLAUS KAUFHOFER: Stimmt! Es ist höchste Zeit, eine Innovation zu finden, die Ihnen die Zukunft am Markt sichert. Wir sollten aber auch die anderen Serien von AK-Bikes betrachten und in den Produktlebenszyklus einordnen. Nur so können wir ein Marketing-Konzept entwickeln.

ANDREA KÄSTNER: Das ist kein Problem. Hier haben Sie eine Liste mit unseren Produktlinien.

	Produktlinie 1 ***Mountainbikes*** **Standard**	Produktlinie 2 ***Mountainbikes*** **Emotion**	Produktlinie 3 ***Mountainbikes*** **Elements**	Produktlinie 4 ***Mountainbikes*** **4X**
Programmtiefe (Wie viele Varianten gibt es innerhalb der Linie?)	Zugspitze	Nature	Lion	Xquisite
	Matterhorn	Traveller	Dragon	Xtract
	K2	Globetrotter	Shark	Xtra
	Mount Everest	Adventure	Eagle	Xtreme

Programmbreite (Wie viele Produktlinien gibt es?)

3/8
3/9
3/10

In **Produktlinien** werden ähnliche Modelle zusammengefasst. „Standard“ beinhaltet Räder mit Aluminiumrahmen, wobei die Qualität der Ausstattung vom Modell „Zugspitze“ bis hin zum Modell „Mount Everest“ zunimmt. „Emotion“ ist mit „Standard“ vergleichbar, ein Unterschied ist z. B. der Carbonrahmen. Bei „Elements“ gibt es unterschiedliche Cross-Modelle und die 4X-Serie aus Carbon bietet modernes Design und kraftvolle Farben.

3/11
Z14

3.2.2 PORTFOLIO-ANALYSE

KLAUS KAUFHOFER: Meine Mitarbeiter haben ermittelt, dass die Produktlinie „Standard“ einen relativen Marktanteil von 75 % und ein Marktwachstum von 12,5 % hat.

ANDREA KÄSTNER: Wofür müssen wir das wissen?

KLAUS KAUFHOFER: Neben dem Produktlebenszyklus gibt es die **Portfolio-Analyse**. Mit dieser kann man entscheiden, wie gut Produkte im Vergleich zur Konkurrenz abschneiden. Außerdem erhalten wir Hinweise auf den voraussichtlichen Verkaufserfolg.

MAX: Was ist der Unterschied zwischen relativem Marktanteil und Marktwachstum?

KLAUS KAUFHOFER: Unter **relativem Marktanteil** versteht man den erzielten Umsatz des eigenen Produkts im Verhältnis zum Umsatz des größten Konkurrenten. Das **Marktwachstum** dagegen drückt in Prozent aus, wie stark sich der Umsatz des eigenen Produkts innerhalb eines Zeitraums erhöht hat.

ANDREA KÄSTNER: Was sagen Ihre beiden Prozentsätze genau aus?

KLAUS KAUFHOFER: Um die Zahlen zu deuten, benötigen wir ein Koordinatensystem, das in vier Felder unterteilt ist (**Portfolio-Matrix**). Für unsere Mountainbikes „Standard“ tragen wir auf der waagrechten Achse den Marktanteil von 75 % an, auf der senkrechten Achse das Marktwachstum von 12,5 %. Dann markieren wir die Stelle mit einem Kreuz.

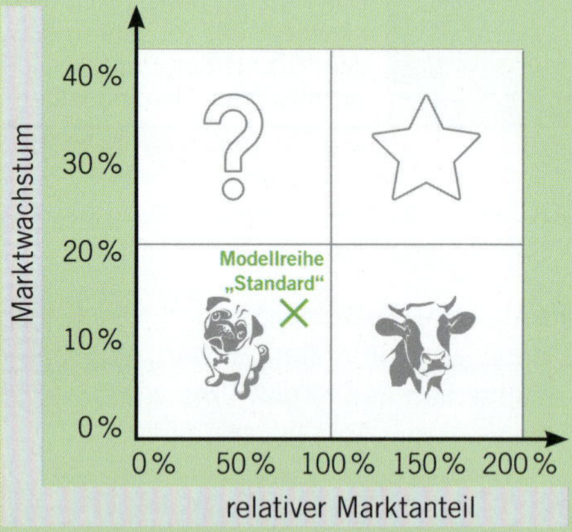

MAX: Die Serie „Standard“ wird somit dem Symbol „Hund“ zugeordnet.

KLAUS KAUFHOFER: Genau! Es steht für Englisch „Poor Dogs“, also „Arme Hunde“. Diese Modellreihe hat keinen hohen Marktanteil und niedrige Wachstumsraten. Es handelt sich um Auslaufprodukte, die bald vom Markt genommen werden sollten.

3/12
3/13

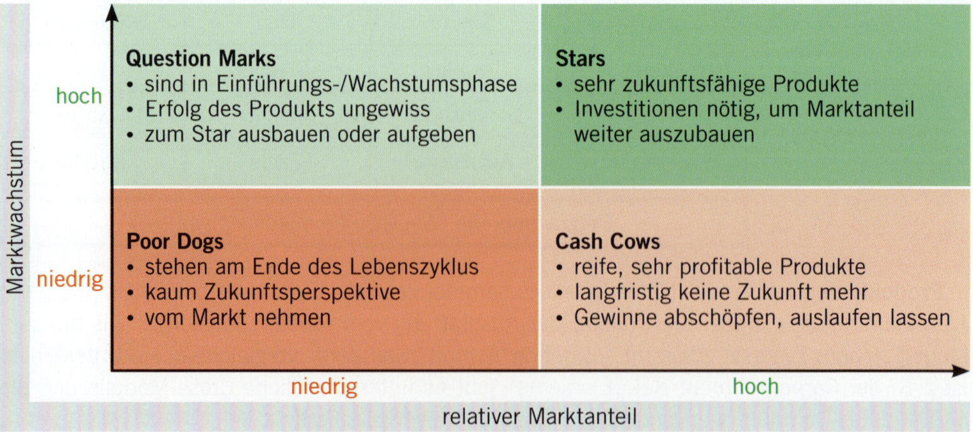

3.2.3 PROGRAMMGESTALTUNG

ANDREA KÄSTNER: Das Ergebnis unseres letzten Treffens war, die Mountainbikes der Reihe „Standard“ schrittweise vom Markt zu nehmen. Wie gehen wir jetzt weiter vor?

KLAUS KAUFHOFER: Die Herausnahme vom Markt lässt sich nicht vermeiden. Daher müssen wir eine Strategie entwickeln, was wir in Zukunft als neues innovatives Produkt anbieten wollen. Ich habe meine Mitarbeiter beauftragt, aktuelle Informationen über den Fahrradmarkt einzuholen.

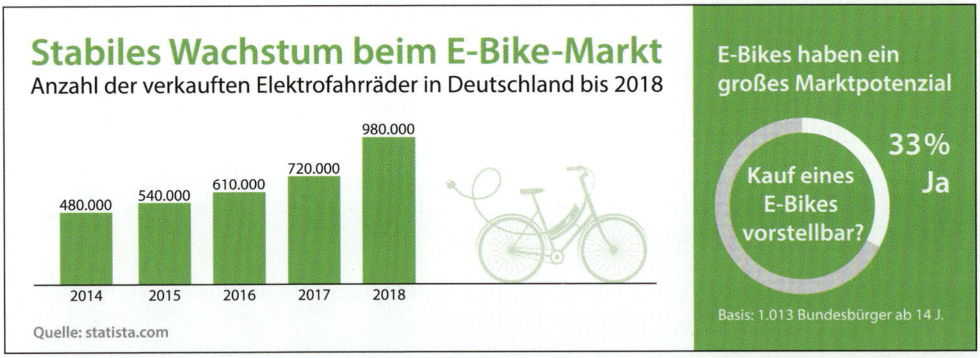

ANDREA KÄSTNER: Sollen wir jetzt in Ingolstadt statt Mountainbikes auch E-Bikes fertigen, wie in unserem Nürnberger Zweigwerk?

KLAUS KAUFHOFER: Nein, nicht ganz. Unser Vorschlag ist, die Wachstumschancen auf dem E-Bike-Markt zu nutzen, um eine neue Art von Mountainbike herzustellen. Diese Produktinnovation wäre eine Möglichkeit der **Programmgestaltung**.

PROGRAMMGESTALTUNG			
Produkteliminierung	**Produktinnovation**	**Produktdifferenzierung**	**Produktvariation**
Ein Produkt wird vom Markt genommen, z. B. am Ende des Produktlebenszyklus.	Es wird ein vollkommen neues Produkt auf den Markt gebracht.	Es werden verschiedene Arten des gleichen Produktes auf den Markt gebracht.	Ein Produkt, das schon zuvor auf dem Markt angeboten wurde, wird verändert.
Beispiel: Die Produktion und der Verkauf der Mountainbikes aus der Serie „Standard“ wird eingestellt.	***Beispiel:*** Die E-Mountainbike-Modellreihe „Peak“ wird neu am Markt eingeführt.	***Beispiel:*** „Peak“ wird für vier Zielgruppen angeboten (Einsteiger, Hobbyfahrer, Leistungssportler, Profis).	***Beispiel:*** Im Laufe der Zeit wird das Design des Rahmens der Serie „Peak“ angepasst.
Ziel: Verluste vermeiden	***Ziel:*** neue Zielgruppen ansprechen	***Ziel:*** verschiedene Zielgruppen erreichen	***Ziel:*** verändertes bzw. neues Nachfrageverhalten berücksichtigen

3/14
3/15

3.3 PREISPOLITIK

Den für den Markt „richtigen“ Preis zu ermitteln, ist Aufgabe der Preispolitik:

Preis des Produkts		
zu niedrig	**passend**	**zu hoch**
In diesem Fall können die Kosten für Material und Personal nicht durch den Verkaufspreis hereingeholt werden. AK-Bikes „zahlt drauf“ und macht Verlust.	Hierbei werden durch die Erlöse auch alle Kosten gedeckt. Der Umsatz mit den Rädern wird maximiert. AK-Bikes verdient gut an seinem Produkt.	Zu hohe Preise schrecken die Kunden vom Kauf ab. Sie gehen zur Konkurrenz, weil sie dort das Mountainbike günstiger bekommen. Umsätze bleiben aus.

3/16

3.3.1 PREISDIFFERENZIERUNG

KLAUS KAUFHOFER: Haben Sie sich schon überlegt, zu welchem Preis Sie das neue E-Mountainbike „Peak Premium“ anbieten wollen?

ANDREA KÄSTNER: Nein, noch nicht. Sie haben bestimmt Empfehlungen, auf welche Dinge ich bei der Preisgestaltung achten muss.

KLAUS KAUFHOFER: Es gibt verschiedene Möglichkeiten der **Preisdifferenzierung**. Dabei bieten Sie das Modell „Peak Premium“ zu unterschiedlichen Preisen auf dem Markt an, obwohl die Produktionskosten bei jedem Exemplar gleich sind.

PERSONENBEZOGEN	MENGENBEZOGEN
Die Preise sind abhängig vom jeweiligen **Kundenkreis**. ***Beispiel:*** AK-Bikes verkauft an Händler günstiger als an Privatpersonen. 	Die Preise sind abhängig von der **verkauften Stückzahl**. ***Beispiel:*** AK-Bikes gewährt gestaffelte Nachlässe für den Handel, z. B. ab 50 Stück 5 % Rabatt, ab 200 Stück 10 % Rabatt. 
ZEITBEZOGEN	**RAUMBEZOGEN**
Die Preise sind abhängig vom **Verkaufszeitpunkt**. ***Beispiel:*** Um das neue E-Mountainbike bekannt zu machen, bietet AK-Bikes bei der Markteinführung einen günstigen Preis an. 	Die Preise sind abhängig vom **Verkaufsort**. ***Beispiel:*** AK-Bikes könnte seine Mountainbikes in einzelnen Ländern zu unterschiedlichen Preisen anbieten. 

3/17
3/18

3.3.2 PREISSTRATEGIEN

ANDREA KÄSTNER: Vor einigen Jahren machte AK-Bikes sowie der gesamten Fahrradbranche ein Hersteller zu schaffen, der den Markt „aufwirbelte“. Das große Unternehmen mit einem Jahresumsatz von 900 Millionen Euro brachte Räder zu Kampfpreisen auf den Markt. Auch wir versuchten, Kosten einzusparen und billiger zu produzieren, doch die Angebote des Konkurrenten waren nicht zu schlagen.

Dieses Beispiel zeigt, dass Unternehmen nicht frei in ihrer Preisgestaltung sind. Einerseits sind sie gezwungen, sich an den Marktpreisen bzw. der Konkurrenz zu orientieren, andererseits muss ihre Preisstrategie auch zum angebotenen Produkt passen. Unternehmensberater Klaus Kaufhofer stellt mögliche **Preisstrategien** vor. Zuerst geht er auf Frau Kästners Beispiel ein.

DUMPINGPREISSTRATEGIE

- Produkte werden anfangs unter den Herstellkosten verkauft
- ist die Konkurrenz ausgeschaltet, werden die Preise schrittweise erhöht

Für AK-Bikes nicht anwendbar:
AK-Bikes müsste eine größere Produktpalette anbieten, um die Verluste bei Produkten mit Dumpingpreis ausgleichen zu können.

NIEDRIGPREISSTRATEGIE

- langfristig werden die Preise niedrig gehalten (unter dem Durchschnittspreis der Konkurrenz)
- dies gelingt, indem das Unternehmen seine Aufwendungen reduziert

Für AK-Bikes nicht anwendbar:
AK-Bikes müsste beim Werkstoffeinkauf sparen oder im Ausland billig fertigen lassen. Dies würde sich auf die Qualität der Mountainbikes auswirken.
Die Folge: unzufriedene Kunden, weniger Absatz und Umsatz.

HOCHPREISSTRATEGIE

- langfristig hohe Preise (über dem Durchschnittspreis der Konkurrenz)
- nur bei Produkten mit hohem Ansehen und hoher Qualität möglich

Für AK-Bikes nicht anwendbar:
Andrea Kästner will die E-Mountainbikes auch für den Breitensport anbieten, daher müssen sich die Kunden die Räder preislich leisten können.

ABSCHÖPFUNGSSTRATEGIE (SKIMMING)

- bei neuen Produkten wird ein hoher Einführungspreis verlangt
- bei aufkommender Konkurrenz wird der Preis schrittweise gesenkt

Für AK-Bikes anwendbar, da diese Strategie auf dem Produktlebenszyklus beruht.

SCHWELLENPREISSTRATEGIE

- die Preise werden nicht auf „glatte“ Beträge festgesetzt (z. B. 2.000,00 €)
- ein Preis von 1.999,00 € erscheint für den Kunden günstiger, obwohl er nur unwesentlich niedriger ist 3/19

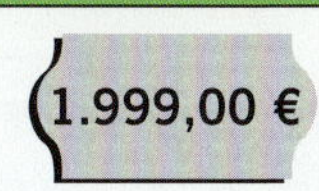

3/20

Für AK-Bikes anwendbar, da sich Kunden aus psychologischen Gründen zum Kauf bewegen lassen. 3/21

3.4 KOMMUNIKATIONSPOLITIK

In der Zeitschrift „Sports for fun“ hat AK-Bikes folgende Anzeige veröffentlicht:

ANDREA KÄSTNER: Mit dieser Anzeige wollen wir unser neues Mountainbike „Peak Premium“ bei unserer Zielgruppe bekannt machen.

MAX: Was meinen Sie mit Zielgruppe?

ANDREA KÄSTNER: Durch die Reklame in der Sportzeitschrift sprechen wir einen bestimmten Kundenkreis an, der sich für unsere Produkte interessiert.

3/22 **MAX:** Ach so! Darum gilt Kommunikationspolitik als wichtigste Maßnahme im Marketing.

Die Kommunikationspolitik kann unterschiedlich gestaltet werden:

Möglichkeiten der Kommunikationspolitik

- Werbung
- Sponsoring
- Public Relations (Öffentlichkeitsarbeit)
- Sales Promotion (Verkaufsförderung)

3/23

3.4.1 WERBUNG

ANDREA KÄSTNER: Unsere Produktentwicklung hat das hervorragende E-Mountainbike „Peak Premium“ geschaffen. Das Problem ist nur, dass bislang noch niemand unser Produkt kennt. Wie gelingt es uns, 1 000 Stück im nächsten Quartal zu verkaufen?

KLAUS KAUFHOFER: Wir sollten uns zuerst überlegen, wer unsere Zielgruppe ist. Das hat nämlich Einfluss darauf, wo wir die Werbung platzieren und wie sie aussehen wird.

Je genauer sich der Kreis möglicher Kunden eingrenzen lässt, desto besser lässt sich die Werbung auf diese abstimmen. **Zielgruppen** können anhand folgender Merkmale gebildet werden:

ALTER | GESCHLECHT | EINKOMMEN | GEOGRAFISCHE LAGE | KAUFGEWOHNHEITEN

ANDREA KÄSTNER: Unsere Zielgruppe besteht vor allem aus begeisterten Radsportlern jüngeren Alters, die auf ein qualitativ hochwertiges Produkt setzen. Daher sind sie auch bereit, einen entsprechenden Preis zu bezahlen.

KLAUS KAUFHOFER: Dann würde ich empfehlen, nicht nur in der Sportzeitschrift Werbung zu machen. Wir sollten Prospekte erstellen lassen und diese über den Handel, direkt per Post oder E-Mail den möglichen Kunden zukommen zu lassen.

Anzeigen oder Prospektgestaltungen sind **Werbemittel**, die die Botschaften des Werbenden enthalten („Womit wird geworben?“). Doch der Inhalt der Werbung muss durch **Werbeträger** wie Zeitungen oder Broschüren auch zum Kunden gelangen („Wo wird geworben?“). 3/24

Herr Kaufhofer hat für Frau Kästner eine Übersicht über Werbemittel und Werbeträger erstellt:

Werbemittel	**Geeignete Werbeträger**	**Beispiel**
Audioclip	• Radio • Podcast • Streaming-Anbieter • …	AK-Bikes preist das Modell „Peak Premium“ in einem Radiospot an.
Werbevideo	• Fernsehen • Internet • Kino • …	AK-Bikes stellt das Modell „Peak Premium“ in einem Werbefilm vor, der auf der firmeneigenen Homepage zu sehen ist.
Anzeige	• Zeitung • Illustrierte • Internet • …	AK-Bikes inseriert für das Modell „Peak Premium“ in einer Sportzeitschrift.
Werbeartikel	• Messestand • Produktvorführungen • …	AK-Bikes verschenkt auf einer Fahrradmesse Luftpumpen mit dem Firmenlogo.

3/25
3/26

KLAUS KAUFHOFER: Wir müssen jetzt noch festlegen, welche Botschaften Sie den möglichen Kunden übermitteln wollen. Denn dem Empfänger soll klarwerden, was das beworbene Produkt kann und welchen Nutzen dies für ihn bringt.

ANDREA KÄSTNER: Unser Modell „Peak Premium“ ist hochwertig verarbeitet und verfügt über ein modernes Design. Aufgrund des verwendeten Carbonrahmens ist es sehr leicht und mit dem Elektromotor auch den steilsten Anstiegen gewachsen.

KLAUS KAUFHOFER: Eine gute Botschaft! Dann hätten wir ja das Wichtigste unserer Werbekampagne festgelegt.

3/27
Z15

Andrea Kästner hat die Werbekampagne inzwischen in Auftrag gegeben. Deshalb liegen dem Auszubildenden Max zwei Belege vor, die buchhalterisch zu erfassen sind.

Druckerei Hans Farber e. K.

Druckerei Hans Farber e. K. – Gutenbergstr. 34 – 85055 Ingolstadt

Druckerei Hans Farber e. K.
Gutenbergstr. 34
85055 Ingolstadt

Telefon: 0841 336798-0
Telefax: 0841 336798-99
Internet: www.farberdruck..
E-Mail: office@farberdruck...

Firma
Andrea Kästner Mountainbikes e. Kfr.
Stamsrieder Weg 50
85049 Ingolstadt

Ingolstadt, 29. April 20..

Rechnung Nr.: 208/20..

Am 27. April 20.. lieferten wir Ihnen frei Haus:

Pos.	Menge	Artikel/Leistung	Einzelpreis (€)	Gesamtpreis (€)
1	1	Druck Werbeflyer „Peak Premium" 500 Stück 4-Farb-Offset-Druck	450,00	450,00
		Warenwert Umsatzsteuer 19 %		450,00 85,50
		Rechnungsbetrag		**535,50**

Vielen Dank für Ihren Auftrag!

Die Rechnung ist zahlbar rein netto innerhalb von 30 Tagen.
Die gelieferte Ware bleibt bis zur vollständigen Bezahlung unser Eigentum.

Bankverbindung: Bankhaus Thaler — IBAN: DE09 8022 0000 0052 5101 22, BIC: BKTHA700X — Registergericht Ingolstadt HRA17534 — USt-IdNr.: DE078843102, Steuernr.: 124/121/645939

Max formuliert den **Geschäftsfall**:
Für den Druck von Werbeflyern geht die Rechnung der Druckerei Hans Farber e. K. in Höhe von 450,00 € netto ein.

Der Druck der Werbeflyer stellt einen Aufwand dar, der im Konto **Wer**bung (= **6870 WER**) im Soll gebucht wird.

Max bildet den **Buchungssatz** für die Eingangsrechnung:

6870 WER	450,00 €			
2600 VORST	85,50 €	an	4400 VE	535,50 €

Außerdem ist ein zweiter Beleg buchhalterisch zu erfassen.

Max formuliert wieder den **Geschäftsfall**:
Zur Versendung der Infoflyer werden Postwertzeichen im Wert von 127,50 € bar bezahlt.

Der Kauf von Briefmarken (Postwertzeichen) stellt einen Aufwand dar, der im Konto **Kommunikationsgebühren** (= **6820 KOM***) im Soll gebucht wird. Der Bezug von Postwertzeichen ist umsatzsteuerbefreit (siehe Beleg).

Postagentur 02.05.20..
85055 Ingolstadt 84099321

150 x Markenset „City" x 0,85 EUR
***127,50 EUR** A1

Bruttoumsatz *127,50 EUR
umsatzsteuerbefreit nach §4 UStG A
Nettoumsatz A *127,50 EUR

Steuernummer der Postagentur
5432/1054/3210

Vielen Dank für Ihren Besuch.
Ihre Postagentur.

Max bildet schließlich den **Buchungssatz** für die Quittung:

3/28 **6820 KOM** 127,50 € an 2880 KA 127,50 €

* Neben der buchhalterischen Erfassung des Briefportos oder von Paketgebühren wird das Konto 6820 KOM auch für Telefongebühren und für Kosten beim Gebrauch des Internets (Providerkosten und Datenflatrate) benötigt. Beachte den jeweils anzuwendenden Umsatzsteuersatz.

ANDREA KÄSTNER: Ich hoffe, dass unsere Werbeaktion erfolgreich verläuft.

KLAUS KAUFHOFER: Davon bin ich überzeugt. Mit dem sogenannten **AIDA-Konzept** können wir die psychologische Wirkung unserer Werbung überprüfen.

ANDREA KÄSTNER: Das sollten wir unbedingt machen!

Im Idealfall werden nach dem **AIDA-Modell** folgende Stufen durchlaufen:

Stufe	Englisch	Deutsch	Beschreibung
A	Attention	Aufmerksamkeit	Der Prospekt weckt die Aufmerksamkeit des Kunden. Insbesondere durch das attraktive Foto, das einen Fahrer mit dem Mountainbike-Modell „Peak Premium" zeigt.
I	Interest	Interesse	Der Umworbene wird neugierig und fühlt sich angesprochen. Er schenkt dem Werbeträger Aufmerksamkeit, betrachtet das Bild genauer und liest den Werbetext.
D	Desire	Wunsch	Das Produkt gefällt dem Kunden, denn ein solches Mountainbike war schon immer sein Traum. Bei dem Kunden wird der Wunsch nach dem Produkt immer konkreter.
A	Action	Aktion	Der Kunde ist überzeugt von dem Produkt. Er möchte den Wunsch in die Tat umsetzen und kauft die angebotene Ware oder Dienstleistung.

3/29
3/30
3/31
Z16

3.4.2 SPONSORING

ANDREA KÄSTNER: Gibt es noch weitere Möglichkeiten neben der Werbung, mit bestehenden oder potenziellen Kunden sowie der Öffentlichkeit in Kontakt zu treten?

KLAUS KAUFHOFER: Eine andere Maßnahme im Bereich der Kommunikationspolitik stellt das sogenannte **Sponsoring** dar. Es umfasst alle Maßnahmen, mit denen einzelne Personen oder ganze Organisationen von einem Unternehmen gefördert werden. Die Förderung kann durch die Überlassung von Geldmitteln oder die Schenkung von Waren und Dienstleistungen geschehen.

Um Andrea Kästner einige **Sponsoring-Maßnahmen** zu verdeutlichen, hat Herr Kaufhofer eine Tabelle angefertigt:

Bereich des Sponsoring	**Maßnahme**	**Beispiel**
Sport	Trikotsponsoring, Sponsoring durch Ausrüstung	AK-Bikes stattet einen Sportverein mit neuen Trainingsanzügen aus.
Kultur	Kulturschaffende Vereine oder bestimmte Veranstaltungen werden finanziell unterstützt	AK-Bikes unterstützt klassische Konzerte in Ingolstadt und Umgebung.
Bildung	Schulpartnerschaften, Unipartnerschaften mit Unternehmen	AK-Bikes stellt einer Ingolstädter Schule einen Klassensatz von Tablet-Computern zur Verfügung.
Wissenschaft	Universität erhält Fördergelder von Unternehmen, um Forschung zu betreiben	Die Technische Hochschule Ingolstadt erhält Fördergelder von AK-Bikes, um Forschung zu betreiben.

Andrea Kästner entscheidet sich schließlich für das Sport-Sponsoring. Auf der Homepage eines Ingolstädter Vereins ist kurze Zeit später zu lesen:

STARTSEITE VEREIN ABTEILUNGEN

FV BAVARIA Ingolstadt

NEUER TRIKOTSPONSOR FÜR UNSERE U14 GEFUNDEN

Mit AK-Bikes konnte der FV Bavaria Ingolstadt ein örtliches Unternehmen als Sponsor gewinnen, welches Maßstäbe bei der Entwicklung und Herstellung von Fahrrädern setzt. Künftig wird also unsere U14-Mannschaft mit neuen Trikots auflaufen und den erfolgreichen Zweiradhersteller durch hoffentlich viele Siege gut in Szene setzen. Für jedes Jahr, in dem die Trikots getragen werden, steuert AK-Bikes 200,00 € in die Mannschaftskasse bei. Die Anschaffung übernimmt ebenfalls das Unternehmen!

Suchen ...

3/32

3.4.3 PUBLIC RELATIONS (ÖFFENTLICHKEITSARBEIT)

In Absprache mit dem Unternehmensberater Herrn Kaufhofer wurde folgende Mitteilung an die örtliche Presse verschickt:

Andrea Kästner Mountainbikes e. Kfr. in Ingolstadt

PRESSEMITTEILUNG

Ökologisch der Region verpflichtet:
AK-Bikes stellt Firmenflotte auf Elektrowagen um

Während AK-Bikes bislang bei der Auslieferung von Rädern – wie die meisten Unternehmen – auf Lastwagen mit Dieselmotoren gesetzt hat, zeichnet sich schon bald eine Zeitenwende ab: Innerhalb der kommenden sechs Monate werden alle LKWs durch brandneue Kleintransporter mit Elektromotoren ersetzt. „Mit den eigenen Lastwagen haben wir vor allem Abnehmer in der Region bedient", erklärt Firmeninhaberin Andrea Kästner. „Da Elektro-Transporter aber nun Reichweiten von 100 km problemlos erreichen können, setzen wir uns nun für saubere Luft und gegen die Klimaerwärmung ein und verkaufen unsere Diesel-Fahrzeuge."

3/33

Bereits letztes Jahr installierte der moderne Fahrradhersteller Solaranlagen auf den Firmendächern und deckt nun fast die Hälfte seines Strombedarfs über erneuerbare Energie.

ANDREA KÄSTNER: Es war eine hervorragende Idee von Ihnen, die breite Öffentlichkeit über unsere Umweltschutzmaßnahmen zu informieren. Es haben mich mehrere E-Mails mit positiven Kommentaren erreicht.

KLAUS KAUFHOFER: Damit habe ich gerechnet. Wie heißt es doch so schön: „Tue Gutes und rede darüber!" Solche Pressemitteilungen sind wichtig, um das Image und den Ruf eines Unternehmens über die Zielgruppe hinaus zu verbessern. Man nennt diese Öffentlichkeitsarbeit in der Fachsprache **Public Relations**.

Für Public Relations (PR) gibt es folgende Möglichkeiten:

Beispiele Public Relations

- Pressemitteilungen/ Pressekonferenzen
- Tag der offenen Tür
- Spendenaktionen

Außerdem erläutert Herr Kaufhofer noch einige **Ziele von Public Relations**:

- **Information:** AK-Bikes klärt in regelmäßigen Abständen durch Pressemitteilungen, Blogs oder Mitteilungen in der Zeitung die Öffentlichkeit über das Unternehmensgeschehen auf.
- **Überzeugung:** Z. B. informiert AK-Bikes ausführlich vor Baumaßnahmen die Bewohner der Nachbargrundstücke und gewinnt Zweifler durch plausible Argumente.
- **Dialog:** AK-Bikes geht mit der Zeit und nutzt Technologien wie das Internet, um in einen Austausch von Meinungen mit der Öffentlichkeit zu treten.

3.4.4 SALES PROMOTION (VERKAUFSFÖRDERUNG)

KLAUS KAUFHOFER: Ich hätte noch eine Idee, um „Peak Premium" bekannt zu machen und den Absatz zu steigern.

ANDREA KÄSTNER: Dann lassen Sie mal hören.

KLAUS KAUFHOFER: Für alle, die im ersten Verkaufsmonat ein Rad aus der Reihe „Peak" bestellen, könnten wir ein Gewinnspiel veranstalten. Der Hauptpreis ist eine Woche Aktivurlaub in den Alpen mit Unterbringung in einem Fünf-Sterne-Hotel.

ANDREA KÄSTNER: Gehört diese Aktion auch zu den Werbemaßnahmen?

KLAUS KAUFHOFER: Nein, denn hier müssen wir genau unterscheiden. Ein Gewinnspiel ist ein Beispiel aus dem Bereich der **Verkaufsförderung**, die auf Englisch auch **„Sales Promotion"** genannt wird. Im Gegensatz zur klassischen Werbung sind verkaufsfördernde Maßnahmen meist zeitlich begrenzte Aktionen, mit denen der Verkauf unmittelbar erhöht werden soll.

Zur Verkaufsförderung zählen u. a. folgende Maßnahmen:

BEISPIELE VERKAUFSFÖRDERUNG		

Verkostungen/ Produktproben	Extra-Verkaufsstände	Gutscheine/ Coupons

Gewinnspiele/ Preisausschreiben	Sonder-/ Schlussverkäufe	Displays/ Demonstrationsvideos

3/34
3/35
3/36
Z17

3.5 VERTRIEBSPOLITIK

ANDREA KÄSTNER: Auf welchem Weg sollten wir das neue Rad am besten verkaufen?

KLAUS KAUFHOFER: Diese Frage beantwortet uns die **Vertriebspolitik**. Im Marketing wird zwischen indirektem und direktem Vertrieb unterschieden.

ANDREA KÄSTNER: Weshalb denn „indirekt"?

KLAUS KAUFHOFER: „Indirekt" bedeutet, dass wir nicht unmittelbar an Kunden verkaufen, sondern einen „Mittelsmann" haben. Meistens sind das Händler, die uns Fahrräder abkaufen und diese dann an Endverbraucher weiterverkaufen.

ANDREA KÄSTNER: Bezeichnet die andere Art des Vertriebs dann den direkten Kundenkontakt?

KLAUS KAUFHOFER: Ja, genau. Einige Unternehmen nutzen z. B. Online-Shops, um Produkte ohne Umwege an die Verbraucher zu verkaufen. Das hat gewisse Vor- und Nachteile, die ich Ihnen noch erklären werde.

Zum besseren Überblick zeigt der Unternehmensberater Andrea Kästner folgende Grafik:

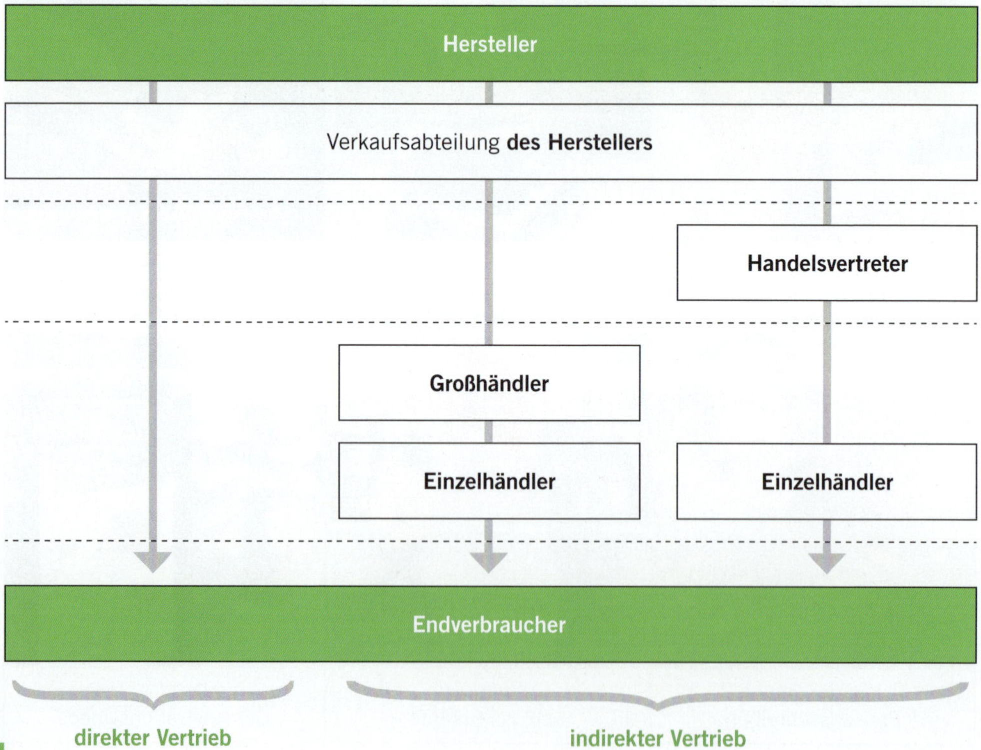

3.5.1 DIREKTER VERTRIEB

ANDREA KÄSTNER: Ich habe neulich in einer Fachzeitschrift gelesen, dass unser Ziel der Kundenzufriedenheit gesteigert werden könnte, wenn wir die Räder direkt an unsere Kunden ausliefern.

SELMA DEMIRCI: Sie meinen also ohne irgendwelche Händler?

ANDREA KÄSTNER: Genau. Unsere E-Mountainbikes könnten das erste Produkt sein, das die Kunden über unseren Online-Shop kaufen könnten.

SELMA DEMIRCI: Aber was haben denn unsere Käufer davon?

ANDREA KÄSTNER: Sie könnten z. B. ihr Fahrrad individuell zusammenstellen. Das bedeutet, sie wählen im Internet bereits eines der vier Peak-Modelle, die dazugehörige Farbe, Federgabel und Laufradgröße aus. Wir liefern dann alles wie gewünscht.

SELMA DEMIRCI: Sie haben Recht, Frau Kästner. Zudem haben wir dann auch einen Überblick, wer genau unsere Kunden sind und was sie bestellt haben.

ANDREA KÄSTNER: Das habe ich mir auch gedacht. Und nicht zu vergessen: Wir haben einen riesigen Absatzmarkt und können günstiger anbieten, da der Zwischenhändler entfällt.

SELMA DEMIRCI: Lassen Sie uns aber auch noch andere Möglichkeiten des Direktvertriebs ansehen. 3/37

Katalogversand	**Verkaufsniederlassungen**	**Außendienstmitarbeiter**
Online-Shop	**Möglichkeiten des Direktvertriebs**	**Fabrikverkauf**
Verkauf auf Messen	**Telefonbestellungen**	**Lagerverkauf**

Direkter Vertrieb hat folgende Vor- und Nachteile:

Vorteile

- Kundenkontakt ermöglicht schnellere Wahrnehmung und Umsetzung von Wünschen
- persönliche Rückmeldung zu Qualität, Funktion etc. an den Hersteller
- Sicherstellung einer zuverlässigen und unmittelbaren Kundenberatung
- keine Gewinnabtretung an Zwischenhändler

Nachteile

- höherer Aufwand in der Verkaufsabteilung
- höhere Kosten durch Lagerhaltung
- oft fehlende Verkaufserfahrung der Hersteller
- schwierigere Erreichbarkeit des Marktes durch kleineres Vertriebsnetz der Hersteller

Frau Kästner hat eine Fachmesse in Köln besucht, um das Mountainbike „Peak Premium" direkt zu vermarkten. Am Bahnhof nahm sie ein Taxi und erhielt folgenden Beleg:

TAXI

TAXI Thomas Ruf e. K.
Spenglerweg 4
85055 Ingolstadt

Mobil: 0170 0188733
Steuernr.: 124/815/08155

Fahrpreisquittung

Abfahrt von: *Ingolstadt Hbf*
Fahrt nach: *Stamsrieder Weg 50, Ingolstadt*
Fahrpreis: *19,50 €* inklusive *7* % Umsatzsteuer

Taxi Nr.: *4* Datum: *28.06.20..*

Unterschrift des Fahrers: *Stefan Kürzinger*

Max formuliert zuerst den **Geschäftsfall**:
Barzahlung einer Taxifahrt, Fahrpreis 19,50 €, einschließlich 7 % Umsatzsteuer, da die Beförderungsstrecke nicht mehr als 50 km beträgt

Der Nettobetrag des Fahrpreises stellt einen Aufwand dar. Dieser zählt zu den **Re**ise**k**osten und wird daher im Soll des Kontos **6850 REK** erfasst.

Max bildet den **Buchungssatz**:

	6850 REK	18,22 €			
3/38	2600 VORST	1,28 €	an	2880 KA	19,50 €

3.5.2 INDIREKTER VERTRIEB

„Produkte kaufen Kunden meist in Geschäften" – dies hat Auszubildender Max während seiner Ausbildung gelernt. Weil er selbst oft online kauft, fragt er bei Andrea Kästner nach.

MAX: Warum brauchen wir denn überhaupt Geschäfte, in denen wir Räder verkaufen? Die meisten Menschen kaufen doch inzwischen online ein.

ANDREA KÄSTNER: Diese Läden nennt man in der Fachsprache den sogenannten **Einzelhandel**. In unserem Fall benötigen wir diese Geschäfte, weil die Menschen die Räder auch ausprobieren wollen.

MAX: Aber würden wir nicht mehr verdienen, wenn wir keinen Händler hätten, der auch wieder Gewinn erzielen möchte?

ANDREA KÄSTNER: Das kann durchaus sein, aber hochwertige Produkte wie unser „Peak Premium" erfordern viel Beratung. Das heißt, die Leute müssen gut informiert werden und sie schätzen das Wissen der Mitarbeiter der Fachmärkte.

MAX: Wie wird der Fachhandel überhaupt auf unser neues E-Mountainbike-Modell „Peak Premium“ aufmerksam?

ANDREA KÄSTNER: Dafür haben wir z. B. unseren **Handelsvertreter** Johannes Schalk.

MAX: Welche Aufgabe hat er denn genau?

ANDREA KÄSTNER: Herr Schalk ist bei uns nicht angestellt, er arbeitet selbstständig und vermittelt im Auftrag von AK-Bikes Geschäfte. Er hat für uns den Vorteil, dass er speziell geschult ist, Produkte erfolgreich zu verkaufen. Außerdem kennt er die Sortimente und Wünsche der für uns in Frage kommenden Einzelhändler sehr gut. 3/39

MAX: Wenn Herr Schalk nicht angestellt ist, müssen wir ihm ja kein Gehalt zahlen. 3/40

ANDREA KÄSTNER: Das stimmt, dadurch entstehen für uns keine laufenden Kosten. Handelsvertreter bekommen als Vergütung eine **Provision**, wenn sie erfolgreich waren. Z18
Dies ist ein fester Prozentsatz, der vom erreichten Umsatz berechnet wird. Z19

Es ist folgender Beleg eingegangen:

Handelsvertretung
Johannes Schalk e. K.

Johannes Schalk e. K. • Augrabenweg 23 • 85055 Ingolstadt

Firma
Andrea Kästner Mountainbikes e. Kfr.
Stamsrieder Weg 50
85049 Ingolstadt

Registergericht Ingolstadt HRA 4901
Steuernummer: 124/432/54722
E-Mail: schalk@schalk-handel-in...
Telefon: 0841 12356-30

Rechnungsnr.: 112/20..
Vertragsnr.: 039778 Zeitraum: 01.06.–30.06.20..
Rechnungsdatum: 11.07.20..
Kundennr.: 0815

Pos.	Kunde	Umsatz in EUR	Provision in %	Provision in EUR
1	Radhaus Gersthofen	10.000,00	8	800,00
2	Fahrradcenter Bobingen	12.500,00	8	1.000,00
+ Umsatzsteuer 19%				342,00
Rechnungsbetrag				**2.142,00**

Zahlbar binnen 30 Tagen ohne Abzüge.

Max formuliert den **Geschäftsfall**:
Der Handelsvertreter Schalk stellt uns Provisionen in Höhe von netto 1.800,00 € in Rechnung.

Die **Prov**ision stellt einen Aufwand dar, der im Konto **6760 PROV** im Soll gebucht wird.

Max bildet den **Buchungssatz**: 3/41

6760 PROV	1.800,00 €			
2600 VORST	342,00 €	an	4400 VE	2.142,00 €

3/42

MAX: Ich habe gelesen, dass viele Einzelhändler nicht beim Hersteller einkaufen, sondern sich an Großhändler wenden. Ist es bei denen nicht teurer?

ANDREA KÄSTNER: Das kann sein. Doch der **Großhandel** liefert zum Beispiel die bestellten Waren direkt zum Geschäft, was praktisch ist. Außerdem treffen die Großhändler unter all den verfügbaren Produkten eine Vorauswahl.

MAX: Aber das könnten wir als Hersteller doch auch!

ANDREA KÄSTNER: Richtig, aber wenn die Mengen gering sind, lohnt sich das für die Fabrikanten meistens nicht. Die Großhändler bestellen große Mengen und bekommen dann auch bessere Konditionen, z. B. Rabatte.

MAX: Hat der Großhändler für die Hersteller noch weitere Vorteile?

ANDREA KÄSTNER: Na klar! Der Großhandel kennt zahlreiche Abnehmer und kann durch dieses Vertriebsnetz sehr schnell viele Einzelhändler erreichen. Außerdem weiß er oft besser, was die Kunden wollen und kann darauf reagieren.

Hersteller → **Großhändler** → **Einzelhändler** → **Endverbraucher**

Hersteller	Großhändler	Einzelhändler	Endverbraucher
AK-Bikes stellt Mountainbikes her	**Großhändler** hat unterschiedlichste Mountainbikes in seinem großen Lager vorrätig	**Einzelhändler** wählt aus dem riesigen Sortiment des Großhändlers einzelne Mountainbikes aus	**Kunde** kauft im Laden des Einzelhändlers ein Mountainbike

Zum Abschluss seiner Beratungsdienste verweist Klaus Kaufhofer auf seine Homepage, auf der er die Vorteile des indirekten Vertriebs dargestellt hat.

Indirekter Vertrieb

VORTEILE DES INDIREKTEN VERTRIEBS

- Beim Einzelhändler erreicht man die Kunden vor Ort leichter als beim Direktvertrieb, da oft ein **dichtes Netz an Filialen** besteht (z. B. Fahrradhändler-Kette).
- Kunden wollen die Produkte oft selbst sehen und **ausprobieren** (z. B. Probefahrt mit dem Rad).
- Der Handel hat einen großen **Kundenstamm**, der teilweise über Jahre gewachsen ist und zu dem ein Vertrauensverhältnis besteht.
- Viele Menschen schätzen die **Beratung im Geschäft** und bevorzugen einen persönlichen Ansprechpartner, der z. B. komplizierte Produkte erklärt (z. B. ein E-Mountainbike).
- 3/43 Einzel- und Großhändler nehmen **große Mengen** der Ware ab und tragen dann das Absatzrisiko. Das heißt, sie würden auf schlecht verkäuflicher Ware „sitzenbleiben“. 3/44
- Direktanbieter können selten ein so großes **Sortiment** führen wie der Handel. Man denke an ein Fahrradgeschäft mit Hunderten von Modellen verschiedenster Hersteller.

ANDREA KÄSTNER: Danke, Herr Kaufhofer! Sie haben mir sehr bei der Gestaltung der Marketingstrategie von AK-Bikes geholfen.

Für ihre Beratungsdienste stellt die Unternehmensberatung Klaus Kaufhofer & Partner abschließend AK-Bikes eine Rechnung zu:

Unternehmensberatung

Klaus Kaufhofer & Partner GmbH

Klaus Kaufhofer & Partner GmbH – Rathausstraße 9 – 85049 Ingolstadt

Geschäftsführer	Klaus Kaufhofer
Registergericht	HRB 268709
Steuernummer	124/451/368827
USt-IdNr.	DE 021145059
Telefon	0841 45 56 12-0
Fax	0841 45 56 12-9
Internet	www.consult-kaufhofer-und-partner...

Firma
Andrea Kästner Mountainbikes e. K.
Stamsrieder Weg 50
85049 Ingolstadt

Rechnung

vom 07.06.20.. Rechnungsnummer: 210567 (Bei Zahlung bitte angeben!)

Sehr geehrte Frau Kästner,

wir bedanken uns für die Beauftragung. Für unsere Beratungsleistungen im Bereich Marketing von Februar 20.. bis Mai 20.. erlauben wir uns in Rechnung zu stellen:

Beratungsdienstleistungen	2.750,00 €
Umsatzsteuer 19 %	522,50 €
Rechnungsbetrag	**3.272,50 €**

Bitte überweisen Sie den Rechnungsbetrag innerhalb von 30 Tagen rein netto auf unser Konto bei der Sparbank Ingolstadt (IBAN: DE74 5200 0000 0002 2213 48/BIC: SPABAXXX1E).

Mit freundlichen Grüßen

Klaus Kaufhofer

Auszubildender Max wertet den Beleg aus:

Die Beratungsdienstleistung stellt einen Aufwand dar, der im Konto **R**echts- und **B**eratungs**k**osten (= **6770 RBK***) im Soll gebucht wird.

Max bildet den **Buchungssatz** für die Eingangsrechnung:

6770 RBK	2.750,00 €				3/45
2600 VORST	522,50 €	an	4400 VE	3.272,50 €	3/46

* Neben der buchhalterischen Erfassung von Beratungskosten werden auch Rechtskosten wie Gerichtskosten oder Kosten für Leistungen von Rechtsanwälten, Notaren oder Steuerberatern im Konto 6770 RBK erfasst.

Alles Klar?

MARKETING-MIX

Für ein erfolgreiches Marketing sind die vier Instrumente miteinander zu kombinieren:

PRODUKTPOLITIK

- **Produktlebenszyklus**
zeigt in welcher Phase sich das Erzeugnis befindet:

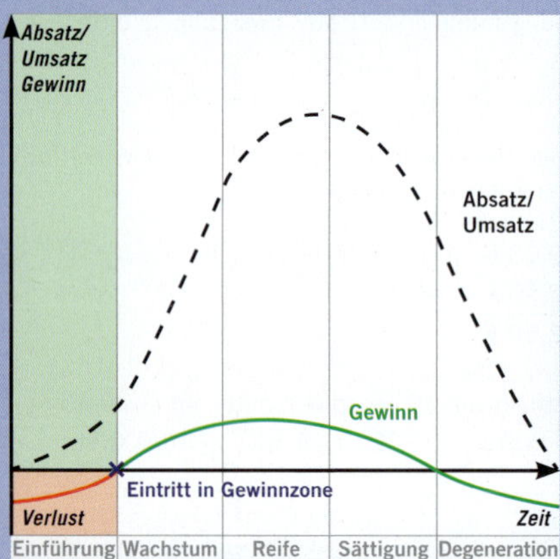

- **Portfolio-Analyse**
ermöglicht strategische Entscheidungen zu den einzelnen Produkten:

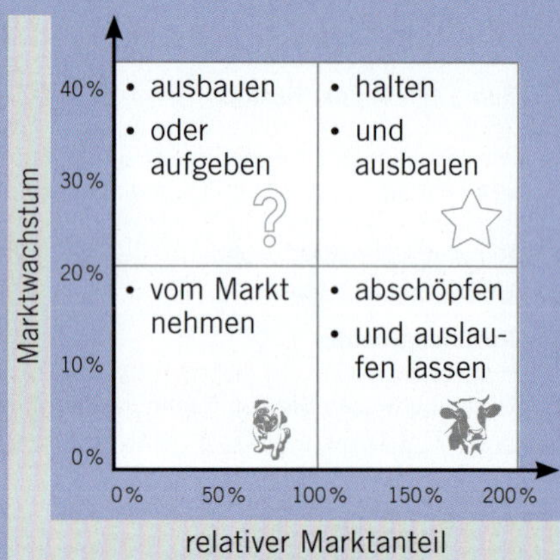

- **Programmgestaltung**

Produkt-			
-eliminierung	**-innovation**	**-differenzierung**	**-variation**
Ein Produkt wird vom Markt genommen, z. B. am Ende des Produktlebenszyklus.	Es wird ein vollkommen neues Produkt auf den Markt gebracht.	Es werden verschiedene Arten des gleichen Produktes auf den Markt gebracht.	Ein Produkt, das schon zuvor auf dem Markt angeboten wurde, wird verändert.

PREISPOLITIK

- **Preisdifferenzierung**

ARTEN

personell	**räumlich**
mengenmäßig	**zeitlich**

- **Preisstrategien**

Dumping	Niedrigpreis	Hochpreis	Skimming	Schwellenpreis

KOMMUNIKATIONSPOLITIK

- **Möglichkeiten**

Werbung	Sponsoring	Public Relations	Sales Promotion
bezahlte Maßnahmen, um die Zielgruppe auf das Produkt aufmerksam zu machen	Unterstützung von Personen/ Organisationen im sportlichen, sozialen oder kulturellen Bereich	Öffentlichkeitsarbeit, um den Ruf und das Image des Unternehmens zu verbessern	kurzfristige Maßnahmen und Aktionen, die mögliche Kunden zum Kauf bewegen sollen

- **AIDA-Modell** beschreibt die psychologische Wirkung von Werbung:

ATTENTION	INTEREST	DESIRE	ACTION
Aufmerksamkeit erregen	Interesse wecken	Besitzwunsch auslösen	Kauf bewirken

VERTRIEBSPOLITIK

- **direkter Vertrieb**

Hersteller → **Endverbraucher**

- **indirekter Vertrieb**

Hersteller → **Handelsvertreter** → **Einzelhändler** → **Endverbraucher**

Hersteller → **Großhändler** → **Einzelhändler** → **Endverbraucher**

3.6 ANWENDUNGSAUFGABEN

3/1 Neben dem Marketing gibt es noch andere Unternehmensbereiche. Ordne die dargestellten Beispiele den folgenden Bereichen zu:

Einkauf (**E**), Fertigung (**F**), Marketing (**M**), Unternehmensleitung (**U**)

A	Andrea Kästner möchte das Betriebsgelände erweitern.
B	AK-Bikes möchte wissen, für wie viel Euro ein neu entwickeltes Rad verkauft werden kann.
C	Die Inhaberin Andrea Kästner führt Vorstellungsgespräche, um Stellen zu besetzen.
D	Bei AK-Bikes wird darauf geachtet, für die Herstellung nur Werkstoffe von ausgezeichneter Qualität zu beschaffen.
E	Die Facharbeiter von AK-Bikes benötigen für die Herstellung eines Fahrrades rund 3 Stunden.
F	Frau Kästner lässt untersuchen, bei welchen Personen ein neu entwickeltes Mountainbike besonders gut ankommt.

3/2 1. „Der Kunde ist König“, heißt es in den meisten Unternehmen. Schildere ein Beispiel aus deiner Erfahrungswelt, wie Unternehmen dies umsetzen.

2. Beschreibe, wovon sich der Begriff „Marketing“ ableiten lässt.

3. Es empfiehlt sich in der heutigen Zeit, eine eigene Marketing-Abteilung einzurichten. Erläutere, weshalb dies sinnvoll ist.

3/3 Andrea Kästner liest eine negative Bewertung zum Mountainbike „Globetrotter“ auf einer Online-Vergleichsplattform für Fahrräder:

Konrad Z.

Mitglied seit:
09/2008
309 Bewertungen

Gutes Bike, doch viel Luft nach oben

3,0/6

Lange Jahre war ich ein echter „Fan“ von AK-Bikes. Mein letzter Kauf stellte sich aber als Reinfall dar: Im Geschäft konnten mir die Verkäufer wenig über das Rad erzählen und so kaufte ich dieses, obwohl ich wenig darüber wusste.

Nach wenigen Wochen hatte ich den ersten Kettenriss: Das darf bei einem eigentlich so hochwertigen Fahrrad nicht passieren. Außerdem sollte für den Preis ein besserer Sattel mitgeliefert werden.

Bei AK-Bikes konnte ich telefonisch niemanden erreichen, der mir hätte helfen können. Schade!

17 von 20 Kunden fanden diese Bewertung hilfreich

1. Begründe, weshalb die Bewertung des Kunden als durchaus glaubhaft erscheint.
2. Beschreibe, welche Folgen die Bewertung für AK-Bikes haben kann.
3. Mache einen Vorschlag, wie eine so schlechte Bewertung zukünftig vermieden werden kann.

Befrage deine Freunde, Familie oder Bekannte und finde jeweils ein Beispiel für … **3/4**

1. … ein Produkt, welches diese sofort weiterempfehlen würden und
2. … eines, mit dem sie überhaupt nicht zufrieden waren.

Lass dir in beiden Fällen eine Begründung nennen und halte diese schriftlich fest.

Stelle jeweils dar, welches Marketing-Ziel bei den folgenden Beispielen verfolgt wird. **3/5**

A	95 % aller Kunden würden laut einer Umfrage wieder ein Fahrrad von AK-Bikes kaufen.
B	Durch das soziale Engagement (z. B. aufgrund von Sportförderung) ist AK-Bikes in Ingolstadt auch Nicht-Kunden bekannt.
C	Nachdem die Aufwendungen von den Erträgen abgezogen wurden, erwirtschaftete AK-Bikes im Vorjahr einen Gewinn in Höhe von 70.000,00 €.
D	Frau Kästner ist sehr darum bemüht, nur Räder von bester Qualität auszuliefern. Schließlich sind treue Kunden die besten Kunden.
E	Im letzten Monat wurden 1 500 Räder verkauft. Im aktuellen Monat liegt das Ziel bei 1 550 Fahrrädern.
F	Eine Umfrage unter Fahrradfachgeschäften belegt, dass zwei Drittel aller Befragten schon mal von AK-Bikes gehört hatten.
G	Durch den Fahrradverkauf erwirtschaftete AK-Bikes im letzten Jahr 430.000,00 €. Das waren 7,5 % mehr als Frau Kästner erhofft hatte.
H	In einer Zeitschrift für Fahrradfreunde hat Unternehmerin Andrea Kästner gelesen, dass jedes zehnte in Deutschland verkaufte Mountainbike aus ihrem Hause stamme.

Analysiere die folgenden beiden Aussagen und nimm schriftlich Stellung: **3/6**

3/7 Betrachte folgende Maßnahmen von AK-Bikes und entscheide, ob es sich in dem Beispiel um Zielharmonie oder um einen Zielkonflikt handelt.

A	Der Gewinn soll bis Ende nächsten Jahres um 10 % erhöht werden. Um Kosten zu sparen ist gleichzeitig geplant, Räder aus dem Programm zu nehmen, die sich schlecht verkaufen.
B	Es wird entschieden, 20.000,00 € an eine gemeinnützige Einrichtung zu spenden, um das Image zu verbessern. Ein Mitarbeiter hat Bedenken wegen des niedrigeren Gewinns.
C	Um seinen Marktanteil zu steigern, möchte AK-Bikes seine Preise reduzieren und so mehr Zweiräder absetzen. Gleichzeitig möchte Andrea Kästner ihren Gewinn um 8 % erhöhen.
D	AK-Bikes ist aufgrund gestiegener Werkstoffpreise gezwungen, den Verkaufspreis seiner Mountainbikes zu erhöhen. Gleichzeitig sollen mehr Kunden gewonnen werden.
E	Das Unternehmen möchte einen möglichst hohen Marktanteil erreichen und gleichzeitig ein sehr exklusives Image anstreben.
F	Es soll durch Werbung der Bekanntheitsgrad von AK-Bikes gesteigert und gleichzeitig der Absatz erhöht werden.
G	Im Vertriebsbereich sollen die Personalkosten um 12 % gesenkt werden. Gleichzeitig soll die Kundenhotline statt an 5 nun an 7 Tagen in der Woche 24 Stunden erreichbar sein.

3/8 1. Der Produktlebenszyklus besteht aus fünf Phasen.
Schreibe in deinem Heft zu jeder Ziffer den richtigen Fachbegriff der jeweiligen Phase auf.

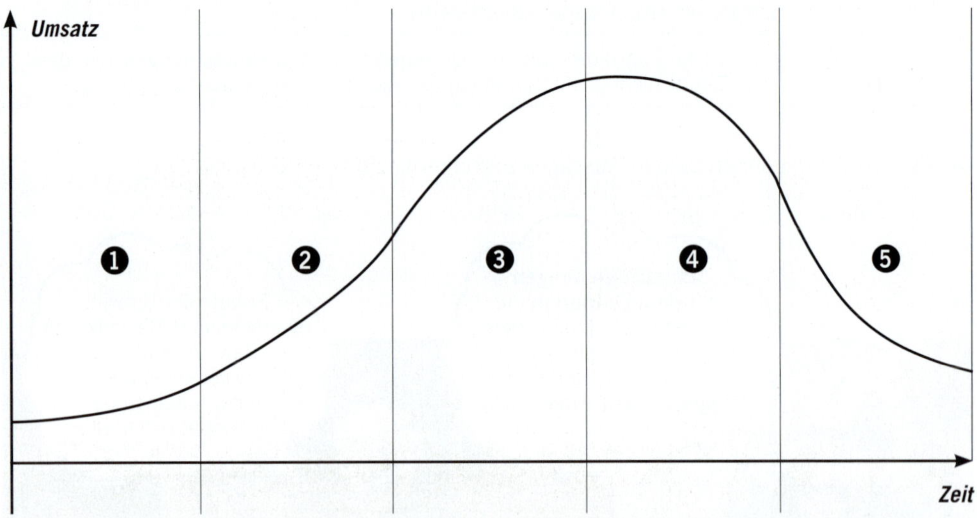

2. Notiere im Heft, in welche Phase des Produktlebenszyklus diese Situationen fallen:

A	In dieser Phase setzen wir am meisten ab.
B	Unser Produkt fährt immer mehr Verluste ein und wird bald abgelöst.
C	Das Produkt wird vor dem Verkaufsstart noch getestet.
D	Wir müssen viel Werbung machen, wodurch Verluste entstehen.
E	Der Verbreitungsgrad steigt und die Wachstumsraten sind hoch.

Neben der Produktlinie „Standard" hat AK-Bikes noch drei weitere im Programm: 3/9

Emotion, Elements und **4X**

Über diese Produktgruppen sind folgende Informationen bekannt:

Emotion	Diese Produktreihe von AK-Bikes mit Carbonrahmen ist bei den Kunden äußerst beliebt. Das haben auch die Mitbewerber erkannt, die inzwischen ähnliche Bikes anbieten. Mit den starken Umsätzen ist Andrea Kästner sehr zufrieden, obwohl sie die Verkaufspreise aufgrund des Konkurrenzdrucks bereits etwas senken musste. Dennoch erwirtschaften die Bikes aus der Serie „Emotion" hohe Gewinne.
Elements	Erst kürzlich wurde diese zukunftsweisende Produktreihe mit verschiedenen Cross-Modellen von AK-Bikes auf den Markt gebracht. Das kommt bei den Kunden inzwischen gut an. Trotzdem werden derzeit noch Verluste erwirtschaftet. Ziel ist es, die Absatzzahlen durch eine überlegte Werbekampagne in der nächsten Zeit entscheidend zu steigern und in die Gewinnzone zu kommen.
4X	Die Mountainbikes aus der Serie „4X" haben wegen ihres modernen Designs und den kraftvollen Farben den Durchbruch geschafft, denn die Absatz- und Umsatzzahlen steigen schnell an. Grund zur Freude gab es für Andrea Kästner, weil die Bikes der 4X-Reihe erste Gewinne abwerfen. Es besteht daher die Befürchtung, dass die Mitbewerber reagieren werden und ähnliche Räder auf den Markt bringen.

1. Argumentiere, in welcher Phase des Produktlebenszyklus sich die jeweilige Produktgruppe befindet.
2. Beurteile die Zukunftsfähigkeit des Produktprogramms von AK-Bikes anhand der drei dargestellten Produktgruppen.

Ergänze die Sätze zum Produktlebenszyklus. 3/10

A	Gewinne bleiben nicht durchgängig hoch, weil ...
B	Anfänglich fällt der Gewinn niedrig aus, denn ...
C	Ein Grund, Produkte vom Markt zu nehmen ist, dass ...
D	In der Reifephase muss der Preis oft gesenkt werden, da ...

3/11 Folgende Produkte gibt es teilweise schon länger nicht mehr. Recherchiere, wodurch diese ersetzt wurden und gestalte ein Plakat. Frage auch bei deinen Eltern oder Großeltern nach.

Musik-Kassette	Parkuhr	Telefon mit Wählscheibe
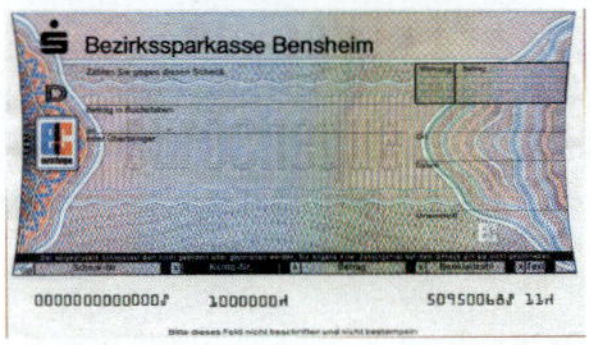		
Scheck	Telefonzelle	Schreibmaschine

3/12 Zusammen mit Herrn Kaufhofer hat Andrea Kästner bereits herausgefunden, dass die Reihe „Standard" in der Portfolio-Analyse den „Poor Dogs" zugeordnet werden kann.

Doch wie schneiden die anderen drei Produktgruppen Emotion, Elements und 4X ab?

Herr Kaufhofer stellt dir die notwendigen Zahlen zur Verfügung:

	relativer Marktanteil	**Marktwachstum**
Emotion	120 %	15 %
Elements	85 %	25 %
4X	125 %	30 %

1. Erkläre die Fachbegriffe relativer Marktanteil und Marktwachstum.
2. Zeichne ein Koordinatensystem mit den vier Feldern in dein Heft (siehe Vorlage rechts). Markiere dann mit einem Kreuz die entsprechende Stelle und beschrifte sie mit dem Namen der Produktgruppe.
3. Ordne jetzt die drei Produktgruppen einer der vier Kategorien der Portfolio-Matrix zu. Gib außerdem für jede Produktgruppe zwei Eigenschaften an, die für die zugewiesene Kategorie typisch sind.
4. Gib eine Empfehlung für die Weiterentwicklung der drei Produktgruppen ab.

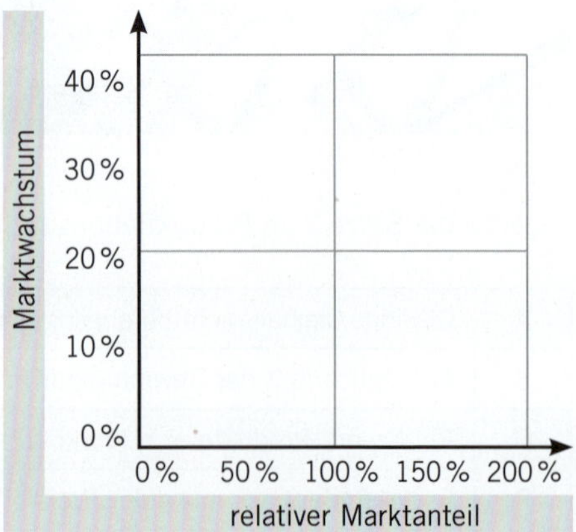

Hans Winter ist ein Kollege von Frau Kästner, den sie vom Unternehmerstammtisch kennt. Er hat als Hersteller von Skiern erfahren, dass sich die Inhaberin von AK-Bikes sehr gut im strategischen Marketing auskennt. 3/13

Herr Winter präsentiert ihr vier Skimodelle aus seinem Unternehmen „Hans Winter Ski-Sport e. K.“ und jeweils eine kurze Beschreibung dazu.

Frau Kästner ordnet die Modelle der entsprechenden Kategorie der Portfolio-Matrix zu. Außerdem möchte sie jeweils eine Empfehlung dafür abgeben, was zukünftig strategisch aufgrund der Einordnung mit den Modellen geschehen soll. Hilf ihr dabei!

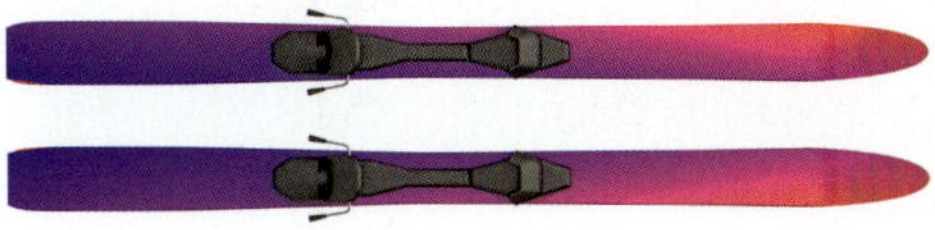	**Carving-Ski „Pro Speed“** Dieser Ski zählt zu den Klassikern in der alpinen Szene. Durch Spitzenqualität und geschicktes Marketing konnte er sich auf dem Markt behaupten. Herr Winter ist der größte Anbieter derartiger Skier. Absatz und Umsatz sind jedoch rückläufig.
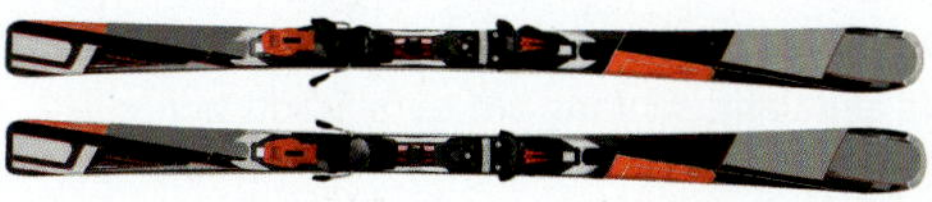	**Freeride-Ski „Mountain Champion“** Dieser Ski erfreut sich immer größerer Beliebtheit, weshalb das Wachstum bei diesem Modell recht hoch ist. Der „Mountain Champion“ ist ein sehr gutes Produkt, das zu einem günstigen Preis verkauft wird. Leider konnte der Marktanteil noch nicht allzu sehr ausgebaut werden.
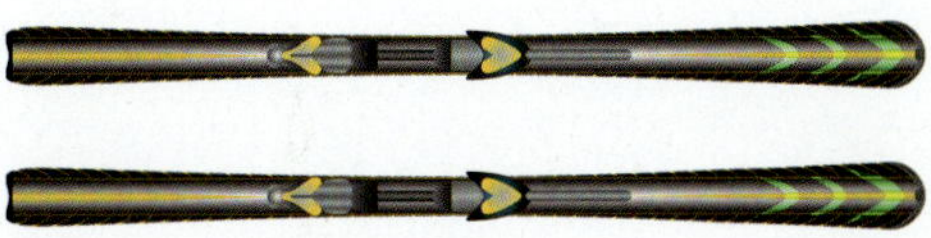	**All-Mountain-Ski „Snow Star“** Bei diesem günstigen Ski kann wegen der starken Konkurrenz nur wenig verdient werden. Noch dazu ist der Marktanteil gering, weil es zahlreiche andere Hersteller gibt. Problematisch ist weiter, dass die Wachstumschancen bei derartigen Standard-Modellen sehr niedrig sind.
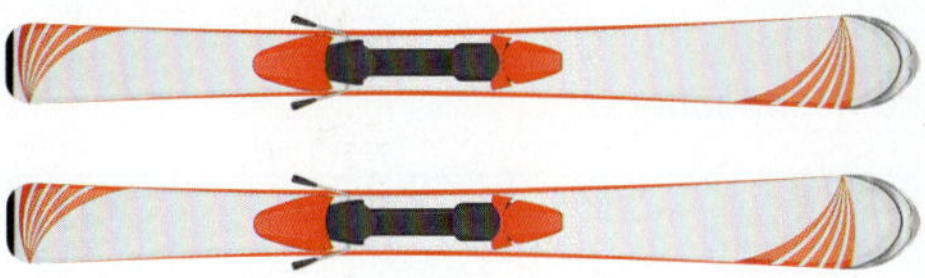	**Tourenski „White Explorer“** Positiv zu bewerten ist, dass Herr Winter mit diesem Modell in einem Wachstumsmarkt vertreten ist. Als negativ ist jedoch der geringe Marktanteil von Herrn Winters Unternehmen an dieser Art von Ski einzuschätzen.

Im folgenden Text werden einige Entscheidungen zur Programmpolitik erläutert. Notiere die vier erwähnten Maßnahmen mit entsprechender Begründung in deinem Heft. 3/14

Die IN-Tech AG ist ein Hersteller verschiedener Elektroartikel. Vor einigen Jahren entschied sich das Unternehmen dazu, nur noch Smart-TVs herzustellen, also Fernseher, die beispielsweise Software zum Streaming von Sendungen bereithalten. Zuvor waren DVD-Player zugunsten von Blu-ray-Playern aus dem Programm genommen worden. Die Herstellung „schnurgebundener“ Festnetztelefone stellte das Unternehmen dagegen ersatzlos ein. In gut sechs Monaten will IN-Tech jedoch seinen ersten intelligenten Lautsprecher auf den Markt bringen, der mit den anderen Produkten desselben Unternehmens kommunizieren soll und auf gesprochene Sprache reagiert.

3/15 Entscheide für die folgenden Fälle, welche Art der Programmgestaltung vorliegt. Begründe jeweils deine Antwort.

A	Ein Automobilhersteller überarbeitet seinen Mittelklassewagen (Facelifting) und bringt diesen in neuen Farben und neuem Design heraus.
B	Beim Waschmittel „Weißes Wunder" wurde die Wirkstoffkombination verbessert.
C	Ein Bekleidungshersteller für Damen- und Herrenmode erweitert sein Produktionsprogramm um Kinderbekleidung.
D	Der Schokosnack „Happy" wird in „Lucky" umbenannt.
E	Ein Unternehmen, das bisher nur Motorräder herstellte, steigt nun auch ins Motorrollergeschäft ein.
F	Ein Cola-Hersteller stellt den Verkauf der Sorte „light" ein.
G	Ein Marmeladenfabrikant produzierte bislang zehn Sorten. Jetzt bringt er die elfte Variante „Mango/Maracuja" auf den Markt.
H	Ein Mobiltelefonhersteller bringt ein bereits seit Jahresanfang auf dem Markt befindliches Modell mit besserem Akku (längerer Nutzungszeit) heraus.
I	Aus Umweltschutzgründen wird die Milch einer Molkerei nicht mehr in Getränkekartons (Tetrapacks), sondern ab sofort in Glasflaschen angeboten.
J	Ein Joghurthersteller bringt neben den normalen Joghurts auch fettarme, zuckerarme oder laktosefreie Joghurts auf den Markt.

3/16 1. Ergänze die Aussagen zur Preisgestaltung des Unternehmens AK-Bikes.

A	Kunden akzeptieren einen höheren Preis, wenn ...
B	Empfinden mögliche Käufer den Preis als zu hoch, dann ...
C	Setzt das Unternehmen den Preis zu gering an, dann ...

2. Stelle drei Einflussfaktoren auf die Preisfestsetzung bei AK-Bikes dar.

Familie Kästner macht Urlaub am Bodensee. Das Genießen der freien Tage kostet allerdings auch viel Geld. Essen, Eintritt oder andere Freizeitaktivitäten müssen bezahlt werden. Dabei werden auch die unterschiedlichen Formen der Preisdifferenzierung augenscheinlich. Begründe für die folgenden Beispiele, um welche Art der Preisdifferenzierung es sich handelt. 3/17

A

B

C

D

E

F

Im Rahmen der Preispolitik spielen Rabatte eine große Rolle. 3/18

1. Nenne mindestens zwei besondere Ereignisse, zu denen AK-Bikes zeitlich begrenzt seinen Kunden Rabatt gewähren könnte.
2. Wir unterscheiden drei Rabattarten. Erkläre, wie AK-Bikes die Rabattarten im Rahmen der Preisdifferenzierung einsetzen könnte.
3. Die Rabattgewährung teilt AK-Bikes seinen Kunden in einem Angebot mit. Formuliere zu jeder Rabattart einen ansprechenden Satz, wie der Kunde im Angebotsschreiben auf den jeweiligen Rabatt aufmerksam gemacht werden könnte.

3/19 Im Marketing werden verschiedene Preisstrategien unterschieden. Gib jeweils zu den Kennbuchstaben A bis F an, welche Aussage richtig bzw. falsch ist.

A	Skimming bedeutet, dass man mit einem niedrigen Preis in den Markt geht (Einführungspreis), und ihn später erhöht, wenn die Nachfrage hoch genug ist.
B	Während eine Hochpreisstrategie bedeutet, einen hohen Preis aufgrund hoher Qualität zu setzen, ist die Niedrigpreisstrategie darauf ausgerichtet, mit einem niedrigen Preis hohe Umsätze zu erzielen.
C	Die Absicht der Dumpingpreisstrategie ist, die Konkurrenz mit Kampfpreisen zu verdrängen, damit man alleiniger Anbieter wird und später die Preise erhöhen kann.
D	Als Preisdifferenzierung wird ein ständiger Preiswechsel bezeichnet. Dabei werden beliebig die Preise geändert und jede Woche neu festgesetzt.
E	Die Strategie psychologischer Preise ist, den Preis knapp unter den nächsten vollen Euro-Betrag zu setzen, z. B. 9,95 € statt genau 10,00 €.
F	Mit Abschöpfungspreisstrategie ist gemeint, mit einem hohen Preis in den Markt zu gehen und im Laufe der Zeit den Preis schrittweise zu senken.

3/20 Begründe für die folgenden Beispiele, welche Preisstrategie du für sinnvoll hältst.

A	Fernsehprogramm-Zeitschrift, die schnell eine große Leserschar bekommen soll
B	neues Smartphone-Modell
C	Luxus-Sportwagen
D	Preise bei einem Discount-Supermarkt
E	neue Uhr eines Premiumherstellers
F	Chips der Handelsmarke (No-Name-Artikel) in einem Verbrauchermarkt

3/21 Frau Kästner möchte sich ein neues Familienauto kaufen.

1. Finde zwei Hersteller, von denen einer die Niedrigpreisstrategie und der andere die Hochpreisstrategie verfolgt. Stelle jeweils ein konkretes Fabrikat vor und gib dessen Preis an.
2. Erläutere mögliche Gründe, weshalb der Premiumhersteller trotz seiner hohen Preise genügend Abnehmer findet.

3/22 Ein wichtiges Ziel von AK-Bikes besteht darin, den Umsatz und damit auch den Gewinn zu steigern. Werbung allein lässt die Kasse jedoch nicht häufiger klingeln. Mit Werbung werden verschiedene Ziele verfolgt, die letztlich eine Steigerung des Unternehmenserfolgs bewirken sollen. Notiere weitere Werbeziele.

3/23 Finde zusammen mit deinem Banknachbarn Beispiele, wo ihr im Tagesablauf (beginnend mit dem Frühstück) mit Werbung in Kontakt kommt. Präsentiert eure Ergebnisse vor der Klasse.

 3/24

Unzählige Werbebotschaften erwarten die jährlich 40 Millionen Besucher des Times Square in New York City.

1. Recherchiere drei Beispiele, wofür Werbung auf dem Times Square gemacht wird.
2. Erkläre, wieso der Times Square ein Ort ist, der besonders gut geeignet ist, um Werbung zu machen.

Gib zu den folgenden Beispielen an, ob es sich um ein Werbemittel oder einen Werbeträger handelt. 3/25

Beispiele für Werbemittel oder Werbeträger:			Zeitungen	Zeitschriften
Anzeigen	Litfaßsäule	Fußballprofi	Homepage	Prospektbeilage
Aufsteller	Tüte	Radio	Plakatrahmen	Internet
Rundfunkspot	Ware	Telefonbuch	Firmenlogo	Plakat

Andrea Kästner ist auf der Suche nach attraktiven, kleineren Werbegeschenken. 3/26
Folgende Vorgaben sind zu beachten:

- Drei verschiedene Produkte sind erwünscht.
- Pro Produkt darfst du maximal 4,00 € netto ausgeben.
- Insgesamt hast du ein Budget von 3.000,00 € zur Verfügung.

Recherchiere im Internet und finde für AK-Bikes passende Werbegeschenke. Fertige darüber eine Präsentation an. Stelle jeweils auf einer eigenen Folie das Geschenk vor, indem du die Stückzahl nennst und die Besonderheiten des Produkts beschreibst.

Damit Werbebotschaften noch besser beim Empfänger ankommen, werden sie oftmals verstärkt, z. B. durch Musik. Nenne weitere Beispiele. 3/27

3/28 Bilde die Buchungssätze für folgende Geschäftsfälle und Belege.

1.

DONAUBANK INGOLSTADT			
IBAN DE72 7515 0080 4040 8080 20 BIC DBNKDEFF		Auszug/Jahr 63/20.. Blatt-Nr. 1	
		Kontoauszug	Betrag in €
BuTag **Wert**	**Vorgang**	**Alter Kontostand**	19.710,20 +
02.05. 02.05.	Lastschrift Telephone-Future AG Telefonkosten und Internetanschluss April 20..		98,77 −
		Neuer Kontostand	19.611,43 +
Andrea Kästner Mountainbikes e. Kfr. 85049 Ingolstadt			
Ihre Servicebank Homebanking bequem und günstig		letzte Erstellung Erstellungstag	29.04.20.. 03.05.20../09:34

2. Beim örtlichen Stadtfest möchte AK-Bikes seine Mountainbikes präsentieren und lässt Werbeflyer drucken. Eine Rechnung mit einem Rechnungsbetrag über 428,40 € geht ein.

3. Die Rechnung aus Nr. 2 wird von AK-Bikes durch Banküberweisung bezahlt.

4.

Quittung
Nr. 0004387

	€		Cent	
Netto	€	590	Cent	00
+ 19 % USt.	€	112	Cent	10
Gesamt	€	702	Cent	10

Gesamtbetrag € in Worten
——siebenhundertzwei—— Cent wie oben

von Andrea Kästner
für Neugestaltung der Homepage
richtig erhalten zu haben, bestätigt

Web-Design GmbH
Ihr Partner rund um ihre Homepage
Halbleiterweg 7
85051 Ingolstadt

Ort Ingolstadt Datum 18.05.20..
Buchungsvermerke | Stempel/Unterschrift des Empfängers
Hermann Seibel

5. Andrea Kästner kauft für ihr Unternehmen in einer Ingolstädter Postagentur Briefmarken. Der Kassenbon über die Barzahlung weist einen Betrag von 35,00 € aus.

6. Per Banklastschrift zahlt AK-Bikes das Anzeigen-Abonnement für die Zeitschrift „BIKE-NEWS“ in Höhe von 297,50 € brutto.

3/29

Suche in einer Zeitschrift nach einer Werbeanzeige und analysiere sie in folgenden Schritten:

1. Schreibe auf, wo die Anzeige erscheint.
2. Gib an, für welches Produkt geworben wird.
3. Überlege, an welche Zielgruppe sich die Botschaft wendet.
4. Stelle die Wirkungsweise der Werbeanzeige nach dem AIDA-Modell dar und schreibe für jede Stufe mindestens zwei Sätze auf.

3/30

Frau Kästner findet als Beilage in ihrer Tageszeitung einen Prospekt vom Möbelhaus „Holzkiste“. Bringe folgende Vorgänge 1 bis 4 gemäß dem AIDA-Modell in die richtige Reihenfolge und schreibe den Namen der entsprechenden Stufe auf.

1	Beim Blättern in dem Prospekt fällt Andrea Kästner sofort eine Couchgarnitur ins Auge. Eine solche haben sie und ihr Mann sich schon immer gewünscht!
2	Frau Kästner fährt zum Möbelhaus „Holzkiste“ und kauft die Couchgarnitur.
3	Frau Kästner schaut sich das entsprechende Angebot näher an. Passen die angebotenen Farben in die Wohnung? Kann sie sich die Garnitur leisten? Super, alles stimmt. Die will sie haben.
4	Die Beilage vom Möbelhaus „Holzkiste“ ist mehrfarbig gedruckt und ansprechend gestaltet. Frau Kästner wird neugierig.

3/31 „Wer nicht wirbt, der stirbt“, heißt es in einem Unternehmersprichwort. Entsprechend zeigt die folgende Infografik, dass Unternehmen immer mehr Geld für Werbung ausgeben:

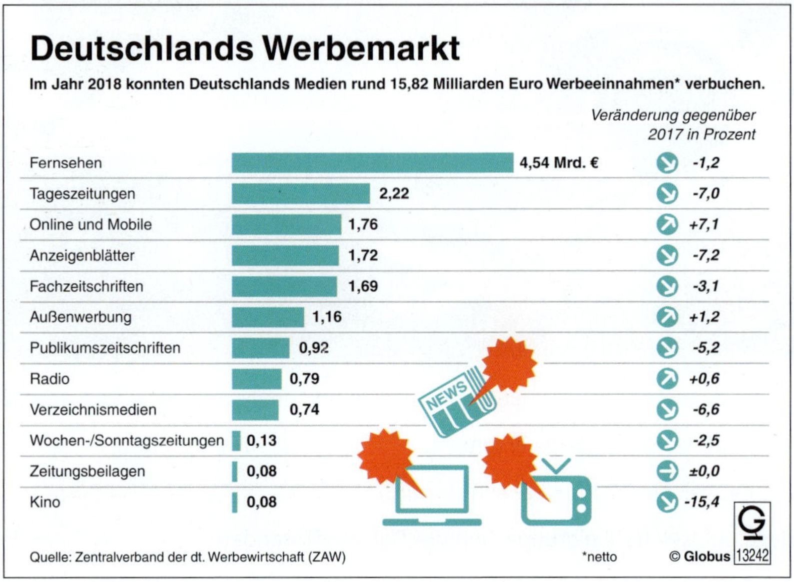

1. Nenne die Art von Diagramm, die in diesem Schaubild verwendet wird.
2. Berechne, wie hoch im Jahr 2018 der prozentuale Anteil der Werbeeinnahmen beim Medium „Fernsehen“ war.
3. Ermittle durch Rechnung die Höhe der Werbeeinnahmen beim Medium „Online und Mobile“ im Jahr 2017 in Milliarden Euro.
4. Erläutere Gründe, warum Internet-Werbung immer beliebter bei den Werbetreibenden wird.
5. Recherchiere Beispiele, für die Werbung verboten ist.
6. Nicht immer führt Werbung trotz hoher Ausgaben zum Erfolg. Werte die folgenden beiden Kommentare aus und erkläre die Gründe für den Misserfolg.

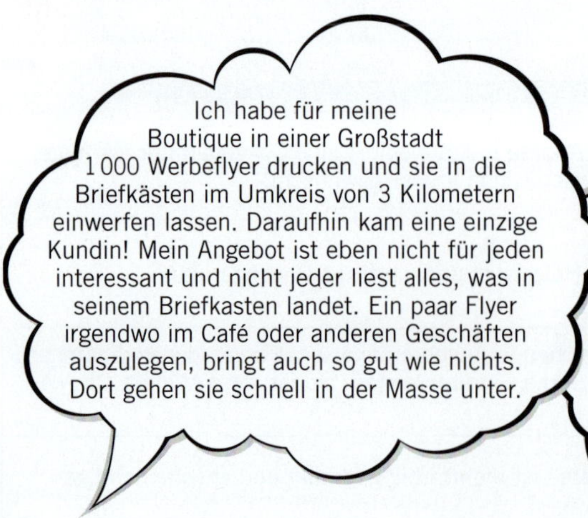

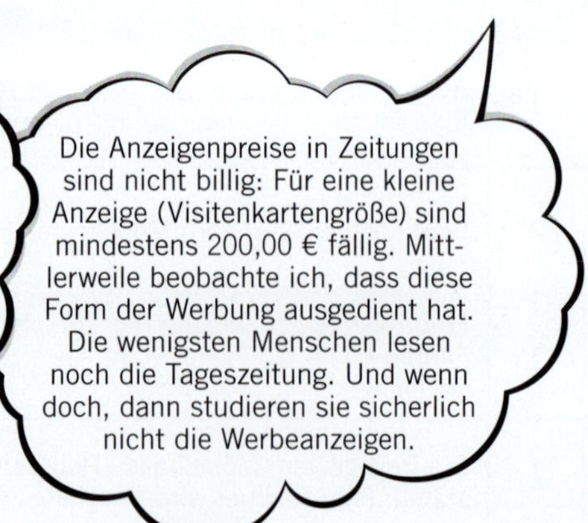

Finde durch eine Internetrecherche aus deiner Region zwei Unternehmen, die Sponsoring betreiben. Beschreibe, wen sie unterstützen und auf welche Weise dies erfolgt. **3/32**

Lies die Pressemitteilung von Seite 140 aufmerksam durch und bearbeite folgende Aufgaben. **3/33**

1. Beschreibe mit deinem Nachbarn die zwei Maßnahmen, die AK-Bikes zum Umweltschutz ergriffen hat.
2. Erkläre, was AK-Bikes veranlasst haben könnte, die Pressemitteilung zu veröffentlichen.

Stelle Gemeinsamkeiten und Unterschiede zwischen Werbung, Sponsoring, Public Relations und Sales Promotion heraus. **3/34**

Gib für die folgenden Beispiele an, ob es sich um Werbung, Sponsoring, Public Relations oder Sales Promotion handelt. **3/35**

A	Schaltung einer Anzeige in einer Fachzeitschrift für Mountainbikefans
B	Verkaufsstand vor dem örtlichen Baumarkt
C	Förderung der Ingolstädter Kulturtage
D	Radiospots bei einem bayernweiten Sender
E	Veranstaltung eines Tages der offenen Tür
F	Online-Anzeigen auf einem Internetportal für Mountainbikeliebhaber
G	Kostenübernahme der Sporttaschen des Radfahrclubs 1. RC Ingolstadt
H	Herausgabe von Rabattcoupons für einen bestimmten Aktionszeitraum

Zum Thema Werbung muss Riccardo eine Übungsaufgabe für die Berufsschule ausarbeiten. Du bietest ihm deine Hilfe an und unterstützt ihn bei der Lösung. **3/36**

Schlage für folgende Situationen jeweils eine geeignete Werbemaßnahme vor.

A	Die Überproduktion von Schulrucksäcken für Kinder und Jugendliche eines bekannten Markenherstellers soll abgebaut werden.
B	Ein neues Automodell soll deutschlandweit vorgestellt werden.
C	Für das Fußballspiel zu Gunsten eines sozialen Zwecks zwischen einem Dorfverein und einer Bundesligamannschaft soll geworben werden.
D	In einem Supermarkt soll auf ein neues Produkt hingewiesen werden.

3/37 In der Unterhaltung zwischen Frau Kästner und ihrer Mitarbeiterin Selma Demirci wurden einige Vorteile des Direktvertriebs genannt. Ordne die Aussagen (Kennbuchstaben) dem entsprechenden Vorteil (Kennziffern) zu.

A	AK-Bikes kann die Räder günstig anbieten.
B	Die Produkte können beim Direktvertrieb theoretisch überallhin verkauft werden.
C	Die Kundschaft kann sich individuell Räder zusammenstellen.
D	AK-Bikes kennt die Käufer durch Direktvertrieb persönlich.

1	Großer Absatzmarkt
2	Direkter Kundenkontakt
3	Preisvorteil
4	Kundenorientierung

3/38 Nach einer Geschäftsreise legt Frau Kästner folgenden Beleg vor:

Online Ticket
ICE-Fahrkarte

Bitte auf DIN-A4 ausdrucken und nicht knicken!

Gültigkeit: am 22.05.20..
Flexpreis (Einfache Fahrt)
Klasse: 2
Hinfahrt: Berlin Hbf → Ingolstadt Hbf mit ICE
Umtausch/Erstattung kostenpflichtig ab 1. Geltungstag

Zahlungspositionen und Preis:

Positionen	Preis brutto in €	MwSt. 7 % in €
ICE-Fahrkarte	140,00	9,16
Summe	**140,00**	**9,16**

Lastschriftzahlung

Betrag	140,00 €	Bank	Donaubank Ingolstadt
Datum	24.05.20..	IBAN	DExxxxxxxxxxxxxxxx020

Der oben stehende Betrag wird von Ihrem Bankkonto eingezogen. Die IBAN haben wir aus Datenschutzgründen gekürzt abgedruckt.

1. Bilde den Buchungssatz zu dem vorliegenden Beleg.
2. Begründe, weshalb auf dem Fahrschein die Umsatzsteuer getrennt ausgewiesen wird.
3. Auch die Deutsche Bahn hat Maßnahmen des Marketings ergriffen. So ist auf dem Beleg zu erkennen, dass bei der Fahrpreisgestaltung eine Form der Preisdifferenzierung angewendet wird. Beschreibe, wie diese erkennbar ist und gib den Fachbegriff für ihre Art an.

Max hat in seinem Gespräch mit Frau Kästner erfahren, warum die AK-Gründerin den Einzelhandel schätzt. Lies den folgenden Zeitungsartikel durch und halte im Heft sämtliche Gründe fest, die für den Vertrieb über den Einzelhandel sprechen. 3/39

Einzelhandel weiterhin wichtiger Absatzkanal für Hersteller

Trotz des boomenden Onlinehandels setzen die meisten Fabrikanten auf den Einzelhandel, um ihre Waren „unters Volk" zu bringen.

Marketing-Experte Klaus Kaufhofer von der Unternehmensberatung Kaufhofer & Partner meint, dies habe vor allem mit der starken Verbreitung des stationären Handels über Ladengeschäfte zu tun: „Internet hin oder her, Lebensmittel kaufen die Kunden vor Ort und entsprechende Läden gibt es tausendfach."

Kunden hätten damit kurze Wege, könnten die Waren umgehend besorgen und bekämen in den Märkten auch ein Sortiment zusammengestellt. „Sortiment heißt, dass der Laden von den Millionen Lebensmittelprodukten einige Hundert heraussucht und anbietet", so der Marketing-Fachmann. Doch noch wichtiger sei laut Kaufhofer der Kundenkontakt: „Einzelhändler kennen die Kunden, können sie beraten und wissen um deren Wünsche. So können sie ihre Produktpalette anpassen."

Trotz alledem müsse der indirekte Vertrieb über die Händler nicht zwangsläufig teurer für die Verbraucher sein. „Einzelhändler kaufen erheblich größere Mengen als einzelne Kunden. Demzufolge können sie von den Herstellern auch ansehnliche Rabatte einfordern. Diese Nachlässe kommen zum Teil auch den Endverbrauchern zugute", gibt der Experte zu bedenken.

- me -

Discounter sind eine besondere Form von Einzelhändlern. 3/40

1. Recherchiere die Kennzeichen eines Discounters.
2. Nenne konkrete Beispiele für Discounter.
3. Argumentiere, ob es eine sinnvolle Möglichkeit für AK-Bikes wäre, die Mountainbikes günstig, in großen Stückzahlen und mit dem Markennamen „AK-Bikes" versehen über solche Geschäfte zu vertreiben.

Frau Kästner beauftragt den Handelsvertreter Johannes Schalk, Geschäfte für sie abzuwickeln. 3/41

1. Finde jeweils zwei Gründe, die dafür und dagegen sprechen, Handelsvertreter mit dem Vertrieb der eigenen Produkte zu beauftragen.
2. Herr Schalk meldet Frau Kästner einen weiteren Verkaufserfolg: „Für meine Vermittlungstätigkeit stelle ich Ihnen 8 % des Nettoumsatzes in Höhe von 28.000,00 € zzgl. Umsatzsteuer in Rechnung." Bilde den Buchungssatz für den Eingang des Belegs.
3. Bilde den Buchungssatz für die Banküberweisung der Rechnung aus Geschäftsfall Nr. 2.

3/42 Analysiere die Karikatur und stelle heraus, auf welches Problem sie aufmerksam machen will.

Ganz schön lästig, diese Vertreter!

3/43 Die Unternehmensleitung von AK-Bikes überlegt, das neue E-Mountainbike „Peak Premium" direkt an die Fahrradfachgeschäfte auszuliefern.

Beschreibe Gründe, die dafür sprechen, Großhändler beim Vertrieb einzubeziehen. Die Argumente von Frau Kästner (Seite 146) helfen dir.

3/44 Der Auszubildende Max hat in der Berufsschule folgende Aufgabe zu lösen. Unterstütze ihn!

Manche Waren eignen sich eher für den Vertrieb über den Großhandel, andere werden eher direkt an den Kunden geliefert. Lies dir folgende Fälle durch, entscheide dich entweder für Großhandel oder für Direktvertrieb. Begründe deine Entscheidung.

A	Bei der Foto Huber GmbH können Kunden individuelle Geschenke wie z. B. bedruckte Tassen bestellen.
B	Everclean stellt Servietten und Papiertaschentücher her.
C	Der Stahlbauer Hubert Müller e. K. fertigt passgenaue Tore für jede Garage an.
D	Schulz & Wenner GmbH verkauft Haushaltswaren (z. B. Pfannenwender).
E	Die Brauerei Gollabräu vertreibt auch verschiedene antialkoholische Getränke wie etwa Limonade.

Bilde die Buchungssätze für folgende Geschäftsfälle. 3/45

1. AK-Bikes beauftragte Rechtsanwalt Dr. Juri Recht-Haber gegen ein Unternehmen vorzugehen, das im Verdacht steht, eines der Mountainbikemodelle täuschend ähnlich nachgebaut zu haben. Der Rechtsanwalt hat ein Beratungsgespräch mit einem Honorar von 240,00 € netto in Rechnung gestellt.

2. Im Rahmen eines Tages der offenen Tür bei AK-Bikes wurden im „Ingolstädter Tagblatt“ verschiedene Werbeanzeigen abgedruckt. Dazu liegt die Rechnung der Anzeigenabteilung (Rechnung Nr. 2345/20..) über 8.000,00 € netto vor.

3. Die Handelsvertretung Jakob Fugger GmbH meldet in einer Rechnung erfolgreiche Geschäftsabschlüsse mit einen Bruttoumsatz in Höhe von 26.894,00 € im Bezirk Augsburg an. Laut vertraglicher Vereinbarung stehen der Gesellschaft 10 % Provision zu.

4. Andrea Kästner besucht die Fahrradmesse „Futurebike“ in Leipzig, um sich über die neuesten Trends zu informieren. Die Fahrkarte für die Zugfahrt zum Preis von 171,20 € (inkl. 7 % USt.) bezahlt sie bar.

5. AK-Bikes führt als absatzfördernde Werbemaßnahme eine Autogrammstunde mit einem bekannten Mountainbiker durch. Es geht eine Rechnung der Werbeagentur ein (Rechnungsbetrag: 1.130,50 €).

6. Für das Verschicken eines Pakets mit Werbeflyern zahlt Andrea Kästner bar in der Postagentur eine Portogebühr von 5,99 € (umsatzsteuerfrei).

7. Bei AK-Bikes wurde ein neuer ergonomischer Sitz für Mountainbikes entwickelt, der patentiert werden soll. Für die rechtliche Beratung geht von der Patentanwältin eine Rechnung in Höhe von 390,00 € netto ein.

8. Anlässlich der Teilnahme von Andrea Kästner an der Fachtagung des Verbands deutscher Fahrradhersteller im Nordseehotel in Hamburg geht die Rechnung des Reisebüros über 900,00 € netto ein.

3/46 Zeige, dass du inzwischen ein Marketing-Experte bist.

1. Ordne die folgenden Marketing-Maßnahmen im Unternehmen AK-Bikes dem richtigen Marketing-Instrument zu.

A	Der Absatz von Mountainbikes soll in erster Linie über Fachhändler erfolgen.
B	AK-Bikes erweitert seine Produktpalette mit E-Mountainbikes.
C	Auf einer Internetplattform für Mountainbiker schaltet AK-Bikes regelmäßig Online-Anzeigen.
D	Langjährige Kunden bekommen beim Kauf des Modells „Xtra“ einen Treuerabatt.
E	Das Mountainbike-Modell „Adventure“ wird aus werbepsychologischen Gründen für 1.899,99 € netto angeboten.
F	Käufer des Modells „Peak Premium“ erhalten im ersten Verkaufsmonat zusätzliche Garantieleistungen.
G	Alle Handelsvertreter sollen besonders geschult werden.
H	Die Neueinführung der Modellreihe „Peak“ auf dem Markt soll durch attraktive Rabatte unterstützt werden.
I	AK-Bikes veranstaltet zum Firmenjubiläum einen Tag der offenen Tür.
J	Der Rahmen der Modellreihe „4X“ wurde in einem hochmodernen Design gestaltet.

2. Begründe, ob folgende strategischen Marketing-Maßnahmen zur Absatzsteigerung im Unternehmen AK-Bikes beitragen können.

A	AK-Bikes nutzt zur Preisgestaltung bei der neuen Serie „Peak“ die Skimming-Strategie, d. h. nach einem höheren Einführungspreis werden die Verkaufspreise entsprechend dem Absatz im Produktlebenszyklus angepasst.
B	AK-Bikes verteilt als Werbemaßnahme in der ganzen Stadt Ingolstadt Hochglanzprospekte der neuen Modellreihe „Peak“.
C	AK-Bikes versucht bei seinen Produkten, die den „Cash Cows“ zugeordnet werden, den Produktlebenszyklus durch Produktvariationen zu verlängern.
D	Die Vertriebsstruktur soll durch den Aufbau eines Online-Shops erweitert werden.
E	AK-Bikes setzt bei der Gestaltung seiner Verkaufspreise auf die Niedrigpreisstrategie.
F	Als personenbezogene Preisdifferenzierung gewährt AK-Bikes Senioren ab einem Alter von 70 Jahren einen Sonderrabatt.
G	Über einen Discounter sollen die Mountainbikes von AK-Bikes in großen Mengen verkauft werden.
H	AK-Bikes versucht durch beste Verarbeitung und Einsatz hervorragender Werkstoffe seinen Ruf als Qualitätsunternehmen „Made in Germany“ auszubauen.

3.7 KOMPETENZCHECK

Der Kompetenzcheck ist ein Fragebogen zur Selbsteinschätzung deiner im Unterricht erworbenen Kompetenzen. Hier geht es darum, dass du deine fachlichen Kompetenzen zum Lernbereich 3 (Aspekte des Marketings) bewertest. Schätze dich selber ein. Gehe vom aktuellen Stand deiner Kompetenz aus. Drucke den Selbsteinschätzungsbogen aus (www.ak-bikes.bayern). Fülle diesen aus, indem du in jeder Zeile ehrlich einen Haken ✓ setzt. Die von dir bearbeiteten Anwendungsaufgaben helfen dir, dich richtig einzuschätzen.

stimmt, stimmt teilweise, stimmt nicht.

Wiederhole die Inhalte des Lernbereichs, in denen du dich noch nicht so richtig kompetent fühlst. Führe danach den Kompetenzcheck erneut durch. So kannst du deinen Lernfortschritt überprüfen.

Ich kann ...	**Lernbereich**	**Aufgaben**
... Marketingziele nach ökonomischen und psychologischen Zielsetzungen unterscheiden und die Problematik erläutern, mehrere Ziele gleichzeitig in Einklang zu bringen.	**3.1.1** **3.1.2**	3/1–3/7
... die Notwendigkeit der Anpassung der Produktpalette eines Unternehmens mithilfe geeigneter Analyseinstrumente begründen, um den wirtschaftlichen Erfolg langfristig zu sichern.	**3.2.1** **3.2.2** **3.2.3**	3/8–3/15 3/46
... Strategie und Wirkung ausgewählter preispolitischer Maßnahmen sowohl aus unternehmerischer als auch aus Verbrauchersicht erklären.	**3.3.1** **3.3.2**	3/16–3/21 3/46
... kommunikationspolitische Instrumente mit dem Ziel analysieren, Werbebotschaften aus Sicht eines Unternehmens erfolgreich zu platzieren. Dabei kann ich auch mein eigenes Konsumverhalten reflektieren.	**3.4.1** **3.4.2** **3.4.3** **3.4.4**	3/22–3/27 3/29–3/36 3/46
... unterschiedliche Vertriebswege vom Unternehmen zum Kunden charakterisieren, indem ich die jeweiligen Vor- und Nachteile darstelle.	**3.5.1** **3.5.2**	3/37 3/39–3/44 3/46
... Aufwendungen buchhalterisch erfassen, die im Zusammenhang mit Maßnahmen des Marketings anfallen.	**3.4.1** **3.4.2** **3.5.1** **3.5.2**	3/28, 3/38 3/45

3.8 ALLES KLAR!

Plane mit Andrea Kästner und ihren Mitarbeitern die Marketing-Strategie für das Nürnberger Zweigwerk. Nutze dazu deine in Lernbereich 3 erworbenen Kompetenzen!

1. Strategische Überlegungen

Im monatlichen Strategietreffen legt Frau Demirci folgende Portfolio-Analyse vor, in der die vier E-Bike-Modelle aus der Niederlassung Nürnberg abgebildet sind:

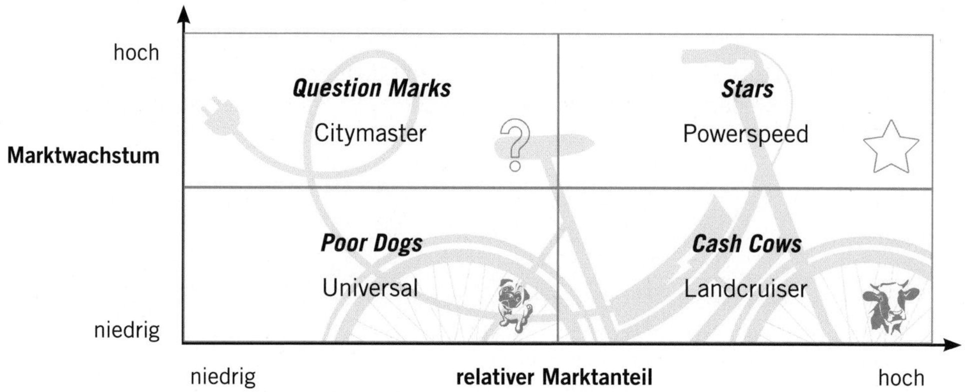

1.1 Nenne zwei Eigenschaften von Produkten der Kategorie „Stars".

1.2 Das Modell „Universal" gehört zu den sogenannten „Poor Dogs". Bei dem Produkt handelt es sich um ein einfaches E-Bike der niedrigen Preisklasse.

1.2.1 Erläutere mögliche Gründe, warum das Fahrrad den „Poor Dogs" zugeordnet ist.

1.2.2 Mache Vorschläge, die das Modell „Universal" zu einem „Star" oder zur „Cash Cow" machen könnten.

1.2.3 Begründe, in welcher Phase des Produktlebenszyklus sich das Modell „Universal" befindet.

1.3 Das E-Bike-Modell „Citymaster" gehört zu den „Question Marks".

1.3.1 Stelle Chancen und Risiken für dieses Produkt dar.

1.3.2 Um mehr Leute zum Kauf des Modells „Citymaster" zu bewegen, will Frau Demirci eine Rabattaktion starten. Das Rad soll zwei Wochen lang zum halben Preis angeboten werden. Beurteile die Erfolgschancen dieser Überlegung.

1.4 Die Geschäftsführung beschließt, die beim Modell „Universal" entstehenden Verluste einzudämmen und stellt die Produktion des E-Bikes ein. Gleichzeitig soll mit der Entwicklung eines sogenannten S-Pedelec begonnen werden. Die schnellen Pedelecs werden den Kleinkrafträdern zugeordnet.

1.4.1 Nenne den Fachbegriff für eine solche Veränderung des Produktionsprogramms.

1.4.2 Beschreibe mögliche Eigenschaften des S-Pedelecs, auf die AK-Bikes bei der Produktgestaltung Wert legen sollte, da diese die Kaufentscheidung der Kunden beeinflussen.

1.4.3 Schildere mögliche Risiken, die mit der Einführung von S-Pedelecs verbunden sind.

2. Festlegung von Marketing-Zielen

Mit „**Rapido-S**“ hat Frau Kästner einen Namen für das neue S-Pedelec gefunden.

2.1 Dem Auszubildenden Max Lindner ist ein Missgeschick passiert: Die von Frau Kästner übermittelte Tabelle mit geplanten Zielen und Maßnahmen ist durcheinander geraten. Ordne jedem Marketing-Ziel (Ziffer) die dazugehörige Maßnahme (Buchstabe) zu.

Nr.	Marketing-Ziel
1	Der Bekanntheitsgrad des neuen Produktes soll gesteigert werden.
2	Das soziale Engagement und damit der Ruf von AK-Bikes soll verbessert werden.
3	Die Kundenzufriedenheit soll mindestens 95 % betragen.
4	Von „Rapido-S“ sollen im ersten Verkaufsmonat mindestens 200 Stück verkauft werden.

Buchstabe	Maßnahme
A	AK-Bikes tritt als Sponsor bei einem Jugend-Fußballturnier auf.
B	Mithilfe telefonischer Kundenbefragungen überprüft AK-Bikes, wie die Käufer das Rad finden.
C	Frau Kästner möchte Anzeigen auf der Website von AK-Bikes schalten.
D	AK-Bikes beauftragt einen Handelsvertreter, um größere Absatzmengen zu erzielen.

2.2 Betrachte die linke Tabelle mit den Marketing-Zielen aus 2.1. Notiere in deinem Heft, in welchem Fall ein ökonomisches (Ö) und in welchem Fall ein psychologisches Ziel (P) verfolgt wird (Beispiel: „Nr. 5 P“).

2.3 Begründe, weshalb es meist schwieriger ist, psychologische Ziele zu erfassen.

2.4 Folgende Marketing-Ziele wurden bei einer AK-Besprechung diskutiert:

Steigerung der Absatzzahlen um 20 %	Verringerung der Marketing-Ausgaben
Umsatzsteigerung um 5 % erzielen	Rücksendungsquote um 7 % senken
Personalkosteneinsparung bei der Qualitätsprüfung um 15 %	

2.4.1 Gib zwei Ziele an, die sich gegenseitig ergänzen.

2.4.2 Nenne zwei Ziele, welche konkurrierend sind und sich somit ausschließen.

2.5 Formuliere ein konkretes Ziel für die Markteinführung von „Rapido-S“. Erläutere außerdem, weshalb das von dir gewählte Ziel von so großer Bedeutung ist.

3. Auf der Suche nach der passenden Preis-Strategie

3.1 Für das neue Produkt „Rapido-S" stellt sich die Frage: Wie hoch soll der Preis sein?

3.1.1 Begründe unter Nennung von zwei Aspekten, weshalb die Höhe des Preises von enormer Bedeutung ist.

3.1.2 Ein Mitarbeiter bei AK-Bikes regt an, dass der Listenpreis für „Rapido-S" auf 99 Euro enden soll (z. B. 2.399,00 €). Nenne den Fachbegriff für einen solchen Preis und erläutere, wie der Kollege auf diese Idee kommt.

3.2 Neben den Materialkosten für „Rapido-S" gibt es noch andere Faktoren, die in den Preis einfließen sollten. Nenne vier Beispiele.

3.3 Entscheide für die folgenden Fälle A bis D, welche Preisstrategie du empfiehlst und begründe deine Antwort.

A	AK-Bikes will Räder höchster Qualität produzieren und entsprechende Preise verlangen können. Bei der Kundschaft punkten heutzutage nur Top-Produkte. Billiganbieter haben keine Chance und sind ständig Kostendruck ausgesetzt.
B	Frau Kästner möchte es sich zunutze machen, dass es Kunden gibt, die immer neueste Produkte haben möchten und bereit sind, mehr auszugeben. Die große Mehrheit wartet aber erst ab. Für diese kann später der Preis gesenkt werden.
C	Mit der Neuentwicklung sollen Kunden gewonnen und durch hohe Stückzahlen die Kostenführerschaft gesichert werden. Preisbewusste Verbraucher sollen das Unternehmen damit als Discounter wahrnehmen, der immer die besten Preise bietet.
D	Da AK-Bikes nicht das erste Unternehmen ist, das S-Pedelecs anbietet, sollen andere Wettbewerber durch äußerst niedrige Preise in Bedrängnis gebracht werden. Dadurch möchte der Ingolstädter Hersteller seine Marktmacht ausbauen.

3.4 Für „Rapido-S" hat sich die Geschäftsführung einige Ideen zur Preisdifferenzierung ausgedacht.

3.4.1 Stelle dar, welches gemeinsame Ziel die Maßnahmen zur Preisdifferenzierung haben.

3.4.2 Für das neue E-Bike möchte Frau Demirci von dir einen Vorschlag, wie eine mengenmäßige Preisdifferenzierung umgesetzt werden könnte. Arbeite diesen schriftlich aus.

4. Bekanntmachung des Produkts

Nach Festlegung der Preisstrategie für das neue E-Bike, steht die Markteinführung bevor. In diesem Zusammenhang sind nicht nur wichtige Fragen zur Werbung zu klären.

4.1 Frau Kästner hat untersuchen lassen, welche Zielgruppe den größten Absatz eines E-Bikes wie „Rapido-S“ verspricht. Die folgende Grafik zeigt einen Auszug aus dem Bericht:

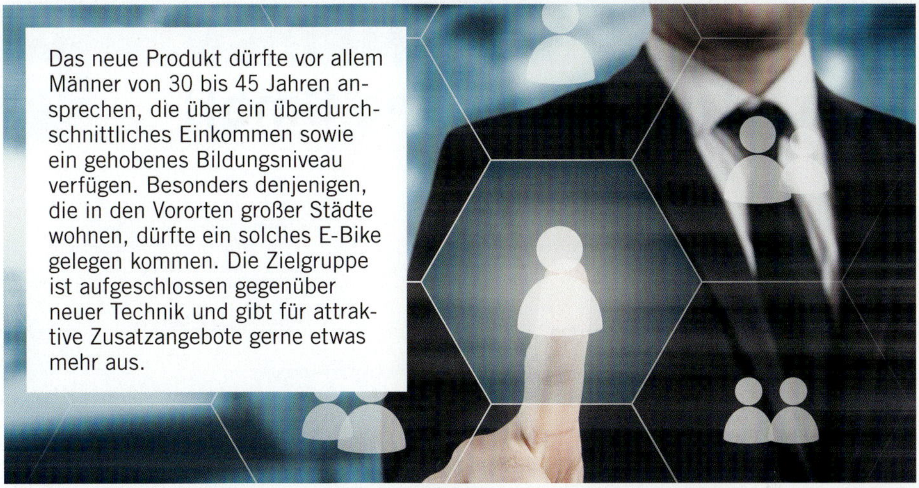

4.1.1 Überlege, ob du selbst Personen kennst, die sich für ein solches Produkt interessieren würden. Stelle dar, wie viele der im Bericht genannten Merkmale auf sie zutreffen.

4.1.2 Schlage zwei auf die Zielgruppe ausgerichtete Aktionen vor, mit denen AK-Bikes den Verkaufsstart des Rads mit E-Motor unterstützen kann.

4.1.3 Mit Werbung sollen bestimmte Produkteigenschaften an den Kunden herangetragen werden. Formuliere drei solche Werbebotschaften für das neue Zweirad „Rapido-S“.

4.1.4 Deine Kollegen von AK-Bikes haben sich bereits ein paar Werbemaßnahmen ausgedacht. Ergänze die Liste in deinem Heft und berücksichtige, dass du deine Zielgruppe erreichst.

- Plakatwerbung entlang vielbefahrener Radstrecken in Großstadtnähe
- Anzeige in der Zeitschrift „Sports for Fun“
- Radiowerbung

4.1.5 Werbung kostet viel Geld. Deswegen will Frau Kästner sicherstellen, dass die Botschaft möglichst nur Personen aus der Zielgruppe erreicht. Bei einer in 4.1.4 genannten Maßnahme ist dies nicht der Fall. Nenne diese und begründe entsprechend.

4.2 Mit dem Sponsoring möchte AK-Bikes auf sich aufmerksam machen und seinen Bekanntheitsgrad steigern. Überlege dir eine Sportveranstaltung in deiner Heimatstadt, bei der AK-Bikes als passender Sponsor auftreten könnte.

4.3 AK-Bikes möchte im Internet für das neue Produkt werben. Entwirf und gestalte ein Werbebanner (DIN-A4, quer), das als Grundlage für die Anzeige dienen könnte.

4.4 Als Möglichkeiten der Kommunikationspolitik kämen auch Public Relations und Sales Promotion in Betracht.

4.4.1 Erkläre, ob diese beiden Maßnahmen dazu beitragen können, den Bekanntheitsgrad des E-Bikes „Rapido-S“ zu steigern.

4.4.2 Gib für beide Möglichkeiten zwei konkrete Beispiele an, wie das Unternehmen AK-Bikes Public Relations und Sales Promotion umsetzen kann.

4.5 Bei Markteinführung geht folgender Beleg ein, für den der Buchungssatz zu bilden ist:

BILLBOARD MEDIEN
Außenwerbung GmbH

Billboard Medien GmbH • Sommerstr. 29 • 86368 Gersthofen

Firma
Andrea Kästner Mountainbikes e. Kfr.
Stamsrieder Weg 50
85049 Ingolstadt

Registergericht Augsburg HRB 7382
Steuernummer: 102/333/43674
E-Mail: billboard@schwabenmail...
Telefon: 0821 0460253-0
Fax: 0821 0460253-12

Gersthofen, 31. März 20..

Rechnung Nr.: 132/20..

Für Ihren Auftrag bedanken wir uns und stellen wie folgt in Rechnung:
Ihr Auftrag vom: 01.02.20.. Auftrags-Nr.: 109/20.. Kunden-Nr.: 8341

Pos.	Menge	Art-Nr.	Artikel	Einzelpreis (€)	Gesamtpreis (€)
1	8	0927	Plakatwand, 1 W., Standort A	280,00	2.240,00
2	8	0928	Plakatwand, 1 W., Standort B	240,00	1.920,00
			Gesamtbetrag netto		4.160,00
			Umsatzsteuer 19 %		790,40
			Rechnungsbetrag		**4.950,40**

5. Vertriebsplanungen

Frau Kästner ruft das Marketing-Team zu einer letzten Besprechung zusammen. Dabei soll die Vertriebspolitik für die Neuentwicklung des E-Bikes „Rapido-S“ erörtert werden.

5.1 Diskutiere die Vor- und Nachteile des indirekten Vertriebs über den Einzelhandel mit deinem Nachbarn. Haltet alle Argumente schriftlich fest.

5.2 AK-Bikes ist noch nicht lange am Markt für E-Bikes vertreten. Erläutere in diesem Zusammenhang einen Vorteil von Handelsvertretern.

5.3 Erkläre, wie Direktvertrieb den Absatz in einem Fertigungsunternehmen steigern kann.

5.4 Folgender Kontoauszug liegt dir vor. Bilde die notwendigen Buchungssätze.

DONAUBANK INGOLSTADT

IBAN DE72 7515 0080 4040 8080 20 — Auszug/Jahr 12/20..
BIC DBNKDEFF — Blatt-Nr. 1

Kontoauszug — Betrag in €

BuTag	Wert	Vorgang		Betrag
			Alter Kontostand	32.841,20 +
28.02.	28.02.	Handelsvertretung Johannes Schalk e. K. Vermittlungstätigkeit Februar 20..		3.332,00 –
01.03.	01.03.	Deutsche Bahn AG (inkl. 7% USt.), Fahrkartennr. 830G983X72 vom 25.02.20..		80,25 –
			Neuer Kontostand	29.428,95 +

Andrea Kästner Mountainbikes e. Kfr. 85049 Ingolstadt

Ihre Servicebank — letzte Erstellung 26.02.20..
Homebanking bequem und günstig — Erstellungstag 02.03.20.. /10:10

Lösungen Selbstcheck-Aufgaben

3/10 – Lösung

A: Gewinne bleiben nicht durchgängig hoch, **weil sich der Umsatz und die Kosten in den einzelnen Phasen des Produktlebenszyklus ändern**.

B: Anfänglich fällt der Gewinn niedrig aus, **denn es fallen hohe Kosten an, z. B. für Werbung**.

C: Ein Grund, Produkte vom Markt zu nehmen ist, dass es **Nachfolgeprodukte mit besserer Technik oder aktuellerem Design gibt**.

D: In der Reifephase muss der Preis oft gesenkt werden, **da Konkurrenten ähnliche Produkte anbieten**.

3/27 – Lösung

Mögliche Antworten:

- Prominente (bekannt), Tiere und Kinder (Niedlichkeit)
- lustige Werbung (fällt eher auf)
- Doppelwerbung, d. h. nach einem längeren Werbespot wird kurze Zeit später nochmals kurz die Produktwerbung wiederholt
- Verbindung mit Gewinnspielen oder Sonderaktionen (Rabatt)

3/33 – Lösung

1. AK-Bikes ersetzt seine Dieselfahrzeuge durch Kleintransporter mit Elektromotor und installiert auf den Firmendächern Solaranlagen, die fast die Hälfte des Strombedarfs abdecken.
2. Das Unternehmen möchte durch die Umweltschutzmaßnahmen seinen Ruf bzw. sein Image in der Bevölkerung verbessern.

3/35 – Lösung

A: Werbung
B: Sales Promotion
C: Sponsoring
D: Werbung
E: Public Relations
F: Werbung
G: Sponsoring
H: Sales Promotion

3/44 – Lösung

Bei individuell zu erstellenden Produkten empfiehlt sich Direktvertrieb: A, C
Bei Massenerzeugnissen ist der Vertrieb über den Großhandel sinnvoller: B, D, E

ÜBER DIESE KOMPETENZEN VERFÜGST DU BALD:

- den Listenverkaufspreis unter Anwendung des Verkaufskalkulationsschemas ermitteln und Angebote für Fertigerzeugnisse erstellen
- Kundenanfragen zu einem niedrigeren Verkaufspreis mittels Differenzkalkulation rechnerisch überprüfen und bewerten
- Ausgangsrechnungen prüfen und den Verkauf von Fertigerzeugnissen buchhalterisch erfassen
- Versandkosten im Verkaufsbereich und deren Weiterbelastung an den Kunden buchen
- Rücksendungen und nachträgliche Preisnachlässe buchhalterisch erfassen und deren Auswirkungen auf den Unternehmenserfolg reflektieren

4

Lernbereich 4:

VERKAUF VON FERTIGERZEUGNISSEN

4.1 VON DER ANGEBOTSANFRAGE ZUR ANGEBOTSKALKULATION (VERKAUFSKALKULATION)

In der Verkaufsabteilung werden, wie jeden Morgen zu Arbeitsbeginn, zuerst die E-Mails gecheckt. Heute findet der Auszubildende Max Lindner folgende E-Mail im Posteingang:

Von: info@radstadl...
An: info@ak-bikes.bayern
Betreff: Angebotsanfrage

Normaler Text | Variable Breite

Sehr geehrte Frau Kästner,

im letzten Geschäftsjahr habe ich von Ihnen 10 Carbon-Mountainbikes „Xtract“ und 5 Alu-Mountainbikes „Nature“ gekauft.

Da wir mit der Kaufabwicklung, der Kundenberatung und der Qualität der Produkte sehr zufrieden waren, möchten wir auch in diesem Jahr auf Ihre Produkte zurückgreifen. Bitte unterbreiten Sie uns ein Angebot über 50 Carbon-Mountainbikes „Xtract“.

Angesichts einer zu erwartenden langfristigen Zusammenarbeit hoffen wir auf bessere Konditionen, d. h. der Gewährung von Rabatt und Skonto.

Wir bitten um eine positive Rückmeldung Ihrerseits.

Mit freundlichen Grüßen

Josef Huber
Radstadl GmbH

Max wendet sich mit dieser **Angebotsanfrage** an Andrea Kästner.

MAX: Wir verkaufen aber doch nicht zum Selbstkostenpreis, oder?

ANDREA KÄSTNER: Natürlich nicht! Schließlich wollen wir noch einen Gewinn erzielen. Der Verkaufspreis muss also die Selbstkosten und den Gewinn des Unternehmens abdecken.

MAX: Die Radstadl GmbH erhofft sich dieses Jahr aber andere Konditionen als im Vorjahr, d. h. einen geringeren Preis.

ANDREA KÄSTNER: Ja, Kunden erwarten im Hinblick auf den Preis oft ein Entgegenkommen. Wir werden Rabatt und Skonto gewähren müssen.

MAX: Da der Kunde Radstadl GmbH 50 Carbon-Mountainbikes kaufen möchte, handelt es sich wahrscheinlich um einen **Mengenrabatt**.

ANDREA KÄSTNER: Genau. Erinnere dich aber auch an die anderen Rabattarten wie **Treuerabatt** und **Sonderrabatt**. Auch diese sind im Verkaufsbereich möglich. Außerdem gibt es noch einen **Wiederverkäuferrabatt**.

MAX: Die Radstadl GmbH verlangt aber auch Skonto!

ANDREA KÄSTNER: Diesen Preisnachlass gewähren wir, wenn unser Kunde vorzeitig bezahlt. Der Kundenskonto soll somit ein Anreiz für den Kunden sein, damit er seine Rechnung möglichst schnell begleicht und wir nicht so lange auf unser Geld warten müssen.

MAX: Gehen Skonti und Rabatte nicht zu Lasten unseres Gewinns?

ANDREA KÄSTNER: Nein, es gibt da eine Möglichkeit! Wir rechnen von Anfang an z. B. 10 % Rabatt und 2 % Skonto in den Angebotspreis mit ein. Wir kalkulieren also den **Listenverkaufspreis**. Hierzu benötigt man das **Angebots- oder Verkaufskalkulationsschema**. Lass uns zusammen den Listenverkaufspreis für ein Mountainbike „Xtract“ berechnen.

4.1.1 VORWÄRTSKALKULATION

Andrea Kästner berechnet zusammen mit Max in einer **Vorwärtskalkulation** ausgehend vom Selbstkostenpreis den Listenverkaufspreis.

	Selbstkostenpreis	**1.102,50 €**	100 %		
+	Gewinn	132,30 €	12 %		
=	Barverkaufspreis	1.234,80 €	112 %	98 %	
+	Kundenskonto	25,20 €		2 %	
=	Zielverkaufspreis	1.260,00 €		100 %	90 %
+	Kundenrabatt	140,00 €			10 %
=	Listenverkaufspreis	1.400,00 €			100 %

ANDREA KÄSTNER: Wir bieten also unserem Kunden Radstadl GmbH ein Carbon-Mountainbike „Xtract" zum Preis von 1.400,00 € netto an.

MAX: Ich verstehe aber nicht, weshalb wir im Verkaufskalkulationsschema zuerst den Kundenskonto und dann den Kundenrabatt aufschlagen. Das ist genau andersrum als im Einkaufskalkulationsschema. Außerdem ist für die Berechnung des Kundenskontos der Zielverkaufspreis der Grundwert in Höhe von 100 % und für den Kundenrabatt der Listenverkaufspreis. Warum ist das so?

ANDREA KÄSTNER: Ich erkläre dir das Verkaufskalkulationsschema noch einmal Schritt für Schritt. Unser Selbstkostenpreis in Höhe von 1.102,50 € ist die Ausgangsgröße für die Berechnung des Gewinns. Da der Verkaufspreis eines Mountainbikes unsere Selbstkosten und den Gewinn abdecken muss, schlagen wir erfahrungsgemäß auf den Selbstkostenpreis 12 % für den Gewinn auf. Daraus ergibt sich der **Barverkaufspreis**. Diesen wollen wir mindestens erzielen.

	Selbstkostenpreis	**1.102,50 €**	100 %
+	Gewinn	132,30 €	12 %
=	Barverkaufspreis	1.234,80 €	112 %

4/1 1.102,50 € ≙ 100 %

4/2 x € ≙ 12 %

$$x = \frac{12 \cdot 1.234,80}{100} = 132,30$$

ANDREA KÄSTNER: Der Gewinn liegt in diesem Fall bei 132,30 € je Mountainbike.

MAX: Der Gewinn ist doch der Lohn des Unternehmers?

ANDREA KÄSTNER: Stimmt! Zusätzlich stellt der Gewinn auch die Verzinsung meines eingesetzten Eigenkapitals dar. Auch ist er ein Ausgleich für das Geschäftsrisiko, das ich als Unternehmerin trage.

MAX: Bis dahin habe ich das Schema verstanden. Der weitere Verlauf der Angebotskalkulation ist mir aber noch unklar.

ANDREA KÄSTNER: Warum wir einen Skonto gewähren, habe ich dir schon erklärt. Der Kundenskonto wird auf den Barverkaufspreis aufgeschlagen. Bei der Kalkulation müssen wir aber vom **Zielverkaufspreis** ausgehen, da der Kunde später von diesem Preis 2 % Skonto abzieht. Wir kalkulieren also so, wie der Kunde rechnet, d. h. aus seiner Sicht. Der Grundwert (100 %) ist somit der Zielverkaufspreis.

Barverkaufspreis	1.234,80 €	98 %
+ Kundenskonto	25,20 €	2 %
= Zielverkaufspreis	**1.260,00 €**	100 %

1.234,80 € ≙ 98 %

x € ≙ 2 %

$$x = \frac{2 \cdot 1.234,80}{98} = 25,20$$

4/3
Z20

ANDREA KÄSTNER: Der Kundenskonto beträgt 25,20 € je Mountainbike.

MAX: Wir müssen also mit dem verminderten Grundwert (98 %) rechnen, da der Zielverkaufspreis (100 %) noch nicht bekannt ist.

ANDREA KÄSTNER: Ja, absolut richtig.

MAX: Ich glaube, ich habe die Logik, die dahinter steckt, verstanden. Der Grundwert für den Kundenrabatt ist der Listenverkaufspreis (100 %). Da dieser aber noch nicht bekannt ist, rechnen wir vom Zielverkaufspreis (90 %) ausgehend den Kundenrabatt (10 %) aus.

Zielverkaufspreis	1.260,00 €	90 %
+ Kundenrabatt	140,00 €	10 %
= Listenverkaufspreis	**1.400,00 €**	100 %

1.260,00 € ≙ 90 %

x € ≙ 10 %

$$x = \frac{10 \cdot 1.260,00}{90} = 140$$

MAX: Der Kundenrabatt beträgt dann 140,00 € je Mountainbike.

ANDREA KÄSTNER: Gut gemacht! Übrigens, die Höhe des Selbstkostenpreises sowie den kalkulierten Gewinn kennen nur wir. Das muss gegenüber den Kunden absolut vertraulich behandelt werden.

Max denkt noch einmal über den **Zusammenhang zwischen Verkaufs- und Einkaufskalkulation** nach. In beiden Rechnungen müssen die entsprechenden Preise übereinstimmen:

	Verkaufskalkulation beim Verkäufer (Lieferer) AK-Bikes				**Einkaufskalkulation** beim Käufer (Kunden) Radstadl GmbH			
	Selbstkostenpreis	1.102,50 €	100 %					
	+ Gewinn	132,30 €	12 %					
	= Barverkaufspreis	1.234,80 €	112 %	98 %				
	+ Kundenskonto	25,20 €		2 %				
	= Zielverkaufspreis	1.260,00 €	90 %	100 %				
	+ Kundenrabatt	140,00 €	10 %					
4/4	= Listenverkaufspreis	1.400,00 €	100 %		Listeneinkaufspreis	1.400,00 €	100 %	
4/5					– Liefererrabatt	140,00 €	10 %	
4/6					= Zieleinkaufspreis	1.260,00 €	90 %	100 %
4/7					– Liefererskonto	25,20 €		2 %
4/8					= Bareinkaufspreis	1.234,80 €		98 %
4/9								

4.1.2 RÜCKWÄRTSKALKULATION

Ein Mitbewerber von AK-Bikes bietet ein ähnliches Rad vergleichbarer Qualität zu einem Listenverkaufspreis von 1.360,00 € an. Frau Kästner möchte nicht teurer sein als die Konkurrenz, da sie befürchtet, Kunden zu verlieren. Sie erklärt Max, dass es Fälle gibt, in denen man im Kalkulationsschema von unten nach oben, also rückwärts, rechnen muss. Bei einer **Rückwärtskalkulation** steht der Listenverkaufspreis aufgrund der Wettbewerbssituation fest.

Bei gleichbleibenden Liefer- und Zahlungsbedingungen sowie Beibehaltung des Gewinns in Höhe von 12 % ergibt sich folgendes Kalkulationsschema:

	Selbstkostenpreis	1.071,00 €	100 %		
+	Gewinn	128,52 €	12 %		
=	Barverkaufspreis	1.199,52 €	112 %	98 %	
+	Kundenskonto	24,48 €		2 %	
=	Zielverkaufspreis	1.224,00 €		100 %	90 %
+	Kundenrabatt	136,00 €			10 %
=	**Listenverkaufspreis**	**1.360,00 €**			100 %

4/10 So berechnet man z. B. den Zielverkaufspreis:

4/11

Z21 1.360,00 € ≙ 100 %

Z22 x € ≙ 90 %

$$x = \frac{90 \cdot 1.360,00}{100} = 1.224,00$$

Andrea Kästner ermittelt einen Selbstkostenpreis in Höhe von 1.071,00 €.

MAX: Der Selbstkostenpreis dürfte also in diesem Fall nur 1.071,00 € je Mountainbike betragen. Wir müssten somit unsere Selbstkosten von 1.102,50 € um 31,50 € senken.

ANDREA KÄSTNER: Das ist gar nicht so einfach. Falls wir unsere Werkstoffe bei gleichbleibender Qualität nicht günstiger einkaufen können, können wir nur auf einen Teil unseres Gewinns verzichten.

4.1.3 DIFFERENZKALKULATION

Nach eingehender Prüfung stellt Andrea Kästner fest, dass die Selbstkosten für das Mountainbike „Xtract" nicht reduziert werden können. Sie möchte dem Kunden Radstadl GmbH trotzdem den günstigeren Listenverkaufspreis in Höhe von 1.360,00 € anbieten. In ihrer Kalkulation geht sie daher von zwei feststehenden Größen aus:

- dem unveränderbaren **Selbstkostenpreis**
- dem aus Konkurrenzgründen feststehenden **Listenverkaufspreis**

Andrea Kästner muss mittels **Differenzkalkulation** den Gewinn berechnen und prüfen, ob sich das Geschäft unter diesen Bedingungen noch lohnt.

	Selbstkostenpreis	**1.102,50 €**	100 %		
+	**Gewinn**	**97,02 €**	x %		
=	Barverkaufspreis	1.199,52 €	100 % + x %	98 %	
+	Kundenskonto	24,48 €		2 %	
=	Zielverkaufspreis	1.224,00 €		100 %	90 %
+	Kundenrabatt	136,00 €			10 %
=	**Listenverkaufspreis**	**1.360,00 €**			100 %

ANDREA KÄSTNER: Der Gewinn in Euro kann durch die Differenz von Barverkaufspreis und Selbstkostenpreis ermittelt werden.

MAX: Unser Gewinn würde 97,02 € je Mountainbike betragen.

ANDREA KÄSTNER: Du kannst den Gewinn aber auch in Prozenten angeben.

Max berechnet den Gewinn in %:

$$100\,\% \triangleq 1.102{,}50\,€ \qquad x\,\% \triangleq 97{,}02\,€$$

$$x = \frac{97{,}02 \cdot 100}{1.102{,}50} = 8{,}8$$

MAX: Der Gewinn beträgt 8,8 %. Lohnt sich das für uns?

ANDREA KÄSTNER: Im Normalfall sollte der Gewinn in unserem Unternehmen bei ca. 12 % liegen, da er meinen Unternehmerlohn, die Verzinsung des eingesetzten Eigenkapitals und die Geschäftsrisiken decken muss. Wir sollten mit der Radstadl GmbH ins Geschäft kommen und diese als langfristigen Kunden gewinnen. Außerdem haben wir noch freie Produktionskapazitäten, also Maschinen und Mitarbeiter, die noch nicht voll ausgelastet sind.

4/12
4/13
Z23
Z24

Hinweis: Mithilfe einer Differenzkalkulation lassen sich auch Rabatt bzw. Skonto berechnen, wenn die weiteren Größen feststehen.

4.2 UMSATZERLÖSE IM UNTERNEHMEN AK-BIKES

In der Frühstückspause erzählt Max Riccardo von der Kalkulation der Listenverkaufspreise. Mit dem Thema Umsatzerlöse beschäftigt sich Riccardo gerade in der Berufsschule. Er weiß bereits, dass Umsatzerlöse Erträge für AK-Bikes darstellen.

4.2.1 UMSATZERLÖSE: ERTRÄGE FÜR AK-BIKES

Andrea Kästner bucht im Einkaufsbereich Aufwendungen, die durch den Verbrauch von Werkstoffen (Roh-, Hilfs- und Betriebsstoffe sowie Fremdbauteile) entstehen. Man spricht von einem betrieblichen Werteverzehr. In der Produktion entstehen Mountainbikes als Fertigerzeugnisse, die verkauft werden können.

4/14 Der Auszubildende Riccardo fertigt für ein Referat in der Berufsschule folgende Skizze mit
4/15 unten stehender Erläuterung an:

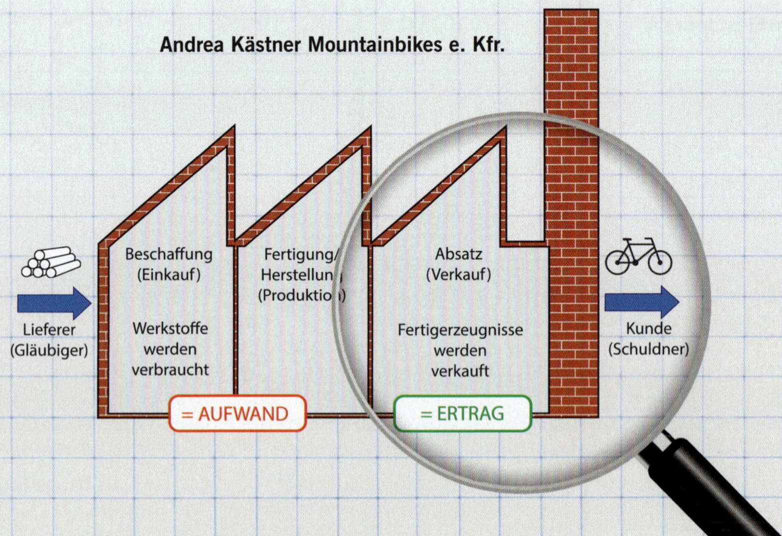

- ✓ Mit dem Verkauf der Waren erzielt AK-Bikes **Einnahmen**.
- ✓ Diese werden als **Umsatzerlöse** bezeichnet und stellen **Erträge** für das Unternehmen dar. Man spricht von einem **betrieblichen Wertezuwachs**.
- ✓ Aus Gründen der Übersichtlichkeit werden diese Erträge nicht direkt auf dem Konto Eigenkapital (3000 EK), sondern auf dem Konto Umsatzerlöse für eigene Erzeugnisse (5000 UEFE) gebucht.
- ✓ Dieses **Ertragskonto** ist wie alle **Erfolgskonten** sozusagen ein **Unterkonto des passiven Bestandskontos Eigenkapital**.
- ✓ Erträge **erhöhen das Eigenkapital**. Daher werden sie **im Haben gebucht**.
- ✓ Das Ziel eines jeden Unternehmens ist es, sein Eigenkapital zu mehren, d.h. Gewinn zu erwirtschaften.

4.2.2 BUCHUNG BEIM ABSATZ VON FERTIGERZEUGNISSEN (VERKAUFSBUCHUNG) UNTER BERÜCKSICHTIGUNG VON SOFORTRABATTEN

Max schickt dem Kunden Radstadl GmbH das erstellte **Angebot** zu. Darin werden aus dem Kalkulationsschema nur der Listenverkaufspreis und der Kundenrabatt in Euro angegeben. Der Skonto wird lediglich in den Liefer- und Zahlungsbedingungen genannt.

AK-Bikes

AK-Bikes, Stamsrieder Weg 50, 85049 Ingolstadt

Andrea Kästner Mountainbikes e. Kfr.
Stamsrieder Weg 50
85049 Ingolstadt

Firma
Radstadl GmbH
Velostr. 21
80335 München

Telefon: 0841 0802020
Telefax: 0841 08020280
Internet: www.ak-bikes.bayern
E-Mail: info@ak-bikes.bayern

Ingolstadt, 01. Februar 20..

Angebot

Nr.: 701

Sehr geehrter Herr Huber,

vielen Dank für Ihre Anfrage per E-Mail. Anbei erhalten Sie unser Angebot zu den von Ihnen gewünschten Mountainbikes. Wir hoffen, Sie sind mit unseren gewährten Konditionen zufrieden.

Wir würden uns sehr freuen, wenn unser Angebot Ihren Erwartungen entspricht und Sie dieses annehmen.

Artikel	Artikel-Nr.	Einzelpreis €	Stück	Gesamtpreis €
Mountainbike „Xtract“	MB-XT	1.360,00	50	68.000,00
		– 10 % Rabatt		6.800,00
		Warenwert netto		61.200,00
		Umsatzsteuer 19 %		11.628,00
		Rechnungsbetrag		**72.828,00**

Die Lieferung erfolgt frei Haus.
Zahlungsbedingungen: Zahlbar innerhalb von 60 Tagen rein netto.
Bei Zahlung innerhalb von 10 Tagen gewähren wir 2 % Skonto.
Die gelieferte Ware bleibt bis zur vollständigen Bezahlung unser Eigentum.

Die Radstadl GmbH nimmt das Angebot des Unternehmens AK-Bikes an und bestellt wie vereinbart 50 Carbon-Mountainbikes „Xtract“.

Andrea Kästner erstellt für den Verkauf der Mountainbikes folgende **Ausgangsrechnung**:

AK-Bikes

AK-Bikes, Stamsrieder Weg 50, 85049 Ingolstadt

Andrea Kästner Mountainbikes e. Kfr.
Stamsrieder Weg 50
85049 Ingolstadt

Telefon: 0841 0802020
Telefax: 0841 08020280
Internet: www.ak-bikes.bayern
E-Mail: info@ak-bikes.bayern

Firma
Radstadl GmbH
Velostr. 21
80335 München

Ingolstadt, 02. März 20..

Rechnung

Nr.: 1245574

Wir lieferten Ihnen frei Haus am 26. Februar 20..:

Artikel	Artikel-Nr.	Einzelpreis €	Stück	Gesamtpreis €	
Mountainbike „Xtract"	MB-XT	1.360,00	50	68.000,00	❶
		– 10 % Rabatt		6.800,00	❷
		Warenwert netto		61.200,00	❸
		Umsatzsteuer 19 %		11.628,00	❹
		Rechnungsbetrag		**72.828,00**	❺

Wir danken für Ihren Auftrag.

Zahlung fällig bis zum 02. Mai 20.. rein netto.
Bei Zahlung bis zum 12. März 20.. gewähren wir 2 % Skonto.
Die gelieferte Ware bleibt bis zur vollständigen Bezahlung unser Eigentum.

4/16

Max hat in der Buchhaltung des Unternehmens AK-Bikes von der zuständigen Mitarbeiterin, Frau Selma Demirci, den Auftrag erhalten, die Ausgangsrechnung an das Unternehmen Radstadl GmbH für die Buchung vorzubereiten.

MAX: Wie ich eine Ausgangsrechnung buche, weiß ich schon. Aber wie behandle ich den Rabatt buchhalterisch?

SELMA DEMIRCI: Sofortrabatte beim Verkauf von Fertigerzeugnissen werden nicht auf einem eigenen Konto erfasst. Sie werden vom Listenverkaufspreis abgezogen und nicht gebucht.

MAX: Also buche ich den Zielverkaufspreis aus der Verkaufskalkulation auf dem Konto 5000 UEFE?

SELMA DEMIRCI: Richtig.

4/17

Max wertet den Beleg aus, um den Buchungssatz bilden zu können:

				Sollseite	Habenseite
❶ Listenverkaufspreis	100 %		Dies ist der Preis, zu dem die Fertigerzeugnisse dem Kunden lt. Preisliste angeboten werden.	Diese beiden Beträge erscheinen nicht im Buchungssatz!	
❷ – Sofortrabatt	10 %		Dieser Preisnachlass wird dem Kunden individuell gewährt.		
❸ Warenwert netto (Zielverkaufspreis)	90 %	100 %	Die Mountainbikes sind von AK-Bikes hergestellte Fertigerzeugnisse im Nettowert von insgesamt 61.200,00 €. Dieser Betrag stellt einen Ertrag für AK-Bikes dar und wird von Andrea Kästner eingenommen, erlöst. Man spricht deshalb auch von Umsatzerlösen für eigene Erzeugnisse. Hierdurch wird der Gewinn des Unternehmens beeinflusst. Die Buchung erfolgt deshalb auf dem Ertragskonto 5000 UEFE.		UEFE
❹ Umsatzsteuer		19 %	Bei jedem Verkauf fällt Umsatzsteuer an, die vom Warenwert netto berechnet wird. Die Umsatzsteuer ist eine Verbindlichkeit gegenüber dem Finanzamt und wird an dieses weitergeleitet. Sie wird auf dem passiven Bestandskonto Umsatzsteuer (4800 UST) gebucht.		UST
❺ Rechnungsbetrag		119 %	Unser Kunde Radstadl GmbH hat von uns Ware (Mountainbikes) erhalten, diese aber noch nicht bezahlt. Als Beleg wurde eine Ausgangsrechnung erstellt. Die gesamte Forderung (Warenwert netto und Umsatzsteuer) in Höhe von 72.828,00 € muss bis zum Erreichen des Zahlungsziels bezahlt werden. Dies ist auf dem aktiven Bestandskonto Forderungen (2400 FO) zu buchen.	FO	

Max bildet den Buchungssatz für die Ausgangsrechnung:

❺ 2400 FO	72.828,00 €	an	❸ 5000 UEFE	61.200,00 €
			❹ 4800 UST	11.628,00 €

Max bucht in T-Konten:

S	**2400 FO**	H
UEFE, UST	72.828,00 €	

S	**5000 UEFE**	H
	FO	61.200,00 €

S	**4800 UST**	H
	FO	11.628,00 €

Max notiert auf einem Notizzettel: 4/18

Sofortrabatte
(Mengen-, Treue-, Wiederverkäufer- und Sonderrabatte)
werden sofort abgezogen und **nicht** gebucht!

Zielverkauf → **Ziel**verkaufspreis buchen

4/19
4/20
Z25

4.3 VERSANDKOSTEN

RICCARDO: Ich habe heute im Versand gesehen, wie Mountainbikes für die Auslieferung an den Kunden vorbereitet wurden. Sie wurden einzeln in große Kartons verpackt.

SELMA DEMIRCI: Die Kartons kaufen wir immer von der Kartonagen GmbH in Wertheim. Die Räder müssen aber auch noch an den Kunden geliefert werden.

RICCARDO: Da arbeiten wir doch meistens mit der Spedition Huckepack zusammen.

SELMA DEMIRCI: Richtig. Du siehst, auch beim Verkauf unserer Fertigerzeugnisse fallen zusätzliche Kosten an. Zum einen müssen wir Verpackungsmaterial, z. B. Kartons, Transportbehälter, Verpackungsfolien, Styropor und Euro-Paletten kaufen, zum anderen die Waren z. B. mit einer Spedition zum Kunden liefern lassen. Diese Nebenkosten bezeichnet man als **Versandkosten**.

4.3.1 VERPACKUNGSMATERIAL

Noch am gleichen Tag legt Selma Demirci dem Auszubildenden Riccardo in der Buchhaltung des Unternehmens AK-Bikes folgenden Beleg (auszugsweise) vor:

Kartonagen Schmitt GmbH

Natürlich verpackt!

Kartonagen Schmitt GmbH, Industriestr. 1, 97877 Wertheim

Firma
Andrea Kästner Mountainbikes e. Kfr.
Stamsrieder Weg 50
85049 Ingolstadt

Kartonagen Schmitt GmbH
Industriestr. 1
97877 Wertheim

Telefon: 09342 45 49 70
Telefax: 09342 45 49 75 0
E-Mail: info@kartonagen-schmitt...

Rechnung

Wertheim, 21. Mai 20..

Nr.: 1253

Für die Lieferung vom 19. Mai 20.. erlauben wir uns Ihnen zu berechnen:

Artikel	Artikel-Nr.	Einzelpreis €	Stück	Gesamtpreis €	
Verpackungskarton XXL	5727812	3,00	500	1.500,00	
Verpackungskarton XL	7824241	2,20	200	440,00	
Verpackungskarton M	9737522	1,25	32	40,00	
Warenwert netto				1.980,00	❶
Umsatzsteuer 19 %				376,20	❷
Rechnungsbetrag				**2.356,20**	❸

Zahlungsbedingungen: Zahlung innerhalb von 30 Tagen rein netto.

Selma Demirci erteilt Riccardo den Auftrag, die Buchung vorzubereiten.

SELMA DEMIRCI: Die Belegart kennst du schon.

RICCARDO: Es handelt sich um eine Eingangsrechnung, also einen Fremdbeleg.

SELMA DEMIRCI: Vor der Buchung solltest du den Geschäftsfall formulieren.

RICCARDO: Wir kaufen Verpackungskartons im Wert von 1.980,00 € netto.

SELMA DEMIRCI: Da fehlt noch etwas! Haben wir die Ware schon bezahlt?

RICCARDO: Nein, noch nicht. Dass es sich um einen Zielkauf handelt, hätte ich fast vergessen.

Riccardo wertet den Beleg nochmals aus, um den Buchungssatz bilden zu können:			**Soll-seite**	**Haben-seite**
❶ Warenwert netto	100 %	Es handelt sich um Verpackungsmaterialien, die AK-Bikes für den Verkauf ihrer Fertigerzeugnisse benötigt und beziehen muss. Dieser Aufwand wird auf dem Konto **A**uf**w**endungen für **V**erpackungs**m**aterial (6040 AWVM) gebucht.	**AWVM**	
❷ Umsatz-steuer	19 %	Bei jedem Einkauf fällt Vorsteuer an, die vom Warenwert netto berechnet wird. Sie wird im aktiven Bestandskonto Vorsteuer (2600 VORST) gebucht.	VORST	
❸ Rechnungs-betrag	119 %	AK-Bikes hat Ware (Kartons) erhalten, diese aber noch nicht bezahlt. Als Beleg haben wir eine Eingangsrechnung bekommen. Die gesamte Verbindlichkeit (Warenwert netto und Umsatzsteuer) in Höhe von 2.356,20 € muss bis zum Erreichen des Zahlungsziels von uns beglichen werden. Dies ist auf dem passiven Bestandskonto Verbindlichkeiten (4400 VE) zu buchen.		VE

Riccardo bildet den Buchungssatz für die Eingangsrechnung:

❶ **6040 AWVM**	1.980,00 €			
❷ 2600 VORST	376,20 €	an	❸ 4400 VE	2.356,20 €

4/21

Beispiele Verpackungsmaterial

4.3.2 AUSGANGSFRACHTEN

Selma Demirci erklärt Riccardo, dass es noch weitere Versandkosten gibt. Auch hier gilt: „Keine Buchung ohne Beleg!“

SpeditionHuckepack GmbH

Spedition Huckepack GmbH, Urbanstr.17–20, 81371 München

München | Hamburg | Regensburg
Tel.: 089 763214-10
Fax: 089 763214-50
E-Mail: info@huckepack...

Firma
Andrea Kästner Mountainbikes e. Kfr.
Stamsrieder Weg 50
85049 Ingolstadt

Rechnung

München, 24. Mai 20..

Nr.: 5768
Leistungsdatum: 24. Mai 20..

	Gesamtpreis Euro	
Fracht von Ingolstadt nach Nürnberg (Bike-Fritz)	420,00	❶
+ 19 % Umsatzsteuer	79,80	❷
Rechnungsbetrag	499,80	❸

Wir bedanken uns für Ihren Auftrag und das damit verbundene Vertrauen in unser Unternehmen.

Zahlbar sofort rein netto.

Bankverbindung: Goldbank München, IBAN: DE86 8700 6000 7564 99, BIC: GOBAMUEXXX
Amtsgericht München HRB 21479, USt-IdNr.: DE201479347, Steuernr.: 143/169/23049
Geschäftsführung: Thomas Gärtner

SELMA DEMIRCI: Wir haben 10 Mountainbikes zu unserem Kunden Bike-Fritz nach Nürnberg liefern lassen. Dafür hat uns die Spedition Huckepack 499,80 € in Rechnung gestellt. Riccardo, versuche, hierfür den Buchungssatz zu bilden.

Riccardo wertet den Beleg aus, um den Buchungssatz bilden zu können:

			Soll-seite	**Haben-seite**
❶ Warenwert netto	100 %	Dieser Aufwand wird auf dem Konto **A**usgangs**fr**achten (6140 AFR) gebucht.	**AFR**	
❷ Umsatzsteuer	19 %	Bei „Kauf“ bzw. Nutzung dieser Dienstleistung fällt Vorsteuer an (2600 VORST).	VORST	
❸ Rechnungsbetrag	119 %	AK-Bikes hat die Dienstleistung der Spedition in Anspruch genommen, diese aber noch nicht bezahlt. Als Beleg haben wir eine Eingangsrechnung erhalten. Die gesamte Verbindlichkeit ist sofort nach Erhalt der Rechnung auf dem Konto Verbindlichkeiten (4400 VE) zu buchen.		VE

Riccardo bildet den Buchungssatz für die Eingangsrechnung:

❶ **6140 AFR**	420,00 €			
❷ 2600 VORST	79,80 €	an	❸ 4400 VE	499,80 €

Selma Demirci erklärt Riccardo, dass einigen Kunden Fertigerzeugnisse auch mit der Deut- **Z26**
schen Bahn geliefert werden. Auch dieser Aufwand wird mit dem Nettowert im Konto Aus- **4/22**
gangsfrachten gebucht. **4/23**

Unterscheide bei den Versandkosten:

Verpackungsmaterial → Konto AWVM	**Ausgangsfrachten → Konto AFR**

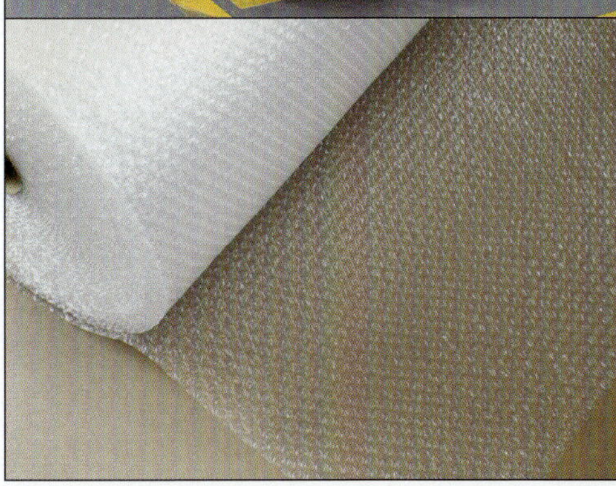	

4.3.3 DEM KUNDEN IN RECHNUNG GESTELLTE VERSANDKOSTEN

Riccardo unterhält sich mit seiner Ausbildungsleiterin über die buchhalterische Behandlung von Versandkosten im Unternehmen AK-Bikes.

AK-Bikes

AK-Bikes, Stamsrieder Weg 50, 85049 Ingolstadt

Andrea Kästner Mountainbikes e. Kfr.
Stamsrieder Weg 50
85049 Ingolstadt

Telefon: 0841 0802020
Telefax: 0841 08020280
Internet: www.ak-bikes.bayern
E-Mail: info@ak-bikes.bayern

Firma
Bike-Fritz OHG
Radplatz 6
90402 Nürnberg

Ingolstadt, 30. Mai 20..

Rechnung

Nr.: 1245657

Wir lieferten Ihnen ab Werk am 26. Mai 20..:

Artikel	Artikel-Nr.	Einzelpreis €	Stück	Gesamtpreis €	
Mountainbike „Nature“	MB-N	1.000,00	10	10.000,00	
Spezialverpackung	Karton XXL	3,00	10	30,00	
Fracht		pauschal		420,00	
Nettowert				10.450,00	❶
Umsatzsteuer 19 %				1.985,50	❷
		Rechnungsbetrag		**12.435,50**	❸

Wir danken für Ihren Auftrag.

Zahlungsbedingungen: Zahlbar innerhalb von 60 Tagen rein netto.
Bei Zahlung innerhalt von 8 Tagen gewähren wir 2 % Skonto.
Die gelieferte Ware bleibt bis zur vollständigen Bezahlung unser Eigentum.

Bankverbindung: Donaubank Ingolstadt
IBAN: DE72 7515 0080 4040 8080 20
BIC: DBNKDEFF
Amtsgericht Ingolstadt HRA 5050
USt-IdNr.: DE394078790
Steuernr.: 124/108/29468

RICCARDO: Warum zahlt AK-Bikes die Kosten für Verpackung und Transport der Ware zum Kunden eigentlich selbst?

SELMA DEMIRCI: Du kennst doch schon den Unterschied zwischen Lieferung **„frei Haus“** und Lieferung **„ab Werk“**. Wenn wir mit dem Kunden eine Lieferung „frei Haus“ vereinbaren, übernehmen wir die Versandkosten. „Ab Werk“ bedeutet, dass wir als Verkäufer unsere Waren dem Käufer auf unserem Gelände bereitstellen. Normalerweise muss der Kunde selbst für den Transport sorgen. Einige Kunden bitten uns, z. B. eine Spedition zu beauftragen, die ihnen die Ware, in unserem Fall Fahrräder, liefert. Die anfallenden Versandkosten legen wir für unsere Kunden zunächst aus, stellen sie ihnen aber anschließend in Rechnung.

RICCARDO: Das habe ich verstanden. Aber wie muss ich buchen, wenn ich dem Kunden noch Verpackung oder Fracht in Rechnung stelle?

SELMA DEMIRCI: Stellen wir dem Kunden die Kosten für Verpackung und/oder Fracht in Rechnung, so erhöhen sich unsere Umsatzerlöse für eigene Erzeugnisse. Das zeige ich dir an einem Beleg, der heute unser Unternehmen verlässt.

Selma Demirci wertet zusammen mit Riccardo den Beleg aus und lässt ihn den Buchungssatz bilden:			**Soll-seite**	**Haben-seite**
Warenwert + Verpackung + Fracht = ❶ Nettowert	100 %	Die dem Kunden in Rechnung gestellten Versandkosten (Kosten für Verpackung und Transport) erhöhen unsere Umsatzerlöse. Sie werden zum Warenwert netto addiert und nicht einzeln gebucht.		UEFE
❷ Umsatzsteuer	19 %	Die Umsatzsteuer muss der Kunde bezahlen.		UST
❸ Rechnungs-betrag	119 %	Die gesamte Forderung an den Kunden Bike-Fritz in Höhe von 12.435,00 € muss bis zum Erreichen des Zahlungsziels bezahlt werden.	FO	

Riccardo bildet den Buchungssatz für die Ausgangsrechnung:

❸ 2400 FO	12.435,50 €	an	❶ 5000 UEFE	10.450,00 €
			❷ 4800 UST	1.985,50 €

4/24
4/25
4/26

In seinem Merkheft schreibt sich Riccardo auf:

Die dem Kunden in Rechnung gestellten Kosten für Verpackung und Transport werden im Konto UEFE gebucht und führen zu einer Erhöhung der Umsatzerlöse für eigene Erzeugnisse.

4.4 RÜCKSENDUNGEN

4.4.1 RÜCKSENDUNG VON FERTIGERZEUGNISSEN

Der Auszubildende Max Lindner findet an seinem Arbeitsplatz folgende Hausmitteilung:

Hausmitteilung

Absender	Empfänger	mit der Bitte um
☒ Geschäftsführung	☐ Geschäftsführung	☐ Kenntnisnahme
☐ Verwaltung	☐ Verwaltung	☒ Erledigung
☐ Einkauf	☐ Einkauf	☐ Stellungnahme
☐ Produktion	☐ Produktion	
☐ Vertrieb	☐ Vertrieb	
☐ Frau/Herr	☒ ~~Frau~~/Herr Max Lindner	

Hallo Max,

unserem Kunden Bikepoint GmbH wurden am 3. Juni 20.. 10 Carbon-Mountainbikes „Xtreme“ geliefert. Der Warenwert betrug 2.200,00 € netto pro Rad.

Heute teilte uns der Kunde per E-Mail mit, dass bei der Eingangskontrolle an einem Mountainbike starke Kratzer am Rahmen festgestellt worden seien. Aufgrund der Beschädigung kann die Bikepoint GmbH das Fahrrad nicht weiterverkaufen. Telefonisch wurde eine Rücksendung des beanstandeten Mountainbikes vereinbart.

Bitte veranlasse die entsprechende Gutschrift.

Vielen Dank im Voraus.

Mit freundlichen Grüßen

Andrea Kästner

Max erkundigt sich bei einer Kollegin in der Buchhaltung nach der bereits vorgenommenen Buchung des Verkaufs der 10 Carbon-Mountainbikes „Xtreme“ an den Kunden Bikepoint GmbH.

Die Ausgangsrechnung wurde am 5. Juni 20.. wie folgt gebucht:

2400 FO	26.180,00 €	an	5000 UEFE	22.000,00 €
			4800 UST	4.180,00 €

Der Kunde Bikepoint GmbH schickt ein beschädigtes Mountainbike „Xtreme“ im Wert von 2.200,00 € netto berechtigt an uns zurück. Der Verkaufsbuchungssatz muss in dieser Höhe rückgängig gemacht werden. Dies erfolgt dadurch, dass der ursprüngliche Buchungssatz umgedreht wird. Die Korrektur wird als **Stornobuchung** bezeichnet. Max kennt diese bereits aus dem Einkaufsbereich.

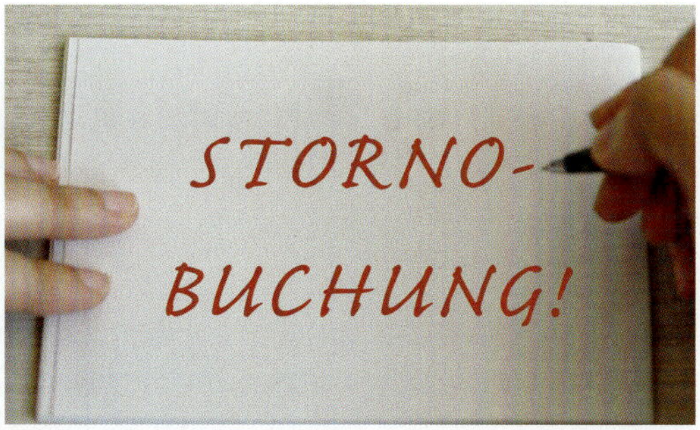

- Zurückgesandte Fertigerzeugnisse vermindern unsere Umsatzerlöse:
  Das Ertragskonto 5000 UEFE muss im Soll gebucht werden.
- Die Umsatzsteuerschuld an das Finanzamt wird anteilig storniert:
  Die Buchung erfolgt auf der Sollseite des passiven Bestandskontos 4800 UST.
- Unsere Forderung an den Kunden wird um den Gutschriftbetrag verringert:
  Das aktive Bestandskonto 2400 FO wird im Haben gebucht.

Max bildet den Buchungssatz für die Gutschrift:

5000 UEFE	2.200,00 €			
4800 UST	418,00 €	an	2400 FO	2.618,00 €

Max bucht in T-Konten:

S	**2400 FO**		H
UEFE, UST	26.180,00 €	UEFE, UST	2.618,00 €

S	**5000 UEFE**		H
FO	2.200,00 €	FO	22.000,00 €

S	**4800 UST**		H
FO	418,00 €	FO	4.180,00 €

Anhand eines Notizzettels erinnert sich Max an die drei **Gründe für Rücksendungen**:

Rücksendegründe:

- ☑ es wurde zu viel geliefert
- ☑ es wurde die falsche Ware geliefert
- ☑ die gelieferte Ware ist defekt bzw. beschädigt (Sachmangel)

4/27
4/28

4.4.2 RÜCKSENDUNG VON LEIHVERPACKUNG

ANDREA KÄSTNER: Ein Kunde kann aber auch eine Leihverpackung zurückschicken. Auch in diesem Fall erteilen wir eine Gutschrift.

MAX: Kann man das mit dem Pfandsystem von Flaschen oder Getränkekästen vergleichen?

ANDREA KÄSTNER: Ja. Aus Gründen des Umweltschutzes und der Energieeinsparung bevorzugen sowohl unsere Kunden als auch wir Mehrweg- oder Leihverpackungen, die wieder zurückgegeben werden können. So können kostbare Ressourcen geschont werden. Unser Kunde Bike-Fritz hat uns die in Rechnung gestellte Spezialverpackung zurückgeschickt. Hier siehst du noch einmal einen Auszug der Ausgangsrechnung.

Rechnung

Ingolstadt, 30. Mai 20..

Nr.: 1245657

Wir lieferten Ihnen ab Werk am 26. Mai 20..:

Artikel	Artikel-Nr.	Einzelpreis €	Stück	Gesamtpreis €
Mountainbike „Nature"	MB-N	1.000,00	10	10.000,00
Spezialverpackung	Karton XXL	3,00	10	30,00
Fracht		pauschal		420,00
Nettowert				10.450,00
Umsatzsteuer 19 %				1.985,50
		Rechnungsbetrag		**12.435,50**

ANDREA KÄSTNER: Bilde den Buchungssatz, also die **Stornobuchung** für die Rücksendung der XXL Kartons durch den Kunden Bike-Fritz.

- Zurückgesandte Leihverpackung vermindert unsere Umsatzerlöse: Das Ertragskonto 5000 UEFE muss im Soll gebucht werden.
- Die Umsatzsteuerschuld an das Finanzamt wird anteilig storniert: Die Buchung erfolgt auf der Sollseite des passiven Bestandskontos 4800 UST.
- Unsere Forderung an den Kunden wird um den Gutschriftbetrag verringert: Das aktive Bestandskonto 2400 FO wird im Haben gebucht.

Max bildet den Buchungssatz für die Gutschrift:

4/29	5000 UEFE	30,00 €			
	4800 UST	5,70 €	an	2400 FO	35,70 €

4.5 NACHTRÄGLICHE PREISNACHLÄSSE

Selma Demirci erklärt den beiden Auszubildenden Max und Riccardo, dass es neben Sofortrabatten, die AK-Bikes ihren Kunden oft gewährt, auch **nachträgliche Preisnachlässe** gibt. Ein Kunde kann z. B. einen nachträglichen Preisnachlass aufgrund eines Sachmangels erhalten oder wenn er den Rechnungsbetrag innerhalb der Skontofrist begleicht.

4.5.1 GUTSCHRIFTEN AUFGRUND VON SACHMÄNGELN

SELMA DEMIRCI: Bevor die Fertigerzeugnisse unser Haus verlassen und zum Kunden versandt werden, werden sie einer Qualitätskontrolle unterzogen. Trotz dieser Prüfung kommt es vor, dass es zu kleineren Beanstandungen durch die Kunden kommt.

RICCARDO: Kunden schicken die mangelhaften Fertigerzeugnisse dann zurück.

SELMA DEMIRCI: Dies ist nicht immer so. Manche dieser Sachmängel sind nicht so gravierend, dass eine Rücksendung notwendig ist. Oftmals sind Kunden auch mit einem Preisnachlass zufrieden. Dieser verringert den ursprünglichen Rechnungsbetrag.

Wenige Tage später weist Selma Demirci die beiden Auszubildenden Max und Riccardo auf folgenden Schriftverkehr zwischen dem Kunden Fahrradhandel24 und dem Unternehmen AK-Bikes hin:

Von: info@fahrradhandel24...
An: info@ak-bikes.bayern
Betreff: Mängelrüge

Sehr geehrte Frau Kästner,

nach Erhalt Ihrer Sendung vom 03. Juni 20.. mussten wir leider feststellen, dass die von Ihnen gelieferten 5 Mountainbikes MA-L „Lion“ 27.5 black/red, Stückpreis netto 1.500,00 €, leichte Farbabweichungen aufweisen. Bilder zur Dokumentation finden Sie im Anhang.

Wir sind bereit, die Ware zu behalten, bitten jedoch aufgrund der Sachmängel um einen Nachlass von mindestens 15 %.

Wir hoffen auf eine positive Rückmeldung Ihrerseits.

Mit freundlichen Grüßen

Paul Edal
Fahrradhandel24

Nach Prüfung des Sachverhalts antwortet Frau Kästner ihrerseits mit einer E-Mail:

Von: info@ak-bikes.bayern
An: info@fahrradhandel24...
Betreff: AW: Mängelrüge

Sehr geehrter Herr Edal,

mit Bedauern musste ich Ihrer Mail entnehmen, dass die gelieferte Ware Mängel in Form von Farbabweichungen aufweist.

Ihrem Vorschlag einer Preisminderung kommen wir selbstverständlich entgegen und gewähren Ihnen einen Nachlass von 20 % auf den Warenwert netto.

Wir bitten Sie, den Umstand zu entschuldigen und hoffen auf weiterhin gute Geschäftsbeziehungen.

Mit freundlichen Grüßen

Andrea Kästner
AK-Bikes

MAX: Gewähren wir in diesem Fall eine **Gutschrift wegen Sachmangel**?

SELMA DEMIRCI: Genau. Ein nachträglicher Preisnachlass mindert unsere Umsatzerlöse. Bei der Buchung dürft ihr also nicht vergessen, die Umsatzeuer zu korrigieren.

RICCARDO: Müssen wir den Verkaufsbuchungssatz einfach umdrehen wie bei einer Rücksendung?

SELMA DEMIRCI: Fast. Zur besseren Übersicht buchen wir die Erlösminderung nicht im Soll des Kontos 5000 UEFE, sondern auf einem eigenen Unterkonto, dem Konto 5001 EBFE Erlösberichtigungen für eigene Erzeugnisse.

Die Ausgangsrechnung an Fahrradhandel24 war am 5. Juni 20.. wie folgt gebucht worden:

2400 FO	8.925,00 €	an	5000 UEFE	7.500,00 €
			4800 UST	1.425,00 €

Max und Riccardo ermitteln gemeinsam rechnerisch die Gutschrift:			Soll-seite	Haben-seite
Preisnachlass, netto (20 % von 7.500,00 €)	1.500,00 €	100 %	**EBFE**	
+ Umsatzsteuerkorrektur (19 % von 1.500,00 €)	285,00 €	19 %	UST	
= Gutschrift, brutto	1.785,00 €	119 %		FO

Max bildet den Buchungssatz für die Gutschrift:

5001 EBFE	1.500,00 €			
4800 UST	285,00 €	an	2400 FO	1.785,00 €

Riccardo notiert auf einem Notizzettel:

Gutschriften für Rücksendungen:

- Ware wird zurückgeschickt
- Verkaufsbuchungssatz umdrehen (Stornobuchung)

Gutschriften aufgrund von Sachmängeln (Mängelrüge):

- Kunde behält Ware
- Sollbuchung im Unterkonto (EBFE)

4/30
4/31
4/32
4/33
4/34

4.5.2 SKONTI AN DEN KUNDEN

Andrea Kästner beauftragt Max, folgende Ausgangsrechnung (Auszug) zu buchen:

AK-Bikes

AK-Bikes, Stamsrieder Weg 50, 85049 Ingolstadt

Andrea Kästner Mountainbikes e. Kfr.
Stamsrieder Weg 50
85049 Ingolstadt

Firma
Allgäuer Radlschuppen e. K.
Stadtplatz 10
88162 Lindenberg i. Allgäu

Telefon: 0841 0802020
Telefax: 0841 08020280
Internet: www.ak-bikes.bayern
E-Mail: info@ak-bikes.bayern

Ingolstadt, 02. August 20..

Rechnung

Nr.: 1578968

Wir lieferten Ihnen frei Haus am 31. Juli 20..:

Artikel	Artikel-Nr.	Einzelpreis €	Stück	Gesamtpreis €
Mountainbike „Nature"	MB-N	1.000,00	15	15.000,00
		– 10 % Rabatt		1.500,00
		Warenwert netto		13.500,00
		Umsatzsteuer 19 %		2.565,00
		Rechnungsbetrag		**16.065,00**

Wir danken für Ihren Auftrag.

Zahlung fällig bis zum 02. Oktober 20.. rein netto.
Bei Zahlung bis zum 12. August 20.. gewähren wir 2 % Skonto.
Die gelieferte Ware bleibt bis zur vollständigen Bezahlung unser Eigentum.

Max bildet den Buchungssatz:

2400 FO	16.065,00 €	an	5000 UEFE	13.500,00 €
			4800 UST	2.565,00 €

Am 13.08. kontrolliert Max die Zahlungseingänge der Kunden und vergleicht diese mit den Ausgangsrechnungen. Der Überweisungsbetrag des Kunden Allgäuer Radlschuppen ist ihm unklar.

DONAUBANK INGOLSTADT

IBAN DE72 7515 0080 4040 8080 20 — Auszug / Jahr 98/20..
BIC DBNKDEFF — Blatt-Nr. 1

Kontoauszug — Betrag in €

BuTag	Wert	Vorgang	Alter Kontostand	52.564,80 +
12.08.	12.08.	Allgäuer Radlschuppen e. K., Lindenberg Rechnung 1578968 v. 02.08.20..		15.743,70 +

MAX: Bei diesem Kunden stimmen der Rechnungsbetrag der Ausgangsrechnung und der Zahlungseingang nicht überein. Wir haben dem Allgäuer Radlschuppen 16.065,00 € in Rechnung gestellt, gezahlt wurden aber nur 15.743,70 €. Es wurde zu wenig überwiesen!

ANDREA KÄSTNER: Schau dir die Zahlungsbedingung auf der Ausgangsrechnung nochmal genau an.

MAX: Ah! Der Kunde hat innerhalb der Skontofrist bezahlt und 2 % Skonto vom Rechnungsbetrag abgezogen. Wie wird das denn buchhalterisch behandelt?

ANDREA KÄSTNER: Ein **Skonto** ist ein nachträglicher Preisnachlass. Die Korrekturbuchung ähnelt der Buchung einer Gutschrift aufgrund eines Sachmangels. Nur benötigen wir hier noch das Konto Bank.

MAX: Mir ist klar, welche Beträge ich auf den Konten Forderungen und Bank buchen muss. Aber was passiert mit dem Differenzbetrag in Höhe von 321,30 €?

ANDREA KÄSTNER: Ich erkläre es dir, du musst immer die folgende Nebenrechnung erstellen.

Diese **Nebenrechnung** ist für den Skontobuchungssatz eine **Pflichtangabe**:

	Rechnungsbetrag	❶ 16.065,00 €	100 %	: 1,19	Nettoskonto (100 %)
–	Bruttoskonto	321,30 €	2 %		270,00 € ❸
=	Überweisungsbetrag (Bankgutschrift)	❷ 15.743,70 €	98 %		Steuerkorrektur (19 %) 51,30 € ❹

MAX: Wir ziehen also einfach den berechneten Bruttoskonto vom Rechnungsbetrag ab und erhalten den Betrag, den der Kunde auf unser Konto überweist.

ANDREA KÄSTNER: Der Bruttoskonto setzt sich aus der Minderung des Verkaufspreises und dem Umsatzsteueranteil zusammen. Um den Nettoskonto auszurechnen, dividiert man den Bruttoskonto durch 119 und multipliziert anschließend mit 100. Oder teile einfach durch 1,19.

MAX: Buchen wir auch den Bruttoskonto?

ANDREA KÄSTNER: Nein, diesen haben wir ja in Nettoskonto und Steuerkorrektur aufgeteilt. Der Nettoskonto wird im Konto 5001 EBFE gebucht, die Steuerkorrektur im Konto 4800 UST. Jetzt solltest du in der Lage sein, den Buchungssatz zu bilden.

4/35
Z27
4/36
4/37
4/38
Z28

Max bildet den Skontobuchungssatz:

❷ 2800 BK	15.743,70 €			
❸ 5001 EBFE	270,00 €			
❹ 4800 UST	51,30 €	an	❶ 2400 FO	16.065,00 €

Skonto bei zuvor gewährter Gutschrift

Max bereitet sich schon seit Wochen gewissenhaft auf die in der Berufsschule anstehende Prüfung vor. Seine Ausbildungsleiterin Selma Demirci testet sein Wissen. Sitzen die buchhalterischen Fähigkeiten und erworbenen Kompetenzen schon?

Selma Demirci bittet Max, die Buchungssätze für folgende Geschäftsfälle zu bilden:

Geschäftsfall 1: Zielverkauf von 8 Mountainbikes „Xtreme" an den Kunden Bikeshop GbR zum Einzelpreis von 2.500,00 € netto, abzüglich 10 % Rabatt, zuzüglich in Rechnung gestellte Leihverpackung im Wert von 300,00 € netto (Rechnung Nr. 1289654).

Max berechnet den Gesamtbetrag netto:

	Listenpreis	20.000,00 €	(= 8 · 2.500,00 €)
–	Rabatt 10 %	2.000,00 €	
=	Warenwert netto	18.000,00 €	
+	Leihverpackung	300,00 €	
=	Gesamtbetrag netto	18.300,00 €	

Max bildet den Buchungssatz für die Ausgangsrechnung:

2400 FO	21.777,00 €	an	5000 UEFE	18.300,00 €
			4800 UST	3.477,00 €

Als Grundlage für den nächsten Geschäftsfall dient folgender Belegauszug:

AK-Bikes

AK-Bikes, Stamsrieder Weg 50, 85049 Ingolstadt

Andrea Kästner Mountainbikes e. Kfr.
Stamsrieder Weg 50
85049 Ingolstadt

Telefon: 0841 0802020
Telefax: 0841 08020280
Internet: www.ak-bikes.bayern
E-Mail: info@ak-bikes.bayern

Firma
Bikeshop GbR
Pedalostr. 21
63739 Aschaffenburg

Ingolstadt, 15. August 20..

Gutschriftanzeige für Rücksendung von Leihverpackung

Sehr geehrter Herr Stenger,

für die zurückgesandte Leihverpackung (Rechnung Nr. 1289654 für 8 Stück gelieferte Mountainbikes Modell „Xtreme") schreiben wir Ihnen 357,00 € brutto gut.

Mit freundlichen Grüßen

Andrea Kästner

Andrea Kästner
Inhaberin AK-Bikes

Geschäftsfall 2: Bikeshop GbR schickt die in Rechnung gestellte Leihverpackung zurück und erhält eine Gutschrift.

Max bildet den Buchungssatz für die Rücksendung der Leihverpackung:

5000 UEFE	300,00 €			
4800 UST	57,00 €	an	2400 FO	357,00 €

Geschäftsfall 3: Bikeshop GbR begleicht den noch offenen Rechnungsbetrag aus Rechnung Nr. 1289654 nach Abzug von 3 % Skonto durch Banküberweisung.

Max erklärt Selma Demirci seine Überlegungen:

Max erstellt das verpflichtende Skontoschema:

	Rechnungsbetrag		21.777,00 €			
–	Gutschrift		357,00 €			
=	offener Rechnungsbetrag	❶	21.420,00 €	100 %	: 1,19 →	Nettoskonto (100 %) 540,00 € ❸
–	Bruttoskonto		642,60 €	3 %		
=	Überweisungsbetrag (Bankgutschrift)	❷	20.777,40 €	97 %	→	Steuerkorrektur (19 %) 102,60 € ❹

Max bildet den Skontobuchungssatz:

❷ 2800 BK	20.777,40 €			
❸ 5001 EBFE	540,00 €			
❹ 4800 UST	102,60 €	an	❶ 2400 FO	21.420,00 €

SELMA DEMIRCI: Sehr schön, Max. Du bist fit für die bevorstehende Prüfung.

4/39
Z29

4.5.3 AUSWIRKUNGEN AUF DEN UNTERNEHMENSERFOLG

Die neue Auszubildende Julia Huber trifft sich mit ihrem Kollegen Max in der Kantine zum Mittagessen.

MAX: Hallo Julia. Na, wie läuft die Ausbildung?

JULIA: Gut, die Arbeit macht mir sehr viel Spaß. Gelegentlich tauchen aber noch Fragen auf.

MAX: Das ist ganz normal. Ich erinnere mich noch gut an mein erstes Ausbildungsjahr. Kann ich dir helfen?

JULIA: Ja, gerne. Dass der Verkauf der Fertigerzeugnisse den Erfolg von AK-Bikes beeinflusst, habe ich verstanden. Aber haben nachträgliche Preisnachlässe nicht auch eine Auswirkung auf den Unternehmenserfolg?

MAX: Diese führen in unserem Unternehmen zu einer Minderung der Umsatzerlöse. Bei gleichbleibenden Aufwendungen verringert sich dadurch unser Gewinn.

JULIA: Nachträgliche Preisnachlässe aufgrund von Sachmängeln und Skonti werden aber doch auf dem Konto 5001 EBFE erfasst.

MAX: Stimmt, aber 5001 EBFE ist ein Unterkonto des Kontos 5000 UEFE. Wir verwenden dieses Konto nur aus Gründen der Übersichtlichkeit.

JULIA: Dann lass uns doch an einem Beispiel das Konto 5001 EBFE abschließen.

S	5000 UEFE		H
FO	300,00 €	FO	13.000,00 €
EBFE	808,56 €	FO	18.200,00 €

S	5001 EBFE		H
FO	270,00 €	UEFE	808,56 €
FO	538,56 €		
	808,56 €		808,56 €

Julia bildet den Buchungssatz der vorbereitenden Abschlussbuchung:

5000 UEFE	808,56 €	an	5001 EBFE	808,56 €

MAX: Das hast du hervorragend gemacht. Jetzt ist gut ersichtlich, dass die Erträge auf dem Hauptkonto 5000 UEFE geringer werden. Auch hierdurch wird unser Gewinn geschmälert. Ich schreibe dir unsere Erkenntnisse als Merkhilfe auf einen Notizzettel.

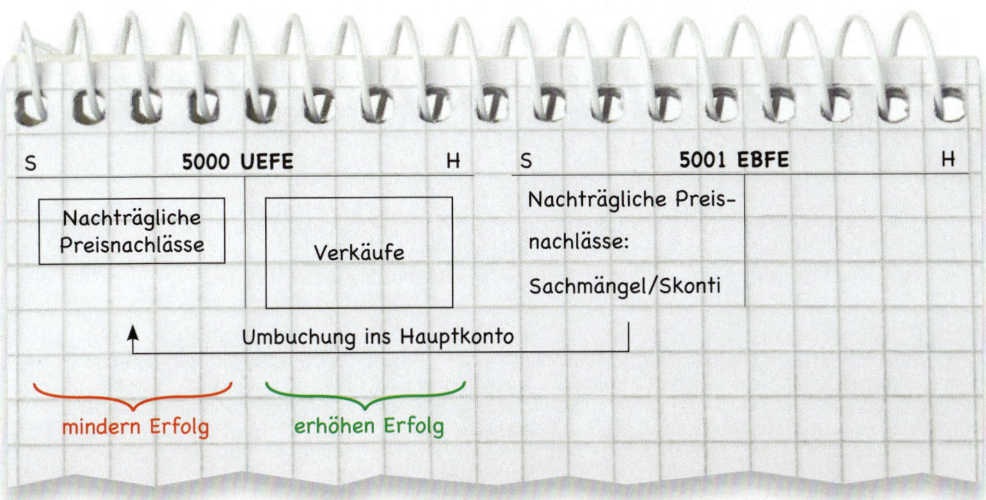

JULIA: Danke, das ist mir jetzt klar. Ich hätte noch einen Vorschlag: Damit der Erfolg durch Gutschriften z. B. bei Sachmängeln nicht zu sehr gemindert wird, sollten wir nur einen geringen Nachlass gewähren.

MAX: Das wäre keine gute Idee. Aus Gründen der Kundenbindung müssen wir sehr kulant und großzügig sein. Kürzlich forderte der Kunde Fahrradhandel24 15 % Preisnachlass aufgrund einer Mängelrüge. Um auch weiterhin gute Geschäftsbeziehungen zu diesem Kunden zu haben, gewährten wir sogar 20 % Nachlass.

JULIA: Der Kunde ist König!

Max ergänzt den Notizzettel:

4/40
4/41
4/42
4/43
4/44
Z30

Rücksendungen und nachträgliche Preisnachlässe sind wichtige Instrumente zur **Kundenbindung**. **Nachträgliche Preisnachlässe** mindern jedoch die Umsatzerlöse und führen folglich zu einer **Verringerung des Unternehmenserfolgs** (Gewinn).

Alles Klar?

VERKAUF VON FERTIGERZEUGNISSEN

- **Angebots-/Verkaufskalkulation:**

	Selbstkostenpreis	100 %
+	Gewinn	
=	Barverkaufspreis	100 %
+	Kundenskonto	
=	Zielverkaufspreis	100 %
+	Kundenrabatt	
=	Listenverkaufspreis	100 %

Vorwärtskalkulation • **Rückwärtskalkulation** • **Differenzkalkulation**

- **Umsatzerlöse (Wertezuwachs)** sind **Erträge** für ein Unternehmen.

- **Sofortrabatte** (Mengen-, Treue-, Wiederverkäufer- und Sonderrabatte) werden **sofort** vom Listenverkaufspreis **abgezogen** und **nicht gebucht**.

  z. B. **Zielverkauf von Mountainbikes abzüglich Rabatt**:

2400 FO	*Rechnungsbetrag*	an	**5000 UEFE**	*Zielverkaufspreis*
			4800 UST	*Steuerbetrag*

- **Versandkosten**

  Kauf von **Verpackungsmaterial** (für den Verkauf):

6040 AWVM	*Nettowarenwert*			
2600 VORST	*Steuerbetrag*	an	**4400 VE**	*Rechnungsbetrag*

Ausgangsfrachten für den Transport der Fertigerzeugnisse zum Kunden:

6140 AFR	*Nettowert*			
2600 VORST	*Steuerbetrag*	an	**4400 VE**	*Rechnungsbetrag*

- **Versandkosten,** die dem **Kunden in Rechnung gestellt** werden, erhöhen die Umsatzerlöse für eigene Erzeugnisse:

2400 FO	*Rechnungsbetrag*	an	**5000 UEFE**	*Zielverkaufspreis + Versandkosten*
			4800 UST	*Steuerbetrag*

- **Rücksendungen** (zu viel, falsch, beschädigt) führen zu einer **Stornobuchung:**

5000 UEFE	*Nettogutschrift*			
4800 UST	*Steuerkorrektur*	an	**2400 FO**	*Bruttogutschrift*

Für die **Rücksendung der Leihverpackung** wird der gleiche Buchungssatz gebildet.

- **Nachträgliche Preisnachlässe**

Gutschrift an Kunden **aufgrund von Sachmangel** (Mängelrüge, **keine** Rücksendung):

5001 EBFE	*Nettogutschrift*			
4800 UST	*Steuerkorrektur*	an	**2400 FO**	*Bruttogutschrift*

Banküberweisung des Kunden **innerhalb der Skontofrist**:

Rechnungsbetrag
– Gutschrift
= offener Rechnungsbetrag
– Bruttoskonto → : 1,19 → Nettoskonto (100 %); → Steuerkorrektur (19 %)
= Überweisungsbetrag (Bankgutschrift)

2800 BK	*Überweisungsbetrag*			
5001 EBFE	*Nettoskonto*			
4800 UST	*Steuerkorrektur*	an	**2400 FO**	*Rechnungsbetrag*

- **Abschluss des Unterkontos Erlösberichtigungen**

5000 UEFE	*Saldo*	an	**5001 EBFE**	*Saldo*

- Rücksendungen und nachträgliche Preisnachlässe sind wichtige Instrumente zur **Kundenbindung. Nachträgliche Preisnachlässe** mindern jedoch die Umsatzerlöse und führen zu einer **Verringerung des Unternehmenserfolgs** (Gewinns).

4.6 ANWENDUNGSAUFGABEN

4/1 Hilf der Auszubildenden Julia bei den Hausaufgaben für die Berufsschule. Berechne jeweils den Gewinn in Prozent.

	1.	2.	3.	4.	5.
Selbstkostenpreis	1.300,00 €	1.930,00 €	7.600,00 €	4.960,00 €	890,00 €
Gewinn	200,00 €	450,00 €	1.020,00 €	950,00 €	280,00 €
Barverkaufspreis	1.500,00 €	2.380,00 €	8.620,00 €	5.910,00 €	1.170,00 €

4/2 Andrea Kästner stellt dein Wissen auf die Probe! Berechne jeweils den Barverkaufspreis.

	1.	2.	3.	4.	5.
Selbstkostenpreis	10.450,00 €	5.468,00 €	7.986,00 €	6.428,00 €	8.243,00 €
Gewinn	18 %	23,5 %	19,8 %	21,4 %	16,7 %

4/3 Der Auszubildende Max findet an seinem Arbeitsplatz folgende Hausmitteilung mit der Bitte um Erledigung:

Hausmitteilung

Absender	Empfänger	mit der Bitte um
☒ Geschäftsführung	☐ Geschäftsführung	☐ Kenntnisnahme
☐ Verwaltung	☐ Verwaltung	☒ Erledigung
☐ Einkauf	☐ Einkauf	☐ Stellungnahme
☐ Produktion	☐ Produktion	
☐ Vertrieb	☐ Vertrieb	
☐ Frau/Herr	☒ ~~Frau~~/Herr Max Lindner	

Hallo Max,

unser Kunde Fahrradgroßhandel Huber fragt an, ob wir 10 E-Mountainbikes „Peak Beginner" zum Stückpreis von 2.555,00 € liefern können.

Ermittle bitte rechnerisch, ob wir dem Kunden die Ware zum gewünschten Preis anbieten können. Wir kalkulieren mit 15 % Gewinn und gewähren dem Fahrradgroßhandel Huber üblicherweise 3 % Skonto. Unsere Selbstkosten belaufen sich auf 2.115,00 € je Rad.

Mit freundlichen Grüßen

Andrea Kästner

Max soll aus dem Selbstkostenpreis den Listenverkaufspreis berechnen. Seine Lehrerin in der Berufsschule erwartet jeweils ein übersichtliches Kalkulationsschema mit genauen Bezeichnungen und ausführlichen Prozentspalten. **4/4**

	1.	2.	3.
Selbstkostenpreis	750,00 €	572,00 €	2.800,00 €
Gewinn	20 %	15 %	25 %
Kundenskonto	2 %	3 %	2 %
Kundenrabatt	10 %	12,5 %	5 %

4/5

1. Erstelle mit einem Tabellenkalkulationsprogramm ein Rechenblatt mit den Formeldarstellungen für die Vorwärtskalkulationen in Aufgabe 4/4.
2. Markiere die Eingabedaten rot und die Ausgabedaten grün.
3. Überprüfe die Richtigkeit deiner Formeldarstellungen, indem du sie mit den Ergebnissen der Aufgabe 4/4 vergleichst.

Du erklärst einem Praktikanten im Unternehmen AK-Bikes wichtige Grundlagen zur Verkaufskalkulation. **4/6**

1. Gib die Zusammensetzung der Selbstkosten an.
2. Erkläre die Bedeutung des Gewinns für AK-Bikes.
3. Recherchiere den Fachbegriff „Wiederverkäuferrabatt".
4. Erkläre, warum in der Verkaufskalkulation der Listenverkaufspreis der Grundwert des Kundenrabatts ist.
5. Stelle das Gespräch zwischen dem Praktikanten und dir mit deinem Banknachbarn mündlich nach.

4/7 Du bist Experte im Bereich Tabellenkalkulation!

1. Zeichne folgenden Auszug eines Rechenblattes in dein Heft und ergänze die fehlenden Eintragungen in den Zellen A2, A3 und A5.

	A	B	C
1	Selbstkostenpreis		5.000,00 €
2			400,00 €
3			
4	+ Kundenrabatt	10 %	=?*?/(100%–?)
5			

2. Berechne den Prozentsatz in Zelle B2 und trage diesen dort ein.
3. Gib die Formeldarstellung für Zelle C3 an.
4. Ergänze die fehlenden Angaben in der Formeldarstellung in Zelle C4.
5. Berechne den Betrag in Zelle C5 und trage ihn dort ein.

4/8 Finde die Bemessungsgrundlage (≙ 100 %) zu folgenden Kalkulationsgrößen:
Kundenskonto, Gewinn, Liefererrabatt, Kundenrabatt, Liefererskonto
Lege dazu eine Tabelle in deinem Heft an.

4/9 Der Praktikant hat einige Fragen.

1. Erkläre ihm den Unterschied zwischen der Berechnung des Liefererrabatts und der Berechnung des Kundenrabatts.
2. Erläutere ihm, warum die Sätze für Kundenrabatt und Kundenskonto nicht zu einem gemeinsamen Prozentsatz zusammengefasst werden dürfen.

4/10 Julia hat in der Berufsschule folgende Aufgabe zu lösen und bittet dich um Unterstützung:

Eine Schreinerei kalkuliert mit 28 % Gewinn und 3 % Kundenskonto. Ein Kunde würde eine Schrankwand für 2.810,00 € in Auftrag geben. Der Mitarbeiter in der Kalkulation hat einen Selbstkostenpreis von 2.210,00 € ermittelt.

1. Begründe rechnerisch, warum der Auftrag zu diesen Bedingungen nicht angenommen werden kann.
2. Die Schreinerei möchte den Auftrag annehmen. Ermittle rechnerisch, um wie viel Euro der Selbstkostenpreis gesenkt werden müsste.

Selma Demirci legt dir ein weiteres Rechenblatt vor: **4/11**

	A	B	C
1			
2	Selbstkostenpreis		
3	+ Gewinn	25 %	
4	= Barverkaufspreis		
5	+ Kundenskonto	2 %	
6	= Zielverkaufspreis		
7	+ Kundenrabatt	15 %	
8	= Listenverkaufspreis		3.000,00 €

1. Berechne mit Hilfe der Rückwärtskalkulation den Selbstkostenpreis.
2. Gib die Formeldarstellungen für die Zellen C7, C6, C5, C4, C3 und C2 an.

Ein Konkurrent von AK-Bikes bietet unserem Kunden Velofix GmbH ein vergleichbares Mountainbike zum Listenverkaufspreis in Höhe von 2.500,00 € an. Selma Demirci bittet Julia Huber um Kalkulation des möglichen Rabatts (in € und %), den wir Velofix gewähren könnten, wenn von einem Selbstkostenpreis in Höhe von 1.875,00 € und 20 % Gewinn ausgegangen wird. **4/12**

Löse das Rätsel. Umlaute werden mit einem Buchstaben geschrieben (ä, ö, ü). **4/13**

1	?	?	?	?	?	?	?	?	?	?	?	?	?	?	?	?	?	?	?	?			
				2	?	?	?	?	?	?	?	?	?	?	?	?							
			3	?	?	?	?	?	?	?	?	?	?	?	?	?	?	?	?	?	?	?	?
		4	?	?	?	?	?	?	?	?	?	?	?										
		5	?	?	?	?	?	?															
		6	?	?	?	?	?	?	?	?	?	?	?										
7	?	?	?	?	?	?	?	?	?	?	?	?	?	?	?	?	?	?	?				
		8	?	?	?	?	?	?	?	?	?	?	?	?									

Schreibe die Lösungen in dein Heft. Das Lösungswort ist ein Begriff aus der Buchhaltung.

1. Art der Kalkulation, mit der man den Gewinn berechnet
2. Alle Kosten, die Andrea Kästner bei der Fertigung von Produkten entstehen
3. Art der Kalkulation, mit der ausgehend vom Listenverkaufspreis der Selbstkostenpreis berechnet wird
4. Hier gibt man Formeldarstellungen zur schnelleren Berechnung der Verkaufspreise ein
5. Wird dem Kunden für frühzeitige Zahlung gewährt
6. Preisnachlass an langjährige Kunden
7. Grundwert für die Berechnung des Kundenrabatts
8. Nachlass an Kunden, die eine große Stückzahl kaufen

4/14 Modelle stellen die Wirklichkeit vereinfacht dar.

1. Zeichne das Modell des Fertigungsunternehmens AK-Bikes (Seite 184) in dein Heft.
2. Ergänze das Modell, indem du die folgenden Begriffe dem Einkaufs- oder Verkaufsbereich passend zuordnest:

   Werkstoffe – Forderungen – Fertigerzeugnisse – Bezugskosten – Ausgangsrechnung – Zielkauf – Vorsteuer – Umsatzsteuer – Verbindlichkeiten

4/15 Arbeite mit deinem Banknachbarn: Um ihre Gewinnsituation zu verbessern, sucht Andrea Kästner nach Möglichkeiten, die Kosten in den Bereichen Einkauf, Fertigung und Verkauf zu senken.

1. Unterbreitet Andrea Kästner Vorschläge für die Einsparung von Kosten in den einzelnen Unternehmensbereichen.
2. Diskutiert weitere Möglichkeiten der Gewinnsteigerung und haltet diese schriftlich fest.
3. Stellt euer Gespräch mit Andrea Kästner in einem Rollenspiel dar.

4/16 Formuliere den Geschäftsfall zum Beleg auf Seite 186.

4/17 Richtig oder falsch?

Verbessere die falschen Aussagen und schreibe sie richtig auf.

A	Rabatte werden gewährt, um einen Preisvorteil gegenüber den Mitbewerbern zu erzielen.
B	Der Rabatt ist ein nachträglicher Preisnachlass.
C	Händler sind verpflichtet, ihren Kunden einen Rabatt einzuräumen.
D	Rabatte sind ein Mittel zur Kundenbindung.
E	Für Rabatte wird deshalb kein Konto eingerichtet, weil sie sofort vom Listenpreis abgezogen werden.

4/18 Das Unternehmen AK-Bikes erhält einen Auftrag über zwei E-Mountainbikes „Peak Premium". Beim Zielverkauf erstellt die Auszubildende Julia folgenden Buchungssatz:

2400 FO	8.568,00 €	an	5000 UEFE	7.200,00 €
			4800 UST	1.368,00 €

Ergänze mithilfe des vorliegenden Buchungssatzes die fehlenden Werte im Rechenblatt.

	A	B	C
1	Selbstkostenpreis		6.000,00 €
2	+ Gewinn	16,4 %	984,00 €
3	= Barverkaufspreis		6.984,00 €
4	+ Kundenskonto	????	????
5	= Zielverkaufspreis		????
6	+ Kundenrabatt	25 %	????
7	= Listenverkaufspreis		????

Übernimm den Notizzettel zu Sofortrabatten (Seite 187) in dein Portfolio. **4/19**

Das Unternehmen AK-Bikes hat folgenden Beleg versendet: **4/20**

AK-Bikes

AK-Bikes, Stamsrieder Weg 50, 85049 Ingolstadt

Andrea Kästner Mountainbikes e. Kfr.
Stamsrieder Weg 50
85049 Ingolstadt

Telefon: 0841 0802020
Telefax: 0841 08020280
Internet: www.ak-bikes.bayern
E-Mail: info@ak-bikes.bayern

Firma
Zweirad Arnold e. K.
Frohnradstraße 19
63768 Hösbach

Rechnung

Nr.: 326547

Ingolstadt, 02. März 20..

Wir lieferten Ihnen frei Haus am 27. Februar 20..:

Artikel	Artikel-Nr.	Einzelpreis €	Stück	Gesamtpreis €
Mountainbike „Xtract“	MB-XT	1.500,00	10	15.000,00
		– 10 % Rabatt		
		Warenwert netto		
		Umsatzsteuer 19 %		
		Rechnungsbetrag		**16.065,00**

Wir danken für Ihren Auftrag.

Zahlungsbedingungen: Zahlbar innerhalb von 60 Tagen rein netto.
Bei Zahlung innerhalt von 8 Tagen gewähren wir 2 % Skonto.
Die gelieferte Ware bleibt bis zur vollständigen Bezahlung unser Eigentum.

1. Durch Kaffeeflecken wurden einige Beträge im Beleg unleserlich. Berechne diese.
2. Bestimme die Belegart. Nenne zwei Fachbegriffe.
3. Gib den Adressaten des Belegs an.
4. Notiere den Betrag, den der Kunde an das Unternehmen AK-Bikes bezahlen muss.
5. Bilde den Buchungssatz für den vorliegenden Beleg.

4/21 Andrea Kästner legt dir folgenden Beleg zur Bearbeitung vor:

PACK

Deutschlands Nr. 1 für Verpackungsmaterial

Pack GmbH · Am Berg 10 · 80339 München

Firma
Andrea Kästner Mountainbikes e. Kfr.
Stamsrieder Weg 50
85049 Ingolstadt

Pack GmbH
Am Berg 10
80339 München
Auftragsannahmen
Telefon: 089 111 222
Telefax: 089 333 555
E-Mail: info@pack...
www.pack...

Rechnung

Nr.: 748/20
Kunden Nr.: 699027
Lieferung: 13.04.20..

München, 13. April 20..

Bestell-Nr.	Artikelbezeichnung	Stück	Preis €	Gesamt €
08157	Kartons	250	4,00	1.000,00
17685	Verpackungsfolien	200	2,50	500,00

Wir bedanken uns für Ihre Bestellung.

stpfl. Betrag €	MwSt. %	Rechnungsbetrag
1.500,00	285,00	1.785,00 €

Zahlung bis 13. Mai 20.. rein netto.
Die gelieferte Ware bleibt bis zur vollständigen Zahlung unser Eigentum.

Wir bedanken uns für das in unser Unternehmen gesetzte Vertrauen!

Bankverbindung: Sparbank München
IBAN: DE01 3904 0000 0044 4500 00
BIC: SPARDENM

Amtsgericht München HRA 6357
USt-IdNr.: DE845679731
Steuernr.: 680/500/36970

1. Bestimme die Belegart. Gib zwei Fachbegriffe an.
2. Formuliere den zugrunde liegenden Geschäftsfall.
3. Bilde den Buchungssatz für diesen Beleg.

Andrea Kästner erhält von der Spedition Huckepack die folgende Rechnung. Wie üblich, ruft sie ihre Auszubildende Julia und stellt ihr verschiedene Aufgaben zum Beleg. Julia hofft natürlich, dass du ihr dabei helfen kannst. 4/22

SpeditionHuckepack GmbH

Spedition Huckepack GmbH, Urbanstr.17–20, 81371 München

München | Hamburg | Regensburg

Tel.: 089 763214-10
Fax: 089 763214-50
E-Mail: info@huckepack...

Firma
Andrea Kästner Mountainbikes e. Kfr.
Stamsrieder Weg 50
85049 Ingolstadt

Rechnung

München, 24. Juni 20..

Nr.: 6758
Leistungsdatum: 24. Juni 20..

	Gesamtpreis Euro
Fracht von Ingolstadt nach Bamberg (Radhouse & more)	490,00
+ 19 % Umsatzsteuer	93,10
Rechnungsbetrag	583,10

Wir bedanken uns für Ihren Auftrag und das damit verbundene Vertrauen in unser Unternehmen.

Zahlbar sofort rein netto.

Bankverbindung: Goldbank München
IBAN: DE86 8700 6000 7564 99
BIC: GOBAMUEXXX

Amtsgericht München HRB 21479
USt-IdNr.: DE201479347
Steuernr.: 143/169/23049

Geschäftsführung:
Thomas Gärtner

1. Bilde den Buchungssatz zu oben stehendem Beleg.
2. Gib einen Grund an, warum AK-Bikes die Transportkosten für den Kunden Radhouse & more übernimmt.
3. AK-Bikes überweist den Rechnungsbetrag an die Spedition Huckepack GmbH am 26. Juni. Bilde den Buchungssatz.

4/23 Der Auszubildende Riccardo findet an seinem Arbeitsplatz folgende Hausmitteilung mit der Bitte um Erledigung:

Hausmitteilung

Absender	Empfänger	mit der Bitte um
☒ Geschäftsführung	☐ Geschäftsführung	☐ Kenntnisnahme
☐ Verwaltung	☒ Verwaltung	☒ Erledigung
☐ Einkauf	☐ Einkauf	☐ Stellungnahme
☐ Produktion	☐ Produktion	
☐ Vertrieb	☐ Vertrieb	
☐ Frau/Herr	☒ Herr Riccardo Fontana	

Hallo Riccardo,

bitte bilde für die folgenden Geschäftsfälle die Buchungssätze:

1. Zielkauf von Spezialkartons, 1.166,20 € brutto
2. Barzahlung von Versandkosten für ausgelieferte Mountainbikes, 250,00 € netto
3. Eingangsrechnung der Spedition Schnell für den Transport von Aluminiumrohren, 892,50 brutto

Vielen Dank im Voraus.

Mit freundlichen Grüßen

Andrea Kästner

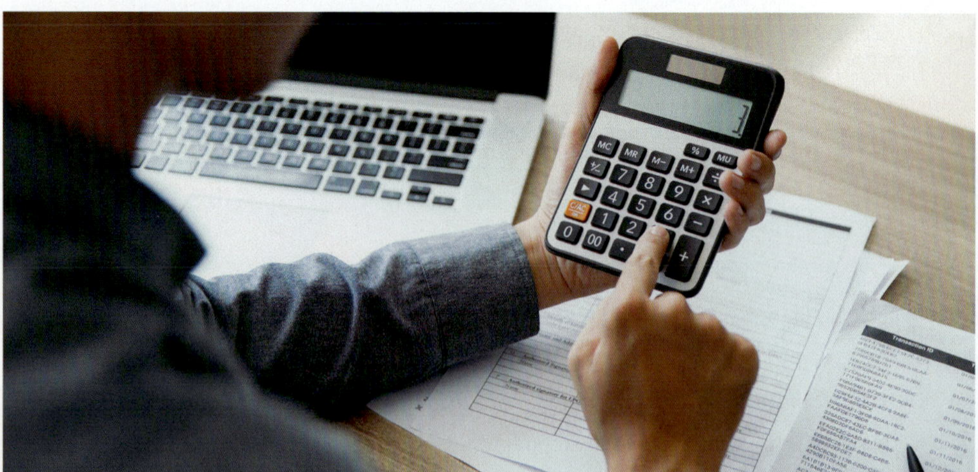

Im Unternehmen AK-Bikes musst du der Praktikantin einiges erklären. **4/24**

1. Erkläre den Unterschied zwischen Bezugskosten und Versandkosten.
2. Beschreibe die buchhalterische Erfassung der Bezugs- und Versandkosten.
3. Gib an, wer die Versandkosten bei Lieferung „frei Haus“ und „ab Werk“ trägt.

Bilde die Buchungssätze für AK-Bikes zu folgenden Geschäftsfällen: **4/25**

1. Wir kaufen Kartonagen für den Versand von Mountainbikes auf Ziel, netto 670,00 €.
2. Zehn Mountainbikes je 1.200,00 € netto werden an den Kunden Zweirad Arnold auf Ziel verkauft. Es werden zusätzlich netto 230,00 € Versandkosten in Rechnung gestellt.
3. Die Bezahlung der Frachtkosten in Höhe von 240,00 € netto an die Spedition Huckepack für die Lieferung von Mountainbikes an den Kunden Bikecenter Würzburg erfolgt bar.
4. Der Kunde Bike-Fritz erhält von uns 15 Mountainbikes zu je 1.200,00 € netto geliefert. Die Bezahlung muss innerhalb von 60 Tagen erfolgen. Als langjähriger Kunde erhält die Firma Bike-Fritz 20 % Treuerabatt, anteilig werden ihr netto 10,00 € Frachtkosten je Fahrrad in Rechnung gestellt.
5. Wir erhalten eine Rechnung über den Einkauf von fünf Rollen Schutzfolie zu je netto 160,00 € für unseren Versand von Mountainbikes.
6. Das Fahrradfachgeschäft Zweirad Gruber kauft bei uns zehn Mountainbikes „Xtract“ zu je 1.500,00 € netto und acht Mountainbikes „Nature“ zu je 1.000,00 € netto. Dem Kunden werden zusätzlich Leihpaletten für netto 480,00 € in Rechnung gestellt.

4/26 Selma Demirci prüft Riccardos Wissen mit folgendem Beleg ab. Hilf ihm, die richtigen Aussagen herauszufinden. Verbessere die falschen Aussagen und schreibe sie richtig auf.

AK-Bikes

AK-Bikes, Stamsrieder Weg 50, 85049 Ingolstadt

Andrea Kästner Mountainbikes e. Kfr.
Stamsrieder Weg 50
85049 Ingolstadt

Telefon: 0841 0802020
Telefax: 0841 08020280
Internet: www.ak-bikes.bayern
E-Mail: info@ak-bikes.bayern

Firma
Bike-Fritz OHG
Radplatz 6
90402 Nürnberg

Ingolstadt, 30. Mai 20..

Rechnung

Nr.: 1245657

Wir lieferten Ihnen frei Haus am 26. Mai 20..:

Artikel	Artikel-Nr.	Einzelpreis €	Stück	Gesamtpreis €
Mountainbike „Nature“	MB-N	1.000,00	10	10.000,00
Spezialverpackung	Karton XXL	3,00	10	30,00
Fracht		pauschal		420,00
Nettowert				10.450,00
Umsatzsteuer 19 %				1.985,50
Wir danken für Ihren Auftrag.		**Rechnungsbetrag**		**12.435,50**

Zahlungsbedingungen: Zahlbar innerhalb von 60 Tagen rein netto.
Bei Zahlung innerhalb von 8 Tagen gewähren wir 2 % Skonto.
Die gelieferte Ware bleibt bis zur vollständigen Bezahlung unser Eigentum.

A	Der Kunde Bike-Fritz muss die Rechnung innerhalb von 30 Tagen begleichen.
B	AK-Bikes stellt Versandkosten in Höhe von netto 420,00 € in Rechnung.
C	AK-Bikes lieferte am 30. Mai 20.. zehn Mountainbikes „Nature“.
D	Bike-Fritz muss die Rechnung spätestens am 30. Juli 20.. beglichen haben.
E	Nach sechzig Tagen muss nur noch der Nettobetrag bezahlt werden.
F	Bei Zahlung innerhalb von 8 Tagen darf Bike-Fritz 3 % Skonto abziehen.

4/27 Du bist Experte für Rücksendungen!

Erstelle eine Mindmap, in der folgende Punkte berücksichtigt werden:

- drei Gründe für Rücksendungen durch den Kunden
- buchhalterische Erfassung von Rücksendungen (inkl. Fachbegriff)
- Begründung für die Umsatzsteuerkorrektur

Unterstütze die Auszubildende Julia bei der Bearbeitung folgender E-Mail: **4/28**

> **Von:** info@ak-bikes.bayern
> **An:** info@radstadl...
> **Betreff:** Rücksendung
>
> Normaler Text | Variable Breite
>
> Sehr geehrter Herr Huber,
>
> wir bedauern sehr, dass die gelieferten fünf Mountainbikes die von Ihnen geschilderten und dokumentierten Lackfehler aufweisen.
> Bitte senden Sie die Mountainbikes auf unsere Gefahr und Kosten zurück. Wir schreiben Ihnen wunschgemäß den Kaufpreis in Höhe von 5.950,00 € einschließlich 19 % Umsatzsteuer gut.
>
> Mit freundlichen Grüßen
>
> Andrea Kästner
> AK-Bikes

1. Bilde den Buchungssatz für die ursprüngliche Ausgangsrechnung.
2. Bilde den Buchungssatz für den vorliegenden Beleg.
3. Erkläre, warum es für AK-Bikes wichtig ist, die Gutschrift möglichst schnell dem Kunden Radstadl zu gewähren.

Der Praktikant soll in der Buchhaltung des Unternehmens AK-Bikes mit deiner Hilfe die Buchungssätze zu folgenden Geschäftsfällen bilden. **4/29**

1. Zielverkauf von zwei Mountainbikes „Xtreme“, Listenpreis pro Stück, netto 2.800,00 € abzüglich 20 % Rabatt
2. Gutschrift in Höhe von 1.904,00 € brutto für Rücksendung eines Mountainbikes durch Kunde Bikepoint
3. Rücksendung berechneter Leihverpackung im Wert von 150,00 € netto, in der Mountainbikes versandt wurden; Gutschrift 80 %

Übernimm den Notizzettel zu Gutschriften (Seite 199) in dein Portfolio. **4/30**

Führe ein Fachgespräch mit deinem Banknachbarn! **4/31**

1. Diskutiert, unter welcher Voraussetzung ein Kunde eine schadhaft gelieferte Ware behalten oder zurücksenden wird.
2. Das Unternehmen AK-Bikes liefert mangelhafte Fertigerzeugnisse.

   Fall 1: Der Kunde sendet die beschädigten Fertigerzeugnisse zurück.

   Fall 2: Unternehmerin Andrea Kästner gewährt dem Kunden einen nachträglichen Preisnachlass.

   Besprecht den Unterschied bei der Buchung der beiden Fälle.
3. Erklärt euch gegenseitig den wesentlichen Unterschied zwischen Sofortrabatten und Nachlässen aufgrund von Mängelrügen.

4/32 Andrea Kästner sendet an den Kunden Allgäuer Radlschuppen folgendes Schreiben:

AK-Bikes

AK-Bikes, Stamsrieder Weg 50, 85049 Ingolstadt

Andrea Kästner Mountainbikes e. Kfr.
Stamsrieder Weg 50
85049 Ingolstadt

Telefon: 0841 0802020
Telefax: 0841 08020280
Internet: www.ak-bikes.bayern
E-Mail: info@ak-bikes.bayern

Firma
Allgäuer Radlschuppen e. K.
Stadtplatz 10
88162 Lindenberg i. Allgäu

Ingolstadt, 02. August 20..

Sehr geehrter Herr Stein,

wir bedauern, dass einige der gelieferten Mountainbikes „Xtract" kleinere Farbabweichungen aufweisen.

Wie telefonisch besprochen, erhalten Sie einen Preisnachlass in Höhe von brutto 499,80 €, den wir Ihnen gutschreiben werden.

Bitte entschuldigen Sie die Unannehmlichkeiten.
Auf weiterhin gute Geschäftsbeziehungen!

Mit freundlichen Grüßen

Andrea Kästner

Andrea Kästner
Inhaberin AK-Bikes

1. Formuliere den Geschäftsfall zu dem vorliegenden Beleg.
2. Bilde den Buchungssatz.
3. Erkläre den Unterschied zum Beleg der Aufgabe 4/28.

Unterstütze Julia bei der Bearbeitung folgender Geschäftsfälle. Es sind jeweils die Buchungssätze zu bilden. **4/33**

1. Zwölf Mountainbikes werden zu netto 22.500,00 € auf Ziel verkauft.
2. Wegen einer Mängelrüge erhält der Kunde aus 1. einen nachträglichen Preisnachlass in Höhe von netto 1.520,00 €.
3. Der Auszubildende Max schreibt eine Ausgangsrechnung über 5 Mountainbikes „Xtract" zu einem Listenpreis von 1.500,00 € netto je Rad.
4. Leider sind die Verschraubungen am Lenker bei einigen Mountainbikes aus 3. mangelhaft. Zwei Mountainbikes können aus Sicherheitsgründen nicht verwendet werden. Der Kunde sendet sie gegen Gutschrift an uns zurück. Bei einem weiteren Mountainbike kann die mangelhafte Verschraubung repariert werden. Der Kunde erhält dafür einen nachträglichen Preisnachlass von insgesamt 200,00 € netto.
5. Ein Kunde schickt berechnete Leihverpackung an AK-Bikes zurück und erhält eine Gutschrift von 50,00 € netto.

Gib jeweils unter Nennung des Kennbuchstabens an, ob folgende Aussagen A bis H richtig oder falsch sind. Verbessere die falschen Aussagen und schreibe sie richtig auf. **4/34**

A	Nachträgliche Preisnachlässe werden sofort abgezogen und nicht gebucht.
B	Rücksendungen bewirken eine Stornobuchung.
C	Sofortrabatte werden buchhalterisch erfasst.
D	Nachträgliche Preisnachlässe werden z. B. aufgrund von Mängelrügen gewährt.
E	Erlösberichtigungen werden auf dem Konto 5000 UEFE erfasst.
F	Bei nachträglichen Preisnachlässen ist die Umsatzsteuer zu korrigieren.
G	Sowohl bei einer Rücksendung als auch bei einer Mängelrüge erhält der Kunde eine Gutschrift.
H	Gutschriften an Kunden werden im Konto 4400 VE gebucht.

4/35 Betrachte die Rechnung Nr.: 1578968 vom 2. August 20..

Nimm zu folgenden Aussagen Stellung und entscheide, ob diese richtig oder falsch sind. Falsche Aussagen sind richtig zu stellen.

A	Aus der Rechnung ergibt sich als Zahlungsziel der 12. August 20..
B	Rabatt und Skonto der vorliegenden Rechnung betragen zusammen 12 % des Gesamtbetrages.
C	Der Kunde Allgäuer Radlschuppen hat immer Anspruch auf Skontogewährung.

AK-Bikes

AK-Bikes, Stamsrieder Weg 50, 85049 Ingolstadt

Andrea Kästner Mountainbikes e. Kfr.
Stamsrieder Weg 50
85049 Ingolstadt

Telefon: 0841 0802020
Telefax: 0841 08020280
Internet: www.ak-bikes.bayern
E-Mail: info@ak-bikes.bayern

Firma
Allgäuer Radlschuppen e. K.
Stadtplatz 10
88162 Lindenberg i. Allgäu

Ingolstadt, 02. August 20..

Rechnung

Nr.: 1578968

Wir lieferten Ihnen frei Haus am 31. Juli 20..:

Artikel	Artikel-Nr.	Einzelpreis €	Stück	Gesamtpreis €
Mountainbike „Nature"	MB-N	1.000,00	15	15.000,00
		– 10 % Rabatt		1.500,00
		Warenwert netto		13.500,00
		Umsatzsteuer 19 %		2.565,00
		Rechnungsbetrag		**16.065,00**

Wir danken für Ihren Auftrag.

Zahlung fällig bis zum 02. Oktober 20.. rein netto.
Bei Zahlung bis zum 12. August 20.. gewähren wir 2 % Skonto.
Die gelieferte Ware bleibt bis zur vollständigen Bezahlung unser Eigentum.

4/36 Hilf dem Auszubildenden Max bei der Bearbeitung folgender Aufgabe.

1. Formuliere den Geschäftsfall zu nachstehendem Buchungssatz:

2800 BK	4.664,80 €			
5001 EBFE	80,00 €			
4800 UST	15,20 €	an	2400 FO	4.760,00 €

2. Ermittle rechnerisch die Höhe des Skontos in Prozent.

Im Unternehmen AK-Bikes sind für folgende Geschäftsfälle die Buchungssätze zu bilden: **4/37**

1. Ein Kunde begleicht innerhalb der Skontofrist eine Rechnung für die Lieferung von Mountainbikes. Der Rechnungsbetrag beträgt 5.950,00 €, abzüglich 2 % Skonto.
2. In einem anderen Fall überweist ein Kunde für die Auslieferung von E-Mountainbikes nach Abzug von 3 % Skonto 6.925,80 € auf das Geschäftsbankkonto.
3. Ein E-Mountainbike „Peak Premium" im Wert von netto 3.800,00 € wird an den Kunden Bikeshop auf Ziel verkauft.
4. Bikeshop begleicht den offenen Rechnungsbetrag durch Banküberweisung abzüglich 2,5 % Skonto (siehe Nr. 3).

Du erhältst von Andrea Kästner folgenden Beleg zur buchhalterischen Erfassung. **4/38**

1. Erläutere einen betriebswirtschaftlichen Grund, warum AK-Bikes dem Kunden Allgäuer Radlschuppen Skontoabzug gewährt.
2. Bilde den Buchungssatz zu dem Vorgang auf dem Beleg.

DONAUBANK INGOLSTADT				
IBAN DE72 7515 0080 4040 8080 20 BIC DBNKDEFF			Auszug / Jahr 21/20.. Blatt-Nr. 1	
			Kontoauszug	Betrag in €
BuTag	**Wert**	**Vorgang**	**Alter Kontostand**	52.564,80 +
12.08.	12.08.	Allgäuer Radlschuppen e. K., Lindenberg Rechnung 1578968 v. 02.08.20.. abzüglich 3% Skonto		13.502,40 +
			Neuer Kontostand	66.067,20 +
Andrea Kästner Mountainbikes e. Kfr. 85049 Ingolstadt				
Ihre Servicebank Homebanking bequem und günstig			letzte Erstellung Erstellungstag	10.08.20.. 13.08.20.. / 11:26

Ein Freund von dir besucht aktuell die neunte Klasse deiner Realschule. Von ihm erfährst du, dass während eines Betriebspraktikums auch dein buchhalterisches Wissen abgefragt werden kann. Du willst gut vorbereitet sein und löst folgende Aufgaben aus einem Übungsbuch: **4/39**

Ein Küchengerätehersteller stellt u. a. Kaffeemaschinen her. Der Barverkaufspreis einer Maschine beträgt 90,00 €. Der Kunde erhält 2 % Skonto bei Zahlung innerhalb von 8 Tagen und 8 % Sonderrabatt.

1. Ermittle den Listenverkaufspreis für eine Kaffeemaschine.
2. Ein Kunde kauft 20 Kaffeemaschinen. Bilde den Buchungssatz für die Ausgangsrechnung.
3. Der Kunde schickt drei defekte Kaffeemaschinen zurück. Bilde den Buchungssatz für die Gutschrift.
4. Der Kunde überweist den Restbetrag abzüglich Skonto. Bilde den Buchungssatz.
5. Löse die Teilaufgabe 1 mithilfe eines Rechenblattes.

4/40 Andrea Kästner legt dir das Konto 5001 EBFE mit einigen Arbeitsaufträgen vor:

S		5001 EBFE	H
FO	335,00 €		
FO	95,00 €		

1. Bilde einen möglichen Buchungsatz für die Buchung von 335,00 € auf der Sollseite.
2. Formuliere den Geschäftsfall für den Buchungssatz aus Nr. 1.
3. Erläutere, wie sich der Geschäftsfall aus Nr. 2 auf den Gewinn von AK-Bikes auswirkt.
4. Zeichne das Konto 5001 EBFE mit seinen Eintragungen in dein Heft und schließe es ordnungsgemäß ab.
5. Bilde den Buchungssatz der vorbereitenden Abschlussbuchung zum Abschluss des Kontos 5001 EBFE.

4/41 Selma Demirci stellt das Wissen und Können ihrer drei Auszubildenden auf die Probe. Sie sollen den Geschäftsfall formulieren, der folgendem Buchungssatz zugrunde liegt:

5000 UEFE	360,00 €	an	5001 EBFE	360,00 €

4/42 Erstelle eine Mindmap zum Thema „Verkauf von Fertigerzeugnissen" (Plakat). Wichtig: Auch die Auswirkungen auf den Unternehmenserfolg sollten berücksichtigt werden. Verwende Fachbegriffe! Symbole und zeichnerische Elemente erhöhen die Anschaulichkeit. Stellt euch die Entwürfe gegenseitig vor bzw. organisiert im Klassenzimmer eine Ausstellung. Wählt gemeinsam den übersichtlichsten Entwurf aus und befestigt den Computerausdruck bzw. das Plakat als Merkhilfe im Klassenzimmer.

Du kannst die Mindmap auch mit einem Computerprogramm (Freeware) erstellen.

4/43 Löse das Bilderrätsel und erläutere den gesuchten Begriff.

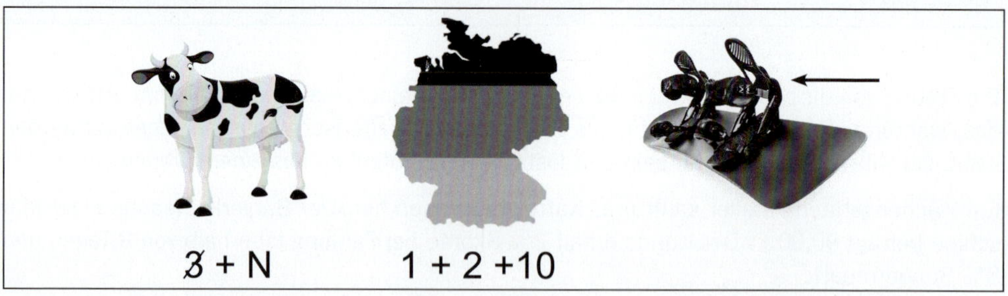

4/44 „Außenseiter gesucht"

Begründe, welcher dieser Begriffe nicht in die Reihe gehört.

1. Rücksendung – Skonto – Mängelrüge
2. Ausgangsfrachten – Bezugskosten – Verpackungsmaterial
3. Selbstkostenpreis – Listenverkaufspreis – Einstandspreis

4.7 KOMPETENZCHECK

Der Kompetenzcheck ist ein Fragebogen zur Selbsteinschätzung deiner im Unterricht erworbenen Kompetenzen. Hier geht es darum, dass du deine fachlichen Kompetenzen zum Lernbereich 4 (Verkauf von Fertigerzeugnissen) bewertest. Schätze dich selber ein. Gehe vom aktuellen Stand deiner Kompetenz aus. Drucke den Selbsteinschätzungsbogen aus (www.ak-bikes.bayern). Fülle diesen aus, indem du in jeder Zeile ehrlich einen Haken ✓ setzt. Die von dir bearbeiteten Anwendungsaufgaben helfen dir, dich richtig einzuschätzen.

 stimmt,  stimmt teilweise,  stimmt nicht.

Wiederhole die Inhalte des Lernbereichs, in denen du dich noch nicht so richtig kompetent fühlst. Führe danach den Kompetenzcheck erneut durch. So kannst du deinen Lernfortschritt überprüfen.

Ich kann ...	Lernbereich	Aufgaben
... mithilfe der Vorwärtskalkulation den Listenverkaufspreis ermitteln.	**4.1.1**	4/1–4/9
... eine Rückwärtskalkulation durchführen.	**4.1.2**	4/10, 4/11
... Kundenanfragen zu einem niedrigeren Verkaufspreis mithilfe der Differenzkalkulation rechnerisch überprüfen und bewerten.	**4.1.3**	4/12, 4/13
... Umsatzerlöse als Erträge für das Unternehmen definieren.	**4.2.1**	4/14, 4/15
... Ausgangsrechnungen prüfen und für die Buchung vorbereiten.	**4.2.2**	4/16
... den Verkauf von Fertigerzeugnissen unter Berücksichtigung von Sofortrabatten buchhalterisch erfassen.	**4.2.2**	4/17–4/20
... Versandkosten im Verkaufsbereich (Verpackungsmaterial und Ausgangsfrachten) buchen.	**4.3.1** **4.3.2**	4/21–4/23
... dem Kunden in Rechnung gestellte Versandkosten buchhalterisch erfassen.	**4.3.3**	4/24–4/26
... die Rücksendung von Fertigerzeugnissen buchen.	**4.4.1**	4/27, 4/28
... die Rücksendung von Leihverpackung buchen.	**4.4.2**	4/29
... Gutschriften aufgrund von Sachmängeln (nachträgliche Preisnachlässe) buchhalterisch erfassen.	**4.5.1**	4/30–4/34
... Skonti an den Kunden als nachträgliche Preisnachlässe buchhalterisch erfassen.	**4.5.2**	4/35–4/39
... die Auswirkungen von Rücksendungen und nachträglichen Preisnachlässen auf den Unternehmenserfolg beurteilen.	**4.5.3**	4/40–4/44

4.8 ALLES KLAR!

Du bist Mitarbeiterin bzw. Mitarbeiter in der Abteilung Rechnungswesen des Unternehmens AK-Bikes und wirst mit deinen im Lernbereich 4 erworbenen Kompetenzen die drei Auszubildenden Julia, Riccardo und Max bei der Bearbeitung verschiedener Aufgaben unterstützen.

Max legt dir folgende E-Mail zur Bearbeitung vor:

Von: info@bikeshop...
An: info@ak-bikes.bayern
Betreff: Anforderung Angebot

Sehr geehrte Frau Kästner,

bitte unterbreiten Sie mir ein Angebot über 10 Mountainbikes „Xtreme" MB-XT.
Uns liegt ein Angebot eines Konkurrenzunternehmens in Höhe von 2.600,00 € je Mountainbike vor.

Da wir mit der Kaufabwicklung, der Kundenbetreuung und der Qualität Ihrer Produkte sehr zufrieden waren, würden wir auch in diesem Jahr gerne auf Ihre Produkte zurückgreifen.

Vielen Dank im Voraus.

Mit freundlichen Grüßen

Harald Stenger
Bikeshop GbR

Du erhältst noch weitere Informationen von Max:

Auflistung der Herstellungskosten pro Mountainbike:

- Carbon-Gewebe und sonstige Werkstoffe 1.132,30 €
- Strom, Wasser, weitere Betriebskosten 140,70 €
- Löhne und Gehälter 515,75 €
- Verwaltungskosten 180,00 €

1. Ermittle den Listenverkaufspreis für ein Mountainbike, wenn AK-Bikes mit 12 % Gewinn kalkuliert. Außerdem gewähren wir unserem Kunden Bikeshop 2 % Skonto und 10 % Rabatt.
2. Verfasse eine E-Mail, in der du Bikeshop ein Angebot unterbreitest.
3. Bikeshop nimmt das Angebot an. Bilde den Buchungssatz für den Zielverkauf der Mountainbikes.

In Julias Berichtsheft findest du einen Eintrag, in den sich vier Fehler eingeschlichen haben.

Ausbildungsnachweis

Woche vom 15. bis 19. Okt

Name: Julia Huber

Ausbildungsjahr: Lehrjahr 1

	Ausbildungsabteilung	Schulische und betriebliche Unterrichtsthemen, ausgeführte Arbeiten, Unterweisungen etc.	Einzel-stunden	Gesamt-stunden
Montag	Büro	Heute habe ich Folgendes gelernt:		
		Man kann die Einkaufskalkulation auch als Angebotskal-		
		kulation bezeichnen. Der Selbstkostenpreis entspricht		
		dem Nettowarenwert. Gewähren wir dem Kunden Treue-		
		rabatt, handelt es sich um einen nachträglichen Preis-		
		nachlass. Der Barverkaufspreis ist die Bemessungs-		
		grundlage für den Kundenskonto. Der Verkäufer kalku-		
		liert beim Kundenskonto aus Sicht des Käufers.		

4. Finde die Fehler und übernimm die ausgebesserte Fassung in dein Heft.

Für die Lieferung der Mountainbikes zum Kunden Bikeshop erhielt das Unternehmen AK-Bikes folgenden Beleg. Riccardo bittet dich um Unterstützung bei der Bearbeitung.

*Spedition***Huckepack GmbH**

Spedition Huckepack GmbH, Urbanstr.17–20, 81371 München

München | Hamburg | Regensburg
Tel.: 089 763214-10
Fax: 089 763214-50
E-Mail: info@huckepack...

Firma
Andrea Kästner Mountainbikes e. Kfr.
Stamsrieder Weg 50
85049 Ingolstadt

München, 06. Juni 20..

Rechnung

Nr.: 63786
Leistungsdatum: 06. Juni 20..

	Gesamtpreis Euro
Fracht von Ingolstadt nach Aschaffenburg (Bikeshop)	420,00
+ 19 % Umsatzsteuer	79,80
Rechnungsbetrag	499,80

Wir bedanken uns für Ihren Auftrag und das damit verbundene Vertrauen in unser Unternehmen.
Zahlbar sofort rein netto.

5. Riccardo ist mit den Begrifflichkeiten im Fach BwR völlig durcheinander geraten. Anhand des Beleges erklärst du ihm noch einmal den Unterschied zwischen einer Eingangsrechnung und einer Ausgangsrechnung sowie zwischen Bezugskosten und Versandkosten. Lege dazu eine übersichtliche Tabelle in deinem Heft an.

6. Formuliere den Geschäftsfall, der dem Beleg zugrunde liegt.

7. Bilde den Buchungssatz für diesen Beleg.

Auf deinem Schreibtisch findest du folgende Hausmitteilung und einen dazugehörigen Beleg.

8. Du bietest Max an, die Arbeitsaufträge für ihn zu erledigen und machst dich sofort an die Arbeit.

Hausmitteilung

Absender	Empfänger	mit der Bitte um
☒ Geschäftsführung	☐ Geschäftsführung	☐ Kenntnisnahme
☐ Verwaltung	☒ Verwaltung	☒ Erledigung
☐ Einkauf	☐ Einkauf	☐ Stellungnahme
☐ Produktion	☐ Produktion	
☐ Vertrieb	☐ Vertrieb	
☐ Frau/Herr	☒ ~~Frau~~/Herr Max Lindner	

Hallo Max,

erledige bitte umgehend unten stehende Arbeitsaufträge.

1. Bilde jeweils die Buchungssätze für folgende Vorgänge:
   - Ausgangsrechnung an den Kunden Bike-Fritz
   - Erteilung der Gutschrift an den Kunden in voller Höhe für die Rücksendung der Spezialverpackung
   - Banküberweisung des offenen Rechnungsbetrages am 7. September 20..
2. Erkläre dem Praktikanten bitte, weshalb unserem Unternehmen die Verwendung von Leihverpackungen ein großes Anliegen ist.

Mit freundlichen Grüßen

Andrea Kästner

AK-Bikes

AK-Bikes, Stamsrieder Weg 50, 85049 Ingolstadt

Andrea Kästner Mountainbikes e. Kfr.
Stamsrieder Weg 50
85049 Ingolstadt

Telefon: 0841 0802020
Telefax: 0841 08020280
Internet: www.ak-bikes.bayern
E-Mail: info@ak-bikes.bayern

Firma
Bike-Fritz OHG
Radplatz 6
90402 Nürnberg

Ingolstadt, 30. August 20..

Rechnung

Nr.: 1245658

Wir lieferten Ihnen frei Haus am 26. August 20..:

Artikel	Artikel-Nr.	Einzelpreis €	Stück	Gesamtpreis €
Mountainbike „Nature"	MB-N	1.000,00	10	10.000,00
– 10 % Rabatt				1.000,00
Spezialverpackung	Karton XXL	3,00	10	30,00
Fracht		pauschal		420,00
Nettowert				9.450,00
Umsatzsteuer 19 %				1.795,50
Wir danken für Ihren Auftrag.		**Rechnungsbetrag**		**11.245,50**

Zahlungsbedingungen: Zahlbar innerhalb von 60 Tagen rein netto.
Bei Zahlung innerhalt von 8 Tagen gewähren wir 2 % Skonto.
Die gelieferte Ware bleibt bis zur vollständigen Bezahlung unser Eigentum.

Bankverbindung: Donaubank Ingolstadt | IBAN: DE72 7515 0080 4040 8080 20 | BIC: DBNKDEFF | Amtsgericht Ingolstadt | HRA 5050 | USt-IdNr.: DE394078790 | Steuernr.: 124/108/29468

Julia hat zu verschiedenen Belegen im Unternehmen die Geschäftsfälle formuliert und Buchungssätze gebildet. Leider ist einiges durcheinander geraten und zum Teil nicht mehr leserlich.

1	Aufgrund von Kratzern auf der Sattelunterseite erhält unser Kunde Funsport GmbH eine Gutschrift in Höhe von 238,00 €.
2	Barzahlung an den Spediteur für die Lieferung von Carbon-Gewerbe, 180,88 € brutto
3	Ein Kunde sendet 2 Mountainbikes (Einzelpreis 1.300,00 € netto) zurück. Diese hatten wir zuviel geliefert.
4	Banküberweisung in Höhe von 2.099,16 € an einen Lieferer von Spezialschmieröl nach Abzug von 2 % Skonto
5	Funsport GmbH überweist seine offene Rechnung in Höhe von 7.735,00 € unter Abzug von 3 % Skonto.

A	4400 VE	2.142,00 €	an	2800 BK	#### €
				6032 NB	#### €
				2600 VORST	6,84 €
B	6040 AWVM	152,00 €			
	2600 VORST	28,88 €	an	4400 VE	180,88 €
C	5001 EBFE	200,00 €			
	4800 UST	38,00 €	an	2400 FO	#### €
D	2800 BK	7.502,95 €			
	5001 EBFE	195,00 €			
	4800 UST	37,05 €	an	2400 FO	#### €
E	6001 BZKR	#### €			
	2600 VORST	28,88 €	an	2880 KA	#### €
F	5000 UEFE	13.500,00 €	an	5001 EBFE	13.500,00 €
G	5000 UEFE	2.600,00 €			
	4800 UST	494,00 €	an	2400 FO	3.094,00 €

9. Ordne den vorliegenden Geschäftsfällen die passenden Buchungssätze zu. Überprüfe rechnerisch und ergänze die fehlenden Beträge.

10. Formuliere für die beiden nicht zugeordneten Buchungssätze sinnvolle Geschäftsfälle.

Spezialisten gesucht oder „Lernen durch Lehren"!

11. Erstellt mit einem geeigneten Programm in Kleingruppen Erklärfilme wahlweise zu den Lernbereichen „Beschaffung und Einsatz von Werkstoffen" oder „Verkauf von Fertigerzeugnissen".

    Stellt eure Videos in der Klasse vor.

Auf den Alles Klar?-Seiten findet ihr die wichtigsten Inhalte der Lernbereiche zusammengefasst.

Lösungen Selbstcheck-Aufgaben

4/4 – Lösung

1.

Selbstkostenpreis	750,00 €	100 %		
+ Gewinn	150,00 €	20 %		
= Barverkaufspreis	900,00 €	120 %	98 %	
+ Kundenskonto	18,37 €		2 %	
= Zielverkaufspreis	918,37 €		90 %	100 %
+ Kundenrabatt	102,04 €		10 %	
= Listenverkaufspreis	1.020,41 €		100 %	

2.

Selbstkostenpreis	572,00 €	100 %		
+ Gewinn	85,80 €	15 %		
= Barverkaufspreis	657,80 €	115 %	97 %	
+ Kundenskonto	20,34 €		3 %	
= Zielverkaufspreis	678,14 €		87,5 %	100 %
+ Kundenrabatt	96,88 €		12,5 %	
= Listenverkaufspreis	775,02 €		100,0 %	

3.

Selbstkostenpreis	2.800,00 €	100 %		
+ Gewinn	700,00 €	25 %		
= Barverkaufspreis	3.500,00 €	125 %	98 %	
+ Kundenskonto	71,43 €		2 %	
= Zielverkaufspreis	3.571,43 €		95 %	100 %
+ Kundenrabatt	187,97 €		5 %	
= Listenverkaufspreis	3.759,40 €		100 %	

4/13 – Lösung

1	DIFFE**R**ENZKALKULATION
2	S**E**LBSTKOSTEN
3	RÜ**C**KWÄRTSKALKULATION
4	REC**H**ENBLATT
5	SKO**N**TO
6	TRE**U**ERABATT
7	LISTE**N**VERKAUFSPREIS
8	MEN**G**ENRABATT

Lösungswort: **RECHNUNG**

4/34 – Lösung

A: Nachträgliche Preisnachlässe werden **auf dem Unterkonto 5001 EBFE im Soll erfasst**.

C: Sofortrabatte werden **sofort abgezogen und nicht gebucht**.

E: Erlösberichtigungen werden **auf dem Unterkonto 5001 EBFE** erfasst.

H: Gutschriften an Kunden werden **im Konto 2400 FO gebucht.**

4/43 – Lösung

Lösungswort: **Kundenbindung**; Maßnahmen eines Unternehmens, die einen Kunden motivieren, auch zukünftig wieder bei diesem Unternehmen zu kaufen. Dazu gehören z. B. auch ein kulanter Umgang mit Mängelrügen oder Rücksendungen. „Der Kunde ist König!“

ÜBER DIESE KOMPETENZEN VERFÜGST DU BALD:

- interne von externer Personalbeschaffung unterscheiden
- Bewerbungen anhand verschiedener Kriterien analysieren und Bewerber (vor-)auswählen
- Chancen und Risiken verschiedener Arbeitsformen erläutern
- Bestimmungsfaktoren für die Höhe des Arbeitsentgelts darstellen und kritisch beurteilen
- unterschiedliche Entlohnungssysteme aufzeigen
- eine Verdienstabrechnung auswerten und die Höhe des Nettoentgelts berechnen
- die Problematik der Personalzusatzkosten erläutern
- auf der Grundlage von Lohn- und Gehaltslisten den monatlichen Personalaufwand buchhalterisch erfassen

5

Lernbereich 5:

PERSONALBEREICH

5.1 EINSTELLEN NEUER MITARBEITER (PERSONALBESCHAFFUNG)

Das Unternehmen AK-Bikes ist auf der Suche nach Verstärkung:

5.1.1 INTERNE UND EXTERNE PERSONALBESCHAFFUNG

ANDREA KÄSTNER: Für die Stelle des Vertriebsmitarbeiters könnte ich mir gut Herrn Bänsch vorstellen. Er arbeitet bei uns seit drei Jahren zuverlässig im Außendienst.

SELMA DEMIRCI: Nach der Geburt seiner Zwillinge wird er sich eine geregeltere Arbeitszeit wünschen. Dann müsste er nicht täglich fast 100 km im Auto unterwegs sein, um Kunden zu besuchen.

ANDREA KÄSTNER: Mit der Versetzung vom Außen- in den Innendienst könnte er künftig von Computer und Telefon im Büro aus Kunden kontaktieren, Angebote erstellen oder die Bestellabwicklung erledigen.

SELMA DEMIRCI: Zur Wahl steht auch unser Auszubildender Max Lindner. Er wird im Juli seine Ausbildung als Industriekaufmann mit exzellenten Noten beenden. Ich würde Max gerne weiterhin bei uns beschäftigen.

ANDREA KÄSTNER: Vielleicht sollten wir aber auch ein Inserat in die Zeitung setzen, um Bewerbungen von außen zu bekommen ...

Wechselt ein Mitarbeiter innerhalb eines Unternehmens auf eine andere Stelle, spricht man von **Versetzung**. Eine Versetzung bedeutet meist neue Aufgabenbereiche und kann auch mit einem Karrieresprung oder einem Wechsel des Arbeitsortes verbunden sein. Herr Bänsch könnte sich durch die Versetzung beruflich verändern, ohne AK-Bikes verlassen zu müssen.

Max war bisher als Auszubildender im Unternehmen tätig. Wird Andrea Kästner ihn nach der Berufsausbildung als Arbeitnehmer anstellen, ist dies keine Versetzung, sondern eine **Übernahme nach der Ausbildung**. 5/1

In beiden Fällen wird eine freie Stelle mit einem Mitarbeiter besetzt, der bereits im Unternehmen tätig ist. Man spricht daher von **interner Personalbeschaffung**. Falls der eingestellte Mitarbeiter vorher noch nicht im Unternehmen gearbeitet hat, handelt es sich um eine **externe Personalbeschaffung**.

Um neue Mitarbeiter zu finden, beschreiten Unternehmen unterschiedliche Wege:

MERKMALE DER PERSONALBESCHAFFUNG	
Intern	**Extern**
• Mitarbeitermotivation (Aufstiegschance) • keine Eingewöhnungszeit • Arbeitsverhalten und Persönlichkeit bekannt (geringeres Risiko einer Fehlbesetzung) • schnelle und kostengünstige Art der Stellenbesetzung	• exakte Besetzung nach benötigter Qualifikation • größere Auswahl an Bewerbern • kein negativer Einfluss abgelehnter Bewerber auf das Betriebsklima • frische Ideen

Z31
5/2
5/3

Andrea Kästner entscheidet sich bei ihrer Suche für die folgenden drei Wege der externen Personalbeschaffung:

- **Bundesagentur für Arbeit**
  Die Bundesagentur für Arbeit (BA) hat ihre Zentrale in Nürnberg. Die nächstgelegene Agentur für Arbeit befindet sich in Ingolstadt. Dort will Andrea Kästner den Arbeitgeberservice in Anspruch nehmen. Sie kann über die Jobbörse online ihre Stellenangebote
5/4 melden sowie in der Datenbank nach passenden Bewerbern suchen.

- **Zeitarbeitsunternehmen**
  Andrea Kästner könnte sich auch bei einem Zeitarbeitsunternehmen eine Arbeitskraft „ausleihen". Diese arbeitet dann für eine begrenzte Zeit bei AK-Bikes, ist aber dort nicht angestellt. Zeitarbeit ist ein wichtiges Instrument der Personalbeschaffung, wenn der Personalbedarf schnell und flexibel gedeckt werden muss. Schwankender Personalbedarf wegen saisonaler Zusatzaufträge oder hoher Krankheitsfälle kann damit gut aufgefangen werden.

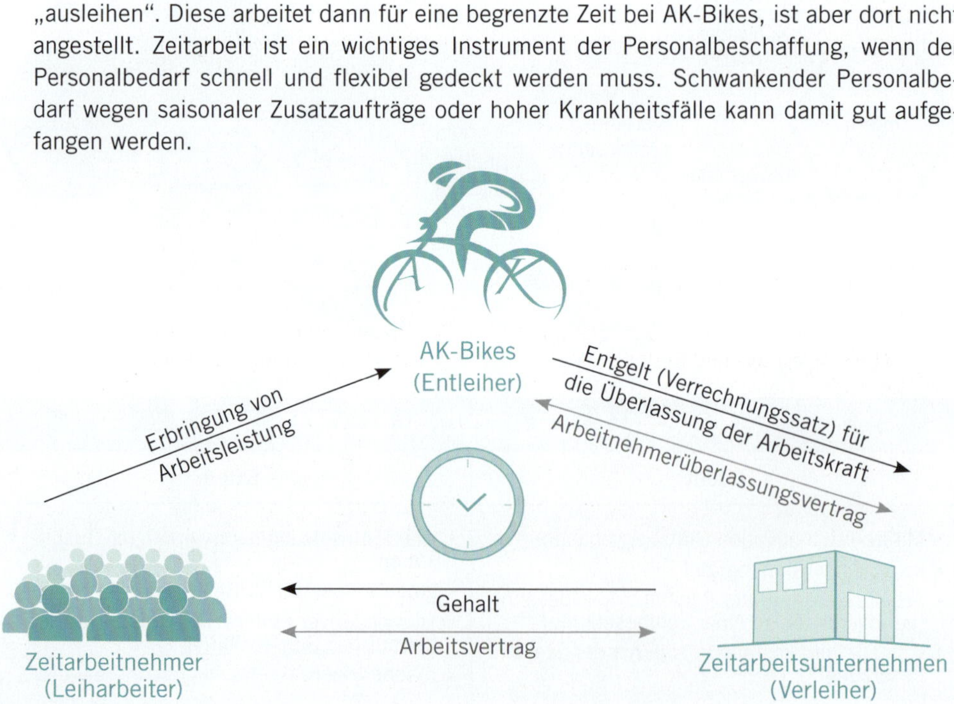

5/5
5/6

- **Stellenausschreibungen**
  Selma Demirci hat folgende aussagekräftige Stellenausschreibungen erstellt:

Wir suchen eine **Vertriebsassistenz (m/w/d) im Innendienst**

Ihr Profil
- erfolgreich abgeschlossene kaufmännische Ausbildung
- unternehmerisches Denken und Handeln
- vertiefte EDV-Kenntnisse sowie gute Englischkenntnisse in Wort und Schrift
- hohe soziale Kompetenz, selbstständige und organisierte Arbeitsweise
- Teamfähigkeit, Kommunikationsfähigkeit, Belastbarkeit und Durchsetzungsvermögen
- technisches Grundverständnis und Begeisterung für unsere Produkte

Ihre Aufgaben
- Auftragserfassung und Abwicklung
- Betreuung des bestehenden Händlernetzes
- Entwicklung und Umsetzung von Vertriebsstrategien
- Kundenberatung hinsichtlich Sortiment, Qualität und Preis
- Annahme und Bearbeitung von Reklamationen
- Präsentation unserer Produkte auf Messen und Veranstaltungen

Wir bieten
- unbefristete Anstellung in Vollzeit in einem schnell wachsenden Unternehmen
- abwechslungsreicher, interessanter Arbeitsplatz mit viel Eigenverantwortung
- hochmotiviertes Team
- regelmäßige Weiterbildungsmöglichkeiten
- leistungsorientierte Vergütung

Wir suchen eine
Fachkraft für Lagerlogistik (m/w/d)

Ihr Profil
- abgeschlossene Berufsausbildung als Fachkraft für Lagerlogistik oder ähnliche Ausbildung
- Teamfähigkeit, Belastbarkeit, eine sorgfältige Arbeitsweise und Zuverlässigkeit
- hohe Einsatzbereitschaft und Flexibilität
- Gabelstaplerschein sowie Führerschein Klasse B oder C

Ihre Aufgaben
- Zusammenstellen und Verpacken von Warenausgängen
- Warentransport mittels Hubwagen und Gabelstapler, Be- und Entladen der LKWs

Wir bieten
- einen modernen und zukunftssicheren Arbeitsplatz, auch in Teilzeit möglich
- flexible Arbeitszeiten im Schichtsystem zwischen 7 und 19 Uhr
- eine umfassende Einarbeitungsphase

Wir suchen eine/n
Zweiradmechatroniker/in (m/w/d)

Ihr Profil
- abgeschlossene Berufsausbildung zum Zweiradmechatroniker (Fachrichtung: Fahrradtechnik)
- kunden- und serviceorientierte Arbeitsweise, Teamfähigkeit
- Berufserfahrung im Fahrrad-Einzelhandel oder bei einem Hersteller
- private Begeisterung für Mountainbikes

Ihre Aufgaben
- Fahrradmontage am Einzelplatz und im Team
- selbstständiges Zusammenstellen aller dazugehörigen Komponenten
- Wartung/Reparatur von Fahrrädern

Wir bieten
- einen zukunftssicheren Arbeitsplatz in einem expandierenden Unternehmen
- attraktive und leistungsorientierte Bezahlung
- einen unbefristeten Arbeitsvertrag mit geregelten Arbeitszeiten

Schicken Sie Ihre Bewerbungsunterlagen mit Gehaltsvorstellung und Angabe des frühesten Eintrittstermins an bewerbung@ak-bikes.bayern. Wir freuen uns auf Sie!

Diese Checkliste half Selma Demirci bei der Erstellung der Stellenanzeigen:

5/8
5/9

In fast jeder Stellenbeschreibung werden fachliche und überfachliche Qualifikationen gefordert:

Fachliche Qualifikationen („Hard Skills“)	Überfachliche Qualifikationen („Soft Skills“)
• beschreiben die berufliche Eignung des Bewerbers • sind in Form von Noten, Abschlusszeugnissen, Arbeitszeugnissen oder Praktikumsbescheinigungen objektiv messbar • können bei der Auswahl der Bewerber leicht überprüft werden • werden von einem Bewerber vorausgesetzt, der in die engere Auswahl für eine zu besetzende Stelle kommen will	• beschreiben die Persönlichkeit des Bewerbers, seine Stärken und Talente • sind deutlich schwieriger zu überprüfen als fachliche Qualifikationen • beeinflussen neben den Fachkompetenzen entscheidend den Erfolg eines Bewerbers • bezeichnen persönliche, soziale oder methodische Kompetenzen wie z. B. Teamfähigkeit, Selbstständigkeit, Kommunikationsfähigkeit und Kooperationsfähigkeit

5/10
5/11

5.1.2 BEWERBERAUSWAHL

Von: selma.demirci@ak-bikes.bayern
An: andrea.kaestner@ak-bikes.bayern
Betreff: Aktueller Stand Bewerbungen **Vertriebsassistenz**

Normaler Text | Variable Breite

Hallo Frau Kästner,

mittlerweile sind **31 Bewerbungen** eingegangen, davon **eine interne Bewerbung** von Max Lindner. Ich habe bereits alle Bewerbungen mit folgenden Mängeln aussortiert:

- Rechtschreib- und Grammatikfehler
- Verwendung von Mustervorlagen
- unvollständige Bewerbungsunterlagen
- lückenhafter Lebenslauf, fehlende kaufmännische Ausbildung

Es bleiben noch **elf Bewerbungen** übrig, die ich gerne mit Ihnen besprechen würde.

Selma Demirci

Bei ihrer Besprechung beurteilen Andrea Kästner und Selma Demirci die Bewerbungsunterlagen nach dem Schulnotensystem und stellen eine Rangliste auf. Zuerst überprüfen sie, z. B. anhand der Zeugnisnoten, die Fachkompetenz der Bewerber. Es wird aussortiert, wer den fachlichen Anforderungen nicht genügt. Auch überfachliche Qualifikationen können der schriftlichen Bewerbung, z. B. aus dem Anschreiben oder Lebenslauf, entnommen werden: 5/12

„Seit über vier Jahren bin ich ehrenamtlich im Pflegeheim tätig und gehe regelmäßig mit den Bewohnern spazieren oder lese ihnen aus einem Buch vor. Für mich ist das eine Bereicherung in meiner Freizeit, die mir großen Spaß macht."

„Ich spiele leidenschaftlich gerne Volleyball im Verein. Ich weiß daher, wie wichtig es ist, sich auf unterschiedliche Situationen einzustellen, Abläufe zu optimieren und auch Kompromisse einzugehen, um erfolgreich zu sein."

Ausschnitt aus dem Lebenslauf:
- Mitglied im Schachverein und Betreuung der Nachwuchsschachspieler 5/13
- ehrenamtliche Mitarbeiterin in der Bücherei der Kirchengemeinde 5/14

ANDREA KÄSTNER: Max Lindner und noch drei Bewerber sind in der engeren Auswahl.

SELMA DEMIRCI: Die fachlichen Qualifikationen sind bei allen gleich: vertiefte EDV- und Englischkenntnisse sowie eine abgeschlossene kaufmännische Ausbildung.

ANDREA KÄSTNER: Die überfachlichen Qualifikationen werden ausschlaggebend sein.

SELMA DEMIRCI: Ich bin gespannt, wie die Bewerber im Gespräch abschneiden.

Analyse der Bewerbungsunterlagen/des Bewerbungsgesprächs (Noten 1–6)			
Name des Berwerbers		Janina Nietzer	
Eingang der Bewerbung am		28.05.20..	
Zu besetzende Stelle		Vertriebsassistenz (m/w/d) im Innendienst	
Einladung zum Bewerbungsgespräch		ja ☐ evtl.später ☐ nein(Unterlagenzurück) ☐	
	Note		Note
❶ Bewerbungsunterlagen		**❷ Bewerbungsgespräch**	
Erster Eindruck Unterlagen	1	**Erster Eindruck Bewerber**	
Anschreiben		Selbstbewusstsein	
Umfang, Layout	1	Flexibilität	
Sprachlicher Ausdruck	2	Durchsetzungsvermögen	
Motivation für die Bewerbung	2	Kreativität	
Lebenslauf		Lernbereitschaft	
Vollständigkeit	1	Belastbarkeit	
geeignete Berufserfahrung	2	Geschicklichkeit	
Fachliche Kenntnisse/Eignung	1	Stabile Gesundheitsverfassung	
Zusätzliche Weiterbildungen	3	Ausgeglichenheit	
Überfachliche Qualifikation	2	Einsatzbereitschaft	
Privates/soziales Engagement	3	Zielstrebigkeit	
Ansprechendes Foto	1	Zuverlässigkeit	
Durchschnittswert Bewerbungsunterlagen	*1,73*	*Durchschnittswert Vorstellungsgespräch*	

Durchschnittswert Bewerbungsunterlagen	*1,55*	*Durchschnittswert Vorstellungsgespräch*	
Durchschnittswert Bewerbungsunterlagen	*1,64*	*Durchschnittswert Vorstellungsgespräch*	
Durchschnittswert Bewerbungsunterlagen	*1,73*	*Durchschnittswert Vorstellungsgespräch*	

Z32

Nach den Vorstellungsgesprächen wurde übereinstimmend entschieden, dass die Stelle als Vertriebsassistenz intern besetzt wird und Max Lindner die Zusage bekommt.

5.1.3 FREIWILLIGE BETRIEBLICHE SOZIALLEISTUNGEN

Der mitarbeiterfreundliche Ruf von AK-Bikes hat sich inzwischen herumgesprochen:

ANDREA KÄSTNER: Mit freiwilligen Sozialleistungen, die ich zusätzlich zum regulären Arbeitsentgelt zahle, komme ich meiner Fürsorgepflicht als Unternehmerin für meine Mitarbeiter nach. Sie sind Zeichen der Wertschätzung, die meine Mitarbeiter stärker an mein Unternehmen binden.

SELMA DEMIRCI: Das fördert das Betriebsklima und steigert die Motivation. Die Mitarbeiter arbeiten gerne in unserem Unternehmen AK-Bikes.

Geldleistungen		z. B.: • Weihnachtsgeld • Urlaubsgeld • Fahrkostenzuschuss
Sachleistungen		z. B.: • Firmenwagen • Arbeitskleidung • Nutzung von Werkswohnungen
Vorsorgeleistungen		z. B.: • Betriebliche Altersvorsorge • Vorsorgeuntersuchung • Vermögenswirksame Leistungen
Fürsorge/ Gesundheitsförderung		z. B.: • Grippeschutzimpfung • Betriebskindergarten • Kuren und Erholungsaufenthalte

5/15
5/16
5/17

5.1.4 UNTERSCHIEDLICHE ARBEITSFORMEN

Herr Eggel, Mitarbeiter in der Entwicklungsabteilung für E-Bikes, hat seine Kollegen in der Mittagspause zusammengerufen, denn er hat eine erleichternde Nachricht erhalten:

„Mein befristeter Arbeitsvertrag ist um ein Jahr verlängert worden! Endlich habe ich mehr Sicherheit, was meine Zukunft betrifft. Eigentlich muss ich froh sein, sofort nach meinem Studium eine Stelle als Produktentwickler bekommen zu haben. Ich hoffe weiter auf eine feste Anstellung bei AK-Bikes ... drückt mir die Daumen!"

„Das machen wir! Du passt gut zu uns ins Team. Vielleicht bietet dir Frau Kästner zumindest eine Teilzeitstelle an. Du würdest dann zwar weniger verdienen, hättest aber einen sicheren Arbeitsplatz bei AK-Bikes. Ich bin sehr zufrieden mit meinem Teilzeitvertrag. Dadurch habe ich genügend Zeit, mich nachmittags um meine Kinder zu kümmern. Mit einer Teilzeitarbeit hättest du auch mehr Zeit für deine Hobbies."

„Achtung! Seid ihr erst einmal atypisch beschäftigt, ist es schwer, wieder in ein Normalarbeitsverhältnis zu gelangen. Ich bin als Zweiradmonteur jetzt schon seit acht Jahren bei einem Zeitarbeitsunternehmen angestellt und wurde in dieser Zeit an über zehn Unternehmen ‚ausgeliehen'. Obwohl ich die gleiche Arbeit leiste, wie meine fest angestellten Kollegen, verdiene ich fast 30 % weniger. Meine Freundin hat einen 450-Euro-Job in einer Kantine. Wir müssen zusehen, dass uns das Geld bis zum Monatsende reicht."

Der überwiegende Teil der Erwerbstätigen in Deutschland arbeitet in einem sogenannten **Normalarbeitsverhältnis**. Darunter versteht man eine unbefristete und voll sozialversicherungspflichtige Tätigkeit mit mehr als 20 Wochenarbeitsstunden.

Das „normale" Arbeitsverhältnis wird durch **atypische Beschäftigungsformen** ergänzt:

Befristete Beschäftigung • zeitlich begrenztes Arbeitsverhältnis • endet durch Fristablauf oder Erreichen eines bestimmten Zwecks	**Zeitarbeit** (vgl. Kapitel 5.1.1) • Arbeitnehmerüberlassung • zeitlich begrenzt
Geringfügige Beschäftigung • Minijob, 450-Euro-Job • monatlich darf nicht mehr als 450,00 € brutto verdient werden	**Teilzeitarbeit (bis 20 h pro Woche)** • unbefristete und voll sozialversicherungspflichtige Tätigkeit • maximal 20 Wochenarbeitsstunden

ANDREA KÄSTNER: Mir als Unternehmerin ermöglicht atypische Beschäftigung flexibles Handeln. Ich kann die Belegschaft schnell an Marktschwankungen anpassen, Produktionsspitzen abfedern oder bei schlechter Auftragslage leichter Personal abbauen.

5/18

Mit folgender Infografik belegt Herr Eggel, dass der überwiegende Teil der Erwerbstätigen in Deutschland in einem Normalarbeitsverhältnis arbeitet.

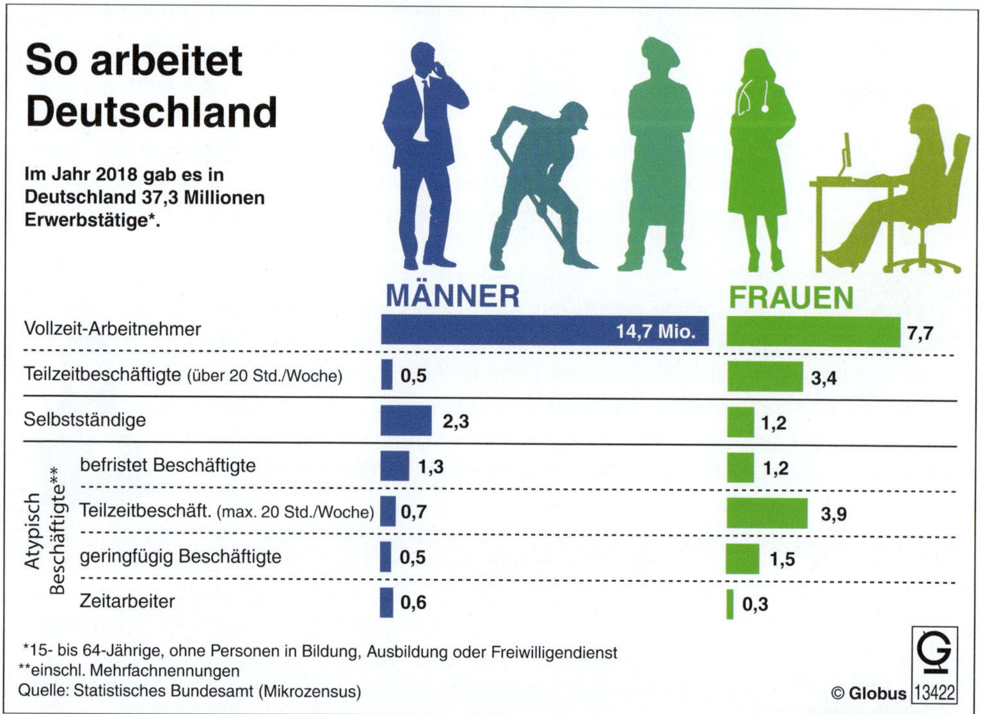

5/19

5.1.5 ARBEIT UND DIGITALISIERUNG

JULIA: Frau Kästner, mich überrascht, dass die Angestellten hier im Büro täglich zu ganz unterschiedlichen Zeiten ihre Arbeit beginnen.

ANDREA KÄSTNER: Hier bei AK-Bikes können die Mitarbeiter ihre Arbeitszeit flexibel gestalten. Vor drei Jahren habe ich die Gleitzeit eingeführt. Es gibt eine Kernarbeitszeit, zu der alle Mitarbeiter anwesend sein müssen. In den zwei Stunden davor und danach können sie dagegen ihre Arbeitszeit selbst festlegen.

JULIA: Deshalb hat jeder Mitarbeiter ein Arbeitszeitkonto. Darauf wird der Beginn und das Ende der täglichen Arbeitszeit exakt erfasst.

ANDREA KÄSTNER: Hat ein Mitarbeiter ein Guthaben erarbeitet, kann er dieses z. B. durch freie Tage wieder einlösen. Mit dieser Flexibilität lässt sich Privates und Beruf besser verbinden und meine Mitarbeiter sind zufriedener und motivierter.

JULIA: Gibt es bei AK-Bikes auch Homeoffice-Arbeitsplätze?

ANDREA KÄSTNER: Nein, bisher noch nicht. Aber die Arbeitswelt wird sich durch die Digitalisierung massiv verändern.

Digitalisierung bringt zunehmende Vernetzung und Automatisierung auf dem Arbeitsmarkt mit sich.

Folgen der Digitalisierung:

- Berufe, die von Computern oder Maschinen übernommen werden können, werden überflüssig (Prognose: 9 % aller Arbeitsplätze fallen der Automatisierung zum Opfer)
- flexible Arbeitsmodelle sind nötig
- neue Berufe werden entstehen
- die Aus- und Weiterbildung verändern sich (Prognose: in jedem vierten Arbeitsplatz werden sich die Anforderungen deutlich verändern)

ANDREA KÄSTNER: Julia, sieh dir dazu die nachstehende Infografik an.

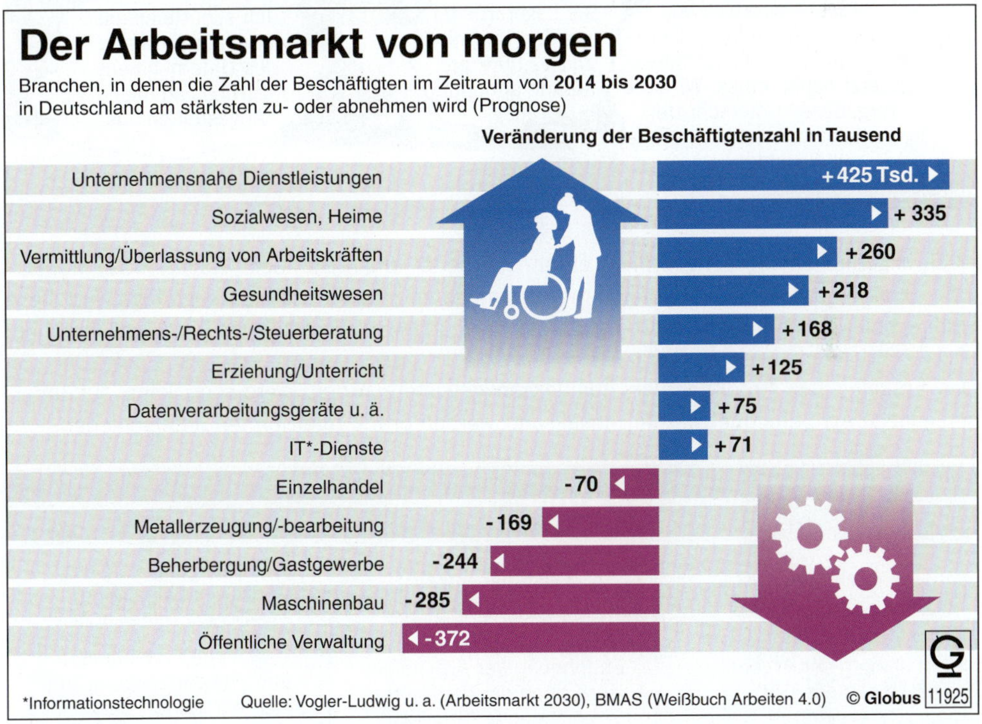

JULIA: Hat diese Entwicklung auch Einfluss auf die Berufe in unserem Unternehmen?

ANDREA KÄSTNER: Selbstverständlich! Schon heute ist es möglich, fünf von sechs Tätigkeiten eines Zweiradmechatronikers (Fahrradtechnik) vollständig durch Computer oder computergesteuerte Maschinen zu ersetzen.

5/20

5.2 LOHN UND GEHALT

5.2.1 ENTGELTFORMEN

Andrea Kästner trifft sich regelmäßig mit Kollegen aus der Region zum Gedankenaustausch. Schwerpunktthema heute: „Die Entlohnung in meinem Unternehmen."

Nach allgemeinem Sprachgebrauch erhalten Arbeiter einen Stunden-, Tages- oder Monatslohn. Beamte und Angestellte bekommen ein monatlich festes Gehalt. Heutzutage wird diese Unterscheidung nicht mehr so streng getroffen. Häufig wird allgemein von Entgelt gesprochen.

Das Entgelt eines Arbeitnehmers für dessen geleistete Arbeit (Verdienst) kann auf unterschiedliche Art berechnet werden. Insgesamt werden drei Entgeltformen unterschieden:

ENTGELTFORMEN		
Zeitentgelt	**Leistungsentgelt**	**Beteiligungsentgelt** (Gewinnbeteiligung)
Entlohnung der Arbeitsleistung nach der erbrachten Arbeitszeit	Entlohnung der Arbeitsleistung nach der geleisteten Arbeitsmenge (Stückzahl)	Zusätzliche Entlohnung mit dem Ziel der Bindung zum Unternehmen (oft nach Höhe des Unternehmenserfolgs)

Akkordlohn	Prämienlohn
Verdienst ist vollständig von der produzierten Menge abhängig: Je mehr produziert wird, desto höher ist das Entgelt.	Zusätzliche Sonderzahlung, wenn eine besonders hohe Menge, eine gute Qualität oder ein niedriger Rohstoffverbrauch erzielt wurde.

5/21
5/22
5/23
Z33

5.2.2 ENTGELTHÖHE UND LOHNGERECHTIGKEIT

Tina Treffert arbeitet seit zwei Jahren als Zweiradmechatronikerin bei AK-Bikes. Mit ihren Freunden Marc und Nelson aus der Realschulzeit unterhält sie sich über die Arbeit:

TINA: Marc und ich sind ausgelernte Zweiradmechatroniker. Bei AK-Bikes gilt ein Tarifvertrag. Ich arbeite 35 Stunden pro Woche und verdiene 1.580,00 € im Monat. 30 Tage habe ich Urlaub im Jahr, erhalte Urlaubsgeld und ein 13. Monatsgehalt.

MARC: Mein Gehalt ist mit 1.700,00 € monatlich zwar höher, reicht aber nicht für alles, was ich mir leisten will. Trotz 40-Stunden-Woche jobbe ich am Wochenende, um Geld dazuzuverdienen. Bei meinem mittelständischen Unternehmen habe ich 24 Tage Jahresurlaub. Schade, dass ich kein Urlaubsgeld bekomme!

NELSON: Nach dem Realschulabschluss habe ich Hotelkaufmann gelernt. Mittlerweile bin ich als Geschäftsführer in einem gut gehenden Szene-Café tätig. Unsere Location ist seit Jahren die Nummer 1 in der Stadt. Ich verdiene ein Vielfaches von euch beiden.

Tina denkt darüber nach, was die Arbeit von Nelson scheinbar wertvoller macht als die von Marc und ihr. Sie findet verschiedene **Faktoren, die die Höhe des Verdiensts beeinflussen:**

Berufserfahrung/Alter	Schulabschluss/Ausbildung/ Qualifikation	Größe des Unternehmens, in dem man arbeitet
Geschlecht	Branche	Personalverantwortung
Angebot und Nachfrage auf dem Arbeitsmarkt	Selbstbewusstsein bei Gehaltsverhandlungen	Region, in der man arbeitet

5/24

NELSON: Natürlich ist es ungerecht, wenn Frauen weniger verdienen als Männer. Ungerecht ist auch, wenn Topmanager jährlich Millionen verdienen und bei der Entlassung zusätzlich eine hohe Abfindung bekommen, obwohl sie schlecht gearbeitet haben.

TINA: Für mich ist Lohn gerecht, wenn höhere Arbeitsleistung auch besser entlohnt wird.

MARC: Ich bin der Meinung, dass der Lohn mindestens so hoch sein muss, dass man ein bedarfsgerechtes Leben führen kann.

Um Lohngerechtigkeit herzustellen, werden verschiedene Maßnahmen ergriffen:

Tarifvertrag	Mindestlohn	Equal Pay Day
Arbeitgeber und Gewerkschaften (Arbeitnehmervertretung) vereinbaren in vielen Branchen **Mindestarbeitsbedingungen**, z. B. Entgelthöhe, Arbeitszeiten und Urlaubsanspruch.	Dieser ist eine **gesetzlich festgelegte Lohnuntergrenze**. Er soll gewährleisten, dass die Arbeitnehmer von ihrer niedrig bezahlten Arbeit leben können und keine staatliche Hilfe benötigen.	Er soll europaweit auf den **Lohnunterschied zwischen den Geschlechtern** aufmerksam machen. Er findet derzeit jährlich Mitte März statt, da Frauen umgerechnet bis dahin umsonst arbeiten.

5/25
Z34
Z35

5.2.3 AUSWERTUNG EINER ENTGELTABRECHNUNG

Max Lindner hat bereits zwei Monate vor Ausbildungsende von Frau Demirci einen Arbeitsvertrag erhalten. Aufgrund seines hohen Einsatzes während der Ausbildungszeit sowie der guten Leistungen in der Berufsschule wird er von AK-Bikes übernommen und kann auch nach seiner Ausbildung weiter im Unternehmen beschäftigt bleiben.

MAX: Endlich ist es so weit, ich bekomme mein erstes Gehalt als ausgelernter Industriekaufmann: 2.200,00 € im Monat! Das ist viel mehr Geld als die Ausbildungsvergütung, die ich bisher erhalten habe. Ich habe mir schon genau überlegt, was ich mir von meinem ersten richtigen Gehalt alles leisten werde!

Nick, der während seines Betriebspraktikums bei AK-Bikes gerade die Rechnungswesenabteilung besucht, ist überrascht von der Höhe des Einkommens von Max:

NICK: Über 2.000,00 € im Monat? Wahnsinn!

MAX: Achtung, 2.200,00 € verdiene ich brutto im Monat. Netto sieht es nicht mehr so gut aus. Lohn- und Gehaltsabrechnungen sind nämlich immer nach folgendem Abrechnungsschema aufgebaut: Bruttogehalt minus gesetzliche Abzüge ergibt das Nettogehalt. Und nur das bekomme ich auf mein Konto überwiesen.

NICK: Und wie viel wird vom Bruttogehalt abgezogen?

MAX: Das ist unterschiedlich und kann fast die Hälfte des Bruttogehalts ausmachen.

Max und die Ausbildungsleiterin Selma Demirci erklären dem Praktikanten Nick nun Schritt für Schritt die Gehaltsabrechnung.

Abrechnungsschema einer Entgeltabrechnung

Andrea Kästner Mountainbikes e. Kfr.
Stamsrieder Weg 50
85049 Ingolstadt

LOHN-/GEHALTSABRECHNUNG

Abrechnungsmonat: August 20..

Name, Vorname	Straße	PLZ/Ort
Lindner, Max	Am Lerchensteig 12	85080 Gaimersheim

Personalnr.	Geburtsdatum	Eintrittsdatum	Steueridentifikationsnr.
45032-47	01.04.20..	01.08.20..	8159639562934

Lohnsteuerklasse	Kinderfreibetrag	Religion	Bankverbindung
Eins	0	röm.-kath.	Handelsbank Ingolstadt
			IBAN:
			DE71 7906 9000 0001 2612 15

Steuerpflichtiges Bruttogehalt		**2.200,00 €**
Lohnsteuer	218,66 €	
Solidaritätszuschlag	12,03 €	
Kirchensteuer	17,49 €	
Steuerabzüge gesamt		*248,18 €*
Krankenversicherung	171,60 €	
Pflegeversicherung	33,55 €	
Rentenversicherung	204,60 €	
Arbeitslosenversicherung	27,50 €	
Sozialversicherungsabzüge gesamt		*437,25 €*
Summe der gesetzlichen Abzüge		**685,43 €**
Nettogehalt (Auszahlungsbetrag)		**1.514,57 €**

2.200,00 € muss AK-Bikes monatlich für die Arbeitsleistung von Max bezahlen.

AK-Bikes überweist dieses Geld an drei Empfänger:

Finanzamt

Krankenkasse

Max

Vom Bruttogehalt werden von AK-Bikes Steuern an das zuständige Finanzamt und Sozialversicherungsbeiträge an die Krankenkasse von Max Lindner überwiesen. Die Krankenkasse leitet davon die entsprechenden Beträge an die anderen Sozialversicherungsträger weiter. Nur den Rest, das sogenannte Nettogehalt, erhält Max Lindner auf seinem Girokonto gutgeschrieben.

Zur Berechnung der Höhe der gesetzlichen Abzüge für die Lohn-/Gehaltsabrechnung benötigt die Buchhaltung von AK-Bikes folgende Informationen:

❶	❷	❸
Persönliche Informationen von Max: • Steuerklasse • Anzahl der Kinderfreibeträge • Religion	eine aktuelle **Lohnsteuertabelle**	die aktuellen **Beitragssätze der Sozialversicherungen**

❶ Persönliche Informationen

AK-Bikes kann als Arbeitgeber alle steuerlich relevanten Daten für seine Arbeitnehmer, die sogenannten ELStAM (**E**lektronischen **L**ohn**St**euer-**A**bzugs**M**erkmale), direkt beim Bundeszentralamt für Steuern abrufen. Dazu benötigt AK-Bikes die dreizehnstellige Steuer-Identifikationsnummer von Max.

Jeder in Deutschland gemeldete Bürger hat eine eigene Steuer-Identifikationsnummer (ID oder auch Steuer-ID). Sie wird von Geburt an vergeben, ist ein Leben lang gültig und muss zu Beginn einer Tätigkeit dem Arbeitgeber mitgeteilt werden.

Andrea Kästner Mountainbikes e. Kfr.
Stamsrieder Weg 50
85049 Ingolstadt

LOHN-/GEHALTSABRECHNUNG

Abrechnungsmonat: August 20..

Name, Vorname	Straße	PLZ/Ort
Lindner, Max	Am Lerchensteig 12	85080 Gaimersheim

Personalnr.	Geburtsdatum	Eintrittsdatum	Steueridentifikationsnr.
45032-47	01.04.20..	01.08.20..	8159639562934

Lohnsteuerklasse	Kinderfreibetrag	Religion	Bankverbindung
Eins	0	röm.-kath.	Handelsbank Ingolstadt
			IBAN:
			DE71 7906 9000 0001 2612 15

Max Lindner
- ist der Lohnsteuerklasse I zugeordnet
- hat keine Kinderfreibeträge
- ist römisch-katholisch

Diese Lohnsteuerabzugsmerkmale sind notwendig, um die Höhe der Lohnsteuer exakt ermitteln zu können.

Max Lindner ist ledig und somit der Lohnsteuerklasse I zugeordnet. Insgesamt gibt es sechs unterschiedliche Lohnsteuerklassen, in die Arbeitnehmer vom Finanzamt eingeordnet werden. Die Steuerklasse ist entscheidend dafür, wie viel Lohnsteuer im Monat gezahlt werden muss. Ehepaare haben die Wahl zwischen zwei Kombinationen:

Steuerklasse I Ledig, verwitwet, ... (kinderlos)	**Steuerklasse II** Alleinerziehende	**Steuerklassen III, IV, V** Verheiratete	**Steuerklasse VI** für die zweite und jede weitere Arbeitsstelle

Steuerklassen III und V bei unterschiedlich hohen Einkommen	**Steuerklassen IV und IV** bei ähnlich hohen Einkommen

5/26
5/27

② Steuerabzüge laut Lohnsteuertabelle

Die Lohnsteuertabelle gibt die Höhe der Steuerabzüge an, die vom Bruttoentgelt vom Arbeitgeber einbehalten werden. Je nach Bruttoentgelt und Lohnsteuerklasse unterscheidet sich die Höhe der Lohnsteuer erheblich.

Steuerpflichtiges Bruttogehalt	
Lohnsteuer	218,66 €
Solidaritätszuschlag	12,03 €
Kirchensteuer	17,49 €
Steuerabzüge gesamt	

- **Lohnsteuer** wird auf Einkünfte aus nicht selbstständiger Arbeit erhoben; Höhe hängt von Bruttoentgelt und Steuerklasse ab
- **Solidaritätszuschlag** ist eine Ergänzungsabgabe zur Lohnsteuer und beträgt 5,5 % der zu zahlenden Lohnsteuer (Stand 2020; weitgehende Abschaffung ab 2021 geplant)
- **Kirchensteuer** beträgt in Bayern 8 % der Lohnsteuer

SELMA DEMIRCI: Nick, um die Höhe der Steuerabzüge zu ermitteln, benutzen wir in der Personalabteilung Lohnsteuertabellen. Hier habe ich einen Auszug für dich.

NICK: Das ist der falsche Auszug. Das Bruttogehalt von 2.200,00 € ist nicht aufgeführt.

SELMA DEMIRCI: Doch, doch, der Auszug stimmt! Es können nicht alle Einkommen einzeln aufgelistet werden. Für das Einkommen von 2.200,00 € sind die Steuersätze der Gehaltsstufe ab 2.199,00 € anzusetzen.

NICK: Da Max in Steuerklasse I eingeordnet ist, muss er 218,66 € Lohnsteuer bezahlen.

SELMA DEMIRCI: Genau. Die Höhe des Solidaritätszuschlags und der Kirchensteuer ist dagegen davon abhängig, ob er Kinder hat oder nicht. Beachte daher den Kinderfreibetrag und überprüfe die Werte mit den Abzügen in der Gehaltsabrechnung.

Kinderfreibetrag			0		0,5		1	
ab €	**Stk**	**Steuer**	SolZ	KiStr	SolZ	KiStr	SolZ	KiStr
2.199,00								
	1	218,66	12,03	17,49	7,39	10,75	–	4,51
	2	176,83	–	–	2,83	7,61	–	2,02
	3	19,66	–	1,57	–	–	–	–
	4	218,66	12,03	17,49	9,67	14,06	7,39	10,75
	5	469,00	25,80	37,52	–	–	–	–
	6	500,16	27,51	40,01	–	–	–	–
2.202,00								
	1	219,33	12,06	17,55	7,42	10,80	–	4,56

5/28

Nick erkennt, dass genau die in der Lohnsteuertabelle angegebenen Werte in der Gehaltsabrechnung vom Bruttolohn als Steuerabzüge aufgeführt sind.

Neben dieser Methode kann zur exakten Ermittlung der Steuerabzüge auch der Lohnsteuerrechner vom Finanzamt verwendet werden (z. B. https://www.bmf-steuerrechner.de).

③ Sozialversicherungsabzüge

Zusätzlich zu den Steuern muss Max Beiträge zur Sozialversicherung bezahlen. Die gesetzliche Sozialversicherung ist eine Pflichtversicherung, die Max vor finanzieller Not bei Erwerbsunfähigkeit durch Alter, Krankheit, Arbeitslosigkeit oder Pflegebedürftigkeit absichert.

Die Beiträge werden in der Regel zur Hälfte von Max als Arbeitnehmer und Andrea Kästner als Arbeitgeberin getragen.

Andrea Kästner Mountainbikes e. Kfr.
Stamsrieder Weg 50
85049 Ingolstadt

LOHN-/GEHALTSABRECHNUNG

Abrechnungsmonat: August 20..

Name, Vorname	Straße	PLZ/Ort
Lindner, Max	Am Lerchensteig 12	85080 Gaimersheim

Krankenversicherung	171,60 €	
Pflegeversicherung	33,55 €	
Rentenversicherung	204,60 €	
Arbeitslosenversicherung	27,50 €	
Sozialversicherungsabzüge gesamt		*437,25 €*

- Diese vier Versicherungen gehören zu den gesetzlichen Sozialversicherungen.
- Die Höhe der Beiträge ist abhängig von der Höhe des Bruttoentgelts.

MAX: Woher weiß ich, wie viel Geld ich für die Sozialversicherung abführen muss?

SELMA DEMIRCI: Im Internet oder bei deiner Krankenkasse kannst du die Beitragssätze abrufen. Sie ändern sich von Zeit zu Zeit. Die aktuellen Werte kannst du der folgenden Übersicht entnehmen.

Stand 2020	Beitragshöhe gesamt	Anteil Arbeitnehmer	Anteil Arbeitgeber
Krankenversicherung	14,6 % + kassenindividueller Zusatzbeitrag	7,3 % + $\frac{1}{2}$ Zusatzbeitrag	7,3 % + $\frac{1}{2}$ Zusatzbeitrag
Pflegeversicherung	3,05 % + 0,25 % Zuschlag für Kinderlose mit Vollendung des 23. Lebensjahres	1,525 % evtl. + 0,25 % Zuschlag	1,525 %
Rentenversicherung	18,6 %	9,3 %	9,3 %
Arbeitslosenversicherung	2,5 %	1,25 %	1,25 %

- Der jeweils angegebene Prozentsatz bezieht sich immer auf das Bruttoentgelt als Grundwert.
- Der Zusatzbeitrag zur **Krankenversicherung** unterscheidet sich leicht je nach Krankenkasse. Im Durchschnitt liegt er 2020 bei 1,1 %.
- Der Zuschlag zur **Pflegeversicherung** beträgt 0,25 % und muss von kinderlosen Arbeitnehmern, die das 23. Lebensjahr vollendet haben, bezahlt werden.

NICK: Nach den Angaben in der Tabelle werden die Beiträge aufgeteilt.

SELMA DEMIRCI: Richtig. Der Arbeitnehmer muss die Beiträge zur Sozialversicherung nicht alleine zahlen. Nahezu die Hälfte davon zahlen wir als Arbeitgeber.

NICK: Oh, das überrascht mich. Warum machen Arbeitgeber das?

SELMA DEMIRCI: Das ist ein Grundprinzip unserer Sozialversicherung und gilt schon sehr lange. Beachte jedoch, dass die Sozialversicherung nicht alle erdenklichen Kosten übernehmen kann. Lediglich eine Grundversorgung wird immer gewährleistet. Willst du aber beispielsweise ein Einbettzimmer im Krankenhaus, solltest du zusätzlich privat vorsorgen.

Nick, nun bist du bestens informiert. Rechne jetzt doch einmal anhand der Prozentangaben die einzelnen Beiträge aus und überprüfe dabei, ob unsere Abrechnung für Max stimmt!

Für seine Berechnungen legt Nick den Bruttolohn von Max in Höhe von 2.200,00 € zu Grunde:

	Anteil Max **(Arbeitnehmer)**	Anteil AK-Bikes **(Arbeitgeber)**
	Betrag	Betrag
Krankenversicherung (mit einem Zusatzbeitrag von z. B. 1 %)	171,60 €	171,60 €
Pflegeversicherung	33,55 €	33,55 €
Rentenversicherung	204,60 €	204,60 €
Arbeitslosenversicherung	27,50 €	27,50 €
Gesamtanteil Sozialversicherung	**437,25 €**	**437,25 €**

5/29
5/30
5/31
5/32

5.2.4 PERSONALZUSATZKOSTEN

Tatsächlich sind im Jahr 2018 die gesamten Arbeitskosten, die Unternehmen in Deutschland für ihre Mitarbeiter monatlich bezahlen müssen, durchschnittlich um ca. 28 % höher als das Bruttoentgelt. Max Lindner kostet dem Unternehmen AK-Bikes demnach monatlich 2.816,00 €.

SELMA DEMIRCI: Max interessiert natürlich nur, was er monatlich netto auf sein Konto überwiesen bekommt. Für uns als Arbeitgeber ist dagegen entscheidend, wie viel uns ein Arbeitnehmer insgesamt kostet.

NICK: Das Nettoentgelt ist für Sie also völlig uninteressant?

SELMA DEMIRCI: Ja. Wir wollen wissen, wie hoch die gesamten Arbeitskosten für Max sind. Dabei müssen wir uns z. B. die folgenden Fragen stellen:

- Wie viel kosten uns seine Urlaubs-, Krankheits- oder Fortbildungstage?
- Was müssen wir ihm als **Direktentgelt** für seine tatsächlich geleistete Arbeit zahlen?
- Wie hoch sind für uns die Unfall- oder Sozialversicherungsbeiträge?
- Welche weiteren Kosten entstehen, wenn wir Max bei uns beschäftigen?

Die Arbeitskosten unseres Fertigungsleiters Herrn Graw haben sich im letzten Jahr folgendermaßen zusammengesetzt:

75%	Entgelt für geleistete Arbeit (Direktentgelt)		38.250,00 €
	+ Vergütung arbeitsfreier Tage (Urlaub, bezahlte Krankheitstage, bezahlte Feiertage)	8.670,00 €	
	+ Sonderzahlungen (Nachtarbeitszuschlag, 13. Monatsgehalt, Vermögensbildung)	4.080,00 €	
100 %	Bruttoentgelt		51.000,00 €
+ 27%	+ Sozialversicherung (Arbeitgeberanteil), Unfallversicherung, betriebliche Altersvorsorge	10.965,00 €	
	+ sonstige Personalzusatzkosten	2.805,00 €	
127 %	Arbeitskosten		64.770,00 €

Für Andrea Kästner als Unternehmerin sind diejenigen Kosten interessant, die insgesamt für einen Mitarbeiter entstehen. Für Herrn Graw muss AK-Bikes jährlich 64.770,00 € aufbringen. Zusätzlich zum Bruttolohn in Höhe von 51.000,00 € muss Andrea Kästner also 13.770,00 € **Personalzusatzkosten** (auch **Lohnnebenkosten** genannt) für Herrn Graw bezahlen. Die Personalzusatzkostenquote (bezogen auf das Bruttoentgelt) beträgt damit 27 %.

Lediglich 38.250,00 € der Arbeitskosten betreffen die Entlohnung der unmittelbar geleisteten Arbeit von Herrn Graw bei AK-Bikes. Die übrigen Zahlungen sind entweder gesetzliche Vorgaben oder Andrea Kästner leistet sie freiwillig für ihre Angestellten. Ein Teil dieser Zusatzkosten ist bereits im Bruttoentgelt enthalten. Im Wesentlichen sind dies bezahlte Krankheits-, Urlaubs- oder Feiertage sowie das 13. Monatsgehalt.

PERSONALZUSATZKOSTEN	
Gesetzlich vorgeschrieben	**Tariflich/betrieblich vereinbart**
• Arbeitgeberanteil zur Sozialversicherung • Beiträge zur Berufsgenossenschaft (Unfallversicherung) • Leistungen nach dem Mutterschutzgesetz • Lohnfortzahlung im Krankheitsfall • bezahlte Abwesenheit (Urlaub, Feiertage, Fortbildung)	• betriebliche Altersversorgung • Gewinnbeteiligung • 13. Monatsgehalt (Urlaubs-/Weihnachtsgeld) • Zuschüsse zur Vermögensbildung (z. B. Bausparvertrag) • Zahlungen bei besonderen Anlässen (Heirat, Geburt, Jubiläum)

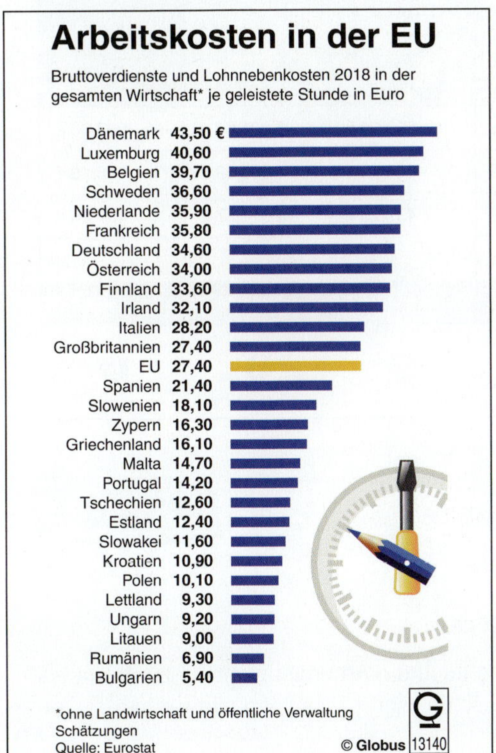

Für die **Wettbewerbsfähigkeit** eines Landes spielen die Arbeitskosten eine wichtige Rolle.

Um Personalkosten zu sparen, schließen deutsche Unternehmen daher oftmals ihren Standort in Deutschland und verlagern ihn nach Ost- oder Südosteuropa. Dies führt in Deutschland zum Abbau von Arbeitsplätzen. Die hohen Arbeitskosten erschweren außerdem die Ansiedlung ausländischer Unternehmen in Deutschland. Zudem können sie hierzulande zu Schwarzarbeit führen.

Hohe Arbeitskosten müssen für einen Industriestandort wie Deutschland aber nicht zwangsläufig von Nachteil sein. Sind mit höheren Arbeitskosten eine bessere Qualität der hergestellten Produkte oder eine höhere Fertigungsgeschwindigkeit
verbunden, so kann der Kostennachteil Z36
ausgeglichen werden. Man spricht in die- 5/33
sem Zusammenhang auch von einer bes- 5/34
seren **Produktivität**.

5.3 BUCHHALTERISCHE ERFASSUNG DES PERSONALAUFWANDS

SELMA DEMIRCI: Am Ende jeden Monats zahlt AK-Bikes die Löhne und Gehälter an seine Mitarbeiter aus. Diesen Vorgang müssen wir buchen.

NICK: Verdienstabrechnungen, wie die von Max, werden sicherlich nicht einzeln buchhalterisch erfasst.

SELMA DEMIRCI: Das wäre viel zu aufwendig. Zum Buchen der Löhne und Gehälter bei AK-Bikes fassen wir die gesamten Personalausgaben zusammen.

Als Grundlage für die Buchungen im Personalbereich dient die Lohn-/Gehaltsliste oder das **Lohn-/Gehaltsjournal** als Sammelbeleg:

Gehaltsjournal
Monat August 20..

Andrea Kästner Mountainbikes e. Kfr.

Arbeitnehmer	Bruttobezug	Steuern	Soz.-Vers.-AN	Nettobezug	Soz.-Vers.-AG
Lohnsteuer-abzugsmerkmale		Lohnsteuer Soli.zuschl. Ki-Steuer	RV KV AV PV		**RV KV AV PV**
Hubert III/1/rk	4.500,00 €	575,05 €	903,38 €	3.021,57 €	903,38 €
Staller II/1/–	2.800,00 €	384,81 €	555,10 €	1.860,09 €	555,10 €
Lindner I/0/rk	2.200,00 €	248,18 €	437,25 €	1.514,57 €	437,25 €
...	...	...	...	...	...
Summe	100.035,00 €	15.463,50 €	19.846,94 €	64.724,56 €	19.846,94 €
	1	2	3	4	5

Schritt 1

SELMA DEMIRCI: Die Buchung der Löhne und Gehälter erfolgt in drei Schritten. Die Personalausgaben stellen für AK-Bikes Aufwendungen dar. Zuerst bilden wir die Buchungssätze, die diesen Personalaufwand erfassen.

NICK: Das sind hauptsächlich die Bruttobezüge.

SELMA DEMIRCI: Gut erkannt! Daneben sind auch die Arbeitgeberanteile zur Sozialversicherung Aufwendungen für AK-Bikes. Diese müssen ebenso gebucht werden.

Praktikant Nick fasst die **Aufwendungen** zusammen, die dem Unternehmen AK-Bikes entstehen:		**Sollseite**	**Habenseite**
❶ Bruttobezüge	Die Bruttobezüge in Höhe von 100.035,00 € stellen für AK-Bikes einen Aufwand dar. Sie werden auf dem Aufwandskonto Löhne und Gehälter (6200 LG) im Soll gebucht.	**6200 LG**	
❷ Steuerabzüge	Zum einen zieht AK-Bikes die abzuführenden Steuern vom Bruttoverdienst ab. Bis zur Überweisung an das Finanzamt werden sie im passiven Bestandskonto Verbindlichkeiten gegenüber dem Finanzamt (4830 VFA) im Haben erfasst.		**4830 VFA**
❸ Sozialversicherungsbeiträge des AN	Zum anderen zieht AK-Bikes den Arbeitnehmeranteil zur Sozialversicherung vom Bruttolohn ab. Bis zur Überweisung an die Krankenkasse werden diese im passiven Bestandskonto Verbindlichkeiten gegenüber Sozialversicherungsträgern (4840 VSV) im Haben erfasst.		**4840 VSV**
❹ Nettobezüge	Die Nettobezüge werden über das Geschäftsbankkonto an die einzelnen Arbeitnehmer überwiesen. Dies wird im Haben des aktiven Bestandskontos Bank (2800 BK) gebucht.		2800 BK

Nick denkt auch daran, den Anteil zur Sozialversicherung zu berücksichtigen, der von AK-Bikes als Arbeitgeber zu tragen ist. **Beide Buchungssätze gehören zusammen!**		**Sollseite**	**Habenseite**
❺ Sozialversicherungsbeiträge des AG	Der Arbeitgeberanteil zur Sozialversicherung von 19.846,94 € erhöht den Personalaufwand von AK-Bikes. Daher wird er auf dem Aufwandskonto Arbeitgeberanteil zur Sozialversicherung (6400 AGASV) buchhalterisch im Soll erfasst.	**6400 AGASV**	
	Wie der Arbeitnehmeranteil verbleibt auch der Arbeitgeberanteil zur Sozialversicherung als Verbindlichkeit im Unternehmen, bis die Überweisung an das Finanzamt erfolgt. Die Buchung erfolgt im Haben.		4840 VSV

Nick bildet daraus die **Buchungssätze**:

❶ **6200 LG**	100.035,00 €	an	❹ 2800 BK	64.724,56 €	
			❷ **4830 VFA**	15.463,50 €	5/35
			❸ **4840 VSV**	19.846,94 €	5/36
❺ **6400 AGASV**	19.846,94 €	an	**4840 VSV**	19.846,94 €	

Selma Demirci und ihr Praktikant Nick besprechen das Vorgehen für den zweiten Schritt:

Schritt 2

SELMA DEMIRCI: Nun überweisen wir die Sozialversicherungsbeiträge an die jeweilige Krankenkasse unserer Mitarbeiter. Diese verteilt die Beträge weiter, z. B. an die Rentenversicherungsanstalt.

NICK: Gibt es einen Termin, bis zu dem dies erledigt sein muss?

SELMA DEMIRCI: Ja, die Überweisung der Sozialversicherungsbeiträge muss bis zum drittletzten Bankarbeitstag im Monat erfolgen.

Frau Demirci bereitet in ihrem Finanzbuchhaltungsprogramm eine sogenannte Sammelüberweisung vor. Darunter versteht man die zeitgleiche Überweisung an mehrere Zahlungsempfänger mit einem einzigen Auftrag.

FIBU professionell

SEPA direct | Menü | Bearbeiten | Druckausgabehilfe | Hilfe

SEPA-Datei erzeugen ?

Auftragsart:	Sammelüberweisung
Kontoinhaber:	Andrea Kästner Mountainbikes e. Kfr.
IBAN:	DE72 7515 0080 4040 8080 20
BIC:	DBNKDEFF
Gesamtbetrag:	39.693,88 €
Ausführungsdatum:	26.08.20..

Einzeldaten ? Liste der einzelnen Zahlungsempfänger:

Nr.	Typ	Empfänger	Verwendungszweck	BIC	IBAN	Betragssumme	Aktionen
1	Überweisung	Gesundheitskasse Bayern	SoV Hubert Aug 20.. 14 230978 H 07 6	VBBAYXX01	DE76 6543 0050 0012 7513 45	1.806,76 €	
2	Überweisung	Kaufmännische Krankenkasse	SoV Staller Aug 20.. 54 020786 S 22 5	BLABKGG91	DE85 7580 0120 0009 3344 02	1.110,20 €	
3	Überweisung	Vitalkasse Bayern	SoV Lindner Aug 20.. 14 010401 L 11 9	SPKING005	DE66 8700 4010 0047 4097 36	874,50 €	

NICK: Der Überweisungsbetrag von insgesamt 39.693,88 € taucht aber gar nicht in unserem Gehaltsjournal auf.

SELMA DEMIRCI: Indirekt schon. Beachte, dass wir den Arbeitnehmeranteil und den Arbeitgeberanteil zur Sozialversicherung addieren müssen. Das ergibt dann den Betrag von 39.693,88 €.

Nick bildet den **Buchungssatz** für die Banküberweisung der einbehaltenen Sozialversicherungsbeiträge an die Krankenkasse:

5/37	**4840 VSV**	39.693,88 €	an	2800 BK	❸ + ❺	39.693,88 €

AN-Anteil + AG-Anteil
(19.846,94 € + 19.846,94 €)

Im Zusammenhang mit den Personalbuchungen liegt noch folgender Kontoauszug vor:

DONAUBANK INGOLSTADT				
IBAN DE72 7515 0080 4040 8080 20 BIC DBNKDEFF			Auszug/Jahr 99/20.. Blatt-Nr. 1	
			Kontoauszug	Betrag in €
BuTag	**Wert**	**Vorgang**	**Alter Kontostand**	18.789,15 +
10.09.	10.09.	Finanzamt Ingolstadt Lohnst., SolZ., Kirchenst. Mitarbeiter Andrea Kästner Mountainbikes e. Kfr. für Monat August 20..		15.463,50 –
			Neuer Kontostand	3.325,65 +
Andrea Kästner Mountainbikes e. Kfr. 85049 Ingolstadt				
Ihre Servicebank Homebanking bequem und günstig			letzte Erstellung Erstellungstag	07.09.20.. 11.09.20../15:01

Auch hier klären Selma Demirci und Praktikant Nick vor der Buchung den Vorgang auf dem Kontoauszug:

Schritt 3

NICK: Jetzt in Schritt 3 erfolgt die Banküberweisung der einbehaltenen Steuerabzüge der Arbeitnehmer an das Finanzamt.

SELMA DEMIRCI: Das hast du sehr gut aus dem Beleg herausgelesen.

NICK: Warum hat AK-Bikes dies nicht schon zusammen mit den Beiträgen zur Sozialversicherung getan?

SELMA DEMIRCI: Mit der Überweisung an das Finanzamt können wir uns etwas länger Zeit lassen. Als Arbeitgeber bin ich verpflichtet, die einbehaltenen Steuern spätestens bis zum 10. des Folgemonats abzuführen.

Nick bildet nun auch den **Buchungssatz** zur Überweisung der einbehaltenen Steuern an das Finanzamt: 5/38

4830 VFA	15.463,50 €	an	(2) 2800 BK	15.463,50 €

5/39

5.4 ERKUNDUNG DER PERSONALABTEILUNG EINES UNTERNEHMENS

AK-Bikes wird auch von Realschulklassen der 8. Jahrgangsstufe im Rahmen der beruflichen Orientierung gerne besucht. Selma Demirci simuliert mit den Schülern in Rollenspielen verschiedene Personalauswahlverfahren und gibt ihnen praktische Tipps, wie man im persönlichen Gespräch punkten kann.

Der Ablauf eines Bewerbertrainings in einer Personalabteilung gliedert sich in drei Schritte:

❶ Vorbereitung

- Ausarbeitung einer kurzen Selbstpräsentation
- Selbsteinschätzung:
  Veranschaulichung der eigenen Stärken und Schwächen mit konkreten Beispielen
- Einholen ausführlicher Informationen über das Unternehmen (z. B. Firmenname, Rechtsform, Ausbildungsprogramm, Anzahl der Mitarbeiter, Branche, Sortiment, soziales Engagement, Unternehmensphilosophie, aktuelle Ereignisse ...)
- Zusammenstellung einer Bewerbungsmappe (Anschreiben, Lebenslauf)

❷ Durchführung des Bewerbertrainings im Unternehmen

- Informationen und Simulationen zu folgenden Auswahlverfahren:
  - Vorstellungsgespräch
  - Assessment-Center
  - Einstellungstest
  - Telefoninterview
- Business-Knigge:
  - Dresscode
  - Gesprächsregeln
  - Handyregeln
  - Körpersprache
  - Pünktlichkeit
  - ...
- Bewerbungsmappen-Check

❸ Auswertung

- Auswertung der erhaltenen Informationen, z. B.:
  - Inhalt und Ablauf der verschiedenen Auswahlverfahren
  - Fragen, die euch gestellt wurden
  - Fragen, die du als Bewerber stellen könntest
  - Fragen, die du nicht stellen solltest bzw. die dir nicht gestellt werden dürfen
- Präsentation der gewonnenen Erkenntnisse (z. B. Ausstellung in der Aula, Artikel für Zeitung und Schulhomepage, Plakate im Klassenzimmer)

Bewerbertraining bei AK-Bikes

Am 28.09.20.. hat unsere gesamte 8. Jahrgangsstufe einen Schulausflug unternommen und das ortsansässige Unternehmen „AK-Bikes" besucht.

Wir erhielten eine Firmenführung und allgemein einen genaueren Einblick in den Berufsalltag dieser Firma. Wir konnten Fragen stellen und viel Neues erfahren.

Besonders viel Zeit verbrachten wir auch in der Personalabteilung des Unternehmens. Dort erklärte uns Frau Selma Demirci, auf was es bei einer Bewerbung ankommt, welche Auswahlverfahren für Bewerber es gibt und wie wir am Besten im Vorstellungsgespräch punkten können.

Wir haben Frau Demirci aber nicht nur zugehört, sondern konnten die Auswahlverfahren – wie z. B. Vorstellungsgespräche, ein Asessement-Center, Einstellungstests oder Telefoninterviews – auch selbst in Rollenspielen ausprobieren.

Der Tag bei AK-Bikes war ingesamt sehr unterhaltsam und informativ und da „AK-Bikes" auch in verschiedenen Berufen ausbildet, werden einige von uns in Zukunft vielle[illegible] auch noch ein wirkliches Vorstellungsgespräch bei d[illegible] Unternehmen haben.

Rollenspiel zum Vorstellungsgespräch

Um auf Vorstellungsgespräche gut vorbereitet zu sein, empfiehlt Selma Demirci, diese in einem Rollenspiel zu üben. Für den Ablauf ergeben sich folgende drei Schritte:

❶ Information und Vorbereitung

- Festlegung, für welchen Beruf und Betrieb das Vorstellungsgespräch durchgeführt werden soll
- Schülerinnen und Schüler erarbeiten in Kleingruppen jeweils einen Fragenkatalog:
  - Welche Fragen könnte der Personalleiter stellen?
  - Welche Fragen kann der Bewerber stellen?
- Verteilung der Rollen:
  - eine Schülerin/ein Schüler (evtl. Lehrkraft) übernimmt die Rolle des Personalleiters
  - eine Schülerin/ein Schüler übernimmt die Rolle des Bewerbers
  - die anderen Schülerinnen und Schüler sind Beobachter und notieren sich: Was fällt mir speziell an dieser Situation auf?

❷ Durchführung (Rollenspielphase)

1. Begrüßung und Gesprächseröffnung

- Small Talk
- allgemeine Frage als Einstieg, z. B. zur Anfahrt

2. Hauptteil des Gesprächs

- **Fragen an den Bewerber** (z. B. zum Lebenslauf, zu den Erwartungen des Bewerbers, zu Erfahrungen in der Arbeitswelt durch Praktika, Fragen zur Person, zu Hobbys, zur Teamfähigkeit, zu Stärken und Schwächen)
- **Fragen des Bewerbers** (z. B. über den Betrieb, zum weiteren Ablauf des Bewerbungsverfahrens, zu den Arbeitsbedingungen)

3. Gesprächsabschluss

- Verabschiedung
- Dank für das Gespräch

❸ Auswertung (Reflexion)

- Besprechung, wie sich die Teilnehmerinnen und Teilnehmer in ihrer Rolle gefühlt haben
- Beobachter geben Rückmeldung:
  - Was war gut?
  - Welchen Tipp kann ich geben?
- Vorstellungsgespräch kann danach mit einer anderen Rollenverteilung wiederholt werden (mit besonderem Augenmerk darauf, ob sich Veränderungen hinsichtlich der Antworten bzw. der Körpersprache ergeben haben)

5/40
5/41

Alles Klar?

PERSONALBESCHAFFUNG

Intern	Extern
Die offene Stelle wird mit einem Mitarbeiter aus dem eigenen Unternehmen besetzt.	Die offene Stelle wird mit einem Mitarbeiter besetzt, der noch nicht im Unternehmen beschäftigt war.

KRITERIEN FÜR DIE BEWERBERAUSWAHL

Fachliche Qualifikationen	Überfachliche Qualifikationen
= **Hard Skills**, welche die berufliche Eignung nachweisen (z. B. den Zeugnisnoten zu entnehmen)	= **Soft Skills** wie Selbstständigkeit, Kommunikationsfähigkeit und Kooperationsfähigkeit

FREIWILLIGE BETRIEBLICHE SOZIALLEISTUNGEN

Leistungen des Arbeitgebers an seine Mitarbeiter, die zusätzlich zum regulären Arbeitsentgelt freiwillig gezahlt bzw. gewährt werden.			
Geldleistungen, z. B. Weihnachtsgeld	Sachleistungen, z. B. Firmenwagen	Vorsorgeleistungen, z. B. Altersvorsorge	Fürsorge/Gesundheitsförderung, z. B. bezahlte Kur

UNTERSCHIEDLICHE ARBEITSFORMEN

Unterschiedliche Arbeitsformen		
Normalarbeitsverhältnis	**Atypische Beschäftigung**	
	Befristete Beschäftigung	**Zeitarbeit**
	Geringfügige Beschäftigung	**Teilzeitarbeit (bis 20 h pro Woche)**

ENTGELTFORMEN

Zeitentgelt	Leistungsentgelt	Beteiligungsentgelt
Entgelthöhe ist abhängig von der **Arbeitszeit**	Entgelthöhe ist abhängig von der **Arbeitsmenge**	**zusätzliche** Entlohnung

ENTGELTABRECHNUNG

- **Abrechnung aus Sicht des ARBEITNEHMERS**

  Bruttoentgelt
– Steuerabzüge
– Sozialversicherungsabzüge

= **Nettoentgelt**

- **Abzüge**

Steuerabzüge:	Die **Höhe der Steuerabzüge** ist abhängig von:	**Sozialversicherungsabzüge:**
• Lohnsteuer • Solidaritätszuschlag • Kirchensteuer	• der Höhe des Bruttoentgelts • der Steuerklasse (I, II, III, IV, V oder VI) • dem Kinderfreibetrag • der Religionszugehörigkeit	• Krankenversicherung • Pflegeversicherung • Rentenversicherung • Arbeitslosenversicherung

- **Abrechnung aus Sicht des ARBEITGEBERS**

  Entgelt für geleistete Arbeit (Direktentgelt)
+ Vergütung arbeitsfreier Tage/Sonderzahlungen

= Bruttoentgelt
+ **Personalzusatzkosten**

= Arbeitskosten

BUCHHALTERISCHE ERFASSUNG DES PERSONALAUFWANDS

- **Schritt 1** — Buchungssätze zur Erfassung des gesamten Personalaufwands mit Auszahlung per Banküberweisung:

6200 LG	*Bruttoverdienst*	an	**2800 BK**	*Nettoverdienst*
			4830 VFA	*einbehaltene Steuern*
			4840 VSV	*AN-Anteil SoV*
6400 AGASV	*AG-Anteil SoV*	an	**4840 VSV**	*AG-Anteil SoV*

- **Schritt 2** — Buchungssatz für die Banküberweisung der einbehaltenen **Sozialversicherungsbeiträge** an die **Krankenkasse**:

4840 VSV	*AN+AG-Anteil SoV*	an	**2800 BK**	*AN+AG-Anteil SoV*

- **Schritt 3** — Buchungssatz für die Banküberweisung der einbehaltenen **Steuern** an das **Finanzamt**:

4830 VFA	*einbehaltene Steuern*	an	**2800 BK**	*einbehaltene Steuern*

5.5 ANWENDUNGSAUFGABEN

5/1 1. Erkläre den Unterschied zwischen Versetzung und Übernahme nach der Ausbildung.

2. „Eine abgeschlossene Berufsausbildung ist die beste Versicherung gegen Arbeitslosigkeit."

Bestätige diese Ansicht anhand von drei unterschiedlichen Argumenten. Verwende für ein Argument die Inhalte der abgebildeten Grafik.

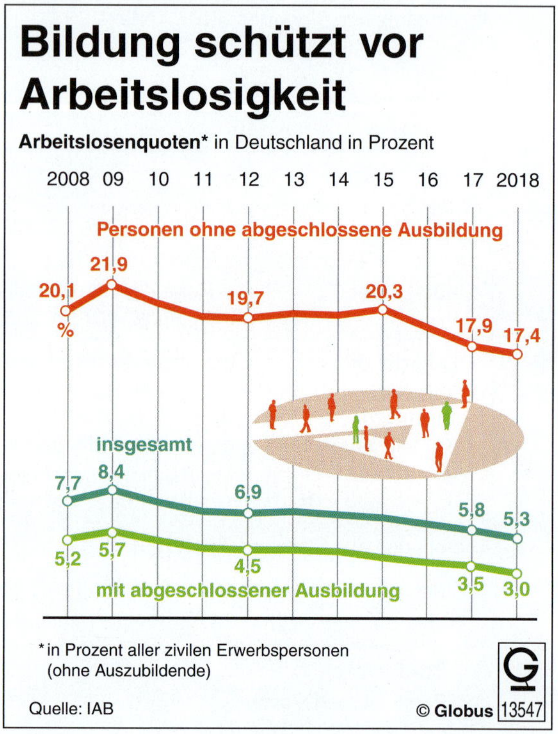

5/2 1. Kläre, z. B. mit Hilfe einer Internetrecherche, den Begriff Initiativbewerbung.

2. Erstelle eine tabellarische Übersicht, welche der in den Balkendiagrammen genannten Wege der Mitarbeitersuche zur internen oder zur externen Personalbeschaffung zählen.

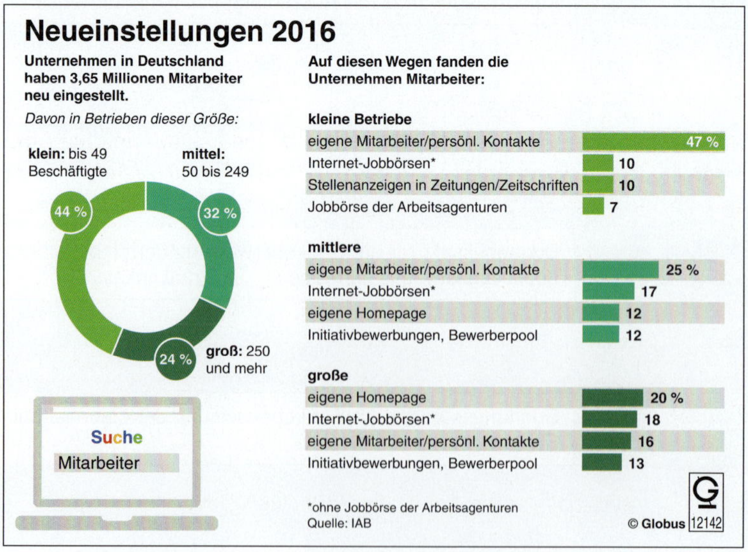

3. Ergänze die Übersicht um je zwei weitere Möglichkeiten.
4. Berechne die Anzahl der neu eingestellten Mitarbeiter in kleinen, mittleren und großen Unternehmen.
5. Ermittle rechnerisch, wie viele der 3,65 Millionen Mitarbeiter durch interne Personalbeschaffung eingestellt werden konnten. Unterscheide dabei auch nach Unternehmensgröße.

5/3

Betrachte das rechts abgebildete Schaubild und gib an, ob folgende Aussagen A bis D richtig oder falsch sind. Verbessere falsche Aussagen.

A	Von 2010 bis 2018 ist es für Unternehmen einfacher geworden, geeignete Bewerber für ihre freien Stellen zu finden.
B	War im Jahr 2012 nahezu jede dritte Stellenbesetzung schwierig, so gab es im Jahr 2018 sogar bei fast jeder zweiten Stellenbesetzung Probleme.
C	Immer mehr Unternehmen scheinen den Fachkräftemangel zu spüren. Denn als vorrangigstes Problem nennen sie zu wenig Bewerber.
D	Die unzureichende Qualifikation der Bewerber ist bei wenigen Unternehmen ein ernsthaftes Problem.

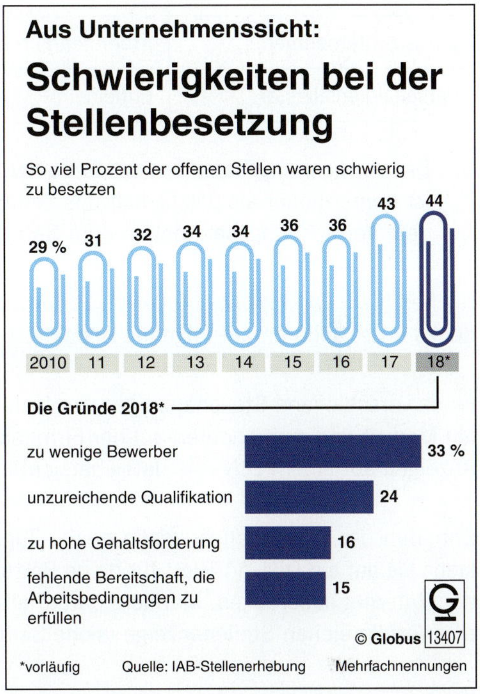

5/4

Die Bundesagentur für Arbeit hat ihren Hauptsitz in Nürnberg.

1. Recherchiere im Internet mindestens drei wichtige Zuständigkeitsbereiche dieser Einrichtung.
2. Die Bundesagentur für Arbeit übernimmt Aufgaben für den Staat. Derartige Einrichtungen nennt man Körperschaft des öffentlichen Rechts. Finde aus der unteren Aufstellung weitere Körperschaften des öffentlichen Rechts und gib an, welche Aufgaben diese für den Staat übernehmen:

A	Golfclub	E	Staatliche Realschule
B	Handwerkskammer	F	Detektivbüro „VIP Security“
C	Private Hochschule	G	Privater Fernsehsender
D	Industrie- und Handelskammer	H	Öffentlich-rechtliche Rundfunkanstalt

5/5 1. Häufig spricht man bei Zeitarbeit auch von Leiharbeit oder Arbeitnehmerüberlassung. Erkläre diese Begriffe.

2. Skizziere das „Dreiecksverhältnis der Zeitarbeit“ und ordne folgende Begriffe richtig zu:

Kundenunternehmen	Arbeitsvertrag	Zeitarbeitnehmer
Arbeitgeber	Verleiher	Zeitarbeitsunternehmen
Einsatzunternehmen	Arbeitnehmerüberlassungsvertrag	Entliehene/Leiharbeiter
Personaldienstleister	Entleiher	Externe Mitarbeiter

3. Der Verrechnungssatz, den der Entleiher an das Zeitarbeitsunternehmen bezahlen muss, ist immer höher als das Gehalt des Zeitarbeitnehmers. Überlege dir drei Kosten, die von dem Verrechnungssatz neben dem Gehalt noch gedeckt werden müssen.

5/6 Recherchiere Vor- und Nachteile von Zeitarbeit. Erstelle dazu eine tabellarische Übersicht und denke unter anderem an folgende Aspekte: Einkommen, Mobilität, Flexibilität, Qualifikation.

5/7 Finde verschiedene Stellenanzeigen von Unternehmen deiner Umgebung zum einen in sozialen Medien und zum anderen auf der Firmenhomepage bzw. in der Tageszeitung. Stelle diese Anzeigen auf einem DIN-A4-Blatt übersichtlich dar und formuliere mögliche Unterschiede.

5/8 Entnimm der Wochenendausgabe deiner Tageszeitung eine ausführliche Stellenanzeige und klebe sie auf ein DIN-A4-Blatt für deine Portfoliomappe. Du kannst dir auch eine Anzeige aus dem Internet ausdrucken. Markiere darauf alle Inhalte, die nach der Checkliste zur Erstellung einer erfolgreichen Stellenanzeige (siehe Seite 238) vorhanden sein sollten.

5/9 Betrachte die Stellenanzeige von AK-Bikes „Vertriebsassistenz (m/w/d) im Innendienst“ auf Seite 237. Überprüfe, welche Aspekte der Checkliste zur Erstellung einer erfolgreichen Stellenanzeige (siehe Seite 238) in der Anzeige von AK-Bikes vorhanden sind und welche fehlen. Benenne die vorhandenen Aspekte.

5/10 Die Arbeitsplatzbeschreibungen von AK-Bikes geben Auskunft über verschiedene Anforderungen an den künftigen Arbeitnehmer.

Erstelle jeweils eine Tabelle mit den Spalten fachliche Qualifikationen und überfachliche Qualifikationen und ordne der jeweiligen Spalte die Anforderungen aus den Stellenanzeigen (vgl. Seite 237)

1. zur Fachkraft für Lagerlogistik (m/w/d)
2. und zum/zur Zweiradmechatroniker/in (m/w/d)

zu.

5/11 Selbstständiges Arbeiten, Kommunikationsfähigkeit, Kooperationsfähigkeit und Zeitmanagement sind Fähigkeiten, die du als Schüler bereits entwickeln kannst. Formuliere zu jeder dieser Qualifikation eine konkrete Situation aus deinem Schulalltag, in der diese Fähigkeit deutlich wird.

Bis Andrea Kästner und Selma Demirci Bewerber auf eine offene Stelle zum Vorstellungsgespräch einladen, gehen sie äußerst strukturiert vor. Bringe die einzelnen Schritte zur Vorauswahl geeigneter Bewerber in die richtige Reihenfolge: 5/12

A	Die Bewerber mit den besten Beurteilungen im Bewertungsprotokoll werden zum Vorstellungsgespräch eingeladen.
B	Gerade, wenn mehrere Bewerbungen auf eine Stelle eingegangen sind, ist der erste Eindruck der Bewerbungsunterlagen für die Vorauswahl entscheidend: Sind die Unterlangen unvollständig, schlecht lesbar oder finden sich häufig Rechtschreibfehler, wird die Bewerbung schon jetzt aussortiert.
C	AK-Bikes verwendet für die Veröffentlichung der Stellenanzeigen verschiedene Kanäle: Firmenwebsites, Online-Jobbörsen und Anzeigen in der regionalen Tageszeitung.
D	Anschreiben, Lebenslauf, Foto und Anlagen der noch im Rennen befindlichen Bewerbungen werden von Andrea Kästner und Selma Demirci genauer analysiert. Die Ergebnisse der Analyse werden in einem Bewertungsprotokoll schriftlich festgehalten.
E	Andrea Kästner liest die Anschreiben und Lebensläufe der ausgewählten Bewerber nochmals aufmerksam durch und formuliert daraus zielgerichtete Fragen für das Vorstellungsgespräch.
F	Für die zu besetzende Stelle muss eine aussagekräftige Stellenausschreibung erstellt werden. Darin werden Anforderungen und Tätigkeiten des Arbeitsplatzes aber auch Informationen über AK-Bikes beschrieben.

Wähle aus der folgenden Übersicht je zwei Soft Skills aus, die in den Auszügen der Anschreiben von Seite 239 am treffendsten beschrieben werden: 5/13

Anpassungsfähigkeit	Entscheidungsvermögen	Problemlösungsfähigkeit
Belastbarkeit	Flexibilität	Selbstbewusstsein
Durchsetzungsvermögen	Kommunikationsfähigkeit	Teamfähigkeit
Eigeninitiative	Kompromissbereitschaft	Verantwortungsbereitschaft
Einfühlungsvermögen	Kooperationsfähigkeit	Zielstrebigkeit
Einsatzbereitschaft	Lernbereitschaft	Zuverlässigkeit

1. Deine Freundin lässt dich das Anschreiben für ihre Bewerbung lesen. Darin steht unter anderem „ich bin gewissenhaft und teamfähig“. Empfiehl ihr bessere Formulierungen, die diese Charaktereigenschaften beschreiben und mit Beispielen belegen. 5/14
2. Jetzt bist du an der Reihe. Wähle zwei (weitere) Soft Skills aus, die auf dich zutreffen. Finde Beispiele dazu, die diese Charaktereigenschaften von dir am besten beschreiben und verfasse dazu passende Formulierungen für das Anschreiben deiner Bewerbung.

5/15 Ordne die folgenden Schlagzeilen einem der vier Bereiche der freiwilligen betrieblichen Sozialleistungen zu:

Mit Mami und Papi zur Arbeit

Betriebskindergärten sind in Bayern auf dem Vormarsch – trotz staatlicher Kita-Garantie

WIE ARBEITNEHMER MIT HILFE DES CHEFS FÜR DIE RENTE SPAREN

Schutzbekleidung **muss,** Berufsbekleidung **kann** vom Arbeitgeber bezahlt werden!

FIRMENFIT

Betriebliche Gesundheitsförderung für Unternehmen

Mitarbeiter erhalten bei FIRMENFIT bis zu 70% Beitragsnachlass auf den Mitgliedsbeitrag.

Unternehmen zahlt Leistungsprämie

Mitarbeiter stecken insgesamt 2.000 Euro ein.

Ein **Firmenwagen** ist noch immer eine der **beliebtesten Zusatzleistungen**.
In vielen Branchen wird er als Statussymbol angesehen:
Je teurer das Auto, desto höher das Ansehen des Mitarbeiters.
Aber Achtung: Privatnutzung kostet oft extra!

5/16 Die Weiterbildung zählt ebenfalls zu den freiwilligen betrieblichen Sozialleistungen.

1. Gib die Diagrammart an, die zur Darstellung der Weiterbildungsquoten von 1991 bis 2018 verwendet wird.
2. Beschreibe, welche Weiterbildungsangebote im Jahr 2018 besucht wurden.
3. Auch Andrea Kästner investiert in die Weiterbildung ihrer Beschäftigten, um dem Fachkräftemangel entgegenzuwirken. Erkläre diesen Zusammenhang.
4. Die Steigerung der Produktivität ist ein weiterer Grund für die Weiterbildung von Mitarbeitern. Beschreibe diesen Zusammenhang an einem Beispiel von AK-Bikes.
5. Andrea Kästner erhofft sich durch die Weiterbildung ihrer Mitarbeiter noch weitere Effekte. Überlege dir zwei mögliche weitere Motive.

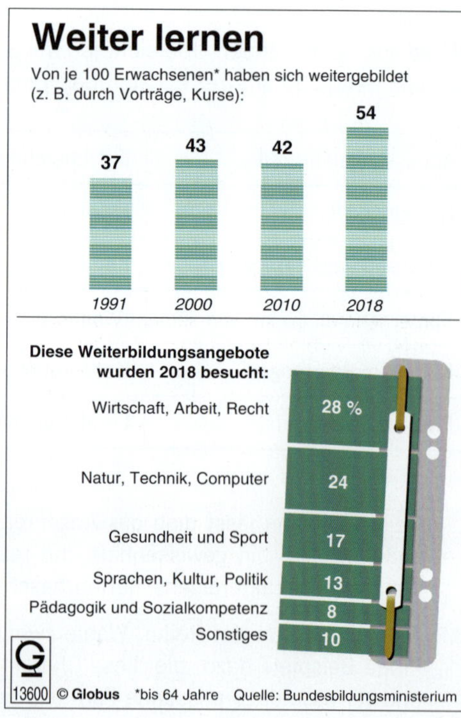

Führe mit Personen in deiner Nachbarschaft, Familie oder im Freundeskreis ein Interview über Zusatzleistungen ihrer Arbeitgeber. Kläre mit ihnen, welche freiwilligen betrieblichen Sozialleistungen in den Unternehmen angeboten werden. 5/17

Gestalte eine Seite für dein Portfolio, auf der du die Ergebnisse deiner Interviews ausführlich darstellst. Du kannst z. B. auch ein Foto deines Interviewpartners oder weitere Informationen über einen Arbeitgeber aufnehmen, um die Seite anschaulicher zu gestalten.

Ordne den vier atypischen Arbeitsformen (**A**–**D**) die passenden Merkmale (1–12) zu. 5/18

A: geringfügige Beschäftigung **B:** befristete Beschäftigung
C: Leiharbeit **D:** Teilzeitarbeit

1	Arbeitsvertrag ist mit dem Erreichen eines bestimmten Ziels beendet	5	verkürzte Arbeitszeit	9	keine/nur geringe Ansprüche auf Leistungen der gesetzlichen Sozialversicherung
2	oft die zweite Beschäftigung neben einem anderen Arbeitsvertrag	6	kein festes Arbeitsumfeld	10	Chance zur Übernahme in ein festes Arbeitsverhältnis
3	Wochenarbeitstage können reduziert werden	7	Arbeitnehmer kann sich beruflich orientieren und für unterschiedliche Tätigkeiten qualifizieren	11	regelmäßige monatliche Einkünfte, vollständig in die Sozialversicherung integriert
4	Vollzeitbeschäftigung mit einem unbefristeten Beschäftigungsvertrag	8	Mindeststundenzahl kann flexibel festgelegt werden	12	Arbeitsvertrag ist für eine bestimmte Zeit abgeschlossen

Begründe mit Hinblick auf die jeweilige Lebenssituation eine passende Arbeitsform für die folgenden Personen. Berücksichtige Vorteile und Nachteile, die sich daraus ergeben. 5/19

Peter (46)
ist alleinerziehender Vater von zwei Jungen (8 und 14 Jahre alt). Er ist Maschinenbau-Ingenieur bei einem großen Industrieunternehmen 56 km von seinem Wohnort entfernt. Da bleibt täglich viel Zeit auf der Strecke. Seine Jungs sind gerade in einem schwierigen Alter und die schulischen Leistungen fallen ab.

Anna (36)
hat eine Ausbildung zur Steuerfachangestellten abgeschlossen. Danach war sie mit ihrem ersten Sohn schwanger. Seit der Geburt ihres zweiten Kindes vor 7 Jahren hat sie nicht mehr gearbeitet. Gerne würde sie neue Betätigungsfelder entdecken und sich neu orientieren, da sie in ihrem gelernten Beruf unglücklich war.

5/20

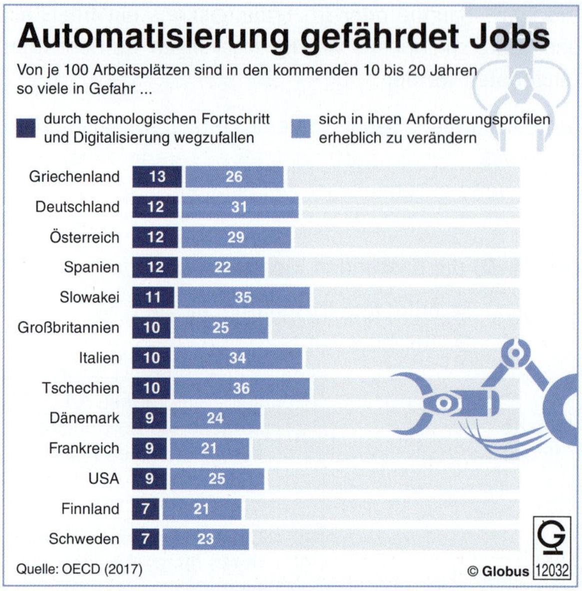

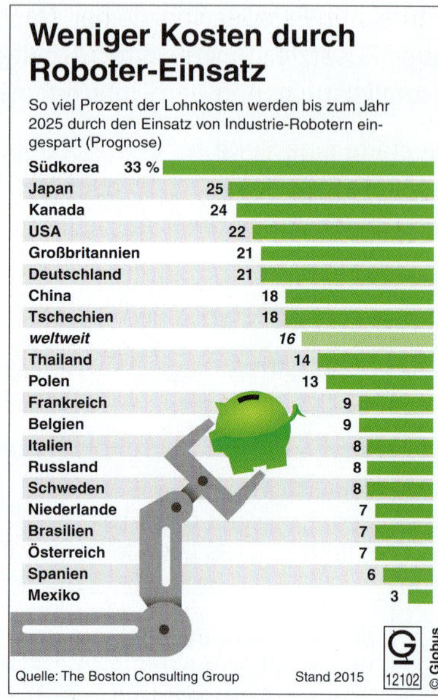

1. Erkläre, inwiefern der digitale und technologische Fortschritt die Arbeitswelt verändert hat.
2. Gib an, für wie viel Prozent aller Arbeitsplätze in Deutschland ein hohes Risiko besteht, in den kommenden zehn bis zwanzig Jahren der Automatisierung zum Opfer zu fallen.
3. Berechne den prozentualen Durchschnittswert aller Arbeitsplätze der aufgelisteten Länder, für die sich nach der Prognose die Anforderungen deutlich verändern werden.
4. Beschreibe, welche betriebswirtschaftliche Auswirkung der verstärkte Einsatz von Robotern in der Zukunft auf das Unternehmen AK-Bikes haben wird.

5/21 Nicht jede Entgeltform ist für jede Tätigkeit gleichermaßen gut geeignet. Ordne den Bildern passende Berufe zu und gib eine begründete Empfehlung für eine geeignete Entgeltform.

Ann-Kathrin Pelzer spricht bei einem Klassentreffen mit ihren ehemaligen Mitschülern über ihre Entlohnung. Ordne die folgenden Aussagen der ehemaligen Klassenkameraden den Entgeltformen „Zeitentgelt“, „Leistungsentgelt“ und „Beteiligungsentgelt“ zu: 5/22

A	Marina ist kaufmännische Angestellte in einem Reisebüro. Sie verdient monatlich 2.300,00 € brutto.
B	Svenja arbeitet als Fliesenlegerin in einem kleinen Unternehmen. Sie erhält von ihrem Chef für jeden Quadratmeter verlegter Fliesen 12,00 €.
C	Wolfgang ist Produktionsleiter und erhält ein monatliches Gehalt. Erwirtschaftet das Unternehmen einen Gewinn, bekommt Wolfgang einen Teil davon zusätzlich ausbezahlt.
D	Christian ist bei einer Spedition im Lager angestellt. Er erhält einen Stundenlohn von 13,60 €.
E	Franka arbeitet in einer Personalabteilung. Sie erhält ein monatlich festes Gehalt und kann zusätzlich einmal im Jahr vergünstigte Mitarbeiteraktien erwerben.
F	Paul ist Reifenmonteur. Für die Montage eines Reifensatzes erhält er 2,50 €. Unterschreitet er die Vorgabezeit von 12 Minuten, ist er also schneller, erhöht sich sein Verdienst.
G	Anja arbeitet als Assistenz der Geschäftsleitung in einer großen Werbeagentur. Ihr Arbeitgeber zahlt monatlich 130,00 € für sie in eine Pensionskasse ein. Aus dieser Pensionskasse erhält Anja ab dem 65. Lebensjahr eine monatliche Rente.
H	Björn arbeitet als Versicherungsmakler. Zu seinem monatlichen Grundgehalt erhält er für jede abgeschlossene Versicherung eine zusätzliche Prämie.

Gib an, in welchem Fall eine Bezahlung nach Zeitlohn und in welchem Fall nach Akkordlohn sinnvoll ist. Ordne dazu den Aussagen 1 bis 6 die Buchstaben A für Akkordlohn oder Z für Zeitlohn zu. 5/23

1	Eine höhere Mengenleistung soll sich lohnsteigernd auswirken.	4	Die Arbeitsgänge sind gleich und wiederholen sich ständig.
2	Es muss besonders genau und sorgfältig gearbeitet werden.	5	Unfälle und Maschinenschäden aufgrund eines übersteigerten Arbeitstempos sollen verhindert werden.
3	Die geleistete Arbeit ist nur schwer oder überhaupt nicht messbar.	6	Die Arbeitsmenge kann vom Arbeitnehmer nicht beeinflusst werden.

1. Finde Gründe für die unterschiedlich hohen Verdienste von Marc und Nelson (Seite 245). 5/24
2. Begründe, ob es gerecht wäre, wenn beide das Gleiche verdienen würden.
3. Gib drei Faktoren an, die die Höhe des Verdiensts deiner Meinung nach beeinflussen sollten. Begründe deine Wahl an selbstgewählten Beispielen.
4. Nimm Stellung zu folgenden Aussagen:

   a) „Wer mit seinem Lohn nicht zufrieden ist, kann ja seinen Arbeitsplatz wechseln!“
   b) „Es gibt keinen gerechten Lohn!“
   c) „Mein Lohn ist gerecht, wenn ich nicht weniger verdiene als mein Arbeitskollege.“

5. Formuliere in drei Sätzen, was du unter einem gerechten Lohn verstehst.

5/25 1. Gib an, ob die Aussagen A bis D zur Infografik richtig oder falsch sind.

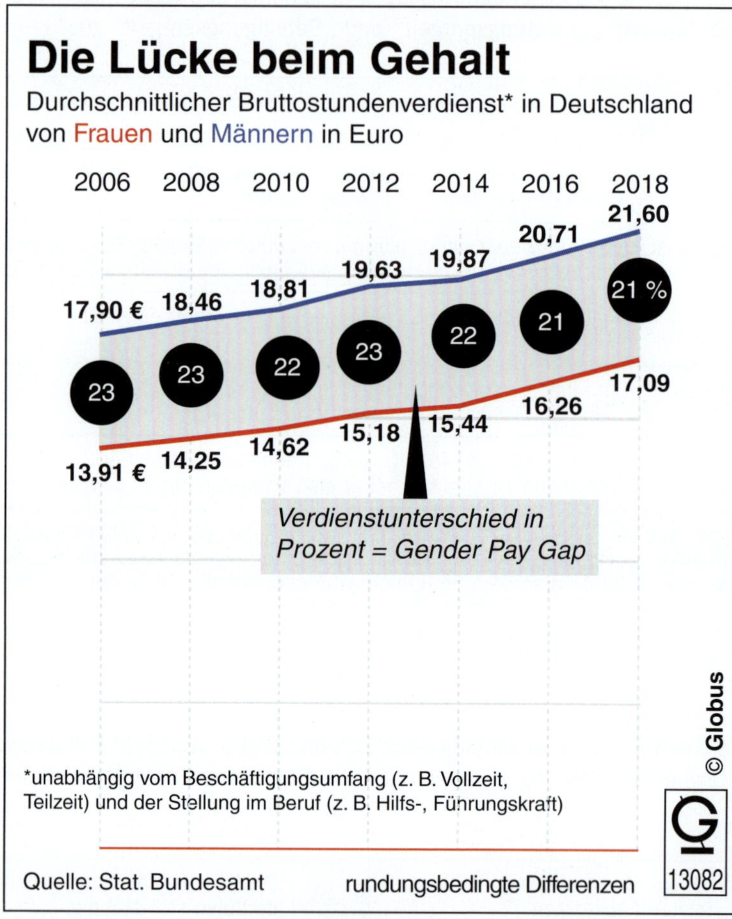

A	Die durchschnittlichen Stundenlöhne von Männern und Frauen sind zwischen 2006 und 2018 nahezu kontinuierlich angestiegen.
B	Der Verdienstunterschied zwischen den Geschlechtern hat sich zwischen 2006 und 2018 allerdings deutlich verringert.
C	Frauen verdienten im Jahr 2018 rund 21,00 € weniger als Männer.
D	Der Gender Pay Gap bezeichnet die Differenz der durchschnittlichen Bruttoverdienste in der Stunde von Männern und Frauen.

2. Berechne, um wie viel Prozent der durchschnittliche Bruttostundenverdienst von Männern zwischen 2006 und 2018 angestiegen ist. Vergleiche diesen Anstieg mit dem prozentualen Anstieg der durchschnittlichen Bruttostundenverdienste von Frauen.

Prüfe die folgenden Aussagen zur Lohn-/Gehaltsabrechnung von Max. Gib jeweils an, ob die Aussage richtig oder falsch ist und berichtige die falschen Aussagen. 5/26

A	Das Bundeszentralamt für Steuern (BZSt) verwaltet alle Steuer-Identifikationsnummern, die dazugehörigen Daten wie den vollständigen Namen, den Geburtstag, den Geburtsort, die aktuelle Anschrift und alle weiteren elektronischen Lohnsteuerabzugsmerkmale.
B	ELStAM ist die Abkürzung für Elektronische Lohnsteuer-Abzugsmaske.
C	Eltern müssen die Identifikationsnummer für ihr Baby sofort nach der Geburt beantragen.
D	ID steht für Identifikationsnummer. Diese elf Ziffern sind für jeden Deutschen ein Leben lang unveränderlich und eindeutig.
E	Max kann bei Antritt seiner neuen Arbeitsstelle seine Steuerklasse auswählen.
F	Für die Höhe des Lohnsteuerabzugs ist die Steuerklasse entscheidend.
G	Vom Bruttogehalt muss Max sofort nach der Gutschrift des Gehalts auf seinem Girokonto Steuern an das Finanzamt und Versicherungsbeiträge an die Krankenkasse überweisen.

Verschaffe dir mit Hilfe der Übersicht von Seite 248 einen Überblick über die sechs Lohnsteuerklassen und entscheide anschließend, welcher Lohnsteuerklasse die Mitarbeiter A–J zugeordnet sind. 5/27

A	Frau Ott ist verheiratet und hat zwei Kinder. Ihr Ehemann ist Steuerklasse V zugeordnet.
B	Herr Braun ist ledig und kinderlos.
C	Herr Jung ist verheiratet und hat drei Kinder. Seine Ehefrau ist Steuerklasse III zugeordnet.
D	Frau Wurm ist verheiratet, hat ein Kind und ihr Ehemann ist Steuerklasse IV zugeordnet.
E	Herr Fleißig ist verwitwet, hat zwei Kinder und ist im zweiten Arbeitsverhältnis tätig. Sein erstes Arbeitsverhältnis ist in einem anderen Unternehmen.
F	Frau Wagner ist geschieden und hat keine Kinder.
G	Herr König hat drei Kinder mit seiner Ehefrau, die Steuerklasse IV zugeordnet ist.
H	Frau Franzl ist geschieden und hat drei Kinder im eigenen Haushalt.
I	Herr Horn ist verheiratet und hat ein Kind. Seine Ehefrau ist Steuerklasse III zugeordnet.
J	Frau Baier ist alleinerziehende Mutter von einer 7-jährigen Tochter.

5/28 Dir liegt ein Auszug aus einer Lohnsteuertabelle vor:

Kinderfreibetrag			0		0,5		1		1,5		2		2,5		3	
ab €	**Stk**	**Steuer**	SolZ	KiStr	SolZ	KiStr	SolZ	KiStr	SolZ	KiStr	SolZ	KiStr	SolZ	KiStr	SolZ	KiStr
2.958,00																
	1	408,91	22,49	32,71	17,35	25,24	12,49	18,18	7,93	11,54	–	5,34	–	0,55	–	–
	2	361,50	–	–	14,88	21,65	10,17	14,80	4,73	8,37	–	2,71	–	–	–	–
	3	166,50	0,90	13,32	–	7,64	–	2,90	–	–	–	–	–	–	–	–
	4	408,91	22,49	32,71	19,88	28,92	17,35	25,24	14,89	21,66	12,49	18,18	10,18	14,81	7,93	11,54
	5	725,75	39,91	58,06	–	–	–	–	–	–	–	–	–	–	–	–
	6	762,08	41,91	60,96	–	–	–	–	–	–	–	–	–	–	–	–
2.961,00																
	1	409,66	22,53	32,77	17,39	25,30	12,53	18,23	7,97	11,59	–	5,39	–	0,58	–	–
	2	362,25	–	–	14,92	21,70	10,21	14,86	4,86	8,42	–	2,74	–	–	–	–
	3	167,16	1,03	13,37	–	7,68	–	2,93	–	–	–	–	–	–	–	–
	4	409,66	22,53	32,77	19,92	28,98	17,39	25,30	14,92	21,71	12,53	18,23	10,21	14,86	7,97	11,59
	5	726,83	39,97	58,14	–	–	–	–	–	–	–	–	–	–	–	–
	6	763,08	41,96	61,04	–	–	–	–	–	–	–	–	–	–	–	–
2.964,00																
	1	410,50	22,57	32,84	17,43	25,35	12,57	18,29	8,00	11,64	–	5,44	–	0,62	–	–
	2	363,00	–	–	14,96	21,76	10,25	14,91	4,98	8,47	–	2,78	–	–	–	–
	3	167,83	1,16	13,42	–	7,72	–	2,97	–	–	–	–	–	–	–	–
	4	410,50	22,57	32,84	19,96	29,04	17,43	25,35	14,96	21,77	12,57	18,29	10,25	14,91	8,00	11,64
	5	727,91	40,03	58,23	–	–	–	–	–	–	–	–	–	–	–	–
	6	764,16	42,02	61,13	–	–	–	–	–	–	–	–	–	–	–	–

Kirchensteuer: 8 % der Lohnsteuer in Bayern und Baden-Württemberg und 9 % in den übrigen Bundesländern

1. Lies die zutreffenden Steuerabzüge (Lohn- und Kirchensteuer, Solidaritätszuschlag) für die Mitarbeiter einer EDV-Abteilung heraus und berechne die gesamten Steuerabzüge:

	Adler	Boll	Conrad	Drews	Ertl
Bruttogehalt	2.962,00 €	2.962,00 €	2.962,00 €	2.962,00 €	2.962,00 €
Steuerklasse	I/0	II/3	III/1	V/0	IV/2
Konfession	evangelisch	röm.-kath	röm.-kath	ohne Bekenntnis	evangelisch

2. Trotz des gleichen Bruttogehalts fallen die Steuerabzüge bei den Mitarbeitern sehr unterschiedlich aus. Gib an, in welchen familiären Situationen die Steuerabzüge besonders niedrig sind. Kannst du dir denken, weshalb der Staat so agiert? Gib eine begründete Antwort.

3. Werte die obige Lohnsteuertabelle aus und gib an, ob die folgenden Aussagen richtig oder falsch sind. Berichtige die falschen Aussagen.

A	Je höher der Kinderfreibetrag, desto geringer fällt die zu zahlende Kirchensteuer aus.
B	Je niedriger der Kinderfreibetrag ist, desto geringer ist auch der zu zahlende Solidaritätszuschlag.
C	Arbeitnehmer in Steuerklasse II verdienen so wenig, dass sie bei einem Kinderfreibetrag von 0 weder Kirchensteuer noch Solidaritätszuschlag zahlen müssen.
D	Ein Arbeitnehmer, der bei einem Bruttoverdienst von 2.963,00 € einen Solidaritätszuschlag von 12,53 € zahlen muss, hat keine Kinder.
E	Betrachtet man die Systematik der ersten Spalte der Tabelle (ab €) so ist zu erkennen, dass sich die Reihe mit einem Bruttoverdienst in Höhe von 2.967,00 € fortsetzen würde.
F	Die Abzüge für Lohnsteuer, Solidaritätszuschlag und Kirchensteuer sind in der Steuerklasse 6 höher als in jeder anderen Steuerklasse.
G	Um die Kirchensteuer in Bayern richtig zu berechnen, muss der Lohnsteuerbetrag mit dem Faktor 0,08 multipliziert werden.
H	Je höher die Steuerklasse, desto höher sind auch die abzuführenden Steuerabzüge.

Zu den Mitarbeitern Müller, Schneider und Zimmermann liegen folgende Informationen vor: 5/29

	Müller (I/0)	Schneider (III/1)	Zimmermann (IV/2)
Alter in Jahren	45	22	39
Bruttogehalt	2.962,00 €	1.962,00 €	2.060,00 €
Beitragssatz zur Krankenversicherung	14,6 % + 1 % Zusatzbeitrag	14,6 % + 0,5 % Zusatzbeitrag	14,6 % + 1 % Zusatzbeitrag
Weitere Beitragssätze	siehe Seite 250		

1. Ermittle, nach Möglichkeit mit Hilfe eines Tabellenkalkulationsprogramms, für die drei Mitarbeiter den Arbeitnehmeranteil der gesetzlichen Abzüge ...

   a) zur Krankenversicherung.
   b) zur Pflegeversicherung.
   c) zur Rentenversicherung.
   d) zur Arbeitslosenversicherung.

2. Berechne jeweils den Arbeitgeberanteil der Abzüge zur Pflegeversicherung.

Ordne den vier bekannten Sozialversicherungszweigen die korrekte Aussage zu. 5/30

A	Bei dieser Sozialversicherung fällt der höchste Beitragssatz an.
B	Leistungen erhält, wer gesundheitlich beeinträchtigt und auf fremde Hilfe angewiesen ist.
C	Die Beitragssätze können vom jeweiligen Träger unterschiedlich hoch festgesetzt sein.
D	Vorrangiges Ziel ist die Sicherung des Einkommens arbeitssuchender Personen.

1. Entscheide, ob die folgenden Aussagen richtig oder falsch sind und schreibe die jeweils zutreffenden Buchstaben nacheinander auf. 5/31

Aussage	richtig	falsch
Die Höhe der Lohnsteuer ist abhängig von Steuerklasse und Bruttoentgelt.	B	G
Alle Sozialversicherungsbeiträge werden ohne Ausnahme zu gleichen Teilen von Arbeitnehmern und Arbeitgebern getragen.	F	I
Die Sozialversicherung ist eine Pflichtversicherung für alle Arbeitnehmer.	S	D
Der Solidaritätszuschlag ist ein Bestandteil der vom Arbeitnehmer zu zahlenden Lohnsteuer und ist darin bereits mit 5,5 % eingerechnet.	Z	M
Die Höhe der Sozialversicherungsabzüge ist abhängig von Bruttoentgelt und Kinderfreibetrag.	L	A
In der Sozialversicherung gilt das Grundprinzip der Solidarität.	R	N
Die Beitragssatzhöhe zur Sozialversicherung ist auf 10 Jahre festgesetzt.	H	C
Die Rentenversicherung dient der finanziellen Absicherung im Alter.	K	A

2. Recherchiere den Begriff, der sich aus den entsprechenden Antwortbuchstaben ergibt im Internet und beschreibe den Zusammenhang, der zum Thema Sozialversicherungen besteht.

5/32 Andrea Kästner liegen die Gehaltsabrechnungen der Mitarbeiter Graw und Prinz vor:

Andrea Kästner Mountainbikes e. Kfr.
Stamsrieder Weg 50
85049 Ingolstadt

LOHN-/GEHALTSABRECHNUNG

Abrechnungsmonat: Mai 20..

Name, Vorname	Straße	PLZ/Ort
Graw, Michael	Pestalozzistraße 28	85049 Ingolstadt

Personalnummer	Geburtsdatum	Eintrittsdatum	Steueridentifikationsnummer
32932-33	12.02.1978	01.08.20..	58011294930

Lohnsteuerklasse	Kinderfreibetrag	Religion	Bankverbindung
Vier	1	röm.-kath.	Sparbank Ingolstadt
			IBAN: DE71 7403 0000 0022 3412 98

Steuerpflichtiges Bruttogehalt			**4.250,00 €**
Lohnsteuer	767,08 €		
Solidaritätszuschlag	36,06 €		
Kirchensteuer	52,46 €		
Steuerabzüge gesamt		*??? €* ← **A**	
Krankenversicherung	331,50 €		
Pflegeversicherung	64,81 €		
Rentenversicherung	395,25 €		
Arbeitslosenversicherung	53,13 €		
Sozialversicherungsabzüge gesamt		*844,69 €*	
Summe der gesetzlichen Abzüge			**1.700,29 €**
Nettogehalt (Auszahlungsbetrag)			**2.549,71 €**

Andrea Kästner Mountainbikes e. Kfr.
Stamsrieder Weg 50
85049 Ingolstadt

LOHN-/GEHALTSABRECHNUNG

Abrechnungsmonat: Mai 20..

Name, Vorname	Straße	PLZ/Ort
Prinz, Gerhard	Thalachweg 2	91171 Greding

Personalnummer	Geburtsdatum	Eintrittsdatum	Steueridentifikationsnummer
87870-0	23.01.1982	01.02.20..	75846309823

Lohnsteuerklasse	Kinderfreibetrag	Religion	Bankverbindung
Drei	2	ev.	Handelskasse Greding
			IBAN: DE67 7654 0000 0023 2987 09

Steuerpflichtiges Bruttogehalt			**3.780,00 €**
Lohnsteuer	??? € ← **B**		
Solidaritätszuschlag	0,00 €		
Kirchensteuer	3,66 €		
Steuerabzüge gesamt		*342,32 €*	
Krankenversicherung	294,84 €		
Pflegeversicherung	57,65 €		
Rentenversicherung	??? € ← **C**		
Arbeitslosenversicherung	??? € ← **D**		
Sozialversicherungsabzüge gesamt		*751,28 €*	
Summe der gesetzlichen Abzüge			**1.093,60 €**
Nettogehalt (Auszahlungsbetrag)			**2.686,40 €**

1. Berechne die gesamten Steuerabzüge des Mitarbeiters Graw **A** sowie die Höhe der Lohnsteuer **B**, die Rentenversicherungsbeiträge **C** und die Beiträge zur Arbeitslosenversicherung **D** des Mitarbeiters Prinz.

2. Trotz eines höheren Bruttogehalts ist der Auszahlungsbetrag bei Herrn Graw geringer als bei Herrn Prinz. Erkläre diesen Zusammenhang.

3. Begründe, weshalb bei den Arbeitnehmern Graw und Prinz der Arbeitgeberanteil zur Sozialversicherung jeweils in gleicher Höhe anfällt wie der Arbeitnehmeranteil.

4. Berechne, wie viel Prozent der Bruttogehälter von Herrn Graw und Herrn Prinz jeweils als Abzüge einbehalten werden.

Die Arbeitskosten bei AK-Bikes liegen im Durchschnitt bei 34,90 € pro Stunde. Davon entfallen 76 % auf Löhne und Gehälter und 24 % auf die Personalzusatzkosten. Andrea Kästner stellt fest, dass die Arbeitskosten in ihrem Unternehmen sehr hoch sind. **5/33**

1. Prüfe mit Hilfe der Grafik auf Seite 253, ob Andrea Kästner recht hat.

2. Nenne drei Beispiele für Personalzusatzkosten, die bei AK-Bikes entstehen.

3. Die jeweilige Höhe der Arbeitskosten war in den einzelnen Mitgliedstaaten der EU sehr unterschiedlich. Berechne, um wieviel Prozent die Arbeitskosten in Bulgarien und in Tschechien niedriger sind als in Deutschland.

4. Dennoch sind deutsche Produkte auf dem Weltmarkt sehr gefragt. AK-Bikes will den Standort Deutschland deshalb trotz hoher Personalkosten nicht verlassen. Gib zwei entscheidende Gründe für diese Standortwahl an.

5. Andrea Kästner ist bemüht, die Personalzusatzkosten im eigenen Unternehmen gering zu halten. Gib dafür einen möglichen Grund an.

6. Um die Wettbewerbsfähigkeit in Deutschland nicht zu gefährden, muss neben den Arbeitskosten auch die Produktivität berücksichtigt werden. Erkläre, was man unter Produktivität versteht.

5/34 Gib an, ob die folgenden Aussagen zu den Personalzusatzkosten richtig oder falsch sind. Berichtige die falschen Aussagen.

A	Unter Personalzusatzkosten versteht man alle Kosten, die ein Unternehmen zusätzlich zum Bruttoentgelt aufwenden muss.
B	Je höher die Personalzusatzkosten sind, desto innovativer ist ein Unternehmen.
C	Personalzusatzkosten werden auch als Lohnnebenkosten bezeichnet.
D	Zu den gesetzlich vorgeschriebenen Personalzusatzkosten zählen z. B. bezahlte Feiertage und vermögenswirksame Leistungen.
E	Die Arbeitskosten in Deutschland sind im Vergleich zu anderen Ländern der EU überdurchschnittlich hoch.
F	Die Wettbewerbsfähigkeit eines Landes ist von der Höhe der Personalzusatzkosten abhängig.
G	Der größte Anteil an den Personalkosten sind die Löhne und Gehälter der Mitarbeiter.
H	Nimmt ein Mitarbeiter an einer einwöchigen Fortbildung teil, erhöhen die Kosten dafür die Personalzusatzkosten.

5/35 Die Gehälter der Mitarbeiter Graw und Prinz sowie die anderer Mitarbeiter von AK-Bikes werden auf das Gehaltsjournal übertragen:

Gehaltsjournal
Monat Mai 20..

Andrea Kästner Mountainbikes e. Kfr.

Arbeitnehmer	Bruttobezug	Steuern	Soz.-Vers.-AN	Nettobezug	Soz.-Vers.-AG
Lohnsteuer-abzugsmerkmale		Lohnsteuer Soli.zuschl. Ki-Steuer	RV KV AV PV		**RV** **KV** **AV** **PV**
Hubert III/1/rk	4.500,00 €	575,05 €	905,63 €	3.019,32 €	905,63 €
Staller II/1/–	2.800,00 €	384,81 €	542,50 €	1.872,69 €	542,50 €
Gruber III/0,5/ev	3.200,00 €	234,65 €	630,50 €	2.334,85 €	630,50 €
Graw IV/1/rk	4.250,00 €	855,60 €	844,69 €	2.585,71 €	844,69 €
Prinz III/2/ev	3.780,00 €	342,32 €	751,28 €	2.686,40 €	751,28 €
...	...	...	...	...	...
Summe	**97.340,00 €**	**14.410,50 €**	**11.980,30 €**	**70.949,20 €**	**11.980,30 €**

Bilde die Buchungssätze für die Erfassung des Personalaufwands im Monat Mai, wenn die Auszahlung der Gehälter per Banküberweisung erfolgt.

Zur Vorbereitung auf eine Prüfung in der Berufsschule bearbeitet Riccardo folgende Aufgaben. Hilf ihm dabei. **5/36**

Bilde jeweils die Buchungssätze für die Erfassung des Personalaufwands, wenn die Auszahlung der Löhne und Gehälter per Banküberweisung erfolgt.

1. Die Summenzeile eines Lohnjournals für den Monat April weist folgende Werte aus:

	Brutto	Steuern	Soz.-Vers.-AN	Soz.-Vers.-AG	Netto
Summe	76.950,00 €	12.927,60 €	15.328,44 €	15.328,44 €	48.693,96 €

2. Aus der Personalabteilung einer Druckerei liegt folgender Lohnjournal-Auszug vor:

	Brutto-entgelt	Lohn-steuer	Soli-daritäts-zuschlag	Kirchen-steuer	Soz.-Vers.-AN	Soz.-Vers.-AG	Netto-entgelt
Summe	75.000,00 €	9.395,80 €	516,77 €	751,66 €	14.932,50 €	14.906,25 €	49.403,27 €

3. Eine weitere Lohn- und Gehaltsliste liegt zur buchhalterischen Erfassung vor. Der Arbeitgeberanteil der Sozialversicherungen entspricht dem Arbeitnehmeranteil.

	Brutto	Lohnsteuer inkl. SolZ	Kirchen-steuer	Kranken-vers.	Renten-vers.	Pflege-vers.	Arbeitslosen-vers.	Netto
Gesamt	14.300,00 €	3.163,04 €	381,65 €	1.115,40 €	1.329,90 €	222,37 €	178,75 €	7.908,89 €

4. Aus der Summenzeile eines Gehaltsjournals sind dir folgende Beträge bekannt:

Summe der Nettogehälter	49.255,00 €
Arbeitnehmeranteil zur gesetzlichen Sozialversicherung	15.245,00 €
Arbeitgeberanteil zur gesetzlichen Sozialversicherung	15.245,00 €
Abzüge insgesamt	27.435,00 €

1. Andrea Kästner überweist am drittletzten Bankarbeitstag im Mai die Sozialversicherungsbeiträge per Sammelauftrag an die entsprechenden Krankenkassen (vgl. Aufgabe 5/35). Bilde den Buchungssatz. **5/37**
2. Bilde zu 1. bis 4. der Aufgabe 5/36 jeweils den Buchungssatz für die Banküberweisung der einbehaltenen Sozialversicherungsbeiträge an die Krankenkassen.

5/38 1. Am 10. Juni überweist Andrea Kästner die Lohn- und Kirchensteuer an das Finanzamt Ingolstadt (vgl. Aufgabe 5/35). Bilde den Buchungssatz.

2. Bilde zu 1. bis 4. der Aufgabe 5/36 jeweils den Buchungssatz für die Überweisung der einbehaltenen Steuern an das Finanzamt.

5/39 Aus der Personalabteilung des Unternehmens „Fix&Kette" liegt dir folgendes Lohnjournal als Tabellenblatt vor:

	A	B	C	D	E	F
1	**Lohnjournal „Fix&Kette"**					
2	Abrechnungsmonat: 7/20..					
3	Name		Brutto	Steuern	Soz.-Vers.-AN	Netto
4	Gerkhan, Semir	I/2,0/rk	6.100,00 €	1.589,90 €	1.086,92 €	3.423,18 €
5	Renner, Paul	III/1,5/rk	4.850,00 €	648,20 €	951,92 €	3.249,88 €
6	König, Susanne	IV/0,0/ev	3.490,00 €	626,69 €	723,30 €	2.140,01 €
7	Summe		**14.440,00 €**	**2.864,79 €**	**2.762,14 €**	**8.813,07 €**

1. Gib die Formeldarstellung für die Berechnung des Nettoentgelts in Zelle F5 an.
2. Gib die Formeldarstellung für die Berechnung der gesamten Steuerabzüge in Zelle D7 an.
3. Berechne die Höhe der gesamten Arbeitskosten, die „Fix&Kette" für seine drei Angestellten aufwenden muss, wenn im Unternehmen 27 % Personalzusatzkosten anfallen.
4. Bilde die Buchungssätze für die Erfassung des Personalaufwands laut vorliegendem Lohnjournal, wenn die Auszahlung per Banküberweisung erfolgt. Der Arbeitgeber- und der Arbeitnehmeranteil zur gesetzlichen Sozialversicherung sind gleich hoch.
5. Nenne den Zweig der Sozialversicherung, bei dem der Arbeitnehmeranteil höher sein kann als der Arbeitgeberanteil.
6. Bilde die Buchungssätze für die Banküberweisungen der einbehaltenen Lohn- und Kirchensteuer sowie der Beiträge zur Sozialversicherung.

5/40

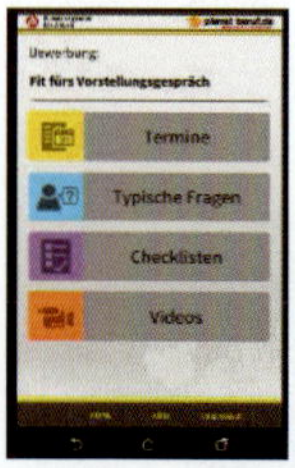

Mit der kostenlosen App „Bewerbung: Fit fürs Vorstellungsgespräch" von **www.planet-beruf.de** (herausgegeben von der Bundesagentur für Arbeit) kannst du leicht den Überblick über deine Vorstellungsgespräche behalten und dich gezielt vorbereiten. Du kannst dir die App kostenlos herunterladen.

Zunächst kannst du dich auf dem Filmportal der Bundesagentur für Arbeit über verschiedene Berufsbilder informieren: **http://www.berufe.tv/**

5/41 Überlegt euch in Gruppenarbeit jeweils zehn sinnvolle Fragen, die ...

1. ... der Personalchef im Vorstellungsgespräch an den Bewerber stellen kann.
2. ... der Bewerber an die Personalverantwortlichen des Unternehmens stellen könnte.

5.6 KOMPETENZCHECK

Der Kompetenzcheck ist ein Fragebogen zur Selbsteinschätzung deiner im Unterricht erworbenen Kompetenzen. Hier geht es darum, dass du deine fachlichen Kompetenzen zum Lernbereich 5 (Personalbereich) bewertest. Schätze dich selber ein. Gehe vom aktuellen Stand deiner Kompetenz aus. Drucke den Selbsteinschätzungsbogen aus (www.ak-bikes.bayern). Fülle diesen aus, indem du in jeder Zeile ehrlich einen Haken ✓ setzt. Die von dir bearbeiteten Anwendungsaufgaben helfen dir, dich richtig einzuschätzen.

stimmt, stimmt teilweise, stimmt nicht.

Wiederhole die Inhalte des Lernbereichs, in denen du dich noch nicht so richtig kompetent fühlst. Führe danach den Kompetenzcheck erneut durch. So kannst du deinen Lernfortschritt überprüfen.

Ich kann ...	**Lernbereich**	**Aufgaben**
... interne von externer Personalbeschaffung unterscheiden.	**5.1.1**	5/1–5/11
... Bewerbungen anhand verschiedener Kriterien analysieren und Bewerber (vor-)auswählen.	**5.1.2**	5/12–5/14
... Chancen und Risiken verschiedener Arbeitsformen und der Digitalisierung erläutern.	**5.1.4** **5.1.5**	5/18–5/20
... unterschiedliche Entlohnungssysteme aufzeigen.	**5.2.1**	5/21–5/23
... Bestimmungsfaktoren für die Höhe des Arbeitsentgelts darstellen und kritisch beurteilen.	**5.2.2**	5/24, 5/25
... eine Verdienstabrechnung auswerten und die Höhe des Nettoentgelts berechnen.	**5.2.3**	5/26–5/32
... die Problematik der Personalzusatzkosten erläutern.	**5.1.3** **5.2.4**	5/15–5/17 5/33, 5/34
... den Personalaufwand aufgrund von Lohn- und Gehaltslisten oder Geschäftsfällen sowie die Überweisung der einbehaltenen Sozialversicherungsbeiträge und Steuern buchhalterisch erfassen.	**5.3**	5/35–5/39
... mich auf ein Vorstellungsgespräch vorbereiten und es erfolgreich absolvieren.	**5.4**	5/40, 5/41

5.7 ALLES KLAR!

Enno Peter hat vor einigen Jahren den Weg in die Selbstständigkeit gewagt. Mittlerweile führt er sein eigenes Unternehmen LUXBOAT GmbH mit Sitz in Hilpoltstein so erfolgreich, dass er die Aufträge zum Bau neuer Hausboote mit seinen fünf festangestellten Mitarbeitern nicht mehr termingerecht ausführen kann.

Enno plant daher, zusätzlich jeweils einen neuen Mitarbeiter in der Fertigung und im kaufmännischen Bereich einzustellen.

Enno weiß, dass er seinen Mitarbeitern einen großen Teil seines Unternehmenserfolgs zu verdanken hat. Daher geht er bei der Auswahl der neuen Angestellten sehr gewissenhaft vor. Um leistungsstarke Mitarbeiter zu finden, ist er auch bereit, freiwillige Zusatzleistungen als zusätzlichen Arbeitsanreiz zu schaffen.

1. Für die Stelle als Bootsbauer hat er folgende Anzeige entworfen:

1.1 Beurteile die Stellenaussage und schätze ihre Wirkung auf mögliche Bewerber ein.

1.2 Es gibt Empfehlungen, jedoch keine gesetzlichen Vorschriften über die inhaltliche Gestaltung einer Stellenanzeige. Das Allgemeine Gleichbehandlungsgesetz (AGG) gibt jedoch vor, dass Stellenanzeigen neutral formuliert sein müssen um Diskriminierungen zu vermeiden. Das bedeutet, dass niemand aufgrund seiner/ihrer ethnischen Herkunft, Weltanschauung, Religion, sexuellen Identität, seines/ihres Geschlechts, Alters oder einer Behinderung benachteiligt werden darf.

Prüfe die Stellenanzeige von Enno Peter hinsichtlich der Kriterien des AGG.

1.3 Formuliere für die zweite zu besetzende Stelle einen eigenen Vorschlag für eine ansprechende Stellenanzeige.

2. Enno Peter hat die eingehenden Bewerbungen gründlich geprüft. Letztlich hat er sich entschieden, je drei Bewerber zu einem Vorstellungsgespräch einzuladen. Dabei waren für ihn neben den Fakten in Lebenslauf und Zeugnis die „Soft Skills“ der Bewerber sehr bedeutsam. Folgende Formulierungen konnte Enno beispielsweise in den Bewerbungen finden:

A	„Bei meiner jetzigen Arbeitsstelle konnte ich durch meine rasche, humorvolle sowie fachlich fundierte Arbeitsweise den Umsatz um 25 % steigern, die Kundenzufriedenheit lag in unserem Unternehmen bei 87 % – sicherlich auch zum Großteil mein Verdienst! Gerne überzeuge ich auch Sie in einem persönlichen Gespräch von meinen Fähigkeiten.“
B	„Mein Vater hatte eine Schreinerei, in der ich sozusagen groß geworden bin. Schon als Jugendlicher packte ich tatkräftig mit an, denn ich wusste, dass mein Vater die Unterstützung gut gebrauchen konnte.“
C	„Herzlichen Glückwunsch, Herr Peter, Sie haben gerade den besten Bootsbauer gefunden, den es in Bayern oder sogar in ganz Deutschland gibt! Geben Sie mir die Stelle, oder ich werde künftig für einen Ihrer Konkurrenten arbeiten!“

2.1 Benenne die „Soft Skills“, die in den Auszügen der Bewerbungen beschrieben werden.

2.2 Hilf Enno Peter bei der Bewerberauswahl, indem du die drei Aussagen bewertest. Gib ihm eine begründete Empfehlung, welche(n) Bewerber du in die engere Wahl ziehen würdest und welche(n) nicht.

2.3 Formuliere einen Bewerbungsauszug, der die Soft Skills „Kreativität“, „Stressbewältigungsvermögen“ und „Menschenkenntnis“ beschreibt.

3. Im Vorstellungsgespräch sticht eine Bewerberin um die Stelle als Bürokauffrau besonders positiv hervor. Enno Peters könnte sich gut vorstellen, diese Frau einzustellen.

3.1 Begründe, welche Arbeitsformen mit der Lebenssituation von Frau Laube besser vereinbar wären als eine Vollzeitstelle in Hilpoltstein.

3.2 Enno Peter überlegt sich alternative Arbeitszeitmodelle, die er Frau Laube vorschlagen will. Hilf ihm dabei, indem du für ihn einen begründeten Vorschlag formulierst. Denke dabei auch daran, welche Entgeltformen angemessen sein könnten und wie die Zusammenarbeit in weiterer Zukunft aussehen könnte.

4. Enno Peter hat die zwei neuen Stellen besetzt und Frau Laube und Herrn Lutter für sein Unternehmen gewinnen können. Beide hatten am 1. April ihren ersten Arbeitstag bei der LUXBOAT GmbH in Hilpoltstein.

4.1 Vervollständige die Gehaltsabrechnung von Sabrina Laube (siehe Seite 283), indem du die Angaben für die Kennbuchstaben Ⓐ bis Ⓖ ermittelst.

Kinderfreibetrag			0		0,5		1		1,5		2		2,5		3		3,5		4	
ab €	Stk	Steuer	SolZ	KiStr	SolZ	KiStr	SolZ	KiStr	SolZ	KiStr	SolZ	KiStr	SolZ	KiStr	SolZ	KiStr	SolZ	KiStr	SolZ	KiStr
3.198,00																				
	1	471,00	25,90	37,68	20,57	29,93	15,54	22,61	10,79	15,70	6,33	9,22	–	3,38	–	–	–	–	–	–
	2	421,83	–	–	18,02	26,21	13,13	19,10	8,52	12,40	–	6,13	–	1,08	–	–	–	–	–	–
	3	215,50	10,70	17,23	–	11,14	–	5,80	–	1,41	–	–	–	–	–	–	–	–	–	–
	4	471,00	25,90	37,68	23,20	33,75	20,57	29,93	18,02	26,22	15,54	22,61	13,13	19,10	10,79	15,70	8,53	12,41	6,33	9,22
	5	810,41	44,57	64,83	–	–	–	–	–	–	–	–	–	–	–	–	–	–	–	–
	6	846,66	46,56	67,73	–	–	–	–	–	–	–	–	–	–	–	–	–	–	–	–
3.201,00																				
	1	471,75	25,94	37,74	20,62	29,99	15,58	22,66	10,83	15,76	6,37	9,27	–	3,41	–	–	–	–	–	–
	2	422,58	–	–	18,06	26,27	13,17	19,16	8,56	12,46	–	6,18	–	1,12	–	–	–	–	–	–
	3	216,16	10,83	17,29	–	11,18	–	5,84	–	1,44	–	–	–	–	–	–	–	–	–	–
	4	471,75	25,94	37,74	23,24	33,81	20,62	29,99	18,06	26,28	15,58	22,66	13,17	19,16	10,83	15,76	8,57	12,46	6,37	9,27
	5	811,50	44,63	64,92	–	–	–	–	–	–	–	–	–	–	–	–	–	–	–	–
	6	847,75	46,62	67,81	–	–	–	–	–	–	–	–	–	–	–	–	–	–	–	–

Luxboat GmbH

Enno Peter
Am Hausbootsteg 1
91161 Hilpoltstein

LOHN-/GEHALTSABRECHNUNG

April 20..

Name, Vorname	Straße	PLZ/Ort
Laube, Sabrina	Sportweg 2	80331 München

Personalnummer	Geburtsdatum	Eintrittsdatum	Steueridentifikationsnummer
4545	12.12...	A	769472909172

Lohnsteuerklasse	Kinderfreibetrag	Religion	Bankverbindung
B	C	rk	Handelsbank München IBAN: DE91 7656 9032 2301 2612 15

Steuerpflichtiges Bruttogehalt	**3.200,00 €**
Lohnsteuer	D
Solidaritätszuschlag	23,20 €
Kirchensteuer	33,75 €
Steuerabzüge gesamt	*527,95 €*
Krankenversicherung	249,60 €
Pflegeversicherung	E
Rentenversicherung	297,60 €
Arbeitslosenversicherung	F
Sozialversicherungsabzüge gesamt	*636,00 €*
Summe der gesetzlichen Abzüge	**1.163,95 €**
Nettogehalt (Auszahlungsbetrag)	G

4.2 Für sein Unternehmen hat Enno Peter im letzten Jahr Personalzusatzkosten von 30 % errechnet. Stelle den Zusammenhang zwischen Direktentgelt, Bruttoentgelt, Arbeitskosten, Nettoentgelt und Personalzusatzkosten grafisch dar.

4.3 Zum Monatsende sind die beiden neuen Mitarbeiter das erste Mal im Lohnjournal von LUXBOAT aufgeführt, wie der folgende Auszug aus dem Tabellenblatt zeigt:

	A	B	C	D	E	F
1	**Lohnjournal LUXBOAT GmbH** **Monat April 20..**				**Enno Peter** Am Hausbootsteg 1 91161 Hilpoltstein	
2	Name	Brutto	Steuern	Soz.-Vers.-AN	Soz.-Vers.-AG	Netto
3	Laube, Sabrina	3.200,00 €	527,95 €	636,00 €	636,00 €	2.036,05 €
4	Lutter, Kai	2.900,00 €	424,19 €	583,63 €	576,38 €	1.892,18 €
...	...	...	...	...	...	...
14	Summe	56.000,00 €	9.340,23 €	11.144,00 €	11.130,00 €	35.515,77 €

Stelle anhand der Eintragungen im Lohnjournal fest, ob der Mitarbeiter Kai Lutter kinderlos ist oder nicht. Begründe deine Feststellung.

4.4 Bilde die Buchungssätze zur Erfassung des gesamten Personalaufwands, wenn die Auszahlung per Banküberweisung erfolgt.

4.5 Gib in deinem Heft das letztmögliche Datum an, zu dem (A) die einbehaltenen Steuern und (B) die Sozialversicherungsbeiträge überwiesen sein müssen:

APRIL 04

MO	DI	MI	DO	FR	SA	SO
1	2	3	4	5	6	7
8	9	10	11	12	13	14
15	16	17	18	19	20	21
22	23	24	25	26	27	28
29	30					

MAI 05

MO	DI	MI	DO	FR	SA	SO
		1	2	3	4	5
6	7	8	9	10	11	12
13	14	15	16	17	18	19
20	21	22	23	24	25	26
27	28	29	30	31		

4.6 Bilde den Buchungssatz für die Überweisung der einbehaltenen Steuern an das Finanzamt.

4.7 Bilde den Buchungssatz für die Überweisung der Sozialversicherungsbeiträge.

Lösungen Selbstcheck-Aufgaben

5/3 – Lösung

A: falsch, es wird **zunehmend schwieriger** offene Stellen zu besetzen

B: richtig

C: richtig

D: falsch, die unzureichende Qualifikation der Bewerber **liegt an zweiter Stelle** der Schwierigkeiten bei der Stellenbesetzung

5/12 – Lösung

Reihenfolge bei der Bewerberauswahl: F – C – B – D – A – E

5/20 – Lösung

1. Durch den digitalen und technologischen Fortschritt werden Produktionsabläufe revolutioniert und Berufsinhalte verändert. Arbeiten, die vorher Menschen verrichtet haben, werden von Maschinen übernommen. Zum einen erleichtert der technologische und digitale Fortschritt Arbeits- und Produktionsabläufe, zum anderen führt er aber auch dazu, dass Arbeitsplätze verloren gehen.
2. Für 12 % aller Arbeitsplätze in Deutschland.
3. (26 + 31 + 29 + 22 + 35 + 25 + 34 + 36 + 24 + 21 + 25 + 21 + 23) : 13 = 27,08

   Für ca. 27 % aller Arbeitsplätze in Deutschland besteht ein hohes Risiko, in den kommenden zehn bis zwanzig Jahren Automatisierungsprozessen zum Opfer zu fallen.
4. Durch den Einsatz von Robotern können Lohnkosten eingespart werden. Überträgt man den Prozentsatz für Deutschland auf das Unternehmen AK-Bikes, dann ergeben sich Einsparmöglichkeiten bis zum Jahr 2025 in Höhe von 21 %.

5/27 – Lösung

	Lohnsteuerklasse		Lohnsteuerklasse
A	III	F	I
B	I	G	IV
C	V	H	II
D	IV	I	V
E	VI	J	II

5/30 – Lösung

A: Rentenversicherung

B: Pflegeversicherung

C: Krankenversicherung

D: Arbeitslosenversicherung

ÜBER DIESE KOMPETENZEN VERFÜGST DU BALD:

- anhand des Modells des Wirtschaftskreislaufs das Zusammenspiel von Unternehmen, privaten Haushalten und Staat beschreiben
- rechtliche Rahmenbedingungen für das unternehmerische Handeln erfassen und deren Konsequenzen für die Wettbewerbsfähigkeit beurteilen
- die unterschiedlichen Arten von Abgaben eines Unternehmens an den Staat unterscheiden
- Gebühren und verschiedene Steuerarten buchhalterisch erfassen
- ausgehend vom Unternehmergewinn die Gewerbesteuer berechnen
- das System der Umsatzsteuer in Deutschland erklären
- die Umsatzsteuerzahllast ermitteln und deren Überweisung an das Finanzamt buchhalterisch erfassen

Lernbereich 6:

6 UNTERNEHMEN UND STAAT

6.1 ZUSAMMENSPIEL VON STAAT UND UNTERNEHMEN

6.1.1 DER WIRTSCHAFTSKREISLAUF

JULIA: Ich finde es gut, dass die Klassenräume an unserer Berufsschule mit digitalen Tafeln ausgestattet wurden. Seitdem ist der Unterricht viel anschaulicher.

RICCARDO: Die Umrüstung hat die Stadt Ingolstadt mehrere Hunderttausend Euro gekostet.

JULIA: Riccardo bedenke aber: Die neue Technik haben du und ich mitbezahlt.

RICCARDO: Da kann ich dir nur zustimmen, denn bei jedem Einkauf bezahlen wir Steuern und auch von unserer Ausbildungsvergütung bekommt der Staat einen Teil ab. Ich habe gehört, dass in den Gemeinden der alten Bundesländer die Steuern rund 50 % der gesamten Einnahmen ausmachen.

6/1

Der **Staat** wird auch gerne als **„öffentliche Hand“** oder **„öffentlicher Haushalt“** bezeichnet. Er kann in verschiedene Verwaltungsebenen und Zuständigkeiten unterteilt werden. Die höchste Verwaltungseinheit ist die Bundesrepublik Deutschland, danach kommen die Bundesländer und schließlich die Gemeinden (Kommunen). Diese erfüllen mit ihren Steuereinnahmen eine Reihe von Aufgaben:

Aufgaben des Staates eingeteilt nach Verwaltungsebenen

BUND

- Soziale Sicherung (Schwerpunkt Renten- und Arbeitslosenversicherung)
- Verteidigung
- Auswärtige Angelegenheiten, z. B. Entwicklungshilfe
- Bau von Bundesautobahnen und Bundesstraßen

LÄNDER

- Schulwesen und Universitäten
- Polizei
- Kultur
- Wohnungsbauförderung
- Steuerverwaltung

GEMEINDEN (Kommunen)

- Wasser- und Energieversorgung
- Müllabfuhr
- Kanalisation
- Baugenehmigung
- Kindergärten
- Schulbau
- Öffentlicher Personennahverkehr

Das Gespräch zwischen Julia und Riccardo verdeutlicht, dass zwischen dem Staat und dem einzelnen Bürger (den **privaten Haushalten**) eine enge Verbindung besteht. Eine weitere Beziehung gibt es zwischen dem Staat und den **Unternehmen**. Das gesamte Zusammenspiel dieser drei Wirtschaftseinheiten (auch Sektoren genannt) kann mit dem **Modell des Wirtschaftskreislaufs** veranschaulicht werden. Dieser zeigt die Geldströme, die ständig zwischen den drei Sektoren Unternehmen, private Haushalte und Staat fließen.

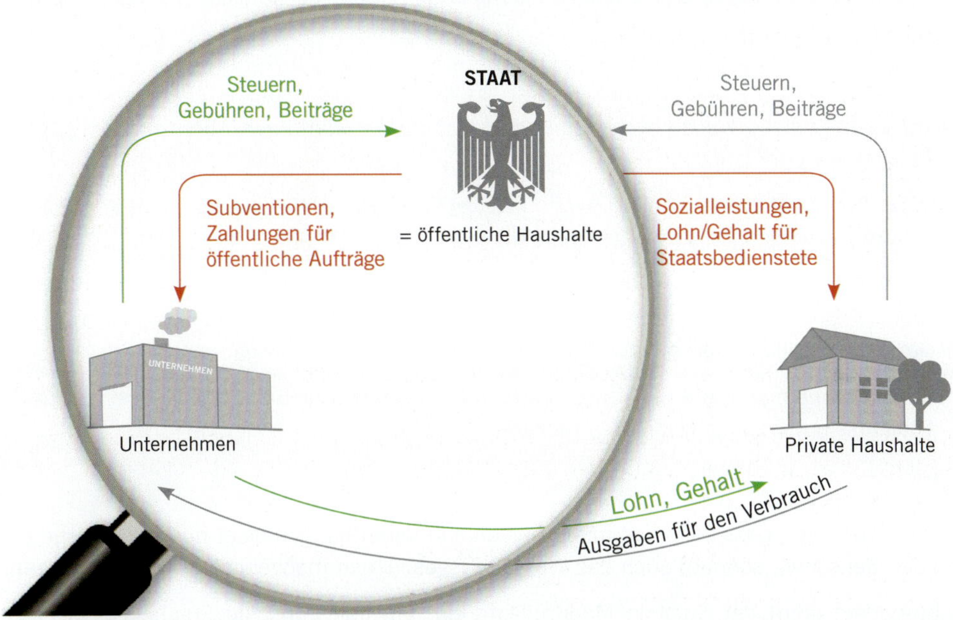

Ein Beispiel aus dem Wirtschaftskreislauf: Der Arbeitnehmer stellt dem Unternehmen (z. B. AK-Bikes) seine Arbeitskraft zur Verfügung und erhält dafür Lohn oder Gehalt (das Einkommen). Einen Teil dieses Einkommens gibt dieser für den Verbrauch von Gütern (z. B. Brot) bei anderen Unternehmen (Bäckerei) wieder aus.

Ein anderer Teil des Einkommens fließt in Form von **Steuern** an den Staat. Ebenso müssen Unternehmen Steuern an die öffentliche Hand leisten. Der Staat behält das eingenommene Geld aber nicht, sondern verwendet es wieder. So erhalten die privaten Haushalte Unterstützungen in Form von Sozialleistungen wie Kindergeld oder Ausgleichszahlungen, z. B. bei Arbeitslosigkeit, sogenannte **Transferleistungen**. Auch an die Unternehmen gibt der Staat Hilfsleistungen im Rahmen von **Subventionen** weiter. Darunter werden Unterstützungen für ausgewählte Branchen wie die Luft- und Raumfahrtindustrie verstanden, um neue Technologien zu fördern. 6/2
Aber auch die Landwirtschaft erhält Subventionen, um die Wettbewerbsfähigkeit zu sichern. 6/3

RICCARDO: Das Modell des Wirtschaftskreislaufs macht klar, dass der Staat durch die Festlegung von Steuern sowie Subventionen mächtige Instrumente an der Hand hat, unternehmerische Entscheidungen maßgeblich zu lenken. Subventionen beispielsweise können dazu führen, dass Unternehmen in innovative Produkte und damit in neue Arbeitsplätze investieren. Steuererhöhungen dagegen lassen so manchen Unternehmer überlegen, ob er dem bisherigen Standort treu bleibt oder seine Produktion z. B. ins Ausland verlagert, wo die Bedingungen für ihn günstiger sind. 6/4

6/5

6.1.2 RECHTLICHE RAHMENBEDINGUNGEN FÜR UNTERNEHMEN UND DEREN AUSWIRKUNGEN AUF DIE WETTBEWERBSFÄHIGKEIT

An einer Pinnwand im Unternehmen AK-Bikes hängen die Vorschriften für Fahrräder laut Straßenverkehrszulassungsordnung. Julia liest § 65 Abs. 1:

> Alle Fahrzeuge müssen eine ausreichende Bremse haben, die während der Fahrt leicht bedient werden kann (...).

RICCARDO: Solche Vorschriften dienen dem Schutz der Radfahrer. Aber trotzdem gibt es immer wieder Unfälle.

JULIA: Dies liegt vielleicht auch daran, dass es keine Helmpflicht gibt. Damit könnten schwere Verletzungen vermieden werden.

RICCARDO: Eine Helmpflicht hätte allerdings auch Auswirkungen auf unser Unternehmen AK-Bikes. Einer Umfrage zufolge, würden dann immer weniger Menschen das umweltfreundliche Rad nutzen.

JULIA: Dann gingen wohl die Verkaufszahlen für die Mountainbikes zurück und AK-Bikes müsste mit Umsatzeinbußen rechnen.

Das Beispiel zeigt, dass der Staat mit Gesetzen und Verordnungen nicht nur das tägliche Leben der Menschen, sondern auch das Wirtschaftsgeschehen maßgeblich beeinflussen kann.

Insbesondere greift der Staat in Marktabläufe ein, um unerwünschte Ergebnisse wie z. B. soziale Missstände oder Umweltverschmutzung zu verhindern. In diesem Fall spricht man von **Regulierung**. Obwohl die Maßnahmen des Staates eigentlich in bester Absicht getroffen werden, so gibt es oftmals unerwünschte Folgen (Zielkonflikte). Nicht gewollte Nebeneffekte können sein, dass sich in den Unternehmen bestimmte Kosten erhöhen oder die Schaffung neuer Arbeitsplätze verhindert wird. Die folgenden Beispiele verdeutlichen dies:

Arbeitsrecht	
Beispiele für Gesetze: • Betriebsverfassungsgesetz (BetrVG) • Mindestlohngesetz (MiLoG)	• Mutterschutzgesetz (MuSchG) • Kündigungsschutzgesetz (KSchG)
Absicht des Staates: Fürsorge sowie Schutz der Arbeitnehmer vor Ausbeutung und ungerechter Behandlung	**Auswirkungen auf die Unternehmen:** • höhere Arbeitskosten • großer Verwaltungs- und Abstimmungsaufwand • Betriebe halten sich mit Neueinstellungen zurück, obwohl diese nötig wären

Wettbewerbsrecht	
Beispiele für Gesetze: • Gesetz gegen unlauteren Wettbewerb (UWG) • Gesetz gegen Wettbewerbsbeschränkung (= Kartellgesetz) (GWB)	
Absicht des Staates: Stärkung der Marktwirtschaft und Schutz der Verbraucher (Kunden)	**Auswirkungen auf die Unternehmen:** • Gestaltung von Werbung wird eingeengt • Einschränkungen in der Preisfestsetzung

Umweltschutz	
Beispiele für Gesetze:	• Bundes-Immissionsschutzgesetz (BImSchG) • Kreislaufwirtschaftsgesetz (KrWG)
Absicht des Staates: Schutz von Natur und Umwelt sowie Gesunderhaltung der Bevölkerung	**Auswirkungen auf die Unternehmen:** • hohe Umweltschutzauflagen verursachen Kosten • Dauer von Genehmigungsverfahren steigt

6/6

Für die Wettbewerbsfähigkeit deutscher Unternehmen ist ganz entscheidend, wie die Auswirkungen der staatlichen Einflussnahme im Vergleich zu anderen Industrienationen sind. Das Institut der deutschen Wirtschaft in Köln ermittelt jährlich eine Rangfolge. Dabei schnitt im Jahr 2017 die Schweiz am besten ab, Deutschland belegte einen guten fünften Platz und wurde insgesamt ähnlich bewertet wie Japan und die USA.

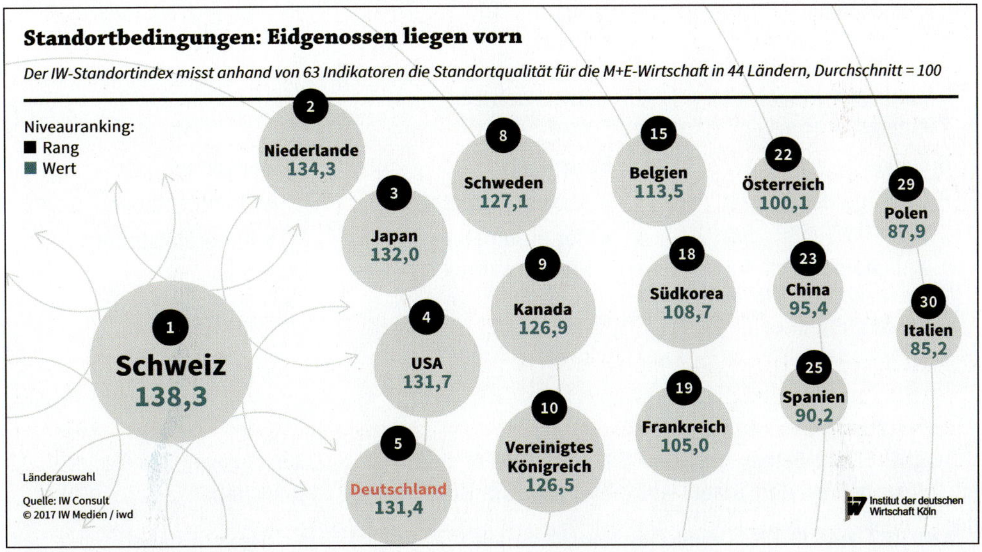

6/7

Um die Konkurrenzfähigkeit deutscher Unternehmen auf den internationalen Märkten zu sichern und um mögliche Wettbewerbsnachteile auszugleichen, gibt es eine Reihe von Fördermaßnahmen des Bundes, der Länder sowie der Europäischen Union. Das Bundesministerium für Wirtschaft und Energie hat im Internet eine Förderdatenbank eingerichtet (www.foerderdatenbank.de). Mehr als 2000 Förderprogramme können dort zielgerichtet abgerufen werden.

6/8
6/9
6/10

6.2 ABGABEN AN DEN STAAT

Julia hat in der Berufsschule die Aufgabe erhalten, einen Kurzvortrag über das Thema „Abgaben an den Staat“ zu halten. Mit einer Internetrecherche sucht sie die dazu benötigten Informationen und bereitet diese in Form eines Plakates auf:

Abgaben an den Staat
– ARTEN –

BEITRÄGE

- Abgaben für eine bestimmte Leistung des Staates
- sie werden auch fällig, wenn die Leistung nicht gewünscht oder genutzt wird

Beispiele:

- Beiträge zur Grundstückserschließung
- Anliegerbeiträge für Kanalisation, Stromversorgung oder Trinkwasser

GEBÜHREN

- Abgaben für eine bestimmte Leistung des Staates
- sie werden nur fällig, wenn die Leistung in Anspruch genommen wird

Beispiele:

- Abwassergebühren
- Gebühren Handelsregistereintrag

STEUERN

- Abgaben ohne eine spezielle Gegenleistung des Staates
- Zahlung ist Pflicht

Beispiele:

- Umsatzsteuer
- Mineralölsteuer

JULIA: Frau Kästner, schauen Sie sich bitte einmal meine Übersicht zum Thema „Abgaben an den Staat“ an, die ich für die Berufsschule erstellt habe.

ANDREA KÄSTNER: Deine Darstellung gefällt mir. Vor allem die Steuern haben für mich als Unternehmerin eine große Bedeutung.

JULIA: Warum ist das so?

ANDREA KÄSTNER: Zunächst einmal gibt es eine Vielzahl an Steuern, die der Staat nicht nur von uns Privatleuten, sondern auch von den Unternehmen einzieht. Kaum zu glauben, es gibt rund 50 verschiedene Steuerarten.

JULIA: Das hätte ich nicht gedacht.

ANDREA KÄSTNER: Ein anderer Grund für die Bedeutung der Steuern im Unternehmen ist, dass wir bei deren buchhalterischen Behandlung genau unterscheiden müssen.

Frau Kästner legt Julia eine Infografik vor, welche die Vielfalt an Steuern in Deutschland verdeutlicht. Das Schaubild zeigt, dass Bund, Länder und Gemeinden im Jahr 2018 rund 776,3 Milliarden Euro Steuern eingenommen haben. Das waren 41,8 Milliarden Euro mehr als im Vorjahr. Mit 234,8 Milliarden Euro war die Umsatz- bzw. Mehrwertsteuer die größte Steuereinnahmequelle.

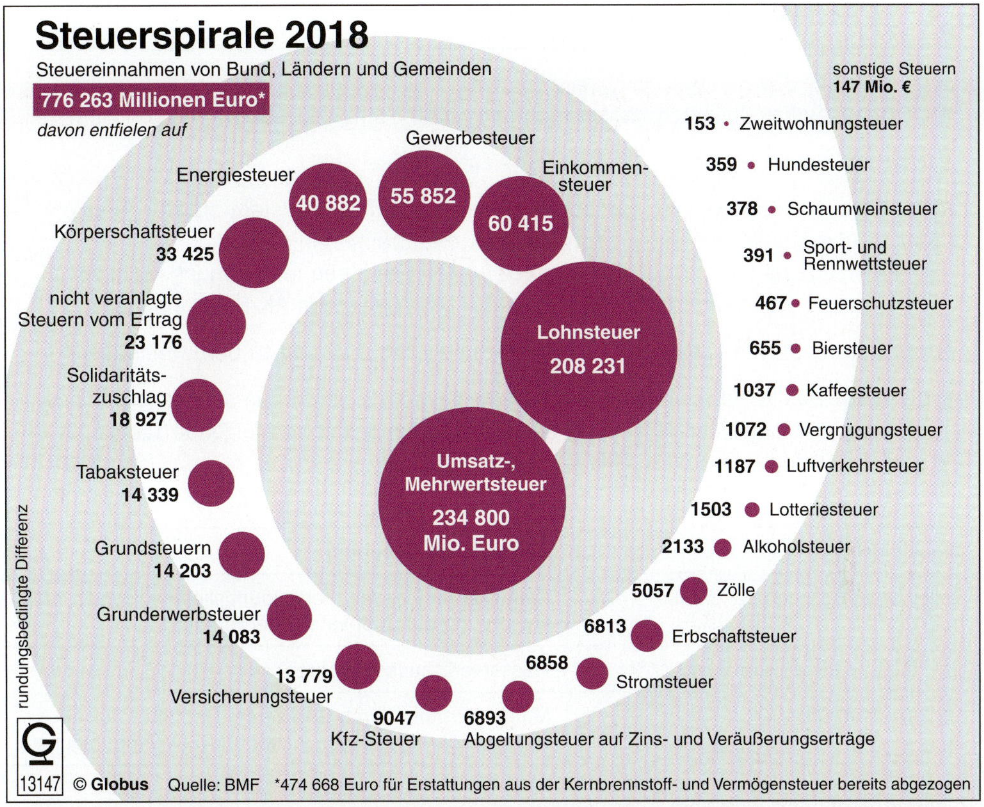

6/11

ANDREA KÄSTNER: Bei AK-Bikes nimmt die Umsatzsteuer wie auch in der Grafik dargestellt einen großen Stellenwert ein, weil sie bei jedem Einkauf und Verkauf anfällt. Sie gilt aber im Unternehmen nur als sogenannter **durchlaufender Posten**, da wir die Abrechnung im Auftrag des Staates vornehmen. So dürfen wir die durch die Kunden an uns bezahlte Umsatzsteuer bei den Verkäufen nicht behalten, sondern müssen diese an das Finanzamt weiterleiten.

JULIA: Das ist aber doch nicht bei allen Steuern der Fall.

ANDREA KÄSTNER: Du hast Recht. Es gibt Steuern, die müssen wir als Unternehmen AK-Bikes bezahlen, weil es z. B. die Gemeinde von allen Betrieben so fordert. Zu diesen Steuern gehört beispielsweise die Gewerbesteuer. Diese Steuern werden als **betriebliche Steuern** bezeichnet. Da sie außerdem einen Aufwand darstellen, heißen sie auch **Aufwandssteuern**.

Steuerarten	
Steuern als durchlaufende Posten (Durchlaufsteuern)	**Betriebliche Steuern (Aufwandssteuern)**
• Umsatzsteuer • einbehaltene Lohnsteuer der Arbeitnehmer	• Gewerbesteuer • Grundsteuer • Kfz-Steuer

6/12
Z37

6.3 GEBÜHREN

RICCARDO: Schau Julia, ich habe einen Beleg über Kaminkehrergebühren vorliegen.

JULIA: Ich dachte Gebühren erheben nur staatliche Stellen.

RICCARDO: Nicht unbedingt. Gebühren verlangt die Stadt Ingolstadt als kommunale Einrichtung z. B. für die Müllentsorgung oder die Straßenreinigung. Aber auch der Schornsteinfeger stellt für seine Dienstleistungen Gebühren in Rechnung. Schließlich können auch Gebühren für Fortbildungen der Mitarbeiter von AK-Bikes anfallen.

JULIA: Ist bei diesen Vorgängen Umsatzsteuer bei der Buchung zu berücksichtigen?

RICCARDO: Das hängt vom konkreten Fall ab. Gebühren können umsatzsteuerpflichtig, aber auch umsatzsteuerfrei sein. Beachte hierzu am besten die folgende Tabelle.

Steuersätze	Beispiele für Gebühren
Voller Umsatzsteuersatz (19 %)	Kaminkehrerarbeiten, Fortbildungskosten, Sondermüllentsorgung durch private Unternehmen
Ermäßigter Umsatzsteuersatz (7 %)	Wasserverbrauchsgebühren
Umsatzsteuerfrei	Müllentsorgung durch Gemeinde, Gebühren für Abwasser, Schmutzwasser, Kanal und Straßenreinigung

Folgende Rechnung liegt vom Kaminkehrer vor:

Karl-Heinz Kehrer

Kaminkehrermeister
Gebäudeenergieberater (HWK)

Karl-Heinz Kehrer · Schwarzviertel 7 · 85050 Ingolstadt

Firma
Andrea Kästner Mountainbikes e. Kfr.
Stamsrieder Weg 50
85049 Ingolstadt

Karl-Heinz Kehrer
Schwarzviertel 7
85050 Ingolstadt

Telefon: 08450 7100080
Telefax: 08450 7100081
E-Mail: karl-heinz@kehrer...

Rechnung

Nr.: A2000 00 09876
Kunden Nr.: 56-99-01

Ingolstadt, 05. April 20..

Am 28. März 20.. haben wir bei Ihnen folgende Leistungen durchgeführt (1 AW = 1,13 €):

Anwesen: Stamsrieder Weg 50, 85049 Ingolstadt		**Gesamt AW**	**Gesamt €**
Gebühren: Kehr- und Überprüfungsleistungen		40,70	45,99
	Gesamtbetrag Netto		45,99
	+ 19,00 % USt.		8,74
	Rechnungsbetrag		54,73

Zahlbar innerhalb von 14 Tagen ab Rechnungserhalt rein netto.

Julia formuliert den **Geschäftsfall**:

Vom Kaminkehrer geht eine Rechnung in Höhe von 54,73 € brutto ein.

Die Leistungen des Kaminkehrers stellen einen Aufwand dar, der im Konto **Gebühren (= 6730 GEB)** im Soll gebucht wird.

Riccardo bildet den **Buchungssatz** für die Eingangsrechnung:

6730 GEB	45,99 €			
2600 VORST	8,74 €	an	4400 VE	54,73 €

Außerdem ging der Bescheid über die Schmutzwassergebühren ein. Ein Bescheid ist eine besondere Art von Abrechnung, die von einer Verwaltungsbehörde ausgestellt wurde.

Ver- und Entsorgungs-
werke Ingolstadt

Ver- und Entsorgungswerke Ingolstadt · Am See 6 · 85054 Ingolstadt

Firma
Andrea Kästner Mountainbikes e. Kfr.
Stamsrieder Weg 50
85049 Ingolstadt

Ver- und Entsorgungswerke Ingolstadt
Am See 6
85054 Ingolstadt

Sachbearbeiterin: Frau Kallenbach

Telefon: 08450 14323-115
Telefax: 08450 14320
E-Mail: ver-entsorgung@ingstadt...

Bescheid über Schmutzwassergebühren

PK-Nr.: 01-0873851221/012-019
Bei Zahlungen und Rückfragen bitte angeben!

Ingolstadt, 09. April 20..

Abrechnungszeitraum: 01.01.20.. bis 31.12.20..
Verbrauchsort: Stamsrieder Weg 50, 85049 Ingolstadt

Sehr geehrte Frau Kästner,

die Ver- und Entsorgungswerke Ingolstadt erlassen aufgrund der Entwässerungssatzung folgenden Bescheid über Schmutzwassergebühren.

Betragsermittlung	**Beträge in Euro**
Höhe der Schmutzwassergebühr	3.912,33
Forderung fällig am 08.05.20..	**3.912,33**

Schmutzwassergebühren unterliegen nicht der Umsatzsteuerpflicht.

Auch hier bildet Riccardo den **Buchungssatz**. Er beachtet dabei den Hinweis im Beleg, dass für Schmutzwassergebühren keine Umsatzsteuer erhoben wird:

6730 GEB	3.912,33 €	an	4400 VE	3.912,33 €

6.4 BETRIEBLICHE STEUERN

6.4.1 GEWERBESTEUER

Beim Frühstück liest Andrea Kästner folgende Meldung im Ingolstädter Tagblatt:

Stadt Ingolstadt erhöht Gewerbesteuer

Mehreinnahmen dringend für die Modernisierung von Schulen benötigt

Ingolstadt. In einer sehr kontovers geführten Diskussion hat der Ingolstädter Stadtrat in seiner gestrigen Sitzung beschlossen, den Hebesatz für die Gewerbesteuer ab dem nächsten Kalenderjahr auf 400 zu erhöhen. Mit dieser Maßnahme sollen die anstehenden Großinvestitionen im Bildungsbereich (Sanierung mehrerer Schulen und digitale Ausstattung) besser umgesetzt werden können.

– me –

Eine wichtige Einnahmequelle der Gemeinden (Kommunen) ist die Gewerbesteuer. Sie ist von nahezu allen Gewerbetreibenden im Gemeindegebiet zu zahlen, ausgenommen sind Freiberufler wie Rechtsanwälte oder Ärzte. Die Höhe der zu zahlenden Gewerbesteuer ist im Wesentlichen von zwei Faktoren abhängig:

Gewerbesteuermessbetrag	Örtlicher Hebesatz
Das zuständige Finanzamt berechnet für jedes Unternehmen den **Gewerbesteuermessbetrag**. Als Berechnungsgrundlage dient der Gewerbeertrag, der vom Gewinn und der Rechtsform des Unternehmens abhängt. Einzelunternehmen und Personengesellschaften erhalten einen jährlichen Freibetrag von 24.500,00 €. D. h. der Gewerbeertrag wird um diesen Betrag vermindert.	Jede Gemeinde legt jährlich den **Hebesatz** fest. Das ist ein Prozentsatz, mit dem der Steuermessbetrag multipliziert wird. Der errechnete Wert ist die zu zahlende Gewerbesteuer. In Deutschland liegen die Hebesätze meist zwischen 300 % und 450 %.

Berechnungsschema:		**Berechnung für AK-Bikes**
Gewinn aus Gewerbe		86.700,00 €
– Freibetrag	24.500,00 € bei e. K., OHG und KG	24.500,00 €
= Maßgebender Gewerbeertrag		62.200,00 €
* Gewerbesteuermesszahl	in Deutschland einheitlich 3,5 %	* 0,035
= Gewerbesteuermessbetrag		2.177,00 €
* Hebesatz	in Ingolstadt 400 %	* 4,00
= Gewerbesteuer		**8.708,00 €**

Die Gewerbesteuererklärung ist jährlich spätestens am 31.05. für das Vorjahr abzugeben. Allerdings warten die Gemeinden nicht auf eine jährliche Zahlung. So werden jeweils am 15.02., 15.05., 15.08 und 15.11. Vorauszahlungen fällig. Als Berechnungsgrundlage dient die Gewerbesteuererklärung des Vorjahres.

Stadt Ingolstadt

Stadt Ingolstadt · Wagnerwirtsgasse 8 · 85049 Ingolstadt

Firma
Andrea Kästner Mountainbikes e. Kfr.
Stamsrieder Weg 50
85049 Ingolstadt

Stadt Ingolstadt
Wagnerwirtsgasse 8
85049 Ingolstadt

Telefon: 0841 305-1351
E-Mail: gemeindesteuer@ingolstadt...

Ingolstadt, 15. Februar 20..

Gewerbesteuerbescheid für das 1. Quartal Kalenderjahr 20..

Ihre Gewerbesteuerschuld errechnet sich wie folgt:

Berechnungsgrundlage für die Veranlagung			
Messbetrag	2.177,00 €		
Hebesatz		400 %	
Steuerbetrag/Jahr			8.708,00 €
Betrag 1. Quartal			2.177,00 €

Der oben genannte Betrag ist innerhalb von 14 Tagen zu begleichen.

ANDREA KÄSTNER: Der Bescheid der Stadt Ingolstadt über die Gewerbesteuer in Höhe von 2.177,00 € für das 1. Quartal ist eingegangen. Julia, bitte bilde den Buchungssatz.

Für den Buchungssatz stellt Julia folgende Überlegungen an:

Die Gewerbesteuer verursacht als betriebliche Steuer einen Aufwand, der im Konto **Gewerbesteuer** (= **7000 GWST**) im Soll gebucht wird.

Julia bildet den **Buchungssatz**:

7000 GWST	2.177,00 €	an	4400 VE	2.177,00 €

ANDREA KÄSTNER: Übrigens Julia: In Oberbayern liegt der Hebesatz für die Gewerbesteuer durchschnittlich bei 330 %. Für die Standortentscheidung eines Unternehmens ist dieser Wert ein wichtiges Kriterium, um Kosten zu sparen. Will eine Gemeinde viele Unternehmen in ihr Gewerbegebiet locken, versucht sie, den Hebesatz niedrig zu halten. Allerdings sind in Deutschland mindestens 200 % gesetzlich vorgeschrieben.

6/14
6/15
6/16
6/17
6/18

6.4.2 GRUNDSTEUER

JULIA: Frau Kästner, ich habe gehört, dass der Kauf eines Grundstücks grundsätzlich umsatzsteuerfrei ist.

ANDREA KÄSTNER: Das ist richtig. Trotzdem fallen für den Erwerb und das Eigentum von Grundstücken Steuern an. Beim Kauf ist die sogenannte **Grunderwerbsteuer** zu bezahlen. In Bayern beträgt sie 3,5 % des Kaufpreises.

JULIA: Das ist ja im Vergleich zu den 19 % Umsatzsteuer, die wir bei jedem Kauf bezahlen müssen, viel günstiger.

ANDREA KÄSTNER: Grundsätzlich hast du Recht, aber es gibt noch eine weitere Steuer im Zusammenhang mit Grundstücken, die als **Grundsteuer** bezeichnet wird. Sie fällt jährlich an und ist an die zuständige Gemeinde zu zahlen. Im Laufe der Zeit entstehen so regelmäßig Aufwendungen für ein Unternehmen.

Die Grundsteuer ist für unbebaute Grundstücke nicht so hoch wie für bebaute. Dies liegt daran, dass die Bebauung den Wert eines Grundstücks erhöht. Die Berechnung erfolgt ähnlich wie bei der Gewerbesteuer mit einem Hebesatz. Der Betrag bei der Grundsteuer ist jährlich zu leisten. Die Gemeinden ziehen diesen jedoch nicht in einer Summe, sondern vierteljährlich immer am 15.02., 15.05., 15.08. und 15.11. eines Jahres ein.

Je nach Art des Vermögens unterscheidet man zwei Grundsteuerarten:

Vermögen in der Land- und Forstwirtschaft	Privatvermögen oder Betriebsvermögen
↓	↓
Grundsteuer A	Grundsteuer B

Die Steuerhebesätze können von Gemeinde zu Gemeinde stark schwanken. Auch gibt es manchmal keinen Unterschied beim Hebesatz der Grundsteuer A und B:

Hebesatz (Stand: 2019)	**Augsburg**	**Bayreuth**	**Ingolstadt**	**München**	**Nürnberg**	**Regensburg**	**Würzburg**
Grundsteuer A	345	250	350	535	332	295	340
Grundsteuer B	485	400	460	535	555	395	475

Julia liegt folgender Beleg (Auszug) vor:

Stadt Ingolstadt

Stadt Ingolstadt · Wagnerwirtsgasse 8 · 85049 Ingolstadt

Firma
Andrea Kästner Mountainbikes e. Kfr.
Stamsrieder Weg 50
85049 Ingolstadt

Stadt Ingolstadt
Wagnerwirtsgasse 8
85049 Ingolstadt

Telefon: 0841 305-1351
E-Mail: gemeindesteuer@ingolstadt...

Bescheid: Grundsteuer

Ingolstadt, 15. Februar 20..

Bezeichnung/Lage	Flur	Jahr	Messzahl/ Messbetrag	Hebesatz/ Tarif	Gesamt €	Zu-/Abgang €
Grundsteuer B	237	20..	820	380	3.116,00	3.116,00
					Heutige Anforderung	3.116,00

Zahlungstermine	
Datum	Euro
15.02.	779,00
15.05.	779,00
15.08.	779,00
15.11.	779,00

Die Raten werden abgebucht von:

Donaubank-Ingolstadt
IBAN: DE72 7515 0080 4040 8080 20

Julia formuliert den **Geschäftsfall**:

Bankeinzug der Grundsteuer für das 1. Quartal in Höhe von 779,00 €.

Die Grundsteuer verursacht als betriebliche Steuer einen Aufwand, der im Konto **Grundsteuer** (= **7020 GRST**) im Soll gebucht wird. 6/19

6/20

Julia bildet den **Buchungssatz**:

7020 GRST	779,00 €	an	2800 BK	779,00 €

6/21

6.4.3 KRAFTFAHRZEUGSTEUER

Julia und Riccardo treffen gemeinsam zum Arbeitsbeginn bei AK-Bikes ein.

JULIA: Wie ich sehe, hast du den Führerschein bestanden und auch das begleitete Fahren nutzt du schon eifrig.

RICCARDO: Ja, das Autofahren macht Spaß. Ich freue mich schon darauf, wenn ich mit 18 endlich alleine fahren darf.

JULIA: Wirst du dir dann auch ein eigenes Auto kaufen?

RICCARDO: Das habe ich vor, gespart habe ich dafür jedenfalls genug.

JULIA: Es sind aber nicht nur die Anschaffungskosten, die das Autofahren teuer machen. Du musst tanken, dann kommen noch Reparaturen sowie Inspektionen dazu und auch die Versicherung muss erst einmal bezahlt werden.

RICCARDO: Das stimmt. Eine Sache hast du noch vergessen: Auch die Kfz-Steuer wird für mich fällig.

Nicht nur im Privatbereich fällt die Kraftfahrzeugsteuer an. Andrea Kästner muss diese Steuerart auch für alle ihre Firmenfahrzeuge an den Staat entrichten.

Riccardo und Julia liegt ein Bescheid vom Hauptzollamt Augsburg vor, das für die Abrechnung der Kfz-Steuer in Ingolstadt zuständig ist. Die beiden Auszubildenden überprüfen zuerst, ob der ausgewiesene Betrag von 118,00 € für das neue Kundendienstfahrzeug richtig berechnet wurde. Dazu betrachten die beiden folgende Infografik:

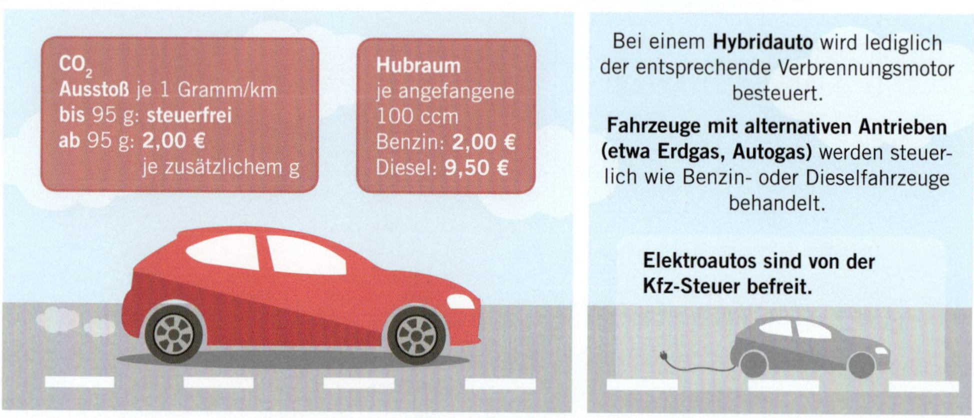

Von dem neuen Kundendienstfahrzeug sind folgende Daten bekannt:

Motorart: Benzin **CO_2-Ausstoß:** 144 g pro km **Hubraum:** 1 000 cm³

Beispielrechnung:

CO_2-Ausstoß	$(144-95) \cdot 2{,}00$ €	=	98,00 €
+ Hubraum (Benzin)	$\frac{1\,000}{100} \cdot 2{,}00$ €	=	20,00 €
= Betrag Kfz-Steuer			**118,00 €**

Die Auszubildenden stellen zufrieden fest, dass der Betrag richtig berechnet wurde. Somit können sie den Bescheid buchen.

Zur Bildung des **Buchungssatzes** stellen Riccardo und Julia folgende Überlegungen an:

Die Kraftfahrzeugsteuer verursacht bei AK-Bikes einen Aufwand, der im Konto **Kfz-Steuer** (= **7030 KFZST**) im Soll gebucht wird.

Jetzt können Riccardo und Julia den Buchungssatz bilden: 6/22

7030 KFZST	118,00 €	an	2800 BK	118,00 €

6/23

Hauptzollamt Augsburg

Hauptzollamt DSt. Ingolstadt· Münchner Str. 136 · 85054 Ingolstadt

Firma
Andrea Kästner Mountainbikes e. Kfr.
Stamsrieder Weg 50
85049 Ingolstadt

Hauptzollamt Augsburg
Dienststelle Ingolstadt
Münchner Straße 136
85051 Ingolstadt

Auskunft erteilt: Hauptzollamt Dresden
Telefon: 0351 44834-530

Telefon: 0841 97376-15
Telefax: 0841 97376-31
E-Mail: kfz-steuer@zoll...

Kraftfahrzeugsteuernummer:
K11147816929

Datum: 20. April 20..

Zur Besteuerung Ihres Fahrzeugs mit dem amtlichen Kennzeichen IN-AK 309 ergeht folgender Bescheid über Kraftfahrtsteuer:

Festsetzung	**EUR**
Die Steuer wird für das Fahrzeug mit dem amtlichen Kennzeichen IN-AK 309 festgesetzt für die Zeit vom 01.04.20.. bis 31.03.20.. auf	118,00

Zahlungsaufforderung	**EUR**
Bitte zahlen Sie (Einzug erfolgt per Lastschrift) spätestens am 20.04.20.. künftig jährlich am 01.04.20..	118,00

Die jeweils fälligen Beträge werden mittels Lastschrifteinzug unter Bezug auf Ihre Mandatsreferenznummer KFZFK111478169291404 2015 von folgendem Konto abgebucht:

Donaubank Ingolstadt
IBAN: DE38 7515 0080 3070 4321 88

Bitte prüfen Sie, ob Ihre Bankverbindung richtig angegeben ist. Falls die IBAN unzutreffend ist oder sich künftig ändert, erteilen Sie bitte ein neues SEPA-Lastschriftmandat. Formlose Mitteilungsschreiben können leider nicht akzeptiert werden.

Z38
6/24
6/25

6.5 UMSATZSTEUER

6.5.1 DAS WESEN DER UMSATZSTEUER

Julia bekommt folgenden Kassenzettel zur buchhalterischen Erfassung vorgelegt:

Schreibwaren Spitzer

INGOLSTADT

09.04.20.. 10:37 Uhr 19123/4

Briefumschlag C6 250 Stück	18,90 €
SUMME	**18,90 €**
BAR	20,00 €
Rückgeld	1,10 €

Brutto	**Netto**	**Mehrwertsteuer (19 %)**
18,90 €	15,88 €	3,02 €

JULIA: Auf dem Kassenbon ist von Mehrwertsteuer die Rede, normalerweise wird bei Käufen bzw. Verkäufen aber Umsatzsteuer ausgewiesen.

ANDREA KÄSTNER: In Deutschland werden die Begriffe Umsatzsteuer und Mehrwertsteuer weitgehend gleichbedeutend verwendet. In Belegen ist daher oftmals von Mehrwertsteuer die Rede. Aus betriebswirtschaftlicher und steuerrechtlicher Sicht bestehen jedoch wichtige Unterschiede. Ich erkläre sie dir!

Andrea Kästner hat folgende Übersicht erstellt, um Julia den Sachverhalt zu erklären:

Unser Mehrwertsteuersystem

Finanzamt erhält

Kunststoffhersteller verkauft Carbon an AK-Bikes:

Rechnung

				Finanzamt erhält
	Warenwert netto	200,00 €		
+	Umsatzsteuer	38,00 €		38,00 €
=	Rechnungsbetrag	238,00 €		

AK-Bikes verkauft ein Mountainbike an einen Fahrradhändler:

Rechnung

				Finanzamt erhält
	Warenwert netto	1.000,00 €		
+	Umsatzsteuer	190,00 €	– 38,00 € Vorsteuer	152,00 €
=	Rechnungsbetrag	1.190,00 €		

Fahrradhändler verkauft ein Mountainbike an einen Endverbraucher:

Rechnung

				Finanzamt erhält
	Warenwert netto	1.500,00 €		
+	Umsatzsteuer	285,00 €	– 190,00 € Vorsteuer	95,00 €
=	Rechnungsbetrag	1.785,00 €		

Endverbraucher/Käufer zahlt
285,00 € Umsatzsteuer 285,00 €

Quelle: Bundesfinanzministerium

6/26

Mithilfe des Schaubilds verdeutlicht Frau Kästner nun:

- Der Kunststoffhersteller verkauft Carbon an AK-Bikes für 200,00 € + 38,00 € Umsatzsteuer = 238,00 €.
- AK-Bikes verkauft ein Mountainbike an einen Fahrradhändler für 1.000,00 € + 190,00 € Umsatzsteuer = 1.190,00 €.
- Der Name **Umsatzsteuer** kommt daher, da beim Verkauf des Mountainbikes auf den Umsatz von 1.000,00 € eine Steuer von 190,00 € berechnet wird. AK-Bikes kann nun aber die zuvor beim Kunststoffhersteller gezahlte Umsatzsteuer von 38,00 € beim Finanzamt als Vorsteuer geltend machen und abziehen. Es ergibt sich somit eine Zahlung an das Finanzamt von 190,00 € – 38,00 € = 152,00 €.
- Die Bezeichnung **Mehrwertsteuer** leitet sich also daraus ab, dass AK-Bikes nur den Mehrwert seiner Mountainbikes gegenüber dem Finanzamt versteuern muss. Im obigen Beispiel beträgt der Mehrwert 800,00 €, denn AK-Bikes hat Carbon für 200,00 € gekauft, und das Mountainbike für 1.000,00 € verkauft (1.000,00 € – 200,00 € = 800,00 €).
- Berechnet man die Umsatzsteuer von 800,00 €, kommen 152,00 € heraus.
- Da der Endverbraucher nicht zum Abzug der Vorsteuer berechtigt ist, muss dieser schließlich die gesamte Umsatzsteuer zahlen.
- Die Umsatzsteuer wird daher auch als **Verbrauchsteuer** bezeichnet.

JULIA: Umsatzsteuer ist aber nicht gleich Umsatzsteuer, oder?

ANDREA KÄSTNER: Korrekt, Julia. Laut dem Umsatzsteuergesetz gilt der Grundsatz, dass alle Umsätze einer Umsatzsteuer von 19 % unterliegen. Doch davon gibt es Ausnahmen. In manchen Fällen sind nur 7 % Umsatzsteuer anzusetzen und selten sind Umsätze auch umsatzsteuerfrei.

Regelsteuersatz 19 % USt.

Beispiele:

- Ein- und Verkauf von Gütern und Dienstleistungen
- Reparaturleistungen aller Art
- Leistungen der Steuerberater und Rechtsanwälte
- Fahrkarten Fernverkehr (über 50 km)

Ermäßigter Steuersatz 7 % USt.

Beispiele:

- Grundnahrungsmittel (auch Milch; aber keine Getränke)
- Bildungsmöglichkeiten (Bücher, Zeitungen und Zeitschriften)
- Kulturangebote (Museums- und Theatereintritt)
- Bahnfahrkarten Nah- und Fernverkehr

Steuerfreie Umsätze keine USt.

Beispiele:

- Erwerb und Verkauf von Grundstücken
- Leistungen der Ärzte und Zahnärzte (nicht Tierärzte)
- Umsätze der Deutschen Post AG (Briefmarken)
- Finanzdienstleistungen der Banken (Gebühren und Zinsen)
- alle Waren**ausfuhren**

6/27
6/28
Z39
6/29
Z40

6.5.2 DIE BERECHNUNG UND BUCHUNG DER UMSATZSTEUER-ZAHLLAST

SELMA DEMIRCI: Wir müssen heute für den April die Höhe der eingenommenen Umsatzsteuer an das Finanzamt melden.

JULIA: Muss dieser Termin unbedingt eingehalten werden?

SELMA DEMIRCI: Ja, die sogenannte Umsatzsteuer-Voranmeldung ist grundsätzlich bis zum 10. des Folgemonats beim Finanzamt abzugeben. Und heute ist der 10. Mai. Fällt der 10. auf ein Wochenende oder einen Feiertag, verschiebt sich der Abgabetermin auf den nächsten Werktag.

RICCARDO: Können wir auch die von uns im April bezahlte Vorsteuer zurückfordern?

SELMA DEMIRCI: Das ist ein Vorgang. Bei der Umsatzsteuer-Voranmeldung stellen wir die gezahlte Vorsteuer der eingenommenen Umsatzsteuer vom April gegenüber. Als Differenz ergibt sich die sogenannte Zahllast, die wir an das Finanzamt überweisen.

Berechnung der Zahllast

Eingangsrechnungen:

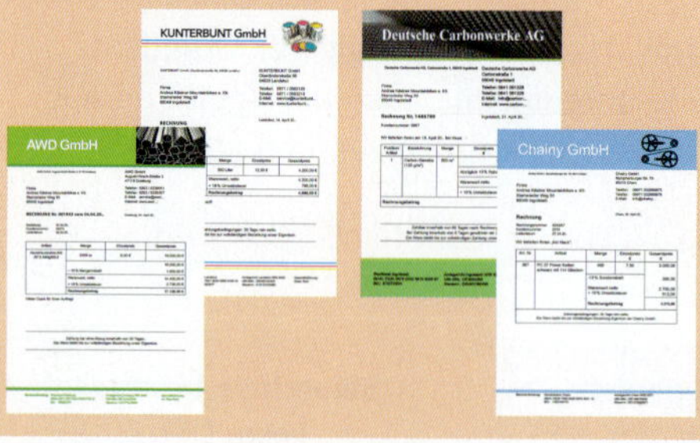

Summe der Beträge aller **Einkaufsvorgänge** vom April:

	Nettoeinkauf	60.900,00 €
+	**Vorsteuer 19 %**	**11.571,00 €**
=	Bruttobetrag	72.471,00 €

Die bei den Einkäufen von AK-Bikes gezahlte Vorsteuer ist eine **Forderung an das Finanzamt.** Unternehmen können diese zurückverlangen.

Ausgangsrechnungen:

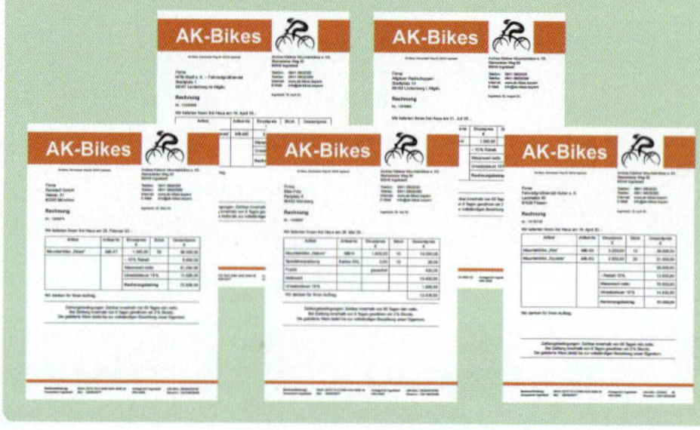

Summe der Beträge aller **Verkaufsvorgänge** vom April:

	Nettoumsatz	171.250,00 €
+	**Umsatzsteuer 19 %**	**32.537,50 €**
=	Bruttobetrag	203.787,50 €

Die bei den Verkäufen von AK-Bikes eingenommene Umsatzsteuer ist eine **Verbindlichkeit gegenüber dem Finanzamt.** Diese muss dorthin weitergeleitet werden.

	eingenommene Umsatzsteuer	**32.537,50 €**
–	**gezahlte Vorsteuer**	**11.571,00 €**
=	**Umsatzsteuerzahllast April**	**20.966,50 €**

Buchung der Zahllast

SELMA DEMIRCI: Die Zahllast müssen wir jetzt noch an das Finanzamt überweisen. Dazu sind in unserer Buchhaltung zwei Schritte notwendig.

Schritt 1: Ermittlung der Zahllast

In den beiden Konten 2600 VORST und 4800 UST wurden die Steuerbuchungen aufgrund der Ein- und Verkaufsvorgänge bereits vorgenommen. Jetzt kann der Saldo im Konto 2600 Vorsteuer ermittelt und in das Konto 4800 UST umgebucht werden.

S	2600 VORST		H
VE	2.736,00 €	**UST**	**11.571,00 €**
VE	798,00 €		
VE	513,00 €		
VE	7.524,00 €		

Umbuchung →

S	4800 UST		H
VORST	**11.571,00 €**	FO	11.628,00 €
		FO	1.985,50 €
		FO	2.565,00 €
		FO	1.824,00 €
		FO	14.535,00 €

Buchungssatz zur Ermittlung der Zahllast:

4800 UST	11.571,00 €	an	2600 VORST	11.571,00 €

Schritt 2: Banküberweisung der Zahllast

Die Zahllast ergibt sich jetzt als Differenz der Soll- und Haben-Buchungen im Konto 4800 UST. Der Betrag stimmt mit unserer Rechnung auf Seite 304 überein.

S	2600 VORST		H
VE	2.736,00 €	UST	11.571,00 €
VE	798,00 €		
VE	513,00 €		
VE	7.524,00 €		

S	4800 UST		H
VORST	11.571,00 €	FO	11.628,00 €
BK	**20.966,50 €**	FO	1.985,50 €
		FO	2.565,00 €
		FO	1.824,00 €
		FO	14.535,00 €

Buchungssatz zur Banküberweisung der Zahllast:

4800 UST	20.966,50 €	an	2800 BK	20.966,50 €

SELMA DEMIRCI: Sowohl das Konto 2600 VORST als auch das Konto 4800 UST sind jetzt ausgeglichen. Ein endgültiger Abschluss findet erst zum Geschäftsjahresende statt.

Auf ihrem Notizblock notieren sich Julia und Riccardo folgende Erkenntnisse:

Die Umsatzsteuer ist für Unternehmen ein durchlaufender Posten, da die von den Kunden eingenommenen Steuerbeträge lediglich zum 10. des Folgemonats an das Finanzamt weitergeleitet werden.
Die dafür notwendigen Buchungen finden nur auf den Bestandskonten 2600 VORST und 4800 UST statt. Damit ist die Umsatzsteuer erfolgsneutral.

6/31
6/32
6/33
6/34
6/35

Alles Klar?

STAAT UND UNTERNEHMEN

- **Wirtschaftskreislauf**

Der Staat spielt eine wichtige Rolle im Wirtschaftskreislauf:
Steuereinnahmen lässt er über Ausgaben für Staatsaufträge, Subventionen und Sozialleistungen wieder in den Kreislauf zurückfließen.

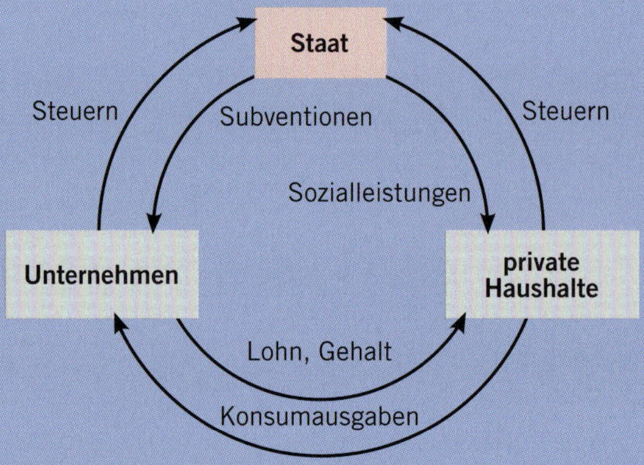

- **Der Staat beeinflusst das Wirtschaftsgeschehen durch:**

  - Festsetzung von Steuern
  - Vergabe von Subventionen
  - Gesetzgebung (Regulierung)

  Diese Handlungsmöglichkeiten des Staates haben Einfluss auf die (internationale) **Wettbewerbsfähigkeit** der Unternehmen.

- **Abgaben an den Staat**

Beiträge	Gebühren	Steuern
• Abgaben für eine bestimmte Leistung des Staates • werden auch fällig, wenn die Leistung nicht gewünscht oder genutzt wird	• Abgaben für eine bestimmte Leistung des Staates • werden nur fällig, wenn die Leistung in Anspruch genommen wird	• Abgaben ohne eine spezielle Gegenleistung des Staates • Zahlung ist Pflicht
z. B.: Beiträge zur Grundstückserschließung	z. B.: Abwassergebühren	z. B.: Mineralölsteuer

- **Gebühren**

  - werden im Konto 6730 GEB als **Aufwand** erfasst
  - wirken sich **erfolgsmindernd** aus
  - können umsatzsteuerpflichtig (19 % oder 7 %), aber auch umsatzsteuerfrei sein
  - Gebühren, für die es ein spezielles Konto gibt (z. B. Telefongebühren), werden in diesem erfasst (hier: 6820 KOM).

- **Steuerarten**

Steuern als durchlaufende Posten (Durchlaufsteuern)	Betriebliche Steuern (Aufwandssteuern)
• Umsatzsteuer • einbehaltene Lohnsteuer der Arbeitnehmer	• Gewerbesteuer • Grundsteuer • Kfz-Steuer

- **Betriebliche Steuern**
  - werden im jeweiligen Konto 7000 GWST, 7020 GRST und 7030 KFZST als **Aufwand** erfasst
  - wirken sich **erfolgsmindernd** aus

- **Umsatzsteuer**
  - wichtigste Einnahmequelle des Staates
  - umgangssprachlich auch als Mehrwertsteuer bezeichnet
  - fast jeder Umsatz muss versteuert werden
  - in Deutschland beträgt der Regelsteuersatz 19 % auf den Nettobetrag, der ermäßigte Satz beträgt 7 % und gilt z. B. für Grundnahrungsmittel und Zeitschriften
  - stellt einen durchlaufenden Posten dar und ist daher **erfolgsneutral**

- **Umsatzsteuerzahllast**

Die Unternehmen müssen die bei Verkäufen eingenommene Umsatzsteuer an den Staat (Finanzamt) abführen. Allerdings dürfen sie die selbst bei Einkäufen gezahlte Umsatzsteuer (= Vorsteuer) davon abziehen. Aus dieser Rechnung ergibt sich die Umsatzsteuerzahllast.

- **Berechnung der Zahllast:**

	eingenommene Umsatzsteuer (Saldo UST)
–	gezahlte Vorsteuer (Saldo VORST)
=	Umsatzsteuerzahllast

- **Buchungssatz zur Ermittlung der Zahllast:**

4800 UST	*Vorsteuersaldo*	an	**2600 VORST**	*Vorsteuersaldo*

- **Buchungssatz für die Banküberweisung der Zahllast an das Finanzamt am 10. des jeweiligen Folgemonats:**

4800 UST	*Zahllast*	an	**2800 BK**	*Zahllast*

6.6 ANWENDUNGSAUFGABEN

6/1
1. Auch Realschüler müssen Steuern bezahlen. Belege diese Aussage an Beispielen aus deinem Alltag.
2. Erkundige dich bei deinen Eltern, welche Steuerarten sie zahlen müssen. Erstelle eine Liste mit fünf weiteren Beispielen, die du noch nicht in Nr. 1 verwendet hast. Vergleiche deine Aufstellung mit der deines Banknachbarn.

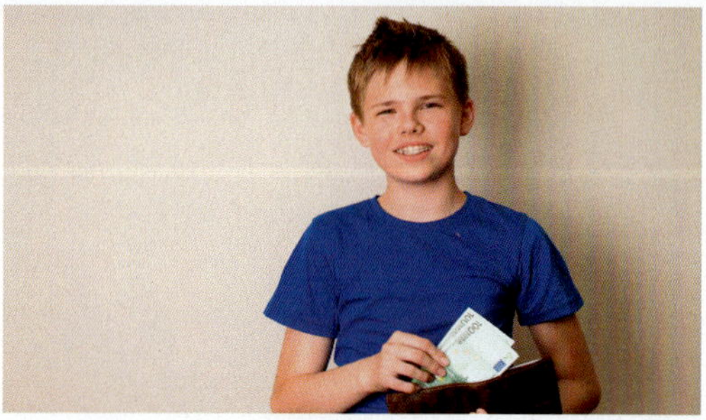

6/2 Recherchiere konkrete Beispiele für Sozialleistungen des Staates.

6/3 Dir liegt die folgende Infografik vor:

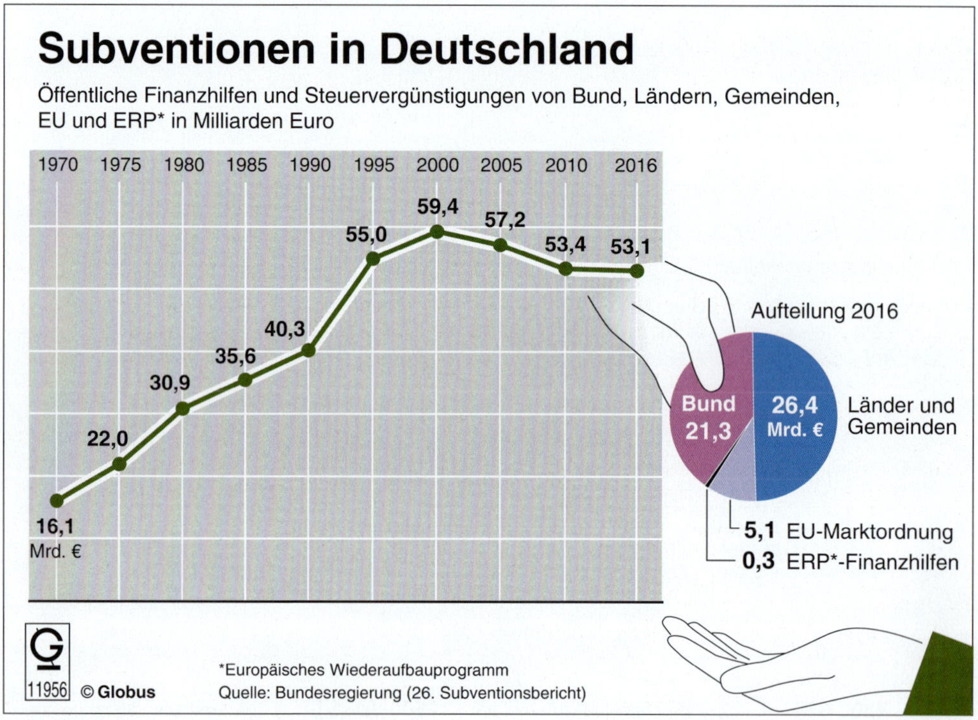

1. Definiere den Begriff Subventionen.
2. Nenne die Fachbegriffe für die beiden Diagrammarten, die im Schaubild verwendet werden.
3. Berechne, um wie viel Prozent die Subventionen von 2000 auf 2016 zurückgegangen sind.
4. Ermittle rechnerisch, wie viel Prozent der Subventionen im Jahr 2016 durch den Bund gezahlt wurden.
5. Recherchiere konkrete Beispiele für Subventionen durch den Bund.

Ordne die genannten Teilnehmer des Wirtschaftskreislaufs dem richtigen Sektor zu. **6/4**

❶ Private Haushalte ❷ Unternehmen ❸ Staat

A	Spedition Huckepack GmbH
B	Andrea Kästner Mountainbikes e. Kfr.
C	Familie Selma Demirci
D	Zahnarztpraxis Dr. Alexander Kiefer
E	Freistaat Bayern
F	Riccardo Fontana
G	Deutsche Carbonwerke AG
H	Stadt Ingolstadt

Im Wirtschaftskreislauf stehen die einzelnen Marktteilnehmer zueinander in Beziehung: **6/5**

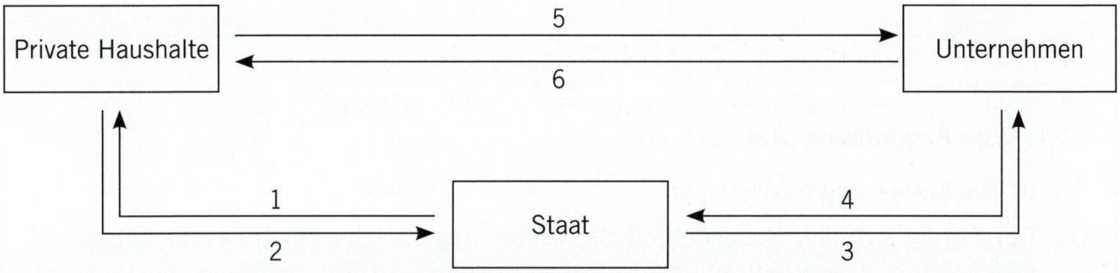

1. Bei den folgenden Beispielen fließt Geld zwischen den Sektoren des Wirtschaftskreislaufs. Ordne die jeweils genannte Aktivität dem richtigen Pfeil (Geldstrom) 1 bis 6 zu.

A	Der Berufsschullehrer von Julia erhält seine Beamtenbezüge.
B	Für ihre Kinder Yannick und Neele erhält Frau Kästner Kindergeld.
C	Die Stadtverwaltung Ingolstadt begleicht die Rechnung eines Elektrobetriebes für die Installation eines neuen Zählerkastens in der städtischen Grundschule.
D	Frau Demirci bezahlt die Hundesteuer an ihre Gemeinde.
E	AK-Bikes zahlt Gewerbesteuer an die Stadt Ingolstadt.
F	Die Hamburger Schiffsbau AG erhält Subventionen.
G	Riccardo bezahlt eine Eintrittskarte fürs Kino.
H	Julia erhält von AK-Bikes ihre Ausbildungsvergütung überwiesen.
I	Opa Kästner bekommt seine Rente ausgezahlt.
J	Ein Ingolstädter Bauer erhält vom Landwirtschaftsministerium eine Prämie für die Umstellung auf ökologische Tierzucht.
K	Riccardos Vater erhält vom Arbeitgeber sein Gehalt.

2. Angenommen der Staat senkt die Lohnsteuer. Beschreibe Auswirkungen dieser Maßnahme auf die Geldströme im Wirtschaftskreislauf. Begründe deine Antwort.

6/6 Dir liegen Auszüge aus verschiedenen Gesetzestexten vor. Lies dir die Texte genau durch und begründe anschließend:

1. Welchen Zweck der Staat mit dem Gesetz verfolgt.
2. Welche betriebswirtschaftlichen Auswirkungen das Gesetz für das Unternehmen hat.
3. Welche Folgen das Gesetz auf die (internationale) Wettbewerbsfähigkeit von AK-Bikes hat.

Betriebsverfassungsgesetz (BetrVG)

§ 87 Mitbestimmungsrechte

(1) Der Betriebsrat hat [...] in folgenden Angelegenheiten mitzubestimmen: [...]

2. Beginn und Ende der täglichen Arbeitszeit einschließlich der Pausen sowie Verteilung der Arbeitszeit auf die einzelnen Wochentage;

3. vorübergehende Verkürzung oder Verlängerung der betriebsüblichen Arbeitszeit; [...]

11. Festsetzung der Akkord- und Prämiensätze und vergleichbarer leistungsbezogener Entgelte, einschließlich der Geldfaktoren; [...]

Bayerische Bauordnung (BayBO)

Art. 67 Bauantrag und Bauvorlagen

(1) Der Antrag auf eine Baugenehmigung (Bauantrag) ist schriftlich bei der Gemeinde einzureichen. Diese legt ihn, sofern sie nicht selbst zur Entscheidung zuständig ist, mit ihrer Stellungnahme unverzüglich bei der Bauaufsichtsbehörde vor. [...]

Art. 69 Behandlung des Bauantrags

(1) Alle am Baugenehmigungsverfahren beteiligten Behörden haben den Antrag ohne vermeidbare Verzögerung zu behandeln. Zum Bauantrag sollen die Behörden und Stellen gehört werden, die Träger öffentlicher Belange sind und deren Aufgabenbereich berührt wird; [...] Die Träger öffentlicher Belange nehmen innerhalb eines Monats Stellung; [...]

Bundes-Immissionsschutzgesetz (BImSchG)

§ 5 Pflichten der Betreiber genehmigungsbedürftiger Anlagen

(1) Genehmigungsbedürftige Anlagen sind so zu errichten und zu betreiben, dass zur Gewährleistung eines hohen Schutzniveaus für die Umwelt insgesamt

1. schädliche Umwelteinwirkungen und sonstige Gefahren, erhebliche Nachteile und erhebliche Belästigungen für die Allgemeinheit und die Nachbarschaft nicht hervorgerufen werden können; [...]

3. Abfälle vermieden, nicht zu vermeidende Abfälle verwertet und nicht zu verwertende Abfälle ohne Beeinträchtigung des Wohls der Allgemeinheit beseitigt werden; [...]

4. Energie sparsam und effizient verwendet wird.

Kündigungsschutzgesetz (KSchG)

§ 1 Sozial ungerechtfertigte Kündigungen

(1) Die Kündigung [...] gegenüber einem Arbeitnehmer, dessen Arbeitsverhältnis in demselben Betrieb oder Unternehmen ohne Unterbrechung länger als sechs Monate bestanden hat, ist rechtsunwirksam, wenn sie sozial ungerechtfertigt ist.

(2) Sozial ungerechtfertigt ist die Kündigung, wenn sie nicht durch Gründe, die in der Person oder in dem Verhalten des Arbeitnehmers liegen, oder durch dringende betriebliche Erfordernisse, die einer Weiterbeschäftigung des Arbeitnehmers in diesem Betrieb entgegenstehen, bedingt ist. [...]

Mindestlohngesetz (MiLoG)

§ 1 Mindestlohn

(1) Jede Arbeitnehmerin und jeder Arbeitnehmer hat Anspruch auf Zahlung eines Arbeitsentgelts mindestens in Höhe des Mindestlohns durch den Arbeitgeber.

(2) Die Höhe des Mindestlohns beträgt ab 1. Januar 2020 brutto 9,35 € je Zeitstunde. [...]

In einem Unternehmermagazin betrachtet Andrea Kästner die abgebildete Infografik. **6/7**

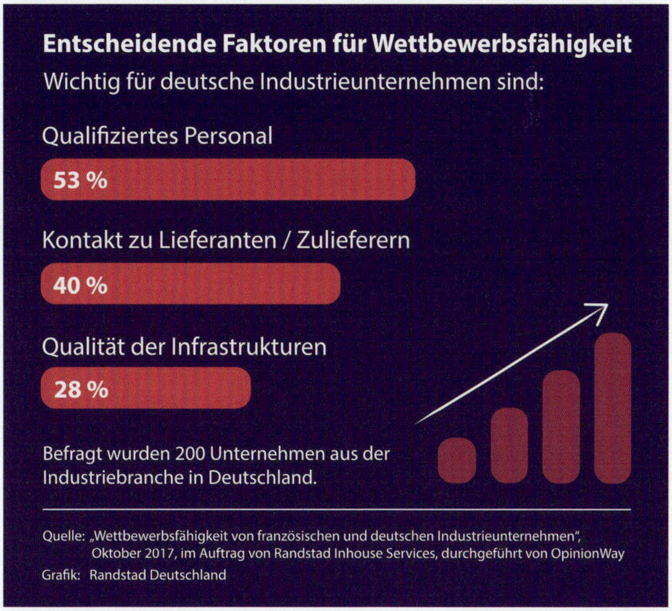

1. Beschreibe in eigenen Worten, welche drei wichtigen Faktoren laut der Infografik deutsche Industrieunternehmen als entscheidend für ihre Wettbewerbsfähigkeit ansehen.
2. Nenne die Faktoren aus der Infografik, für deren Verbesserung der Staat einen Beitrag leisten kann.
3. Finde für die in 2. genannten Faktoren Handlungsmöglichkeiten des Staates, um die Wettbewerbsfähigkeit deutscher Unternehmen zu stärken.
4. Recherchiere weitere Forderungen von Unternehmen an den Staat, um ihre Wettbewerbsfähigkeit zu steigern.

6/8 Im internationalen Wettbewerb der Standorte hat Deutschland Vor-, aber auch Nachteile.

1. Entscheide, welche der folgenden Faktoren für die Ansiedlung eines Unternehmens in Deutschland sprechen (+) und welche nicht (–).

gut ausgebaute Verkehrswege	hohe Innovationskraft
kurze Maschinenlaufzeiten	sozialer Friede und soziale Sicherheit
erfolgreiche Forschung und Entwicklung	hohe Sozialabgaben (Lohnnebenkosten)
hohe Energiekosten	umfangreiches Arbeits-, Tarif- und Sozialrecht
zentrale Lage in Europa	sehr gute Kreditwürdigkeit
vergleichsweise niedriges Renteneintrittsalter	langwierige Genehmigungsverfahren
hohe Lebensqualität	gut entwickeltes Ausbildungssystem
hohe Umweltschutzauflagen	Qualitätsprädikat „Made in Germany“
qualifizierte Arbeitskräfte	große Anzahl an Urlaubs- und Feiertagen
hohe Arbeitskosten	kurze Wochenarbeitszeiten
hohe Zuverlässigkeit und Termintreue	geringe Mobilität der Arbeitnehmer
hohe Unternehmenssteuern	hohe Kaufkraft der Bevölkerung
hohe Arbeitsproduktivität	geringe Investitionskraft

2. Erstelle eine Tabelle mit zwei Spalten, in der übersichtlich die Vorteile und die Nachteile des Standorts Deutschland dargestellt sind.

6/9 In den Nachrichten hörst du die folgenden Meldungen.

Begründe, welche Auswirkungen diese auf die Wettbewerbsfähigkeit deutscher Unternehmen haben. Diskutiere mit deinem Banknachbarn über eure Antworten.

A	Der Beitragssatz in der gesetzlichen Rentenversicherung soll erhöht werden.
B	Der Bund zahlt eine Abwrackprämie (= Zahlung des Staates für Verschrottung) für Benzin- und Dieselautos, um den Umstieg auf Elektroantrieb voranzutreiben.
C	Der gesetzliche Mindestlohn wird um 0,80 € pro Stunde angehoben.
D	Aufgrund des Klimawandels werden die Umweltstandards für Heizungsanlagen verschärft.
E	Die Steuern auf Unternehmensgewinne werden um 4 % gesenkt.
F	Im Rahmen des Mitbestimmungsgesetzes werden die Arbeitnehmerrechte gestärkt.

Erläutere, wie der Staat sowohl als Teilnehmer am Wirtschaftskreislauf als auch als Gesetzgeber auf die Unternehmen Einfluss nehmen kann. **6/10**

Bearbeite zur Infografik „Steuerspirale 2018" (Seite 293) die folgenden Aufgaben: **6/11**

1. Ermittle durch Rechnung die gesamten Steuereinnahmen des Staates für das Jahr 2017, wenn die Einnahmen auf das Jahr 2018 um 5,7 % gestiegen sind.
2. Berechne den prozentualen Anteil, den die Umsatzsteuer im Jahr 2018 an den gesamten Steuereinnahmen des Staates hat.
3. Steuern können danach eingeteilt werden, wer der Empfänger des Geldes ist. So unterscheidet man zwischen Bundessteuern, Ländersteuern und Gemeindesteuern. Recherchiere für die 15 Steuerarten mit den meisten Einnahmen, wer der Empfänger ist, und erstelle eine übersichtliche Tabelle mit drei Spalten (Nummer, Steuerart, Empfänger).

Bearbeite zur Infografik „Steuerspirale 2018" (Seite 293) des Weiteren die folgenden Aufgaben: **6/12**

1. Berechne für das Jahr 2018 die prozentualen Anteile, die Gewerbesteuer, Grundsteuer und Kfz-Steuer jeweils an den gesamten Steuereinnahmen des Staates haben.
2. Die drei genannten Steuern werden auch als Aufwandssteuern bezeichnet. Erkläre ihre Auswirkung auf den Gewinn des Unternehmens AK-Bikes.

Bilde jeweils den Buchungssatz. **6/13**

1. AK-Bikes erhält eine Gebührenrechnung über Fortbildungsmaßnahmen im Marketing von 2.300,00 € netto.
2. Vom Rechtsanwalt geht eine Rechnung über Beratungsgebühren in Höhe von 267,75 € brutto ein.
3. Die monatlichen Gebühren für die Müllentsorgung in Höhe von 225,00 € werden vom Geschäftsbankkonto per Lastschrift abgebucht.
4. Eine Fahrpreisquittung über Taxigebühren mit einem Betrag von 27,50 € (inklusive 7 % USt.) liegt vor.
5. Die Telefongebühren von AK-Bikes für den abgelaufenen Monat in Höhe von 190,00 € netto wurden durch Bankabbuchung bezahlt.
6. Die Rechnung des Kaminkehrers für die Gebühren zur Überprüfung der Heizungsanlage in Höhe von 171,36 € brutto geht ein.

Andrea Kästner möchte für das kommende Geschäftsjahr die voraussichtlichen Aufwendungen bei der Gewerbesteuer berechnen. Sie geht für ihr Einzelunternehmen AK-Bikes von einem Gewinn in Höhe von 118.500,00 € aus. In der Stadtverwaltung wird für das neue Jahr ein Hebesatz von 410 % diskutiert. **6/14**

1. Ermittle in einem übersichtlichen Schema die voraussichtliche Gewerbesteuer für das gesamte Jahr.
2. Bilde den Buchungssatz, wenn die Gewerbesteuer für ein Vierteljahr per Bankeinzug bezahlt werden soll.

6/15 Bei einem Geschäftspartner von AK-Bikes, der Firma Sawotec KG in Weiden/Oberpfalz, liegt der Gewerbesteuerbescheid mit einem Jahresbetrag von 3.932,50 € vor. Die Sawotec KG hat im abgelaufenen Geschäftsjahr einen Gewinn aus dem Gewerbe in Höhe von 54.000,00 € erzielt. Die Stadt Weiden berechnet einen Hebesatz von 380 %. Überprüfe den Gewerbesteuerbescheid.

6/16 Riccardo bekommt in der Berufsschule die folgende Aufgabe vorgelegt. Hilf ihm bei der Lösung.

> Bei einer Aktiengesellschaft beträgt der für die Gewerbesteuerberechnung maßgebende Gewerbeertrag 485.000,00 €. Berechne die Höhe der Gewerbesteuer, wenn die örtliche Stadtverwaltung einen Hebesatz von 360 % festgesetzt hat.

6/17 Vor einigen Jahren betrug der vierteljährliche Überweisungsbetrag für die Gewerbesteuer von AK-Bikes 1.359,75 €. Die Stadt Ingolstadt hatte den Hebesatz auf 370 % festgelegt. Ermittle durch Rechnung, wie hoch der vom Finanzamt mitgeteilte Gewerbesteuermessbetrag war.

6/18 Erstelle mit einem Tabellenkalkulationsprogramm ein Rechenblatt für die Ermittlung der Gewerbesteuer. Überprüfe die Richtigkeit deiner Formeln mit der Gewerbesteuerberechnung von Seite 296. Drucke anschließend das Rechenblatt mit den Formeldarstellungen aus.

6/19
1. Neben der Grundsteuer fällt im Zusammenhang mit Grundstücken noch eine weitere Steuerart an. Nenne den Fachbegriff.
2. Vergleiche die beiden Steuerarten bei Grundstücken hinsichtlich des Zahlungszeitpunkts, der Wiederkehr der Zahlungen und des Empfängers.
3. Nimm zu folgender Aussage Stellung: „Je höher der Hebesatz der Grundsteuer, desto höher ist am Jahresende der Gewinn für das Unternehmen."

Zum 31.12. liegen dir folgende Angaben vor: **6/20**

S	7020 GRST	H
1. BK	1.635,80 €	
2. BK	1.635,80 €	
3. BK	1.635,80 €	
4. BK	1.635,80 €	

1. Bilde den Buchungssatz für Eintragung Nr. 1.
2. Formuliere den Geschäftsfall für die Eintragung Nr. 2.
3. Gib an, zu welchem Termin die letzte Buchung (Eintragung Nr. 4) vorzunehmen ist.
4. Bilde den Buchungssatz zum Abschluss des Kontos 7020 GRST zum 31.12.

Gewerbesteuer und Grundsteuer sind beide Gemeindesteuern. Recherchiere für die Gemeinde deines Wohnorts, wie hoch die Hebesätze für diese beiden Steuerarten sind. Ermittle ebenso die Höhe weiterer Steuern, die von deiner Gemeinde erhoben werden (z. B. Hundesteuer) und erstelle z. B. mit einem Präsentationsprogramm ein Übersichtsblatt. Vergleicht die Steuerhöhen eurer Wohnorte anhand der gefertigten Blätter in der Klasse. **6/21**

Ein weiteres neues Fahrzeug soll für einen Außendienstmitarbeiter von AK-Bikes angeschafft werden. Es liegen folgende Daten vor: **6/22**

1. Berechne mit Hilfe des Notizzettels und des Schaubilds von Seite 300 die Höhe der Kfz-Steuer.
2. Der Pkw mit den angegebenen Daten wurde erworben. Rechnungsbetrag: 42.840,00 €. Bilde den Buchungssatz.
3. Die in Nr. 1 berechnete Kfz-Steuer wird laut Beitragsbescheid per Bankeinzug abgebucht. Bilde den Buchungssatz.

6/23 Insbesondere für Unternehmen lohnt sich die Anschaffung von Elektroautos, da diese von der Kfz-Steuer befreit sind.

1. Berechne, um wie viel Prozent die Zahl der zugelassenen Elektroautos von 2009 auf 2019 gestiegen ist.
2. Stelle dar, welche Argumente für und welche gegen die Anschaffung eines Elektroautos sprechen.
3. Trotz vieler Vorteile ist der Anteil an Elektroautos an allen zugelassenen PKWs in Deutschland noch verschwindend gering. Bestimme rechnerisch zum Stichtag 01.01.2019, wie viele aller zugelassenen Autos mit einem Benzinmotor ausgestattet waren.

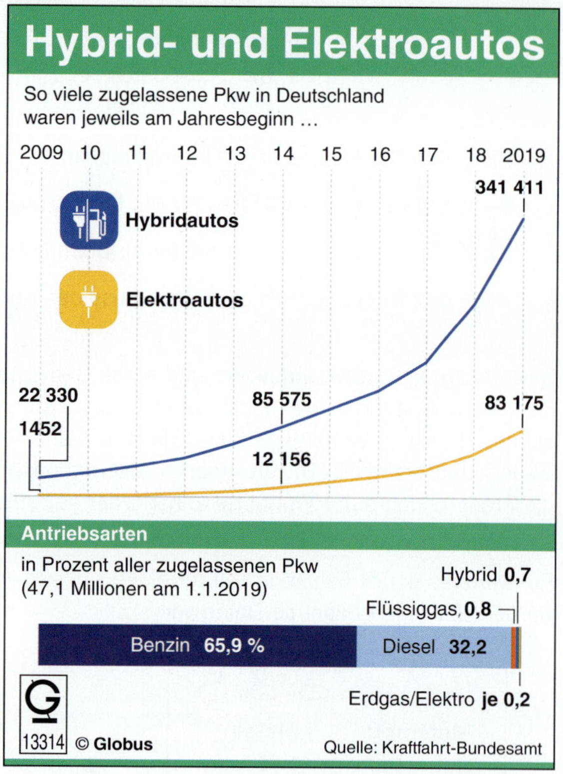

6/24 Einer der Begriffe passt jeweils nicht in die Reihe. Finde diesen und begründe deine Antwort.

1. Abwasserkosten – Briefporto – Fortbildungsgebühren – Ausgaben Müllentsorgung
2. Grundsteuer – Gewerbesteuer – Umsatzsteuer – Kfz-Steuer

6/25 Bilde die Buchungssätze für die folgenden Geschäftsfälle.

1. Über die Durchführung von Straßenreinigungsmaßnahmen liegt eine Rechnung in Höhe von 75,00 € vor.
2. Das Geschäftsbankkonto von AK-Bikes wird mit Grundsteuer in Höhe von 805,00 € für das 2. Quartal belastet.
3. Für Abfallentsorgung im Mai 20.. geht die Rechnung der Ingolstädter Kommunalbetriebe über 215,00 € ein.
4. Die fällige Gewerbesteuer in Höhe von 1.950,00 € für das 2. Quartal wird per Banklastschrift eingezogen.
5. Ein Bescheid über die Kfz-Steuer für den LKW des Unternehmens AK-Bikes (Kennzeichen IN-AK 08) in Höhe von 450,00 € liegt vor.
6. AK-Bikes bezahlt per Bankabbuchung die Wasserverbrauchsgebühren von 300,00 € netto.

Erstelle ein Lernplakat zum Umsatzsteuersystem ähnlich der Darstellung auf Seite 302. Beispielweise kannst du von einem Sägewerk ausgehen, das für 300,00 € netto Nussbaumholz an eine Schreinerei liefert. Diese stellt daraus einen Schrank her, der für 1.400,00 € netto an ein Möbelhaus verkauft wird. Der Möbelhändler wiederum veräußert den Schrank an einen Kunden für 2.000,00 € netto. **6/26**

Zusammen mit deinen Familienmitgliedern hast du Waren für euren Haushalt gekauft, bei denen entweder der volle Umsatzsteuersatz oder der ermäßigte Umsatzsteuersatz berechnet wurde. Schreibe jeweils fünf Beispiele eurer Familie auf und vergleiche deine Liste mit der deines Banknachbarn. **6/27**

Riccardo besucht mit seinen Freunden ein Schnellrestaurant. Nach der Bestellung zeigt das Display an der Kasse die Endsumme von 11,98 € an. Schließlich fragt ihn die Verkäuferin, ob er a) die Ware im Restaurant essen oder b) mitnehmen möchte. **6/28**

1. Recherchiere, warum in den beiden Fällen ein Unterschied hinsichtlich der Höhe der Umsatzsteuer besteht.
2. Beurteile am genannten Zahlenbeispiel, welche Folgen die einzelnen Varianten für die Umsatzsteuerzahllast und den Gewinn des Restaurants haben.

Dir liegt das Schaubild „Die Mehrwertsteuer in der EU“ vor. **6/29**

1. Ergänze sinnvoll die Lücken in dem folgenden Text. Verwende dazu auch Informationen aus der Infografik.

   Das vorliegende ❶ -diagramm zeigt, dass ❷ den höchsten Mehrwertsteuersatz in der EU hat. Dort beträgt die ❸ – wie die Mehrwertsteuer auch genannt wird – ❹ Prozent. Insgesamt beträgt der Mehrwertsteuersatz in ❺ der 28 EU-Staaten 20 Prozent oder mehr. Deutschland liegt mit einem Steuersatz von 19 Prozent also im ❻ Bereich. Neben dem Regelsteuersatz gibt es in fast allen Ländern auch ❼ Umsatzsteuersätze.

   Jedes Unternehmen innerhalb der EU kann sich eine ❽ (= USt-IdNr.) zuteilen lassen. Sie besteht in Deutschland aus dem ❾ DE und neun weiteren Stellen, z. B. DE394078790 bei AK-Bikes. Wer sie besitzt, kann ❿ in andere EU-Mitgliedsstaaten liefern, sofern der Kunde auch eine gültige USt-IdNr. vorweisen kann.

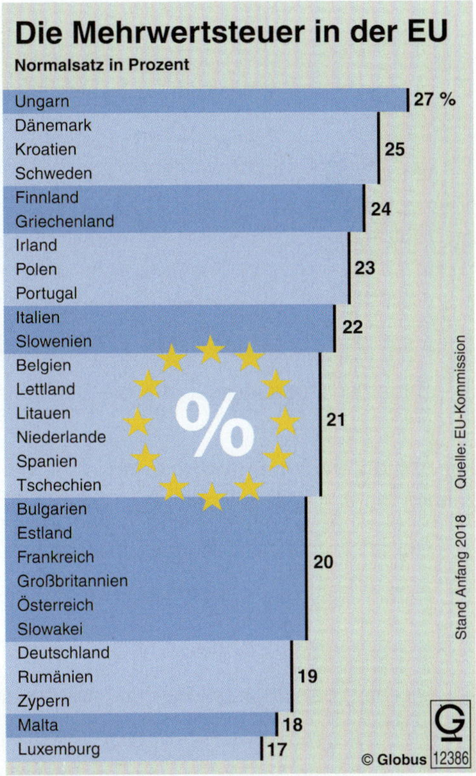

2. Luxemburg hat den niedrigsten Mehrwertsteuersatz in der Europäischen Union. Recherchiere, wie hoch der Mehrwertsteuersatz in der EU mindestens sein muss.

6/30 Bei AK-Bikes wurden im Monat November Mountainbikes im Gesamtwert von 250.000,00 € netto verkauft, für Einkäufe wurden 130.000,00 € netto ausgegeben. Bestimme rechnerisch die Zahllast für den Monat November.

6/31 Bei AK-Bikes beträgt der Saldo des Kontos 2600 VORST im Monat Februar 15.000,00 €, der Saldo auf dem Konto 4800 UST 45.000,00 €.

1. Ermittle rechnerisch die Zahllast für den Monat Februar.
2. Bilde den Buchungssatz für die Ermittlung der Umsatzsteuerzahllast.
3. Bilde den Buchungssatz für die Banküberweisung der Umsatzsteuerzahllast.

6/32 Für den abgelaufenen Monat zeigen die Konten 2600 VORST und 4800 UST folgendes Bild:

S	**2600 VORST**		H
VE	3.800,00 €		
BK	2.500,00 €		
VE	6.500,00 €		

S	**4800 UST**		H
		FO	6.800,00 €
		FO	9.400,00 €
		KA	1.200,00 €

1. Bilde den Buchungssatz, um die Umsatzsteuerzahllast zu ermitteln.
2. Bilde den Buchungssatz zur Banküberweisung der Zahllast an das Finanzamt.

6/33 Für den Monat Oktober wurden folgende Zahlen ermittelt:

Steuerpflichtiger Nettoumsatz (Steuersatz 19 %)	280.000,00 €
Bezahlte Vorsteuer	20.800,00 €

1. Berechne die Höhe der Umsatzsteuer-Zahllast.
2. Bilde den Buchungssatz zur Ermittlung der Umsatzsteuer-Zahllast.
3. Bilde den Buchungssatz für die Banküberweisung der Zahllast.

6/34 Für das Unternehmen AK-Bikes sollst du ein Rechenblatt erstellen, mit dem man zukünftig schnell die Zahllast ermitteln kann (siehe nächste Seite).

1. Gib die Formeldarstellungen für folgende Zellen an:

1.1 Berechnung des Steuerbetrags in Zelle C5

1.2 Berechnung des Bruttobetrags in Zelle D5

2. Gib die Formeldarstellung für Zelle D9 an, die unter Verwendung einer Funktion erstellt wurde.
3. Berechne die Zahllast für das im Rechenblatt angegebene Zahlenbeispiel.
4. Nenne die Bezeichnung der Zelle, in der die Zahllast ausgegeben werden soll.

5. Gib die Formeldarstellung für die in Nr. 4 genannte Zelle an, um die Zahllast zu ermitteln.

	A	B	C	D	E
1	**Monat: Juli**				
2		**Netto**	**Steuer**	**Brutto**	
3	**Einkäufe**				
4					
5	Rohstoffe	65.000,00 €	12.350,00 €	77.350,00 €	
6	Fremdbauteile	40.000,00 €	7.600,00 €	47.600,00 €	
7	Hilfsstoffe	12.500,00 €	2.375,00 €	14.875,00 €	
8	Betriebsstoffe	17.500,00 €	3.325,00 €	20.825,00 €	
9	GESAMT	135.000,00 €	25.650,00 €	160.650,00 €	
10					
11	**Verkäufe**				
12					
13	Mountainbikes Standard	32.000,00 €	6.080,00 €	38.080,00 €	
14	Mountainbikes Emotions	45.000,00 €	8.550,00 €	53.550,00 €	
15	Mountainbikes Elements	39.500,00 €	7.505,00 €	47.005,00 €	
16	Mountainbikes 4X	35.000,00 €	6.650,00 €	41.650,00 €	
17	E-Mountainbikes Peak	22.500,00 €	4.275,00 €	26.775,00 €	
18	GESAMT	174.000,00 €	33.060,00 €	207.060,00 €	
19					
20	Zahllast	####	####	####	

Es liegt folgender Beleg vor: **6/35**

Online-Überweisung · Druckansicht

Auftraggeber	Andrea Kästner Mountainbikes e. Kfr.	**IBAN:** DE72 7515 0080 4040 8080 20
Begünstigter	Finanzamt Ingolstadt	**IBAN:** DE24 7000 0000 0072 1015 05 **BIC:** MARKDEF1700
Betrag	22.610,00 €	
bei (Kreditinstitut)	Deutsche Bundesbank Filiale München	
Verwendungszweck	USt-Zahllast, Steuernummer: 124/108/29468	
Textschlüssel	Standardüberweisung	

Meldung
Der Auftrag wurde ausgeführt. 8. Oktober 20.. um 13:57:44 Uhr. Verwendete TAN: 654321

1. Formuliere den Geschäftsfall für den vorliegenden Beleg.
2. Bilde den Buchungssatz.
3. Ermittle den Saldo im Konto 4800 UST für den Monat September, wenn das Konto 2600 VORST einen Saldo von 10.265,00 € auswies.
4. Berechne den Nettowarenwert aller Einkäufe im Monat September.
5. Gib das Datum an, bis zu dem die Zahllast für den Monat September spätestens an das Finanzamt zu überweisen ist.

6.7 KOMPETENZCHECK

Der Kompetenzcheck ist ein Fragebogen zur Selbsteinschätzung deiner im Unterricht erworbenen Kompetenzen. Hier geht es darum, dass du deine fachlichen Kompetenzen zum Lernbereich 6 (Unternehmen und Staat) bewertest. Schätze dich selber ein. Gehe vom aktuellen Stand deiner Kompetenz aus. Drucke den Selbsteinschätzungsbogen aus (www.ak-bikes.bayern). Fülle diesen aus, indem du in jeder Zeile ehrlich einen Haken ✓ setzt. Die von dir bearbeiteten Anwendungsaufgaben helfen dir, dich richtig einzuschätzen.

stimmt, stimmt teilweise, stimmt nicht.

Wiederhole die Inhalte des Lernbereichs, in denen du dich noch nicht so richtig kompetent fühlst. Führe danach den Kompetenzcheck erneut durch. So kannst du deinen Lernfortschritt überprüfen.

Ich kann ...	Lernbereich	Aufgaben
... anhand des Modells des Wirtschaftskreislaufs das Zusammenspiel von Unternehmen, privaten Haushalten und Staat beschreiben.	**6.1.1**	6/2–6/5
... rechtliche Rahmenbedingungen für das unternehmerische Handeln erfassen und deren Konsequenzen für die Wettbewerbsfähigkeit beurteilen.	**6.1.2**	6/6–6/10
... die unterschiedlichen Arten von Abgaben eines Unternehmens an den Staat unterscheiden.	**6.2**	6/1, 6/11 6/12
... Gebühren und verschiedene Steuerarten buchhalterisch erfassen.	**6.3** **6.4.1** **6.4.2** **6.4.3**	6/13, 6/14 6/19–6/25
... ausgehend vom Unternehmergewinn die Gewerbesteuer berechnen.	**6.4.1**	6/15–6/18
... das System der Umsatzsteuer in Deutschland erklären.	**6.5.1**	6/26–6/29
... die Umsatzsteuerzahllast ermitteln und deren Überweisung an das Finanzamt buchhalterisch erfassen.	**6.5.2**	6/30–6/35

6.8 ALLES KLAR!

Zwischen den Unternehmen und dem Staat bestehen wichtige Verbindungen. Zu diesem Thema liegen Julia und Riccardo in der Rechnungswesenabteilung von AK-Bikes einige Aufgaben vor. Mit deinem in Lernbereich 6 erworbenen Wissen ist es für dich kein Problem, die beiden Auszubildenden dabei zu unterstützen, diese zu lösen.

1. Julia und Riccardo beschäftigen sich zuerst mit den verschiedenen Abgaben an den Staat, wobei das Thema „Steuern" im Mittelpunkt steht.

1.1 Andrea Kästner hat vier Notizzettel angefertigt, auf denen die Definitionen von folgenden vier Begriffen stehen:

❶ Beiträge	❷ Gebühren	❸ Steuern	❹ Subventionen

Ordne den Begriffen (Ziffern) die richtigen Beschreibungen (Kennbuchstaben) auf den Zetteln zu.

Pflichtabgaben von privaten Haushalten und Unternehmen an den Staat ohne eine besondere Gegenleistung zu erhalten. **A**

Zuschüsse und Steuererleichterungen, die der Staat der Landwirtschaft und gefährdeten Industriebranchen zukommen lässt. **B**

Diese werden von privaten Haushalten und Unternehmen gezahlt, um eine bestimmte Leistung des Staates in Anspruch zu nehmen. **C**

Beteiligungen an konkreten Leistungen des Staates, auch wenn sie private Haushalte und Unternehmen nicht wünschen oder nutzen. **D**

1.2 Der Benzinpreis in Deutschland setzt sich zu einem großen Teil aus Steuern zusammen, wie das nebenstehende Schaubild zeigt. Berechne, wie viel Prozent die gesamten Steuern am Benzinpreis ausmachen.

1.3 Die Gewerbesteuer gehört zu den wichtigen Gemeindesteuern.

1.3.1 Andrea Kästner hat bereits mit der Erstellung des Berechnungsschemas für die Gewerbesteuer für AK-Bikes begonnen. Es fehlen jedoch noch einige Beträge und Fachbegriffe (Ziffern ❶ bis ❼). Ergänze sie.

❶	95.200,00 €
– Freibetrag	❷
= ❸	70.700,00 €
* Gewerbesteuermesszahl	❹
= ❺	2.474,50 €
* ❻	* 4,00
= Gewerbesteuer	❼

1.3.2 Bilde den Buchungssatz für die Banküberweisung der vierteljährlichen Gewerbesteuer zum 15.05. an die Stadt Ingolstadt.

1.3.3 Andrea Kästner behauptet: „Die Gewerbesteuer ist sowohl eine Aufwandssteuer als auch eine Ertragssteuer.“ Erläutere, warum diese Aussage keinen Widerspruch darstellt.

1.3.4 Argumentiere, warum die Gewerbesteuer als standortentscheidende Steuer gilt.

2. Von Andrea Kästner wurde zur innerbetrieblichen Fortbildung der Auszubildenden folgendes Schaubild erstellt:

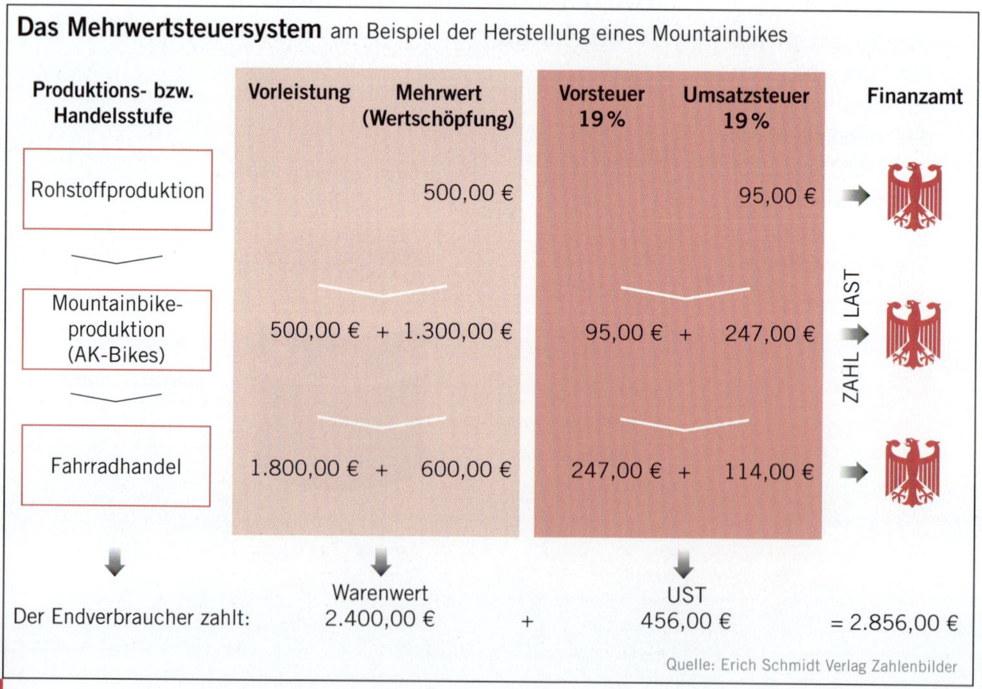

Bearbeite mit Hilfe der Infografik folgende Aufgaben:

2.1 Zum abgebildeten Schaubild liegen dir sechs Aussagen vor. Gib unter Nennung des Kennbuchstabens an, ob die Aussagen A bis F jeweils richtig oder falsch sind. Korrigiere falsche Aussagen.

A	Der Begriff Mehrwertsteuer kommt daher, dass auf einer Produktionsstufe das jeweilige Unternehmen nur den Mehrwert einer Ware besteuern und an das Finanzamt weiterleiten muss.
B	Die anfallende Vorsteuer beim Kauf der Rohstoffe beträgt 95,00 €.
C	Die Umsatzsteuer stellt eine Verbindlichkeit gegenüber dem Finanzamt dar.
D	Die Umsatzsteuerzahllast von AK-Bikes beim Verkauf eines Mountainbikes an ein Fahrradgeschäft beträgt 247,00 €.
E	Die Vorsteuer beim Kauf können Unternehmen vom Finanzamt zurückfordern.
F	Die gesamte Umsatzsteuer in Höhe von 2.856,00 € bezahlt schließlich der Endverbraucher beim Kauf des Mountainbikes.

2.2 Aus der Geschäftsbuchführung von AK-Bikes liegen für den Monat Oktober folgende Kontensalden vor:

Kontennummer	Kontenbezeichnung	Soll	Haben
2600	Vorsteuer		25.820,00 €
4800	Umsatzsteuer	28.690,00 €	

2.2.1 Bilde den Buchungssatz für die Ermittlung der Umsatzsteuerzahllast.

2.2.2 Bilde den Buchungssatz für die Banküberweisung der Umsatzsteuerzahllast an das Finanzamt.

2.2.3 Nenne das genaue Datum, bis zu dem die Umsatzsteuerzahllast an das Finanzamt überwiesen sein muss.

2.2.4 Begründe ausführlich, warum im Unternehmen AK-Bikes der Saldo im Konto 4800 UST immer höher sein sollte als der im Konto 2600 VORST.

2.3 Nahezu alle Lieferungen und Leistungen sind mit Umsatzsteuer belastet. Dennoch gibt es von dieser Regelung Ausnahmen. Ordne für die folgenden Beispiele richtig zu, ob der Umsatz mit 19 %, mit 7 % oder gar nicht besteuert wird.

A	Frau Kästner erhält eine Rechnung von ihrem Zahnarzt über Zahnreinigung.
B	Riccardo kauft sich im Supermarkt eine Packung Chips.
C	Julia fährt mit dem Bus ins Kino, das zehn Kilometer entfernt ist.
D	Am Kiosk kauft Riccardo das Sportmagazin mit den Bundesligaergebnissen.
E	Riccardo besucht ein Heimspiel des FC Bayern und bezahlt das Ticket online.
F	Für das Versenden von Rechnungen kauft Frau Kästner Briefmarken.

2.4 Erläutere mit Begründung, wie sich die Umsatzsteuer auf den Unternehmenserfolg von AK-Bikes auswirkt.

3. Bilde für die Vorgänge auf den Belegen jeweils den Buchungssatz.

Beleg 1:

Quittung
Nr. 002357

Netto	€	160	Cent	00
+ 19 % USt.	€	30	Cent	40
Gesamt	€	190	Cent	40

Gesamtbetrag € in Worten

—— einhundertneunzig —— Cent wie oben

von Andrea Kästner Mountainbikes e. Kfr., 85049 Ingolstadt

für Entsorgung Sondermüll (Öl)

richtig erhalten zu haben, bestätigt

Herbert Meier
Recycling GmbH
85052 Ingolstadt

Ort Ingolstadt Datum 05.08.20..

Buchungsvermerke

Stempel/Unterschrift des Empfängers
Herbert Meier

Beleg 2:

Stadt Ingolstadt

Stadt Ingolstadt · Wagnerwirtsgasse 8 · 85049 Ingolstadt

Firma
Andrea Kästner Mountainbikes e. Kfr.
Stamsrieder Weg 50
85049 Ingolstadt

Stadt Ingolstadt
Wagnerwirtsgasse 8
85049 Ingolstadt

Telefon: 0841 305-1351
E-Mail: gemeindesteuer@ingolstadt...

Ingolstadt, 10. August 20..

Bescheid: Grundsteuer

Kd-Nummer: 01-03-1970 (bei Zahlung angeben)
Int. A5

Sehr geehrte Frau Kästner,

hiermit informieren wir Sie, dass wir zum 15.08.20.. die Rate zur Grundsteuer für das 3. Quartal vom unten genannten Konto abbuchen.

Mit freundlichen Grüßen

Die Raten werden abgebucht von:

Donaubank-Ingolstadt
IBAN: DE72 7515 0080 4040 8080 20

Zahlungstermine	
Datum	Euro
15.02.	779,00
15.05.	779,00
15.08.	779,00
15.11.	779,00

Beleg 3:

DONAUBANK INGOLSTADT

IBAN DE72 7515 0080 4040 8080 20 — Auszug/Jahr 142/20..
BIC DBNKDEFF — Blatt-Nr. 1

Kontoauszug — Betrag in €

BuTag	Wert	Vorgang	Betrag
		Alter Kontostand	56.708,90 +
09.08.	09.08.	Finanzamt Ingolstadt USt.-Zahllast Juli 20.. Steuer-Nr. 124/108/29648	18.400,00 −
09.08.	09.08.	Kfz-Steuer Firmenwagen IN-AK 800 laut Einzugsermächtigung	105,00 −
		Neuer Kontostand	38.203,90 +

Andrea Kästner Mountainbikes e. Kfr. 85049 Ingolstadt

Ihre Servicebank — letzte Erstellung 05.08.20..
Homebanking bequem und günstig — Erstellungstag 10.08.20.. / 09:53

Beleg 4:

SYSTEC Fortbildungen
Marianne Funk e. Kfr.

SYSTEC Fortbildungen · Schwabinger Ring 113 · 80335 München

Firma
Andrea Kästner Mountainbikes e. Kfr.
Stamsrieder Weg 50
85049 Ingolstadt

SYSTEC Fortbildungen
Schwabinger Ring 113
80335 München

Inhaberin: Marianne Funk

Telefon: 089 270001-0
Telefax: 089 270001-10

Rechnung vom 15.08.20..

Nr.: 86539
(Bei Zahlung bitte angeben!)

München, 15. August 20..

Sehr geehrte Frau Kästner,

wir bedanken uns für Ihr Vertrauen und den Auftrag.

Für unsere Fortbildung Finanzbuchhaltung WINLINE in Ihrem Hause vom 03. Juli bis 05. Juli 20.. stellen wir Ihnen in Rechnung:

Fortbildung WINLINE Anfänger	1.280,00 €
Umsatzsteuer 19 %	243,20 €
Rechnungsbetrag	**1.523,20 €**

Ich bitte um Überweisung des Rechnungsbetrags innerhalb von 30 Tagen rein netto auf mein Konto (siehe Belegende) bei der Bayerischen Handelsbank München.

Lösungen Selbstcheck-Aufgaben

6/9 – Lösung

A: Wettbewerbsfähigkeit **verschlechtert** sich, da sich die Arbeitskosten erhöhen und dadurch die Preise für die Fertigerzeugnisse steigen.

B: Wettbewerbsfähigkeit **verbessert** sich, da Elektroautos aufgrund von staatlichen Förderungen (Subventionen) weniger Aufwendungen verursachen.

C: Wettbewerbsfähigkeit **verschlechtert** sich, da sich die Arbeitskosten erhöhen und dadurch die Preise für die Fertigerzeugnisse steigen.

D: Wettbewerbsfähigkeit **verschlechtert** sich, da höhere Umweltauflagen sich in höheren Kosten niederschlagen und dadurch die Preise für die Fertigerzeugnisse steigen.

E: Wettbewerbsfähigkeit **verbessert** sich, da höhere Gewinne erzielt werden können, die z. B. für Investitionen verwendet werden können.

F: Wettbewerbsfähigkeit **verschlechtert** sich, da Mitspracherechte u. U. die unternehmerische Entscheidungsfreiheit einschränken.

6/16 – Lösung

Maßgebender Gewerbeertrag	485.000,00 €
* Gewerbesteuermesszahl	* 0,035
= Gewerbesteuermessbetrag	16.975,00 €
* Hebesatz	* 3,60
= Gewerbesteuer	**61.110,00 €**

6/25 – Lösung

1. 6730 GEB	75,00 €	an	4400 VE	75,00 €
2. 7020 GRST	805,00 €	an	2800 BK	805,00 €
3. 6730 GEB	215,00 €	an	4400 VE	215,00 €
4. 7000 GWST	1.950,00 €	an	2800 BK	1.950,00 €
5. 7030 KFZST	450,00 €	an	4400 VE	450,00 €
6. 6730 GEB	300,00 €			
2600 VORST	57,00 €	an	2800 BK	357,00 €

6/33 – Lösung

1.

Saldo Konto UST	53.200,00 €	(19 % von 280.000,00 €)
– Saldo Konto VORST	20.800,00 €	
= Zahllast	32.400,00 €	

2. 4800 UST	20.800,00 €	an	2600 VORST	20.800,00 €
3. 4800 UST	32.400,00 €	an	2800 BK	32.400,00 €

Glossar

A

AIDA-Modell = Konzept, das die psychologische Wirkung von Werbung auf den Verbraucher zu erklären versucht. Dabei geht man davon aus, dass die Werbung Personen aus der Zielgruppe innerhalb von vier Stufen so beeinflussen kann, dass am Ende das beworbene Produkt gekauft wird:

- **A = A**ttention (Aufmerksamkeit erregen)
- **I = I**nterest (Interesse wecken)
- **D = D**esire (Besitzwunsch auslösen)
- **A = A**ction (Kauf bewirken)

B

Beiträge = Abgaben von Unternehmen und privaten Haushalten für eine konkrete Leistung des Staates, auch wenn diese nicht gewünscht oder genutzt wird. Beispiele sind Beiträge zur Grundstückserschließung oder Anliegerbeiträge für Kanalisation, Stromversorgung oder Trinkwasser.

Bestandsveränderung = Abweichung des Schlussbestands (SB) vom Anfangsbestand (AB) bei Werkstoffen. Man unterscheidet:

- **Bestandsminderung** (es wurden Werkstoffe aus dem Lager entnommen und zusätzlich verbraucht: AB > SB)
- **Bestandsmehrung** (es wurden Werkstoffe eingelagert und nicht sofort verbraucht: AB < SB)

Bezugskosten = Nebenkosten, die beim Einkauf von Werkstoffen zusätzlich zum eigentlichen Warenpreis entstehen. Beispiele sind Fracht- und Verpackungskosten, Transportversicherung und Zölle.

Bruttolohn/-gehalt = Entgelt für die Arbeitsleistung bevor Abzüge (Steuern, Sozialversicherungen) vorgenommen worden sind.

D

Direktentgelt = Lohn bzw. Gehalt, gezahlt vom Arbeitgeber für die geleistete Arbeit eines Mitarbeiters. Die genaue Höhe ist im Arbeitsvertrag festgelegt.

E

Einstandspreis = Maßgeblicher Nettopreis zum Vergleich von Angeboten verschiedener Lieferer. Dieser ergibt sich nach Abzug von Rabatt und Skonto und unter Berücksichtigung von Bezugskosten.

Einzelhandel = Form des indirekten Vertriebs, wobei Endverbrauchern Waren und Dienstleistungen angeboten werden. Die Produkte in ihrem Sortiment erhalten Einzelhändler vom Großhandel oder vom Hersteller.

Entgeltformen = Art und Weise, wie der Verdienst eines Arbeitnehmers für dessen geleistete Arbeit berechnet wird. Es werden drei Entgeltformen unterschieden:

- **Zeitentgelt**
- **Leistungsentgelt**
- **Beteiligungsentgelt** (Gewinnbeteiligung)

F

Fertigerzeugnis = Produkt, das den Herstellungsprozess in einem Betrieb bis zum Ende vollständig durchlaufen hat und das zur Benutzung bereitsteht.

G

Gebühren = Abgaben an den Staat, die fällig werden, wenn Unternehmen oder private Haushalte eine bestimmte Leistung in Anspruch nehmen, z. B. Müllentsorgung.

Gehalt = Verdienst der **Angestellten**. Es ist monatlich immer gleich hoch und damit unabhängig von den geleisteten Arbeitsstunden.

Großhandel = Form des indirekten Vertriebs, wobei vom Hersteller erhaltene Waren an andere Unternehmen wie Wiederverkäufer (Einzelhandel) oder gewerbliche Verwender (andere Unternehmen) weiterverkauft werden.

H

Handelsvertreter = Selbstständiger Kaufmann, der im Auftrag eines Unternehmens Geschäfte vermittelt. Seine Tätigkeit wird mit einer Provision vergütet.

J

Just-in-time-Produktion = Fertigungsverfahren, das ohne Lagerhaltung auskommt. Die Werkstoffe werden genau zu dem Termin geliefert, wenn sie für die Herstellung der Fertigerzeugnisse gebraucht werden. „Just in time" kann übersetzt werden mit „Genau zum richtigen Zeitpunkt" oder „termingerecht".

K

Kontenplan = Übersicht von Konten mit Abkürzungen, die ein Unternehmen für seine Buchhaltung tatsächlich benötigt. Für die Realschule gilt ein Schulkontenplan, der auf Grundlage des Industriekontenrahmens (IKR) erstellt wurde.

Kontenrahmen = Zusammenstellung aller Konten, die in einem Unternehmen vorkommen können. Ein bekanntes Beispiel ist der Industriekontenrahmen (IKR), der vom Bundesverband der Deutschen Industrie (BDI) herausgegeben wird.

L

Lieferbedingungen = Vereinbarungen des Lieferers mit dem Kunden, wer die Kosten des Transports der Ware übernimmt:

- **Ab Werk** = Der **Käufer** muss die Kosten für den Transport bezahlen.
- **Frei Haus** = Der **Verkäufer** übernimmt die Transportkosten.

Lohn = Verdienst der **Arbeiter**. Er wird nach geleisteten Arbeitsstunden (Stundenlohn) bezahlt. Dadurch kann die Höhe der monatlichen Auszahlungen unterschiedlich sein.

M

Mängelrüge = Reklamation beim Lieferer, die zu einem Preisnachlass, aber nicht zu einer Rücksendung führt. Gründe können kleinere Qualitätsmängel oder Farbabweichungen sein.

Marketing = Alle Maßnahmen eines Unternehmens, um den Absatz der eigenen Produkte zu fördern. Die Aktivitäten finden in vier Bereichen statt (Marketing-Mix – 4 Ps) und müssen aufeinander abgestimmt werden:

- **Produktpolitik** (**P**roduct)
- **Preispolitik** (**P**rice)
- **Kommunikationspolitik** (**P**romotion)
- **Vertriebspolitik** (**P**lace)

Marktwachstum = Prozentuale Steigerung des selbst erzielten Umsatzes von einem auf den nächsten Zeitraum.

N

Nettolohn/-gehalt = Verbleibender Betrag nach den Abzügen (Steuern, Sozialversicherungen) vom Entgelt für die Arbeitsleistung.

O

Optimale Bestellmenge = Beschaffungsmenge, bei der die Gesamtkosten aus Bestellung und Lagerhaltung am geringsten sind (d. h. Bestell- und Lagerkosten sind gleich hoch).

P

Personalzusatzkosten (Lohnnebenkosten) = Aufwendungen, die der Arbeitgeber ergänzend zum regulären Leistungsentgelt (Lohn, Gehalt) freiwillig oder auf Grund gesetzlicher oder tariflicher Bestimmungen für seine Mitarbeiter zahlt.

- **Gesetzliche** Personalzusatzkosten sind z. B. Lohnfortzahlung bei Krankheit, bezahlter Urlaub und bezahlte Feiertage.
- **Tarifliche, freiwillige (betriebliche)** Personalzusatzkosten sind z. B. betriebliche Altersvorsorge oder das 13. Monatsgehalt (Urlaubs-/Weihnachtsgeld).

Portfolio-Matrix = Koordinatensystem mit vier Feldern, das Produkte entsprechend ihres Marktanteils und ihres Marktwachstums in vier Kategorien einteilt. Aufgrund der Eingruppierung können strategische Entscheidungen im Bereich der Produktpolitik getroffen werden.

Preisdifferenzierung = Strategie, für das gleiche Produkt unterschiedliche Preise zu fordern. Die unterschiedliche Preisgestaltung kann personenbezogen, mengenbezogen, zeitbezogen oder raumbezogen vorgenommen werden.

Produktlebenszyklus = Lebensspanne eines Erzeugnisses in fünf Phasen. Ein neues Produkt wird zuerst entwickelt, danach kann die **Markteinführung** erfolgen. Ist diese erfolgreich, folgt eine Zeit mit **Wachstum**, wobei Bekanntheitsgrad und Absatzmengen zunehmen. Das Produkt erreicht die **Reife**, wenn die Absatzmenge nicht weiter ansteigt und sich die Nachfrage stabilisiert. Bei **Sättigung** des Marktes kann die Absatzmenge abnehmen, bis das Produkt letztendlich vom Markt genommen oder überarbeitet wird (**Degeneration**).

Produktlinie = Gruppe von Produkten, die grundsätzlich gleich sind und sich nur in wenigen Merkmalen voneinander unterscheiden, z. B. enthält die Produktlinie „Elements" bei AK-Bikes vier Modellvarianten.

Programmgestaltung = Veränderung und Ausrichtung der Produktlinien in ihrer Tiefe und Breite. Dabei gibt es folgende Möglichkeiten:

- **Produkteliminierung**
- **Produktinnovation**
- **Produktdifferenzierung**
- **Produktvariation**

Provision = Vergütung eines Handelsvertreters bei erfolgreichem Geschäftsabschluss, die prozentual vom Nettoumsatz berechnet wird.

Public Relations (Öffentlichkeitsarbeit) = Maßnahmen der Kommunikationspolitik, die sich nicht an eine spezielle Zielgruppe wenden, sondern an die breite Öffentlichkeit gerichtet sind. Ziel ist es, den Ruf und das Image eines Unternehmens zu stärken.

R

Rabatt = Sofort gewährter **Preisnachlass**, der den Einkauf bei einem Lieferer verbilligt. Er wird eingesetzt, um die Kundenbindung zu stärken und neue Kunden zu gewinnen. Es gibt folgende Rabattarten:

- **Mengenrabatt**
- **Treuerabatt**
- **Sonderrabatt**
- **Wiederverkäuferrabatt**

Regulierung = Maßnahmen, mit denen der Staat lenkend in das Wirtschaftsgeschehen eingreift, um unerwünschte Ergebnisse wie z. B. soziale Missstände, Marktbeherrschung oder Umweltverschmutzung zu verhindern. Die Beeinflussung und Steuerung des Wettbewerbs geschieht durch Gesetze, Verordnungen und sonstige Bestimmungen.

Relativer Marktanteil = Verhältnis des eigenen Umsatzes für ein bestimmtes Produkt zum Umsatz des größten Konkurrenten.

S

Saldo = Differenz zwischen zwei Beträgen (= Unterschiedsbetrag).

Sales Promotion (Verkaufsförderung) = Maßnahmen der Kommunikationspolitik, bei denen mit meist zeitlich begrenzten Aktionen der Verkauf eines Produkts unmittelbar erhöht werden soll, z. B. Anbieten von Produktproben in einem Supermarkt.

Selbstkosten = Summe aller Aufwendungen, die bei der Herstellung eines Fertigerzeugnisses anfallen, z. B. Material- und Personalkosten.

Skonto = Nachträglich gewährter Preisnachlass, wenn der Kunde vor dem eigentlich vereinbarten Zahlungsziel die Rechnung begleicht. Somit verbilligt sich für den Kunden der Einkauf und der Lieferer erhält früher den geschuldeten Geldbetrag.

Sozialversicherungsbeiträge = Beteiligungen der Arbeitnehmer und Arbeitgeber an der Absicherung des Arbeitnehmers für verschiedene Risiken, z. B. Krankheit. Es besteht eine Beitragspflicht für folgende gesetzliche Sozialversicherungen:

- Krankenversicherung
- Pflegeversicherung
- Rentenversicherung
- Arbeitslosenversicherung
- Unfallversicherung (übernimmt alleine der Arbeitgeber)

Sponsoring = Maßnahmen der Kommunikationspolitik, durch die einzelne Personen oder ganze Organisationen in den Bereichen Sport, Kultur und Soziales von einem Unternehmen gefördert werden. Die Förderung kann durch die Überlassung von Geldmitteln oder die Schenkung von Waren und Dienstleistungen geschehen.

Steuerklasse = Bemessungsgrundlage für die Lohnsteuer (von Familienstand und Anzahl der Kinder abhängig). Man unterscheidet:

- **I:** für kinderlose Ledige, Verwitwete
- **II:** für Alleinerziehende mit Kindern
- **III, IV, V:** für Verheiratete
- **VI:** ab dem zweiten Arbeitsverhältnis und jedem Weiteren

Steuern = Pflichtabgaben von Unternehmen und privaten Haushalten an den Staat, ohne eine spezielle Gegenleistung zu erhalten. Für Unternehmen gibt es folgende Steuerarten:

- **Durchlaufsteuern** (werden im Auftrag des Staates eingezogen und an das Finanzamt weitergeleitet, z. B. Umsatzsteuer)
- **Betriebliche Steuern** (stellen einen Aufwand dar, z. B. Gewerbe-, Grund- und Kfz-Steuer für Firmenfahrzeuge)

Subventionen = Leistungen des Staates zur Unterstützung ausgewählter Industriebranchen (z. B. Luft- und Raumfahrt) oder für die Landwirtschaft. Diese können in Zuschüssen oder Steuererleichterungen bestehen. Ziele: Technologieförderung bzw. Wettbewerbssicherung.

T

Teilzeitarbeit = Beschäftigungsform, bei der ein Arbeitnehmer regelmäßig kürzer arbeitet als vergleichbare Vollzeitarbeitnehmer. Verglichen wird in der Regel die Wochenarbeitszeit, z. B. statt 40 Stunden nur 20 Stunden.

Transferleistungen = Zuschüsse oder Steuererleichterungen des Staates für private Haushalte, z. B. die Zahlung von Hartz IV oder Kindergeld, aber auch Zuzahlungen beim Erwerb von Photovoltaikanlagen.

U

Umsatzsteuer = Abgabe, die der Staat beim Handel (mit Waren/Dienstleistungen) erhebt:

- Beim Einkauf fällt **Vorsteuer** an, die der Unternehmer vom Finanzamt zurückfordern kann (Forderung).
- Beim Verkauf wird Umsatzsteuer einbehalten, die der Unternehmer ans Finanzamt weiterleiten muss (Verbindlichkeit).

Gewöhnlich beträgt der Umsatzsteuersatz 19 %, in manchen Fällen 7 % (z. B. bei Grundnahrungsmitteln) und bei einigen Ausnahmen (z. B. beim Briefporto) fällt keine Umsatzsteuer an.

Unterkonto = Konto, das aus Gründen der Übersichtlichkeit und Klarheit der Buchhaltung für ein Hauptkonto eingeführt wird. Z. B. besteht für das Hauptkonto 6000 AWR das Unterkonto 6001 BZKR, damit genau zwischen den eigentlichen Warenkosten und den Nebenkosten unterschieden werden kann.

V

Versandkosten = Nebenkosten, die dem Lieferer bei Auslieferung der Fertigerzeugnisse an den Kunden entstehen. Zu den Versandkosten zählen Aufwendungen für Verpackungsmaterial und Kosten für Lieferfahrten zu den Kunden (Ausgangsfrachten).

Vertrieb = Teilbereich der Verkaufs- oder Absatzabteilung eines Unternehmens. Dieser ist zuständig dafür, dass Waren und Dienstleistungen, die der Kunde bestellt hat, letztendlich zu ihm gelangen. Man unterscheidet dabei zwei mögliche Formen:

- **Direkter Vertrieb** (Hersteller verkaufen unmittelbar an den Endverbraucher)
- **Indirekter Vertrieb** (Endverbraucher kaufen die Produkte über den Einzelhandel, wobei Handelsvertreter oder Großhändler dazwischengeschaltet sein können)

W

Werbemittel = Form der Werbebotschaft, z. B. Anzeige oder Fernsehspot. Sie wird durch Werbeträger (Zeitungen oder Fernsehen) an die Zielpersonen übermittelt. Hier stellt sich die Frage: Womit wird geworben?

Werbeträger = Medium, das zur Übertragung von Werbebotschaften genutzt wird, z. B. Zeitung, Fernsehen, Radio oder Plakatwand. Hier stellt sich die Frage: Wo wird geworben?

Werbung = Maßnahmen der Kommunikationspolitik, um durch Botschaften eine spezielle Zielgruppe anzusprechen und sie zum Kauf eines Produkts zu bewegen.

Werkstoffe = Güter, die bei der Herstellung von Fertigerzeugnissen verbraucht werden:

- **Rohstoffe**
- **Fremdbauteile**
- **Hilfsstoffe**
- **Betriebsstoffe**

Wettbewerbsfähigkeit = Eigenschaft eines Unternehmens, sich beim Verkauf von Gütern und Dienstleistungen gegen die Mitbewerber (Konkurrenten) am Markt durchsetzen zu können, um Gewinne zu erzielen. Dabei spielen sowohl Preisfaktoren wie auch Standort, Forschung, Service, Qualität oder die Gesetzgebung des Staates eine Rolle.

Wirtschaftskreislauf = Modell, das die Beziehungen zwischen den Wirtschaftsteilnehmern – Unternehmen, private Haushalte und Staat – durch Darstellung von Geld- und Güterströmen veranschaulicht.

Z

Zahlungsbedingungen = Vereinbarungen des Lieferers mit dem Kunden, zu welchem Termin und in welcher Höhe der Rechnungsbetrag zu zahlen ist. Z. B. ist es denkbar, dass bei Bezahlung vor dem eigentlichen Zahlungsziel Skonto vom Rechnungsbetrag in Abzug gebracht werden darf.

Zeitarbeit = Beschäftigungsform, bei welcher der Arbeitnehmer meist unbefristet bei einem Zeitarbeitsunternehmen angestellt ist. Eingesetzt wird der Mitarbeiter auf Arbeitsplätzen von Kunden des Zeitarbeitsunternehmens, die vorübergehend Personalbedarf haben.

Stichwortverzeichnis

TIPP!
Die blau gekennzeichneten Stichwörter werden auch ausführlich im Glossar ab Seite 327 erklärt.

Abkürzungsverzeichnis

AIDA	**AIDA**-Modell: **A**ttention – **I**nterest – **D**esire – **A**ction
AG	**A**ktien**g**esellschaft
BA	**B**undesagentur für **A**rbeit
BDI	**B**undesverband der **D**eutschen **I**ndustrie
BIC	**B**ank **I**dentifier **C**ode (Internationale Bankleitzahl)
e. K.	**e**ingetragener **K**aufmann, **e**ingetragene **K**auffrau
e. Kfm.	**e**ingetragener **K**au**f**mann
e. Kfr.	**e**ingetragene **K**auf**fr**au
ELStAM	**E**lektronische **L**ohn**St**euer-**A**bzugs**M**erkmale
FIBU	**Fi**nanz**bu**chhaltung
GbR	**G**esellschaft **b**ürgerlichen **R**echts
GmbH	**G**esellschaft **m**it **b**eschränkter **H**aftung
GoB	**G**rundsätze **o**rdnungsmäßiger **B**uchführung
HGB	**H**andels**g**esetz**b**uch
HRA	**H**andels**r**egister Abteilung **A** (Einzelunternehmen, Personengesellschaften)
HRB	**H**andels**r**egister Abteilung **B** (Kapitalgesellschaft)
HWK	**H**and**w**erks**k**ammer
IBAN	**I**nternational **B**ank **A**ccount **N**umber (Internationale Bankkontonummer)
IHK	**I**ndustrie- und **H**andels**k**ammer
IKR	**I**ndustrie**k**onten**r**ahmen
JIT	**J**ust-**i**n-**t**ime-Verfahren
KG	**K**ommandit**g**esellschaft
MwSt	**M**ehr**w**ert**st**euer
OHG	**O**ffene **H**andels**g**esellschaft
PIN	**P**ersönliche **I**ndentifikations**n**ummer (Geheimzahl für Kontozugang)
PR	**P**ublic **R**elations
SEPA	**S**ingle **E**uro **P**ayments **A**rea (Einheitlicher Euro-Zahlungsverkehrsraum)
TAN	**Tran**s**a**ktions**n**ummer (Einmalkennwort, z. B. für Überweisung)
USt	**U**msatz**st**euer
USt-IDNr.	**U**msatz**st**euer-**Id**entifikations**n**umme**r**

Kontenplan (nach dem IKR) und Abkürzungsverzeichnis zur Verwendung an Bayerischen Realschulen

Aktive Bestandskonten

Kontenklasse 0 Sachanlagen

05 Grundstücke und Bauten

0500 GR	Grundstücke
0530 BVG	Betriebs- und Verwaltungsgebäude

07 Technische Anlagen und Maschinen

0700 MA	Maschinen und Anlagen

08 Betriebs- und Geschäftsausstattung

0840 FP	Fuhrpark
0860 BM	Büromaschinen
0870 BGA	Büromöbel und Geschäftsausstattung
0890 GWG	Geringwertige Wirtschaftsgüter

Kontenklasse 1 Finanzanlagen

15 Wertpapiere des Anlagevermögens

1500 WP	Wertpapiere des Anlagevermögens

Kontenklasse 2 Umlaufvermögen und ARA

20 Roh-, Hilfs-, Betriebsstoffe, Fremdbauteile

2000 R	Rohstoffe (Fertigungsmaterial)
2010 F	Fremdbauteile
2020 H	Hilfsstoffe
2030 B	Betriebsstoffe

24 Forderungen aus Lieferungen und Leistungen

2400 FO	Forderungen aus Lieferungen und Leistungen
2470 ZWFO	Zweifelhafte Forderungen

26 Sonstige Vermögensgegenstände

2600 VORST	Vorsteuer

28 Flüssige Mittel

2800 BK	Bank (Kontokorrentkonto)
2880 KA	Kasse

29 Aktive Rechnungsabgrenzung

2900 ARA	Aktive Rechnungsabgrenzung

Passive Bestandskonten

Kontenklasse 3 Eigenkapital und Rückstellungen

30 Eigenkapital

3000 EK	Eigenkapital
3001 P	Privatkonto

36 Wertberichtigungen

3670 EWB	Einzelwertberichtigung
3680 PWB	Pauschalwertberichtigung

39 Sonstige Rückstellungen

3900 RST	Rückstellungen

Kontenklasse 4 Verbindlichkeiten und PRA

42 Verbindlichkeiten bei Kreditinstituten

4200 KBKV	Kurzfristige Bankverbindlichkeiten (bis zu einem Jahr)
4250 LBKV	Langfristige Bankverbindlichkeiten

44 Verbindlichkeiten aus Lieferungen und Leistungen

4400 VE	Verbindlichkeiten aus Lieferungen und Leistungen

48 Sonstige Verbindlichkeiten

4800 UST	Umsatzsteuer
4830 VFA	Sonst. Steuerverbindlichkeiten
4840 VSV	Verbindlichkeiten gegenüber Sozialversicherungsträgern

49 Passive Rechnungsabgrenzung

4900 PRA	Passive Rechnungsabgrenzung

Ertragskonten

Kontenklasse 5 Erträge

50 Umsatzerlöse für eigene Erzeugnisse

***5000 UEFE**	Umsatzerlöse für eigene Erzeugnisse
5001 EBFE	Erlösberichtigungen

54 Sonstige betriebliche Erträge

5400 EMP	Erlöse aus Vermietung und Verpachtung

*5430 ASBE Andere sonst. betriebliche Erträge
5490 PFE Periodenfremde Erträge
5495 EFO Erträge aus abgeschriebenen Forderungen

56 Erträge aus anderen Wertpapieren

5650 EAWP Erträge aus dem Abgang von Wertpapieren des Anlagevermögens

57 Zinsen und ähnliche Erträge

5710 ZE Zinserträge
5780 DDE Dividendenerträge

Aufwandskonten

Kontenklasse 6 Betriebliche Aufwendungen

60 Aufwendungen für Roh-, Hilfs-, Betriebsstoffe und Fremdbauteile

*6000 AWR Aufwendungen für Rohstoffe
6001 BZKR Bezugskosten für Rohstoffe
6002 NR Nachlässe für Rohstoffe

*6010 AWF Aufwendungen für Fremdbauteile
6011 BZKF Bezugskosten für Fremdbauteile
6012 NF Nachlässe für Fremdbauteile

*6020 AWH Aufwendungen für Hilfsstoffe
6021 BZKH Bezugskosten für Hilfsstoffe
6022 NH Nachlässe für Hilfsstoffe

*6030 AWB Aufwendungen für Betriebsstoffe
6031 BZKB Bezugskosten für Betriebsstoffe
6032 NB Nachlässe für Betriebsstoffe

*6040 AWVM Aufwendungen für Verpackungsmaterial

61 Aufwendungen für bezogene Leistungen

*6140 AFR Ausgangsfrachten
*6160 FRI Fremdinstandhaltung (Reparaturen)

62 Löhne und Gehälter

*6200 LG Löhne und Gehälter

64 Soziale Abgaben

*6400 AGASV Arbeitgeberanteil zur Sozialversicherung

65 Abschreibung

*6520 ABSA Abschr. auf Sachanlagen
*6540 ABGWG Abschreibungen auf GWG

67 Aufwendungen für die Inanspruchnahme von Rechten und Diensten

*6700 AWMP Mieten, Pachten
*6730 GEB Gebühren
*6750 KGV Kosten des Geldverkehrs
*6760 PROV Provisionen
*6770 RBK Rechts- und Beratungskosten

68 Aufwendungen für Kommunikation

*6800 BMK Büromaterial und Kleingüter
*6820 KOM Kommunikationsgebühren
*6850 REK Reisekosten
*6870 WER Werbung

69 Sonstige Aufwendungen

*6900 VBEI Versicherungsbeiträge
6950 ABFO Abschreibungen auf Forderungen
6990 PFAW Periodenfremde Aufwendungen

Kontenklasse 7 Weitere Aufwendungen

70 Betriebliche Steuern

*7000 GWST Gewerbesteuer
*7020 GRST Grundsteuer
*7030 KFZST Kraftfahrzeugsteuer

74 Verluste aus Finanzanlagen

7460 VAWP Verluste aus Wertpapieren des Anlagevermögens

75 Zinsen

*7510 ZAW Zinsaufwendungen

Konten für die Ergebnisrechnung

Kontenklasse 8 Ergebnisrechnungen

8010 SBK Schlussbilanzkonto
8020 GUV Gewinn- und Verlustkonto

Kontenklasse 9 Kosten- und Leistungsrechnung

*geht in die Kosten- und Leistungsrechnung ein

Bildquellen

Bundesagentur für Arbeit, www.planet-beruf.de
(Seite 278)

Bundesministerium für Wirtschaft und Energie, www.foerderdatenbank.de
(Seite 291)

dpa Picture-Alliance GmbH
(Seiten 8, 94, 162, 242–243, 253, 262–263, 266, 268, 270, 293, 308, 316–317)

Druck+Verlag Ernst Vögel GmbH
(Umschlag, Seiten 1, 2, 127, 136, 179, 232–233, 242)

Institut der deutschen Wirtschaft Köln
(Seite 291)

Marco Herold, Aschaffenburg
(Seite 166)

mesonic software gmbh
(Seite 35)

N/A, www.wikipedia.org
(Seite 154)

Pressestelle der Bundesagentur für Arbeit
(Seite 236)

Shutterstock, Inc.
(Umschlag, Inhaltsverzeichnis, Seiten 1–3, 7, 9–10, 12–13, 16, 18–21, 23, 26–29, 31–33, 35, 38, 40–42, 46, 49, 51–54, 56, 58–60, 64–69, 71–72, 74–75, 77–80, 83–86, 92–93, 97, 99, 101, 104, 106–107, 109, 111–112, 114, 116, 118–120, 122–123, 125–128, 130–132, 134, 136, 139–142, 147–151, 153–157, 159–162, 165, 167, 169–180, 183–189, 191–195, 197, 199–200, 202–205, 208–210, 213, 216–218, 220–222, 224–226, 228–230, 234, 236, 238–244, 246–248, 250–252, 254, 257–259, 266–268, 274–277, 279–284, 286–290, 294, 296, 298, 300, 303–305, 308, 314–315, 320–322, 327, 331–332)